大癫狂

非同寻常的大众幻想与群众性癫狂

[英] 查尔斯·麦基 / 著
崔晖 郭晓霞 / 译
刘占彬 / 译校

企业管理出版社
EMPH
ENTERPRISE MANAGEMENT PUBLISHING HOUSE

图书在版编目（CIP）数据

大癫狂：非同寻常的大众幻想与群众性癫狂 /（英）查尔斯·麦基著；崔晖，郭晓霞译．—北京：企业管理出版社，2019.1（2024.4 重印）

书名原文：Extraordinary Popular Delusions and the Madness of Crowds

ISBN 978-7-5164-1848-2

Ⅰ.①大… Ⅱ.①查… ②崔… ③郭… Ⅲ.①群体心理学 Ⅳ.① C912.64

中国版本图书馆 CIP 数据核字（2018）第 270250 号

书　　名：大癫狂：非同寻常的大众幻想与群众性癫狂

作　　者：（英）查尔斯·麦基

译　　者：崔　晖　郭晓霞

责任编辑：李　坚

书　　号：ISBN 978-7-5164-1848-2

出版发行：企业管理出版社

地　　址：北京市海淀区紫竹院南路17号　　邮编：100048

网　　址：http：//www.emph.cn

电　　话：总编室（010）68701719　发行部（010）68701816　编辑部（010）68414643

电子信箱：qiguan1961@163.com

印　　刷：北京明恒达印务有限公司

经　　销：新华书店

规　　格：170毫米×240毫米　16开本　24.75印张　356千字

版　　次：2019年1月第1版　2024年4月第3次印刷

定　　价：68.00元

前言

纵观历史，我们发现，国家如同个人一样，都有其虚妄和怪癖，也有其冲动和鲁莽的时候。当国家冲动的时候，整个社会就会在突然之间将所有的注意力集中于某一事物，并疯狂地追求它；成千上万的人会同时被一种幻象所迷惑，直至其注意力被下一个更加有吸引力的东西吸引为止。我们曾经看到，有的国家在忽然之间陷入了疯狂的战争狂热之中，也有的国家突然因宗教恐惧而疯狂，直至血流成河、哭声盈野，留给子孙后代无数苦痛，它们才会恢复理性。据欧洲早期史书记载，有些欧洲人一度痴迷于耶稣的埋骨之所，疯狂地涌向圣地；有一段时间人们因害怕恶魔而疯狂，用成千上万人向巫术献祭；还有一段时期，人们变得痴迷于炼金术士的灵丹妙药。

在欧洲许多国家中，人们曾经认为，用慢性毒药杀死敌人并非不可饶恕的犯罪。那些厌恶刺穿敌人心脏的人们便开始毫无顾忌地使用慢性毒药。就连出身高贵、温文尔雅的女士们也感染了这种谋杀的风气，在她们的支持下，施毒渐渐变成了一种时尚。尽管有些虚妄的想法令所有人感到厌恶，但还是流传了很多年，如决斗、对预言和占卜的迷信，其在文明的、有教养的国度里的流行程度不亚于在其发源的野蛮国度。同样，金钱也再一次成为大众幻觉的诱因。理性的国民转眼之间就变成了孤注一掷的赌徒，把他们生存的赌注押在一张倒扣着的纸片上。本书的目的就是要追溯历史上最著名的妄想。有句话说得好，人是群体思考的动物，我们将看到他们集体发狂，而恢复理性却非常缓慢，而且是一个一个地。

在现代文明中，社会总是显示出一种重复上述蠢事的趋势。这种迷恋以一种非同寻常的方式抓住了整个民族的灵魂。法国携其“密西西比计划”为我们提供了第一个著名的例子，英国携其“南海泡沫”紧随其后。更早一些，因令国民疯狂地爱上郁金香而使荷兰人在世界眼中更加可笑。这些妄想的可悲之处是它们的最终结果，而它们的发展历程却令人捧腹。实在令人难以想象，还有比1635年和1636年发生在荷兰或1719年和1720年发生在法国的事件更加荒唐且更令人痛苦的闹剧。根据这些事件的重要性排序，我们应该从约翰·劳和著名的密西西比阴谋开始讲述我们的历史。

目录

第一章
金融投机——密西西比计划

第二章
金融投机——南海泡沫

第三章
郁金香狂热

第四章
奇怪的圣物崇拜

第五章
近代预言家记事

第六章 大盗的赞歌

第七章 政治和宗教对头发和胡须的影响

第八章 四处蔓延的决斗之风

第九章 十字军东征（上）

第十二章
幽灵之屋

第十三章
疯狂的炼金术

第十四章
16~17世纪对炼金术的进一步痴迷

第十五章
人类愚妄的状况

第一章
金融投机——密西西比计划

全世界满脑子想着赚大钱，
一些人在私下里自营公司，
不惜发行新的股票吹大牛，
再用虚名诱惑世人，
先建立新的信用，之后再让股票贬值；
让无中生有的股份变成了资本，
人们为了金钱聚在一起，却又横眉冷对，争吵不休。

——丹尼尔·笛福

约翰·劳的传奇

谈到密西西比大阴谋，约翰·劳这个人不得不提，他的性格、职业经历与发生在1719年到1720年的那场大阴谋之间有着千丝万缕的联系，他可以说是整个密西西比阴谋的幕后推手或者始作俑者。

在历史学家们看来，约翰·劳是一个十足的大骗子，甚至有人说他是流氓、疯子……诸如此类，不一而足。这一点也不足为怪，因为他的一个计划，害得那么多人为此赔上了身家性命。那些让人痛心疾首的不幸后果被深深地烙印在人们的心中，久久不能忘怀。也许叫他骗子或疯子还算轻的呢。

然而，人们逐渐发现如此对待他是不公正的。约翰·劳既不是骗子，也不是疯子，与其说他设计欺骗他人，不如说他也是受害者；与其说他是罪犯，不如说他只是一只替罪羊而已。

客观地说，约翰·劳的确是一个出色的金融专家，他对信用理论、原则了如指掌，同时代的人没有人能比他更了解金融问题。他建立的金融系统崩塌如此之快的原因并不在他，而是在那些推波助澜、渴望快速攫取金钱的人们，那些协助他建立整个金融体系的人们。

约翰·劳没有料到整个国家、整个人群会陷入如此巨大的一场贪婪的狂潮之中。更让他没有料到的是，人的自信居然可以像怀疑一样无限制地增长、膨胀；而希望有一天也可以转化为恐惧四处蔓延，最终吞没一切。他又怎能够预见到，法国人会像寓言中描述的那样，在金钱的疯狂诱使下，杀掉那只曾经带给他们无数只金蛋的鹅呢?

劳的命运就像第一个从伊利湖驶往安大略湖的冒险船夫一样。当他出发的时候，水面还是一片平静宽广，他的航行既迅速又惬意，这时，又有谁能阻碍他的航行呢？可是，不一会儿，一幕巨大的瀑布就出现在了他的眼前，但是他却依旧沉浸在悠然自得的航行之中，对前方的危险一无所知。当他回过头来发现自己的处境时，为时已晚，之前让他心旷神怡的湖面，现在竟成了他的葬身之地。他试图原路返回，但发现水流实在太湍急了，自己显得十分渺小，以他微弱的力量根本不足以与之抗衡。随着时间的流逝，劳和船距离这洪水猛兽般的瀑布越来越近。终于，他被浪打翻在水中，他的身体和小船都狠狠地撞在了岩石上。汹涌的湖水携卷着他和小船一同坠入谷底，时而翻起滚滚的水浪，但很快就又重归于平静。约翰·劳和法国人之间的关系就是如此，劳是水手，而法国人就是湖水。

1671年，约翰·劳出生于爱丁堡。他的父亲，法夫（Fife）的一个古老家族中的幼子，继承了家族的产业，继续从事金匠和银行家的营生。借助这些生意，他积累了一大笔财富，这些财富足以满足他在名字前加上一个地名的梦想，而这个梦想是他的同胞们的普遍追求。出于这种考虑，他买下了劳里斯顿和兰德尔斯顿两处地产，从那时起就被人们称为“劳里斯顿的劳”。

我们这部回忆录的主人公约翰·劳是家中的长子，刚满14岁他就被送到父亲的会计室中做了学徒。他在那里辛苦工作了3年，逐渐掌握了苏格兰银行业的操作规则。他从小就表现出对数字的热爱，对算术的精通令人惊讶。17岁时的时候，他已经长得又高又壮，身材健美，尽管脸上因出天花而凹凸不平，但依然很英俊，看起来充满智慧。这时，他开始不务正业，整天把自己打扮得花枝招展。在女人堆中他也备受青睐，女人们都管他叫“俊俏的劳”。而男士们则对这个纨绔子弟嗤之以鼻，称他为“浪荡子约翰”。1688年，劳的父亲去世后，他彻底抛开了繁冗琐事，带着继承来的劳里斯顿房产的收入来到伦敦，打算去见见世面。

他非常年轻且十分自负，长相英俊且相当富有，再加上放荡不羁，难怪一到伦敦就开始大肆挥霍。他很快就成了赌场的常客。凭借着对输赢概率的精确计算，他赢了不少钱。所有赌徒都羡慕他的好运，许多人都跟着他下注。

在情场中他同样非常幸运，上流社会的名媛们都会对这位年轻、富有、诙谐、彬彬有礼的漂亮的苏格兰人报以优雅的微笑。然而，在度过了9年花天酒地的生活后，他变成了一个无可救药的"赌棍"。随着他沉迷于赌博无法自拔，他丧失了原有的谨慎，输了钱后只能靠更大的赌注才能翻本，终于在一个倒霉的日子里，他输得只能靠抵押家族的房产才能还债。他被逼到走投无路的境地了。

与此同时，他的风流也使他身陷麻烦之中。他和一位名叫维莉尔丝的女士（伊丽莎白·维莉尔丝女士，后来成了奥克尼伯爵夫人）之间的风流事招致了一位威尔逊先生的嫉恨，约他进行决斗。劳接受了，但倒霉的是他当场射杀了对手，当天他就被逮捕归案，威尔逊先生的亲属以谋杀罪的名义起诉了他。法庭认定他有罪，并判处死刑。但考虑到他只是过失杀人，判决也被减为罚款。死者的一位兄弟提起上诉，劳被拘押在最高法院，可他却神奇地逃之夭夭了。至于是怎么逃走的，他从未向人提过。治安官因此也遭到起诉，他们在报纸上通缉并悬赏捉拿约翰·劳。在通缉令中，他被描绘成这样的一个人物："约翰·劳上尉，苏格兰人，26岁，身材瘦削，身高6尺以上，皮肤黝黑，相貌端正，脸上有麻子，大鼻子，言语粗俗，声音洪亮。"这更像是对一个漫画人物的描绘，对他的逃跑更加有利。

劳成功抵达了欧洲大陆。他在这里整整游历了3年，并把大部分精力放在了研究各国货币和金融事务上。他在阿姆斯特丹滞留了几个月，并做了几笔国债投机买卖。白天他致力于研究金融和贸易规律，晚上则去赌场。人们通常认为他在1700年回到了爱丁堡，在那里他出版了名为《组建贸易委员会的提案和理由》的小册子，但并没能引起多少关注。

不久之后，他又提出了建立所谓"土地银行"的计划（当时的人称之为"流沙银行"，因为它会对国家造成严重损害），这家银行所发行的纸币永远也不能超过这个国家所有土地的价值；在正常的利率下，或者与土地价值相当；拥有这些货币的人，在特定的时间有权被认为拥有土地。这次，他的提议在苏格兰议会中引起了激烈的争论，有一个名叫"飞行中队"（Squadrone）的中立党派甚至提出了建立这样一家银行的动议。约翰·劳对此很是兴奋，但是议会最终通过决议，认为发行任何种类的信用券并强行推广对国家来说是很不明智的。

土地银行计划的失败，以及希望赦免其谋杀威尔先生罪行的努力落空，使他不得不离开苏格兰重返欧洲大陆，并重操赌博旧业。随后的14年，他游荡于弗兰德斯地区、荷兰、德国、匈牙利、意大利、法国等地。很快，他就对各国的贸易和资源了如指掌，并日益坚定了他的信念：如果没有纸币，任何一个国家都不可能繁荣！在整整14年中，支撑他的似乎依然是他最擅长的赌博。他在欧洲各大主要城市著名的赌场中声名显赫，没有人比他更精于利用错综复杂的概率创造机会。

据《世界传记》记载，劳先是被地方长官驱逐出威尼斯，之后又被赶出热那亚，因为他们认为这个游客会让当地年轻人都去赌博。

在巴黎逗留期间，劳引起了警察总长德·阿金森的厌恶，责令他离开。但这一驱逐令没能执行，因为他在沙龙里认识了旺多姆公爵、孔蒂王子和奥尔良公爵，特别是奥尔良公爵，注定要在未来对他的命运产生巨大的影响。奥尔良公爵对这位充满活力且判断力极强的英格兰冒险家十分赞赏，并承诺成为他的保护人，而劳对这位王子的才智和友善也非常推崇。他们经常参加彼此的社交活动，劳也不失时机地向这位离王位最近且注定要在不久之后对整个政府起到举足轻重作用的公爵灌输自己的金融主张。

1708年的某一天，约翰曾向审计长德斯马雷提出了一个财政计划。据说路易十四责成手下去调查提案者是否是天主教徒，得到否定的答案后，他断然拒绝了该计划。

遭到拒绝后，劳来到意大利，但是他对财政计划仍然念念不忘。于是他向萨伏伊公爵维可多·阿马德斯提出在自己的领地内建立土地银行，公爵回复称自己的领地太小，无法实施这样一个伟大的计划，并称他的国家太穷，经不起折腾。不过，公爵建议他再到法国国王那里试试运气。以公爵对法国人的了解，他相信法国人会欣赏这一计划，不仅因为它很新颖，而且因为它似乎很合理。

1715年，路易十四去世，王位的继承者是一个年仅7岁的孩子，奥尔良公爵则被指定为摄政王，辅佐年幼的国王管理朝政。劳发现自己所处的地位十分有利。好运近在眼前，只要能把握住，机会的浪潮就会把他送到财富之地。摄政王是他的朋友，而且非常了解他的理论和抱负，更重要的是，摄政王愿意不惜代价支持他恢复法国的信用，由于在路易十四统治期间长期挥霍无度，法国的信用已经荡然无存。

因此，路易十四刚刚入土，公众压抑已久的怨恨就爆发了。生前他听到了太多的阿谀奉承，死后却被骂成“暴君”“死硬派”“强盗”。在人们的咒骂中，他的雕像被砸得稀烂，画像被撕成碎片，他的名字也成为“自私”“压迫”的同义词。军事上的荣耀已经被遗忘，人们记住的只是他的奢侈和残暴。

法国的金融处于极度混乱的状态。国王的奢靡与堕落，再加上大小官僚的竞相模仿，将法国推向了毁灭的边缘。国家的债务高达30亿里弗，每年的收入只有1.45亿里弗，支出却需要1.42亿里弗，也就是说，每年仅有300万里弗来支付30亿里弗债务的利息。摄政王最关心的事情就是要想出一个办法来应对如此巨大的危机，并迅速成立了一个委员会来讨论这件事情。

圣西蒙公爵认为只有采取一个大胆且危险的措施才能避免在法国爆发革命。他建议摄政王召集议会并宣布国家破产，但这一建议遭到了包容的、很有涵养的诺阿勒公爵的坚决反对。诺阿勒公爵认为这种应急措施是一种欺诈性的、毁灭性的做法。摄政王也持相同的观点，这一孤注一掷的补救措施被否决了。

尽管承诺维持公平，但最终采取的措施却进一步加剧了危机。第一项措施，也是最无诚信的措施，对国家有百害而无一利。国家下令重铸货币，通过这种方式令货币贬值1/5。人们将1000枚金币或银币送到造币厂，可以取回等额的硬币，但是金属的重量只有原来的4/5。借助这项“发明”，国库赚了7200万里弗，而国家的商业运作则陷入一片混乱之中。小规模的关税平息了人们的不满，人们只看到了眼前的蝇头小利，却看不到大祸即将临头。

政府随即组建了一个仲裁委员会，对贷款承包商和包税人展开调查。收税员在任何国家都是不受欢迎的，那个时期法国的收税员更是令人恨之入骨。当人们听到包税人以及他们手下大批的“走狗”要为自己的劣迹承担责任后，举国上下一片欢腾。主要为这一目的而组建的仲裁委员会，被赋予了极大的权力，其组成人员包括议会主席、各委员会的领袖及司法机关的大法官，主席是财政大臣。委员会鼓励人们举报各种犯罪行为，并允诺将罚款或充公财产的1/5作为奖赏。被检举人隐匿财产的1/10也将奖励给检举者。

法令一经颁布，立即令那些侵吞巨额公款的人感到惶惶不可终日。但这并没有赢得人们的同情。针对他们的诉讼证明他们的恐惧是有理由的。巴士底狱很快就人满为患，全国各地的监狱也关满了罪犯或是嫌疑人。政府还颁布了一项法令，禁止旅店或驿站向企图逃跑的人提供马匹，任何人都严禁藏匿或协助他们逃跑，否则将面临重罚。有些人被判戴枷示众，要么被罚做苦役，罪行最轻的则被处以罚款和监禁。只有一个人被判处死刑，这个人名叫塞缪尔·伯纳德，是一个富有银行家，并且是一个远离巴黎的税收承包人。这个被当地人称为暴君和独裁者的银行家的非法收入数额非常巨大，为了逃避制裁，他愿意出600万里弗，相当于25万英镑。

他行贿未果，被执行死刑。另一些人的罪行可能更严重，但却要幸运得多。由于他们把财产藏了起来，因此他们被没收的财产还不如罚款多。严厉打击之后，政府放宽了处罚，对所有犯法者统统以收税的名义处以罚款。但是，腐败已经渗透到政府的各个部门，国库并没有增加多少收入，大部分赃款都流入了官员、官员妻子和情妇的口袋之中。为了避免罚款和惩罚，这些官员背后的女人们，也成为一些不法分子的目标，这些不法分子对她们大献殷勤，以寻求庇护。有一个承包商，根据他拥有的财产和所犯的罪行计算，他应纳税1200万里弗，但有一位在政府中举足轻重的伯爵大人告诉他，若他能给自己10万里弗，便可被免除罚款。谁料这位承包商却说："朋友，你说的太迟了，我已经和你的妻子达成了交易，她只要5万里弗"。

通过这种方式，政府征收了1.8亿里弗的税收，其中8000万里弗用于偿还外债，其余的1亿里弗都以各种方式流入了官员的口袋之中。曼特农夫人在论述这一事件时写道："我们每天都听说摄政王有新的拨款；对于以这种方式使用从挪用公款者那里讨回的钱财，人们都心存抱怨。"在最初的愤怒平息之后，人们普遍开始表达对弱者的同情，他们对采取如此严厉的措施却收效甚微感到气愤。他们没有看到从一群恶棍手中掠夺财富却让另一群恶棍大发不义之财有什么公正之处。短短几个月之内，更多的罪犯受到了惩处，而仲裁委员会也开始在更卑微的人群中寻找牺牲品。由于向告发者许以重赏，具有良好品质的商人被指控欺诈和巧取豪夺。他们不得不公开自己的隐私以证明自己的清白。人们的抱怨声四起，在仲裁委员会成立一周年之际，政府感到终止这些举措是明智的。仲裁委员会被解散了，那些无辜遭到指控的人们也得到了赦免。

劳氏银行的诞生

在这场金融混乱之中，约翰·劳隆重登场了。没有人比摄政王能够更加深刻地体会到这个国家悲惨的境况，也没有人比他更讨厌承担起力挽狂澜的责任。他不喜欢商业，经常不加考察签发官方文件，并把自己分内之事委托给他人处理。身居高位而需要承担的责任对他来说是一种负担，他知道必须采取一些措施，但他没有精力去做，也不愿为此牺牲自己的安逸和享受。由于具有这样的性格，也就难怪他会乐意接受那位他早已熟识且赏识其才能的聪明的冒险家提出的能够轻易实施的伟大计划。

劳一现身，立刻受到了大臣们的热烈欢迎。他向摄政王提交了两份备忘录，指出法国由于流通中的货币量不足并且屡次贬值而面临的危机。他断言，如果金属货币没有纸币的辅助，将完全无法满足一个商业帝国的需求，并专门引述了英国和荷兰的例子来说明纸币的优势。通过大量关于信用的可靠论据，他提出，作为重建法国信用（当时法国的信用在各国中处于垫底的位置）的一种措施，应该允许他建立一家银行，由这家银行来管理王室的税收，并以税收和土地为支撑发行纸币。他进一步提出，这家银行应该以国王的名义进行管理，但由议会指定的人员控制。

在政府审议这些备忘录的同时，劳把自己撰写的关于货币和贸易的论文翻译成法文发表，并利用各种手段在法国扩大其作为金融学家的声望。他很快就成为人们议论的焦点。摄政王的心腹也到处散布摄政王对他的赞赏，所有人都希望劳先生能够创造出伟大的奇迹。

1716年5月5日，国王下发敕令，允许劳和他的兄弟一起成立“劳氏银行”，该银行发行的货币可以用来缴纳税金。银行的本金为600万里弗，分为1.2万股，每股500里弗，其中1/4可以用金属货币购买，剩余的3/4以公债的形式购买。法国政府还批准了劳在其备忘录中要求的其他特权，最初人们以为这只是权宜之计，但事实证明，这些特权并没有被滥用，反而给人民和国家带来了不少益处。

从那时起，劳就踏上了通向财富的康庄大道。30年的钻研使他能够从容不迫地管理他的银行。劳氏银行所发行的票据可以随时兑现，并可兑换等值的金属货币。后者正是其策略的高明之处，这使其发行的纸币的价值立即超过了贵金属的价值，而贵金属的价值很容易因政府不明智的干预而贬值，在某一天值1000里弗的银币，第二天就有可能贬值1/6，但是劳氏银行的纸币却始终保持其最初的价值。同时，劳还公开宣称，如果一个银行家发行的纸币没有足够的担保来满足公众所有的需求，那么他就应该去死。结果，公众对其货币的估值迅速攀升，比金属货币高出1%。很快，法国的贸易就尝到了甜头，衰落的商业开始复苏。税收逐渐恢复正常，人们的抱怨也渐渐减少了，并在某种程度上建立起了信心，认为只要坚持下去，就一定能变得更好。一年之中，劳氏银行的纸币升值了15%，而政府发行的用于偿还路易十四挥霍无度而欠下债务的国库券则至少贬值了78.5%。这种强烈的对比对劳十分有利，使他成为全国人关注的焦点，威望日隆。他的银行几乎同时在里昂、罗谢尔、图尔、亚眠和奥尔良等地建立了分行。

摄政王对劳的成功惊讶不已，他逐渐认为，对金属货币具有如此巨大帮助的纸币能够彻底取而代之。在这种完全错误观念的驱使下，他开始采取行动。与此同时，劳开始了令自己名垂史册的著名计划。他向对自己言听计从的摄政王建议成立一家公司，这家公司应该拥有与密西西比河流域以及河西岸的路易斯安那省进行贸易的专有权。这一地区拥有丰富的贵金属资源，而这家公司在其独家贸易所获利润的支持下，将成为唯一的税收承包人和唯一的铸币者。

密西西比计划的疯狂

1717年8月，特许证正式颁发，公司正式成立。公司总资本被分为20万股，每股500里弗，这些股票可以用国库券按其票面价值购买，尽管面值为500里弗的国库券市场价格不会超过160里弗。

从那时起，投机狂潮开始席卷法国。劳氏银行取得了巨大的成功，人们对他关于未来的承诺深信不疑。摄政王每天都会向这位幸运的规划者授予新的特权。劳氏银行获得了烟草销售的垄断权、金银的独家提炼权，并最终升级为“法兰西皇家银行”。陶醉在成功之中的劳和摄政王忘掉了自己曾经大声疾呼的信条，即如果一个银行家在没有足够资金支持的情况下发行纸币，他就应该去死。在劳氏银行刚刚从私人银行变为公立机构后，摄政王就下令发行面值为10亿里弗的纸币。这是第一次偏离稳健性原则，但并非劳的错。因为在劳管理银行事务时，所发行的货币从来没有超过6000万里弗。至于劳是否反对摄政王无节制地发行纸币，我们不得而知，但由于大量发行纸币发生在王室掌控银行之后，因此责任应该由摄政王来承担。

劳知道自己依附于一个专制政府，但他还没有意识到的是这样一个政府会对脆弱的信用体系造成怎样的致命影响。尽管劳在付出沉重的代价之后明白了这个道理，但为时已晚，他已经在摄政王的驱使下，一步步丧失了原有的理性。他做了最不应该做的一件事，就是协助摄政王毫无节制地发行纸币，而在没有充足储备的情况下，这注定会失败。然而，眼前惊人的财富让他眼花缭乱，因而当预警信号出现时，他却完全无法意识到灭顶之灾即将来临。

法国议会从一开始就嫉妒这个外国人所具有的影响力，对其计划的安全性也心存疑虑。随着劳的影响力越来越大，议会的敌意也更强了。一位名叫德·阿格索的大臣因反对大量发行纸币以及国内金银币不断贬值而被摄政王毫不客气地解职。而这一举措使得议会的敌意更深，当忠于摄政王的德·让松受命接替德·阿格索的职位并兼任财政大臣时，他们变得更加愤怒。

新财政大臣上任后的第一个措施使得金属货币进一步贬值。为了尽快偿清国库券，他下令，人们将4000里弗硬币和1000里弗国库券送到造币厂，将得到5000里弗的硬币。对于用4000个足值老硬币改铸成5000个新的、掺了水的小硬币，德·让松深感得意，但由于对贸易和信用原则一窍不通，他根本意识不到自己所做的一切对两者造成了多么巨大的伤害。

议会立刻察觉到德·让松的失策以及这种做法的危险性，并再三向摄政王提出抗议，但摄政王却充耳不闻。无奈之下，议会被迫采取了一个大胆且异常的越权举动，宣布民众只能用旧币进行支付。摄政王闻讯后立即召开国会正式会议，并取消了这一法令。议会坚持自己的意见，随即又发布了一项法令。摄政王再一次运用自己的特权废除了该法令，但这使得议会的反抗更加激烈。

1718年8月12日，议会通过了另一项法案，禁止劳氏银行以任何直接或间接的方式参与税收的管理，同时禁止外国人以自己或他人的名义干预国家财政的管理，违反者将严惩不贷。议会认为约翰·劳是最大的祸根，愤怒之下，他们提出应将劳交送法庭接受审判，一旦被认定有罪，就立即在司法宫门前处以绞刑。得到消息的劳大惊失色，他逃进王宫寻求摄政王的庇护，并乞求摄政王采取措施来逼迫议会就范。这件事，再加上先王的两个儿子曼因公爵和索洛伯爵为储君的位置闹纠纷，使得摄政王自己完全没有了主见。最终，议长和两名议员被捕并被发配到很远的地方去蹲监狱，才使议会被压服。

这样一来，劳度过了自己的第一次危机，死里逃生后，他开始集中全部精力去实施其著名的密西西比计划。尽管议会依然反对，但公司股价却迅速飙升。1719年年初，政府发布公告，授予密西西比公司在东印度群岛、中国、南太平洋诸岛以及科伯特建立的法国东印度公司所属各地进行贸易的独家权利。由于业务发展迅猛，规模不断扩大，密西西比公司被世人称为“印度群岛公司”，同时增发了5万股新股。劳为民众描绘出了一幅辉煌的远景，他承诺，每份500里弗的股票每年派发的红利为200里弗。由于股票可以用国库券按其面值来购买，而500里弗的国库券只值100里弗，所以每股的投资回报率高达120%。

早已热情高涨的公众无法抗拒如此巨大的诱惑。至少有30万人申请购买这5万份新股。从早到晚，劳位于甘康普瓦大街的府邸都被迫切的新股申购者围得水泄不通。由于无法满足所有人的需求，能够获得新股的幸运者名单要过几个星期才能确定，在这一期间，公众的焦躁升级为极度疯狂。公爵、侯爵、伯爵以及他们的夫人每天都会聚集在劳的家门前等上几个小时。最终，等待消息的人已经成千上万，挤满了整条大街，为了防止相互推挤，他们甚至在临街租房暂住，以便能从新的“财神”那里得到第一手的财富信息。原有股票的价格每天都在上涨，在发财梦的引诱下，新申请者难以计数，因此公司决定至少再发行30万新股，每股价格5000里弗，使得摄政王能够利用公众的热情来偿还国债。偿还国债需要15亿里弗，如果政府授权，筹集3倍于此的金额也不是难事。

劳的成功达到了巅峰，而法国人的疯狂也正在快速接近顶点。人们不分贵贱，都在憧憬无尽的财富。在贵族名流之中，除了圣西蒙公爵和维拉斯元帅外，其余的人都参与了股票的买卖。人们无论男女老少、高贵低贱，都希望从密西西比债券的涨跌中发一笔财。甘康普瓦大街一时间成了股票经纪人的聚集地。由于这条街既狭窄又不方便，且人满为患，所以经常发生事故。平时，这条街边的房屋每年的租金为1000里弗，现在涨到了1.2万至1.6万里弗。一个街边的补鞋匠通过出租自己的小摊位，并向经纪人和顾客提供纸笔，每天大约净赚200里弗。更夸张的是，一个驼背的人在街边把自己的驼背租给那些急不可耐的投机者当书桌，居然也赚了不少钱。大量的人聚集在一起做生意引来了更多的旁观者。巴黎所有的小偷和无赖也被吸引到这里，骚乱和暴力事件不断发生，以至于每到夜晚，就会有一批士兵被派遣到这里来清理街道。

劳发现住在此处极为不便，于是搬到了旺多姆广场，但投机者们也尾随而至，很快，宽敞的旺多姆广场也变得如甘康普瓦大街一样拥挤不堪。从早到晚，这里就像是人潮涌动的市集一般。广场上为股票交易者和卖茶点的商铺搭起了帐篷和货摊，赌徒们也将带有大转盘的赌桌搬到了广场中央，希望从川流不息的人群之中捞上一把。去林荫道和公园散步消遣的人逐渐减少，大家更喜欢来旺多姆广场闲逛消遣。这里不仅成为生意人的聚集之地，也成为闲逛者时髦的休闲场所。广场上一天到晚都是人声嘈杂，广场边上的法庭法官向摄政王和市政府抱怨道，他判案时甚至听不到律师们的辩护词。劳知道后，表示愿意帮忙解决这一麻烦。为此，他同加里格南亲王签署了一份协议，租下了苏瓦松酒店，因为这座酒店后面有一个面积达数英亩的大花园。经过几番讨价还价，最终劳以极高的价格买下了那座酒店，而亲王自己则留下了那个漂亮的大花园作为自己新的生财之道。花园里有许多精美的雕塑和几座喷泉，设计极有品位。劳刚刚搬进他的新宅邸，便有一则新的法令颁布下来，禁止所有人在苏瓦松酒店花园以外的任何地方买卖股票。花园的树木之间支起了约500顶大大小小的帐篷，供那些股票交易者开展交易。五颜六色的帐篷间飘扬着色彩斑斓的彩带和旗帜，人们进进出出，无休止的喧哗声中夹杂着音乐声，人们的脸上流露出喜悦之情……这一切都使这个地方像被施了魔法一样吸引着巴黎人。在疯狂持续期间，加里格南亲王发了一笔横财。每顶帐篷的月租金是500里弗，花园里大约有500顶帐篷，因此他每月仅靠出租帐篷就能收入25万里弗，也就是一万多英镑。

看到国民为如此愚蠢的事情神魂颠倒，维拉斯元帅这位诚实的老兵感到十分恼火。有一天，他乘坐马车路过旺多姆广场时，看到仍旧痴迷于股票的人们，不禁怒火上升，他突然命令马车夫停下车，探出头来，针对他们“让人恶心的贪婪”慷慨激昂地足足讲了半个小时。对他来说，这是十分不明智的举动，人们对此的回应只有嘘声和嘲笑，直到最后有一个东西朝他的脑袋飞过来，他才无奈地继续赶路。此后，他再也没有进行过类似的尝试。

还有两位非常清醒、冷静且具有理性的学者——拉·莫特先生和特拉松神父，他们相互庆祝至少没有被卷入这场奇怪的狂热行动之中。但几天后，当受人尊敬的特拉松神父买完密西西比公司的股票走出苏瓦松酒店时，却遇到了他的朋友拉·莫特先生也来买股票。“嗨，是你吗？”神父微笑道，“是的。”拉·莫特先生一边快速从神父身边挤过一边答道，“你怎么也来了？”两位学者再见面时，谈论的都是一些哲学、科学及宗教问题，再也没有勇气提密西西比这几个字。最后，提起那件事，两人一致同意：一个人永远不要发誓说绝对不会不做某件事，就连聪明人也会做出一些荒唐事。

这一时期，新“财神”劳忽然之间成了法国最重要的名人。贵族、法官、主教都来到了苏瓦松酒店，军官、衣着华丽的贵妇，以及认为自己有优先权的世袭爵位者或公职人员挤满了劳的接待室，希望可以买到印度公司的股票，而相比之下，摄政王的办公厅却受到了冷落。劳太过繁忙，只能接见不到1/10的申请者，为了能够获得见面的机会，人们不得不采用各种花招。以往，这些贵族即使在摄政王的办事厅等上半小时也会感到有失尊严，但现在却甘愿为见到劳先生一面而等上足足六个小时。劳的仆人也收到了无数的小费，目的只是为了让他们通报自己的姓名。为了达到同样的目的，高贵的女士们则用上了甜言蜜语，但其中许多人还是不得不日复一日地来到这里，在两周之后才能受到劳的接见。在任何聚会上，劳总是被女人们围绕着，她们争相报出自己的名字，希望他能够把自己的名字列入新股购买者名单中。尽管劳是一个出名的花花公子，但遇到这种情况他还是会奋力冲出重围。还有些人为了见劳一面而做出令人啼笑皆非的举动。有一位女士，一连数天都没能见到劳，于是打消了在劳的家中见到他的念头，而是命令她的车夫当她乘车外出时严密关注周围的情况，如果看到劳就在附近，就驾驶马车撞向灯柱，把她摔下车来。车夫郑重地接受了这项重任。接下来三天，这位女士就一直乘着马车在城中穿行，并在心中默默祈求上帝赐予她与劳先生一次见面的机会。在第三天快要结束的时候，她看见了劳先生正走向她的马车。她瞬间抓住缰绳对车夫说：“快让马车翻掉，看在神的面上，快让马车翻掉！”车夫立刻将马车撞向灯柱，随着那位女士的尖叫，马车翻倒在地。劳见到事故，匆忙赶到现场施以援手。这位机灵的女士被带到了苏瓦松府邸，当她觉得“惊恐”精神应该恢复正常时，向劳先生讲出了实情并道歉。劳先生微笑着请这位女士说出她的名字，并允诺她可以买一些印度公司的股票。

还有一个故事是关于布莎夫人的，据说她听闻劳先生在某个餐馆吃饭，便匆匆赶来，一进门便惊呼失火。餐馆里用餐的人都立即四散逃命，但当所有人都向外奔逃时，劳却发现一位女士匆匆地向自己走来，他立即识破了那位女士的计谋，便向另一方向逃走了。

当然，还有许多其他的趣闻轶事，尽管会使人觉得有些夸张，但却反映了当时人们癫狂的精神状况。好奇的读者或许会发现一些关于法国女人出于欲望而想要将劳先生留在其公司的事，这常会使得劳先生面红耳赤或是置之一笑。这是在巴伐利亚的伊丽莎白·夏洛特，即奥尔良公爵夫人的书信中找到的。有一次，摄政王与德·让松、杜瓦布神父等人讲起自己正在为让哪位公爵夫人代替他到摩德纳照顾他的女儿而忧愁。摄政王说：“我不知道到哪里才能找到一个合适的人？”其中一人略带吃惊地说：“你难道不知道在苏瓦松酒店的客厅里可以见到法国所有的公爵夫人吗？”

希拉克先生是一位远近知名的医生，他曾购买过一些股票，但令人遗憾的是，这些股票一直在下跌，因此他急切地希望可以卖掉它们。然而，令他更加恐慌的是，这些股票又接连下跌了两周。希拉克先生几近崩溃，心中装的全是股票下跌的事。一位女士让他到自己家中为其诊病，他来到那位女士的病榻前为其把脉，不由自主地说：“它一直在下跌！下跌！上帝啊！它在持续下跌啊！”令人啼笑皆非的是，那位女士一直注视着他的脸，对他的意见感到极其焦虑。“噢，天啊！希拉克医生”她说道，低头盯着自己的脚，又摇铃寻求帮助，叫道，“我要完了！我就要死了！它在落！在落！一直在落！”希拉克医生惊奇地问道：“什么在落啊？”“我的脉搏啊，它一直在下降。”女士说道，“我一定是快要死了。”希拉克先生说：“镇静一点，尊敬的夫人，我刚刚是在说我的股票。事实是，我损失了一大笔钱，我的脑子很乱，我完全不记得我刚刚说过什么。”

有时，不到几小时，股价上涨一二十个百分点，许多人在早上出门时还是一贫如洗，地位卑贱，可到晚上回来时，或许就已经成为百万或是千万富翁了。一位拥有大量股票的投资人，在生病时让他的仆人到苏瓦松酒店后花园去卖出250股。仆人到那里才发现，股价已由原来的每股8000里弗上涨为10000里弗。这位精明的仆人就把这2000里弗的差价共50万里弗的利润投入了自己的钱袋，之后从容地将剩余的钱拿回去向自己的主人交差，当晚他便匆匆逃离了法国。

约翰·劳手下的车夫也为此撞了大运，很快就成了暴发户。瞬间暴富的车夫迅速给自己买了一辆马车，向劳提出了辞职。劳对此人很器重，就请他帮忙在离职前再找一位同样精干的代替者，车夫很爽快地答应了。当晚他就带来了两位以前的同伴，请劳先选择一个，而另一个则当自己的车夫。

相比之下，那些一夜暴富的上流人士粗鄙无耻的言行更让人印象深刻，其荒唐程度更让人难以想象。圣西蒙公爵曾对那个时期的一个名叫安德烈的人有过记载，此人不但不学无术，而且极其缺乏教养，可谓一无是处，但就因他在密西西比债券投机中拥有股票，在短期内获得了大量的财富。正如圣西蒙所形容的："他为自己堆了一座金山。"

安德烈一夜暴富后，他的要求就不仅仅是富有而已了，他希望能改变自己卑贱的身份地位，得到尊贵的身份，于是他妄想着和贵族联姻。他有一个三岁大的女儿，这个女孩现在却成了他爬到贵族阶级的好帮手。他找到了当时门第高贵但现在却已落寞的贵族德·瓦奥斯家族，开出了他的条件：只要他们两家能够联姻，他将答应德·瓦奥斯家族提出的任何条件。这时，已经33岁的德·瓦奥斯侯爵满心欢喜，他答应在安德烈的女儿年满12岁时，将其娶进家门。但是安德烈必须为此奉上10万克朗的定金，除此之外，他每年还需付给德·瓦奥斯侯爵2万里弗，直到女儿嫁入德·瓦奥斯家族为止。双方为达成这个丑恶的交易还一本正经地签字画押。股票投机商欣喜之余还同意在女儿结婚时另外再赔上几百万里弗当嫁妆。

这个贵族之家的老族长勃朗卡斯公爵作为见证人，参与了整个谈判过程，并且分享了部分利益。圣西蒙对此事并不在意，他只是把它当成一个笑话来看。他认为，人们最终会对这场婚姻大肆批判，几个月后约翰·劳垮台，安德烈也随之破产，于是他利用女儿进入贵族阶级的计划也没了下文。而对于最后未达成的协议，"神圣的"德·奥瓦斯家族也没有归还10万克朗的定金，虚伪至极。在事情被众人所知晓后，人们对这件不光彩的婚姻交易大力谴责。

这样的事不过是作为一桩笑料被世人所鄙视，但是投机市场的疯狂所引发的其他后果确实让人忧心忡忡。为了能够随时买卖股票、债券，人们随身携带大量钱款。于是，大街小巷里到处有抢劫案、凶杀案发生。其中有些案子不但手段残忍到令人发指，罪犯还往往具有很高的社会地位，其中的一件就曾令整个法国为之震惊。

一桩血腥的谋杀案

德·赫恩伯爵是德·赫恩王子的弟弟，并且与高贵的德·阿莱姆伯格家族、德·里昂家族以及德·蒙特莫罗西家族是亲戚。伯爵年轻气盛、桀骜不驯，生活极度奢侈，花钱如流水，根本不知何为节俭。他有两个狐朋狗友，一个叫米勒，是皮埃蒙特的一个上尉；另一个是佛莱芒人，叫勒斯当。他们三人听说有一个有钱的经纪人经常出门携带大量的现金和股票，于是便一起密谋准备抢劫这个有钱人。

三个人立马设计了抢劫计划，由德·赫恩伯爵假扮成一个要购买印度群岛公司股票的人，约那个经纪人在旺多姆广场附近的一个小酒馆里见面，并在那里下手。那位没有丝毫疑虑和防备的经纪人准时赶到小酒馆，见到了德·赫恩伯爵和他的两名同伙。德·赫恩伯爵向这名经纪人介绍了一下自己的同伙，随后，德·赫恩伯爵迅速跳起来扑向受害者，用短剑在对方的胸口上猛刺了三剑，那人立时倒在了血泊之中。伯爵立即把公文包里价值10万克朗的密西西比和印度公司股票掏了出来。这时，米勒为确保万无一失又拾起短剑连捅了不幸的经纪人几下，直到确信对方已经死亡。然而，经纪人在倒下之前曾高声呼救，呼叫声最终引起了酒馆内其他顾客的注意。当人们赶来的时候，在楼梯间放风的勒斯当见形势不妙连忙跳窗逃走，他的两个同伴米勒和德·赫恩伯爵被当场擒获。

光天化日之下发生的恶性杀人抢劫事件引起了市民的恐慌，整个巴黎上空笼罩着一层恐怖血腥的气氛。第二天，法庭就着手审理了这起凶杀案，由于证据确凿，两人被判故意杀人罪，并将处以车裂之刑。 二人将被处死的消息刚一传出，德·赫恩伯爵那些位高权重的亲友们便跑到摄政王那里替他求情，求摄政王能够网开一面原谅这个据说是有精神问题的年轻人。

但是摄政王已经下定决心要严惩德·赫恩伯爵，杀一儆百。因此对这些人都避而不见，任那些人怎么说也不松口。结果有一天还是让那些人找着机会见到了摄政王，他们乞求道，如果德·赫恩伯爵被公开处决了，将是一个大耻辱，他们整个家族都会在人前抬不起头。摄政王同时也不忘安抚这些人，无论惩罚罪犯时会带来多大的羞辱，他愿意与众人一起承担。随后几天，不断有人前来为德·赫恩伯爵求情，但都吃了闭门羹，因此，他们只好请最受摄政王尊敬的圣西蒙公爵前来说服他，使他改变主意。

圣西蒙公爵听说德·赫恩伯爵要被处以车裂之刑时极为震惊，他认为作为德·阿莱姆伯格家族的成员，德·赫恩伯爵的死法竟然和一个普通平民是一样的，这不太合适。而且根据当地法律，受车裂刑罚的人的亲属将不准担任任何公职，或受雇于任何政府部门，直到与这个人同辈的所有人全部死亡为止。于是圣西蒙公爵立即去往摄政王那里分析了这件事的利害关系，圣西蒙公爵建议将德·赫恩伯爵改判为斩首。毕竟，在当时的欧洲，人们并不认为一个被砍头的人的家属有什么可耻的。

圣西蒙公爵的这番话使得摄政王变得摇摆不定，就在这时，约翰·劳的出现坚定了摄政王原本的立场，劳认为，正义必须得到伸张，杀人者必须接受法律的制裁。

这个时候德·阿莱姆伯格家族已经走投无路了。他们决定，为了不令家族的人蒙羞，让德·赫恩伯爵在监狱里服毒药自尽。德·罗贝克·蒙特莫罗西亲王混进死囚监狱，他劝告德·赫恩伯爵，让他服毒自尽，岂料德·赫恩伯爵坚决不合作，任亲王好说歹说，德·赫恩伯爵就是不愿喝下那毒药。蒙特莫罗西亲王大发雷霆，他骂道："去死吧！好吧，你想怎么死就怎么死吧！你这个不识好歹的小子！你就该死在那卑贱的刽子手之手！"在这之后，再没人管德·赫恩伯爵闲事了。

可是，尽管德·赫恩伯爵不愿意服下毒药，但他同样觉得车裂对他这样一个出身贵族的人来说太过可耻，于是他请求摄政王改判自己为斩首。但是约翰·劳的观点对摄政王影响颇深："绝不能为一己私利而放弃正义和公理。"最终，摄政王还是坚持最初的判决。于是，在宣判两人死刑的第六天，德·赫恩和米勒在格瑞弗广场上被处以车裂之刑，可是另一个同伙勒斯当仍未被缉拿归案。

这样的处刑结果使得巴黎的民众人心大快，就连劳也希望人们认可他在说服摄政王不偏袒贵族方面发挥了一些作用。但是，抢劫和刺杀案件的数量并没有减少。人们并没有对富有的经纪人遭遇表现出同情：公共道德的沦丧已经从以前的部分地区扩展到了整个社会，从以前上流社会的公开作恶和下流社会的包庇罪犯恶化到了现在中产阶级也开始为非作歹。赌博恶习充斥着整个社会，为了金钱，几乎人人都成了职业赌徒。

全民癫狂的回光返照

人们的信心持续了一段时间。在此期间，投机和炒股的形式也推动了商业贸易的发展，见此情景后，甚至连其他地方的人都纷纷涌入巴黎，他们不仅来挣钱，也来消费。

摄政王的母亲，即奥尔良公爵夫人，大略地统计过这一时期巴黎的人口数量，随着来自世界各地的人数不断增加，这一时期的巴黎总人口竟达到了30多万。

为了能够容纳众多的人口，一些家庭将自己家中的阁楼、厨房甚至是马厩提供给那些淘金者作为住宿的地方。但是人口的剧增也带来了许多问题，比如交通阻塞，各式各样的马车和其他交通工具塞满了大街小巷，在原本作为主干道的道路上，车辆也不得不小心行驶，以免发生交通事故。成千上万的订单接踵而至，全国的织布机昼夜运转，即使如此，奢华的蕾丝花边、丝绸、宽幅细布以及天鹅绒等纺织品仍供不应求。同时，全国的物价也出现暴涨，如纺织品价格比平时翻了四番，食品价格则高得令人无法想象。同时劳动者的工资报酬也在迅速增长，以前每天赚15苏的工匠现在可以赚到60苏。法国到处都在大兴土木，城镇以前所未有的速度向四周扩张。人们被眼前的繁华迷幻了双眼，以至丧失了清醒的意识，殊不知，在远处地平线上，乌云早已位于他们的头顶之上了，大风暴即将到来。

劳也从自己创造出来的举世惊叹的奇观中获得了丰厚的收益。法国的贵族以能和劳的妻子、女儿结交为荣，伯爵和亲王的继承人们把和劳结为姻亲作为目标。劳在法国的不同地方添置了两处豪华的房产，又与德·苏利公爵家族进行磋商，想购买罗西尼侯爵的领地。要不是信仰问题的阻碍，劳此时在职位上早已得到了进一步的高升。摄政王许诺，如果劳公开宣布皈依天主教，他将被委任以审计官的职位，主管法国财政。而对于约翰·劳这个职业赌徒来说，有没有信仰或是信仰什么都无所谓，于是他毫不犹豫地答应了摄政王，汤辛神父为劳安排了入教仪式。

为此，吉斯坦森在其翻译的《路易十五回忆录》中苍白地解释道：“汤辛，一个受人诅咒的天使般的狂热分子，他通过人为劝说的方式让苏格兰人臣服，在教堂圣坛的脚下，难道我们还会一贫如洗吗？”在施行信礼的第二天，劳就当选了圣洛奇教区的名誉教会执事，并捐赠了50万里弗的善款给教会。事实上，劳一直存有一颗善良的爱心，他所捐献的善款无人能及。而且，平时他总会尽力帮忙那些求助者。

这时劳已成为法国家喻户晓的名人了。奥尔良公爵十分欣赏他的远见卓识，并坚信他的计划会取得成功，所以无论什么事情，都会找他提些建议。尽管劳在法国坐拥荣华与权势，但他依然保持着生活窘困时的朴素，他还是坚持着和蔼可亲和善解人意的品质。劳的一举一动，都体现出他超越常人的绅士风度，善良、优雅而让人肃然起敬，无论在任何时候都会消弭人们的怒气。如果有人说他待人有些傲慢，那是因为对方是阿谀奉承、卑躬屈膝的令人恶心的贵族们。

劳经常带着调侃的眼光看那些贵族们，他们为了获得帮助能殷勤地侍候很长时间。相反对于他的同乡们，他的态度则截然相反，他招待得周到而又有礼。伊斯莱的阿奇博尔德·康贝尔伯爵曾到旺多姆广场拜访劳，他就是后来的阿盖乐公爵，他在劳的几个会客厅里看到了争先恐后想同这位伟大金融专家见面的各界名流，他们都希望自己的名字能够出现在会客单最显眼的位置。当伯爵来到书房时，看到劳正安静地坐在书桌后面写一封给劳里斯顿的园丁的信，内容是让园丁多种一点白菜。伯爵和他的老乡玩了一会儿纸牌，又在那里逗留了很长时间，劳的平易近人以及极好的教养令他十分钦佩。

这段时间，许多贵族乘机赚取了一大笔财富，使得即将败亡的家业又走向辉煌。如波旁公爵、吉尚公爵、拉弗尔斯公爵等，他们获得了一大笔财富，这不仅来自股票投机，也来自他的瓷器和香料生意。拉弗尔斯等公爵暴富在巴黎国会中引起了很长一段时间的争议，国会认为他就是一位香料商，应该取消其贵族身份。这一决定对他十分不利。他的漫画肖像被画成是一个街头小贩，背着一大包香料，还带着股票持有者的标记，写着"受人尊敬的拉弗尔斯"。绍纳公爵和汀丹公爵、埃斯特雷元帅、罗昂亲王、普瓦亲王和莱昂亲王都是这样的例子。路易十四和斯潘夫人之子波旁公爵在这次密西西比计划中行了大运，他不仅重建了尚蒂伊地区富丽堂皇的行宫，同时，由于他对赛马极为痴迷，所以也建造了一系列闻名欧洲的马厩，又从英格兰进口了150匹最好的赛马，进口马匹主要是为了改良法国赛马的品质。他购买了皮卡第地区的广袤土地，并成为瓦兹河和索姆河之间肥沃土地的所有者。

看到波旁公爵在投机中所攫取的巨额财富，你就会明白为什么劳几乎成为拜金者虔诚跪拜的偶像。当时所有的小诗人和文人都极力赞美劳，恐怕即使是皇帝也没有得到过如此之多的称赞。在他们的描述中，劳俨然成了法国的救世主、保护神。他的语言充满了机智，他的表情代表着美德，他的行为充满着智慧。所以每次他出门，都会有成群结队的人跟在马车后面，摄政王便派遣了一支骑兵队作为他的专属护卫以保护他，并为其开道。

有人说，以前的巴黎从来都没有这些豪华、精巧的玩意儿，现在他们从国外进口的雕塑、油画和挂毯一时间成了畅销货；家具、装饰品之类法国人擅长做的漂亮的玩意儿，已不再是贵族们的专属物品，在普通的商人和中产阶级的家中也都可以看到这些东西。世界上最为光彩夺目的珠宝也被运往巴黎这个最为有利可图的商业中心。其中最为有名的是那颗由摄政王购买并以他的名字命名的、用以装饰法国王冠的钻石。购买这颗钻石花掉了3200万里弗。

从购买的过程来看，摄政王在投机风潮中赚取的财富远不如他的臣民多。当他第一眼见到这颗钻石时，他就一心想要拥有它，但理智告诉他不能这么做，他应该放弃这个念头，因为他不能为了一件小小的珠宝而花掉如此巨额的公款，却不顾及他对整个国家的责任。这个冠冕堂皇的借口让王室里所有的女人都感到异常惊讶，接下来的几天里这件事就成了她们茶余饭后的谈资。这颗异常稀有的宝石即将被带离法国，因为没有人能出得起钱将它买下，这种情况令国人深感遗憾。摄政王为了这颗宝石也是费尽心力，绞尽脑汁地想办法，但都失败了。最后，那个善于社交、口才出众的圣西蒙公爵挑起了这个重担，他说服了劳，并请求摄政王委托劳找到一个可以付得起钱的办法。几经讨价还价，宝石的主人终于同意以在数年内获得200万里弗为条件，并还能得到这个数目5%的利息以及在加工宝石过程中产生的碎块。在圣西蒙公爵的《回忆录》里，他对自己在这件事中所起的作用进行了颇为得意的描述。他对这颗宝石这样描述道："宝石如青梅般大小，洁白无瑕，重500多格令。"在文章的结尾处，他写道："说服摄政王购买这件价值连城的宝石，让他深感光荣。"换句话说，他把说服摄政王放弃自己的责任，用公款以天价购买这个华而不实的小玩意儿，作为一种骄傲。

1720年，法国社会日趋繁荣。议会多次发出警告，纸币过量发行迟早会将国家的经济推向崩溃，但并没有人理会这些警告。并不懂得财政运行原理的摄政王则认为，既然发行纸币能给经济发展带来那么好的效果，为什么要对此进行限制呢？若5亿里弗的纸币就能带来如此之大的好处，那么再发行5亿里弗的纸币就会带来更大的好处。

然而，劳在此时并没有指出摄政王这个巨大的逻辑错误。人们贪婪的欲望支撑着法国浮华的海市蜃楼，并使自己迷失在这个幻境之中。印度群岛和密西西比两个公司的股价持续走高，银行也在发行更多的纸币支持着它。这如同波特姆金将军为了博得女皇一笑便用巨大的冰块建造豪华宏伟的宫殿，并在宫殿顶上安装漩涡状的装饰、爱奥尼亚式的冰柱，这些都凸显了工匠们炉火纯青的技艺。冰柱还围在一起，形成了一个透着高压气息的门廊，冰质的圆顶在阳光的照耀中，晶莹剔透，异常夺目，像是这座宫殿披上了一层金色的外衣，又仿佛整个宫殿都是用水晶和钻石建造的，而此时的阳光并未使它融化。南方温暖的微风一吹来，这座宏伟的宫殿就再也撑不住了。

约翰·劳苦心经营的货币体系也是如此。只要怀疑的风潮在大众中间蔓延开来，它就会慢慢地瓦解，最终消失，就算有人想竭力挽回，也是回天乏术。

怀疑风潮

1720年初，法国社会的金融系统出现预警。由于劳拒绝了孔蒂亲王想要以自己制定的价格购买新上市的印度公司股票的要求，于是孔蒂亲王便派人拉了三大马车的纸币去银行，要求兑换成硬币。劳对此有些怨恨，就向摄政王指出，如果孔蒂亲王的行为被众人模仿，那么将会出现极大的麻烦。摄政王对此也十分清楚，于是就派人找来了孔蒂亲王，并用愤怒的语气命令他将兑换来的2/3的硬币再次存入银行。亲王被迫执行了这项专制的命令。让劳感到欣慰的是，人们并不赞同孔蒂亲王的做法，每个人都指责他吝啬、贪婪，指责他强加给约翰·劳的不公正待遇。然而令人奇怪的是，逃过此劫的劳与摄政王并没有意识到应该马上实行紧缩的财政政策，减少纸币发行。出于信任的考虑，不久之后便又有许多人模仿孔蒂亲王的做法。稍稍有点头脑的股票投机者都会明白股价不可能只涨不跌。银行投资家布尔东和拉·查理迭赫悄悄地将纸币一点点地兑换成硬币，并把它们运往国外。他们同时也尽可能地购买了大量便携的金银器具和稀有珠宝，并秘密地把它们运往英格兰或是荷兰。投机商韦尔马特也感觉到风暴即将来临，于是他购买了将近100万里弗的金银币，并将其装在一辆破旧的农村马车上，在上面盖上干草和牛粪，而他自己则穿上肮脏的衣服伪装成农夫，将这车贵重的金银安全运往比利时，最后又转运到阿姆斯特丹。

开始，任何人随时可以将纸币兑换成硬币，但一段时间过后，硬币严重匮乏的状况就出现了。顿时，民怨四起，要求进行调查，很快便找出了原因。议会对于这个问题进行了长时间的激烈讨论，并且请约翰·劳也发表意见。劳只好建议发布命令，将硬币贬值到比同面值纸币低5%的水平，然而，这项命令并未达到预期的效果。接着议会又发布了一项命令，将硬币价值贬到低于纸币价值的10%。与此同时，银行规定了每次兑换硬币的限额。虽然这些措施保住了银行的信誉，但却仍未唤起人们对纸币的信心。

尽管政府颁布了许多法令来阻止金属货币外流，但是仍有许多金属货币从法国流向了英格兰和荷兰，国内仅存的少量硬币也被小心谨慎地保存或隐匿起来。正是由于金属货币的严重外流，进而导致法国国内的金属货币已经严重匮乏，甚至连正常的商业贸易也无法维持了。在这种紧急情况下，约翰·劳做了一个大胆的尝试：彻底禁止金属货币的流通。1720年2月，政府颁布了新的法令，可是，该法令不仅没有恢复纸币的信誉，反而进一步摧毁了人们对纸币残存的一点信心，整个国家也被推到了暴乱的边缘。该法令禁止任何人拥有500里弗（20英镑）以上的金属货币，违反者不仅会被没收所有铸币，还将被处以巨额罚款。除此之外，该法令也禁止任何人购买珠宝和贵重器皿。1720年2月，这一法令一颁布，整个国家便濒临革命的边缘。原本是想要重建纸币的信誉，可现在却给整个法国经济带来了不可避免的威胁。

此外，法令更严禁任何人购买金银首饰、贵重器皿以及钻石珠宝，甚至鼓励人们踊跃告密，并承诺将罚金一半奖励给告密者。整个法国都笼罩在这样相互告密的阴影之下，人性里最丑陋的一面天天都在上演，以至于几乎所有家庭的隐私权都遭到告密者的恶意侵犯。最正直、最老实的人也可能因为拥有一枚金路易而被判有罪。仆役们纷纷举报雇主。有一个市民竟变成了以告密为职业的“间谍”，天天探听自己邻居的财产情况。而这对于政府来说，也是一个大麻烦，因为告密者只要说一句，他怀疑谁家藏有金属货币，法庭的搜查令立马就能签发。英国大使斯泰尔爵士感叹道，在此种情形之下，人们已经不需要再去怀疑约翰·劳皈依天主教的诚意了。能够把大量的金银变成纸币，表示他完全领悟了天主教的精髓，已经懂得如何建造一个新的“宗教裁判所”去迫害平民百姓了。

民众们曾经对摄政王和劳的敬仰和崇拜瞬间烟消云散，他们将自己的怨恨统统归结到摄政王和劳的身上。现在使用500里弗的金属货币都成了违法行为，谁又能够知道明天自己手中的纸币会值多少钱呢？杜克洛斯在《摄政王秘史》一书中这样写道：“世界上从来没有哪个政府如此反复无常，也从来没有哪个政府会以如此暴虐的手段施行如此惨无人道的暴政。对所有亲历那个时代恐怖气氛的人和所有现在重温这段噩梦般历史的人来说，简直无法理解为什么在这样的情况下没有发生暴动，而那两个罪魁祸首约翰·劳和摄政王竟然都保住了性命，这真是太不可思议了。约翰·劳和摄政王每日都处于被人民革命的不安和恐惧之中，可是人们却只是在不停地抱怨，并没有揭竿而起。他们被一种胆怯的绝望和一种愚蠢的恐慌所笼罩。人们的心灵是如此卑弱，以至于没有勇气去违抗法律。”

但与此同时，也有一些反抗者，他们在墙上贴满了煽动性的文章；还有一些人向民众分发煽动性传单，大致意思是“圣巴托罗缪节”的惨剧将会在星期六和星期日重演，你们以及你们的仆人最好不要上街。上帝保佑你们！把信转交给你们的邻居。大量的间谍占据了城市的各个角落，人与人之间的信任顷刻之间荡然无存。而且，也没有人想参加一个在傍晚举行的不会产生任何影响的反抗活动，因此，巴黎很快就恢复了和平。

密西西比公司，或者说路易斯安那公司的股票仍在暴跌，没有人再相信一夜暴富的神话了。为了让人们重拾对密西西比计划的信心，政府只好下令，巴黎街头的所有流浪汉、无业游民都将被强制服役。就像战时征兵那样，大约6000名地痞流氓被迫穿上了政府提供的衣服，拿着工具，坐上了驶往奥尔良的船，有传言说那里的金矿需要大量的工人。就这样，每天都有成群结队的人扛着锹和镐在巴黎街头经过，之后分成小队去往不同的港口，但是他们之中有2/3的人并没有上船，而是中途开溜并且逃到了法国各地。这些人卖掉工具以求取温饱，然后继续过着流浪汉的生活。不到半个月，这批流浪汉中的一半人又出没在巴黎的大街小巷之中。

一场悲惨的噩梦就这样醒了。但是这个方法让一些心存侥幸的人相信，公司又正在大规模地开采金矿，金银很快就会像以前一样涌入法国了。

法兰西的愤怒

在君主立宪制下，其他国家也发生过类似的事情，但是对于此次危机，法国却采用了最坏的处理方式。在接下来的一段时间里，英格兰也发生过类似的事件，但英格兰的处理方式与法国完全不同。摄政王本想用自己的专制政治拯救法国，但不幸的是，不仅没有将法国拖出泥潭，反而使其越陷越深。政府下令，所有交易必须以纸币进行支付。因此，从2月1日到5月底这段时间，纸币的发行总量就高达15亿里弗，大约折合6000万英镑。但是，即便是这样，民众也对这种无法兑换成金属货币的纸币丧失了信心。巴黎议会议长拉玛贝特当着摄政王的面说，他宁愿要10万里弗的金银货币，也不愿意要500万银行发行的纸币。对于纸币的不信任之感在民众间普遍蔓延，纸币发行量剧增使得市场上流通的纸币和金属货币之间的差距越来越大，这使得经济形势更加严峻，摄政王想让纸币贬值，但是一次次颁布的贬值法令反而使其身价越来越高。2月份，民众普遍回应，皇家银行应与印度群岛公司合并为一家。议会最后通过了这样一条法令，国家依然是银行发行纸币的担保者，但是，银行不能在没有议会批准的情况下增加纸币的发行量。至此，劳氏银行便成了国有企业，同时，摄政王甚至还把银行所获得的全部利润转给了印度群岛公司。这样的法令的确起到了一定的作用，路易斯安那公司和其他公司的股票价格短期内确实有所上涨，但是，国家银行仍然无法在民众间建立起足够的信任。

据说，约翰·劳对两种方法都不赞同，但他也想不出其他更好的办法。最后，经过讨论，他们最终提出一个方案，让纸币贬值50%。5月21日，政府根据此方案颁布了一条法令，印度群岛公司的股票及其银行发行的纸币将逐渐贬值，在年底之前，它们的实际价值将降到面值的一半。议会拒绝通过该法案，民众对此也表现出极大的不满，就连整个国家都处于高度警惕之中，这也是使该国保持安宁的唯一办法。由于议会的反对，所以7天之后，又通过了另一项法案，该法案规定，恢复纸币的原有价格。所以，摄政王被迫在5月27日宣布此前一项法令作废，同时恢复了纸币原先的价值。

同一天，银行停止了兑付铸币业务。约翰·劳和德·让松被逐出了政府部门。软弱怯懦的摄政王为求自保，将一切责任全部推到约翰·劳的身上。在人前，摄政王对劳冷漠痛恨，在约翰·劳请求和摄政王会面时，摄政王将他拒之门外，而在身后又对劳低声下气，在夜半时分，摄政王主动召他进宫，并解释自己是情非得已才这样对待他的。摄政王是如此变化无常，以至于几天后，他又和约翰·劳一起去观看歌剧，两人公然坐在同一个皇家包厢里，劳还紧挨着摄政王，摄政王甚至还当着众人的面对他优待有加。但是这样的做法使劳招来了更多民众的痛恨。一天，正当劳准备进家门时，一群暴徒将他的马车团团围住，并用石块朝他砸去。要不是车夫迅速驾车冲进院门，家仆及时锁上大门的话，他很可能会被暴徒们拖出去并且被撕成碎片。第二天，他的妻子和女儿看完赛马坐车回家时，也遭到一大群暴徒的围攻。摄政王得知此事后，派了一队强壮的瑞士保镖日夜守在他家附近，但是民众的愤怒与日俱增，以至于即便有保镖的保护，劳的府邸仍然不安全，所以他不得不躲避到皇宫里，寻求摄政王的庇护。

这时，摄政王想到了1718年由于反对劳的观点而被解雇的财政大臣德·阿格索，于是，他便下令将德·阿格索召回，并且让他来帮助国家重建威信。可是，摄政王明白得太迟了，他对于一个如此能干的人过于严厉和不信任。应该说在腐败之气弥漫的法国，还能有这样一位出淤泥而不染的清廉之士，实属不易。由于摄政王的侮辱而告老还乡的德·阿格索住在弗兰尼斯的乡间别墅中，再也不问政事，一心研究哲学。约翰·劳和摄政王的一名家臣德·康弗朗斯骑士奉命乘邮车前往弗兰尼斯，请求这位前财政大臣回巴黎。德·阿格索的朋友们都劝他不要再搅到朝廷的是是非非之中，并劝告他，若是他到了巴黎，一定会过着寄人篱下的日子。但是心胸宽阔的德·阿格索愿意在国家危难之时挺身而出。德·阿格索刚一到巴黎就立即和5个议员商量如何挽救法国现在的局势。6月1日，政府发布了一条法令，废除了劳之前限制民众拥有不得超过500里弗金属货币的法令，并且规定，公民有权拥有无限制数量的金属货币。而对于之前的旧纸币，银行将进行回收。政府以巴黎市一年的税赋作为担保，发行了25万份新票据。此举获得的年收益率为2.5%，票据每张价值10里弗，而且这次被回收的旧纸币将在市政府门前被公开烧毁。6月10日，银行重新开张，这次它已拥有足够的硬币来兑换纸币了。

这些措施在一定程度上缓解了人们愤怒的情绪。巴黎所有的人都匆匆赶往银行，想要将自己手上的小额纸币兑换成硬币。银币变得匮乏，他们便兑换成铜币，但很少有人因铜币的重量而发牢骚。经常可以看到那些可怜的人背着几乎将他们压倒的包裹，大汗淋漓地在街道上穿梭，以换回50里弗的铜币。

银行周围的人如此之多，以至于几乎每天都有人被挤死。7月9日，银行门口的人突然变多，守卫马萨林花园的卫兵害怕发生骚乱而关闭了入口的大门，禁止任何人进入。人越来越多，由于太过拥挤，人们愤怒不已，便将石块扔向了栅栏里的卫兵。密集的石块让士兵们也变得愤怒不已，他们警告人们，要是再扔石块的话，他们就会向人们开枪。正在那时，一个士兵正好被石块击中，他便举起枪向人们射击。一人当场死亡，另一个受了重伤。空气中弥漫着火药味，气氛变得异常紧张，似乎人们随时可能会向银行发动攻击。但正在这时，马萨林公园的大门突然打开了，走出来一队全副武装的士兵，手中拿着装上刺刀的枪，怒目而视。喧闹嘈杂的人们立刻变得鸦雀无声，所有的人都不敢轻举妄动，只用抱怨和叹息表达着他们的愤怒。

7月17日，银行再次被人们围得密不透风，由于人数太多，当天竟有15人被挤死在银行门口。人们十分愤怒，于是便将3人的尸体放在担架上，抬着走在前面，后面跟着七八千人进行示威游行，他们一直走到了皇宫花园里，想让摄政王和劳看看他们给法国带来了多大的不幸。劳的车夫正坐在停在花园里的马车上，他对自己的主人十分忠诚，听不得别人说他主人的坏话，便用几个人能听到的声音说，游行是不对的行为，应该被绞死。人群立刻便开始攻击他，并想当然地认为劳就坐在马车里，马车便在顷刻间被砸成碎片。那个莽撞的车夫侥幸保住了性命。还未等到他们采取新的行动，一大队士兵便出来了，并告诉人们，他们带来的3个人，摄政王会自己出钱厚葬他们，并让这些人立刻离开皇宫大门，人们才不情愿地离开。正在议事的议会也被这骚动惊动了，议长便走出来看看到底发生了什么事情。他一回来便向议员们大声叫道，劳的马车成了一堆碎片。几乎所有的人都大声地欢呼起来，其中一人似乎特别地憎恨劳，他问道："劳呢？他是不是也粉身碎骨了呢？"奥尔良公爵夫人讲过这个故事的另一种版本。但不论哪一种说法是真的，作为一个国家的议员来讲，这样表达自己的情感是令人匪夷所思的。据奥尔良公爵夫人所说，议长看到这种情形极其高兴，有些手舞足蹈地回到大厅，并向大厅里的议员们大声喊道："先生们！快来看啊！有一个特大好消息！约翰·劳的马车被游行的暴徒们砸得稀巴烂了！"

毫无疑问，全国纸币的信誉同印度公司的信誉有着极大的关系。内阁几经商讨之后，一致认为，如果赋予公司一些特权渡过危机的话，在国内也会产生好的影响。从这种考虑出发，内阁又建议赋予公司海上贸易的特权，于是，政府便颁布了这样的法令。但不幸的是，他们忘了这样做将会导致全国的商人走向破产。这样的想法遭到了举国上下群众的反对，人们的请愿书一封接一封地递交到议会，希望他们拒绝通过这样的法令。议员们拒绝通过这一法令，摄政王则认为他们不做实事却煽动叛乱，便下令将他们都流放到布鲁瓦兹，由于达格索的求情，才改为流放到旁杜瓦兹。议员们毅然决然地前往流放地，并表示坚决不妥协。他们想方设法地使流放生活同之前一样。议长把巴黎所有最会享乐和最幽默诙谐的人都请到了流放地，并且举行了盛大而豪华的宴会。每天晚上都有为女士们准备的音乐会和舞会。往常不苟言笑的议员们和法官也学会了纸牌和其他娱乐方式。一连数周，议员们都过着奢靡豪华的生活，他们想让摄政王知道，即使被放逐，他们也可以使旁杜瓦兹变成比巴黎更加豪华和舒适的地方。

法国人的觉醒和约翰·劳的下场

在所有的国家中，法国最擅长用歌曲来表达心中的不满。有人认为，法国的歌曲就可以反映法国的全部历史。由于约翰·劳的金融计划的彻底失败，他便由原本的著名财政大臣变成了最臭名昭著的人，人们自然会将讽刺和挖苦送给他，所有的商店都在出售他的漫画头像，街头巷尾传唱的都是讽刺他和摄政王的歌谣。这些歌谣中有许多粗鲁的言辞，其中还有一首歌谣劝说人们把约翰·劳发行的纸币当厕纸用。下面是奥尔良公爵夫人书信中保存的一首歌谣，这首歌是巴黎当时传唱最为广泛、传唱时间最长的歌谣。它采取了合唱的形式，但仍然十分欢快：

拉斯刚刚来到，
我们如花的国家，
摄政王就宣布拉斯很有才能，
可以重新振兴法兰西。
咚咚锵！咚咚锵！
可他让我们变得富有，
比西比！

以欺骗的方式，
我的朋友！
这个新教徒，
为夺走所有法国人的金银，
就想尽办法让我们
信任他的才能，
他丢掉了神圣的信仰，
啦啦啦！啦啦啦！
这个骗子开始信奉天主教，
比西比！
以欺骗的方式，
我的朋友！
拉斯，他是魔鬼的子孙，
让我们都只能沿街乞讨，
他夺走了我们所有的钱币，
一分钱也未留下。
可是仁慈善良的摄政王，
啦啦啦，咚咚锵！
归还给我们被抢夺的财产，
比西比！
以欺骗的方式，
我的朋友！

同一时期，还有一首很出名的讽刺诗：

星期一，我买了股票，
星期二，我赚了几百万，
星期三，我买了好家具，
星期四，我买了上好的衬衣，
星期五，我跳舞欢歌，
星期六呢，我来到了乞丐收容站。

从当时大量出版的漫画中就可以看出，法国人已逐渐开始意识到他们之前的行为是多么的愚蠢。有一幅刊登在《摄政时期回忆录》中的漫画，其作者这样写道：胜利女神坐在由愚蠢女神驾驶的马车里，前面由一些样貌奇怪的动物拉着，其中有长着四条木腿的密西西比公司、南海公司、英格兰银行、西塞纳加尔公司，以及其他各种各样的保险公司。拖着长长的狐狸尾巴的、面容狡诈的公司代理人们，在后面使劲拨动着马车的辐条，旁边标注着各种股票的名称以及价格，随着车轮的转动股票的价格起伏不定，时高时低。地上尽是被愚蠢女神马车碾碎的合法商家的商标、流水账以及分类账。马车的后面跟随着各种年龄的男男女女，他们相互吵吵嚷嚷，希望得到一点胜利女神大把大把地撒落在人群中的股票。在云端上坐着一个魔鬼，他吹着肥皂泡泡，这些泡泡也成为人们争抢的对象，人们站在别人的身上，想在泡泡爆裂之前抓住它。正在马车行进的路上，出现一堵高大的墙，上面有三扇门，人群要想通过这堵墙，必须从一扇门里穿过。第一扇门上写着"病人医院"，第二扇门上写着"紊乱失调医院"，第三扇门写着"疾病医院"。另一幅漫画上画着约翰·劳坐在一口巨大的锅边上，锅里是热气腾腾的沸水，而煮沸水的火却是人们的熊熊怒火，锅边围满了疯狂的人群，他们心甘情愿地将自己的金银倾入大锅之中，来换取约翰扔在他们面前的大把纸币。

由于群情激奋，劳在没有护卫的情况下，一般不会出现在大街上。他躲在摄政王的王宫里，以保证自己不会受到袭击。而且，他出门坐在一辆皇家马车上，由一队卫兵护卫着。当时有这样一个故事流传着，想要证实人们到底有多恨他，要是他落在了人们的手中，会有怎样的悲惨结果。一位名叫布塞尔的绅士，一日乘坐马车经过圣安杜瓦纳大街时，被一辆出租马车挡住了去路，他的车夫言语粗鲁地让出租马车让开道路，但出租马车车夫拒绝了，他便朝那人的脸上打了重重一拳。由于纠纷发生在闹市之中，人群很快聚集起来，布塞尔先生想要下车调解一下这一纠纷。但那位马车夫认为他是新来的帮手，唯恐难以抵挡他两人联手，便大叫起来："救命！救命！有人要杀我！约翰·劳和他的仆人要杀我，救命！救命！"听到这种呼叫，人们都带上棍棒及其他武器冲出商店，其他人则捡起石块准备向那位他们并不认识的财政家进行攻击。让布塞尔和他的仆人感到开心的是，耶稣会教堂的大门那时候正好开着，看见愤怒的人群向他们走来，他俩立刻冲进教堂。人们在祭坛边上追上了他们。他们机智地跳进了器具室，并立刻关上了大门，才逃过一劫。那些暴徒在又惊又怒的牧师的极力劝说下才离开教堂。他们出来后发现布塞尔先生的马车就停在街边，便将怒火发泄在马车上，不一会儿，马车便被摧残殆尽。

由于利息过低，仅有2.5%，以巴黎市赋税作为担保的那25万份债券，并未得到密西西比公司大股东的支持。因而，债券兑换进展困难，许多人都怀着股票价格回升的美好愿望，保留着约翰·劳的公司价格不断下跌的股票。8月15日，看着这种状况难以改变，政府颁布法令，规定凡面值在1000里弗到1万里弗的纸币，只可用于购买年金保险、支付银行账单以及用于购买公司股票而进行的分期付款。

议会在10月又颁布了一项法案：11月之后，所有的纸币都将失去价值，同时禁止在市面上流通。这样一来，密西西比印度群岛公司就被剥夺了造币权、代收赋税权以及其他所有的优势和特权，又变回一家私人公司了。这样一项法案的颁布对于整个银行系统来说是一个致命的打击，劳因此失去了在委员会中的影响力，公司也不再拥有任何特权，也无法承担巨额的订单。那些趁着公众群情高涨时大肆牟取非法利益的人也统统被抓了起来，并罚以重金。而另一项法令则规定，密西西比印度群岛公司原来的股东，如果有人还留有密西西比公司的股票，就必须将它们存入公司作为保证金。那些已经将股票存入公司的人，应以每股1.35万里弗的价格向公司回购。但事实上，每股股票的市价现在仅值500里弗。股东们一听说要用这样的价格回购股票，都准备逃到国外避避风头。政府随即下令，所有港口和边境管理机构有权逮捕那些出境者，在必要时，甚至能够拘禁他们，直到查明他们是否携有金银珠宝，或是否参与过股票投机活动为止。有几个试图逃跑的投机者被判处了死刑，而那些留在法国的人，则会接受最严格的审判。

在绝望之际，约翰打算离开这个不再能给他的生活提供保障的国家。他向摄政王请求，让自己告老还乡，摄政王也欣然应允。摄政王那时正在为国内的财政问题绞尽脑汁，虽然有这样的打击，但摄政王还是对约翰·劳的财政体系抱有信心。摄政王总是在审视自己的错误，在自己剩余的日子里，摄政王一直想找个机会，在更坚实的基础上把约翰·劳的财政体系重新建立起来。在劳最后一次与亲王见面时，他说："我承认我犯了很多的错误，那是因为我是一个人，是人就会犯错。但我可以保证的是，在我所犯的所有过错之中，没有一个动机是出于恶意的。"

在约翰·劳离开巴黎两三天后，摄政王派人给他送了一封言辞友善的信，大致意思是，只要约翰·劳愿意，他随时可以离开法国，并且可以办理好护照问题。同时，摄政王还答应给他一笔钱，但是他委婉地拒绝了。劳在六名骑兵的护送下，乘坐德·普芮夫人名下的一辆马车，去了布鲁塞尔，之后又去威尼斯待了几个月。他一到威尼斯就引起了当地人的极大关注，大家都认为他是个有钱人。但殊不知，约翰·劳虽然一直都是一个资深赌徒，但是他并不是一个为了发大财而牺牲国家利益的卑鄙小人。就连当法国经济达到顶峰的时候，在他最富有的时候，他也没有买过任何金银珠宝。约翰几乎把自己所有的财产都用于投资法国地产，在这场股票投机中，他从来没有怀疑过自己的计划。约翰不像那些虚伪的投机者一样把金银转到国外，他把所有的钱都投给了这个国家，只买了一颗价值五六千英镑的钻石。所以在他离开法国的时候，几乎是身无分文，但是，不公正的指控和评价一直都伴随着他。

在约翰·劳离开法国后，政府就没收了他的所有房产和藏书，此外还没收了他曾经花500万里弗为妻子女儿所准备的20万里弗（约合8000英镑）的年金，这一举措与政府之前颁布的法令并不相符。大多数人认为不应该让约翰·劳离开法国，并对此种处理方法十分不满，民众和议会都希望将劳处死。甚至还有一些没有受到此次危机波及的人也在一旁幸灾乐祸，说约翰·劳这个骗子走得好。但是有一些人认为约翰·劳或许可以帮助法国走出危机，虽然他们中的大多数都在此次金融风暴中受到了严重的损失。他们认为，约翰·劳对于这场危机有着十分深刻的认识，他知道造成事情发展的原因，也许能够拯救法国于水火之中。

在一次金融委员会和摄政王联合召开的会议上，双方根据一份文件说明，市场上流通的纸币数量竟达27亿里弗之多。而这种货币发行日期与货币发行的授权日期却并不一致，众人都希望摄政王能对此给出一个合理的解释。这其实是摄政王自己犯下的错误，但是他觉得劳也有一部分责任。于是摄政王将一部分罪名推到劳身上，他说劳在自己不知情的情况下，自作主张，在不同时间内发行了12亿里弗的纸币。而当摄政王自己发现时，为时已晚。不得已之下，他就把议会授权法令的日期提前了一些。摄政王以为他这样做就可以掩盖自己贪婪虚荣的丑陋面貌，他以为不告诉民众这一切都是他的过错，他就可以挽回自己在民众心中的形象。到1721年1月1日为止，法国的国内债务总额已经超过31亿里弗（折合约1.24亿英镑），仅利息支出一项就高达319.6万英镑。政府派专人组建了一个委员会，调查所有国债持有者的情况，这些债权人被分为五类。根据调查，五类国债持有人中，四类都是用自己的财产购买的债券，而第五类人则无法证明自己的这些债券是合法有效的。后者所持有的债券被政府强制销毁，而前四类人所持有的证券也经过了严格的审查。在审查中发现，相当一部分的债券是挪用公款和敲诈勒索而来的。于是政府根据委员会的建议颁布了一条法令，将国债的利息减至5600万里弗。

后来，政府专门成立了一个法庭，用来调查审理在金融危机时财政部门的贪赃枉法行为。调查结果显示，法奈特大臣、克莱门特神父以及他们手下的两个职员挪用公款进行投机诈骗，涉案金额高达100万里弗。前两个人被判斩首，其余职员则被判绞刑，后来被减刑处理，终身监禁在巴士底监狱。由于特别法庭的成立，数不胜数的欺诈行为被公之于世，并对这些人等进行了罚款和监禁的处罚。

而同样在这场危机中被世人所唾弃的前财政大臣德·让松也被逐出了内阁，之后便由正直的德·阿格索继位。但德·让松仍保留了“掌玺大臣”的职位，还可以随时出席御前会议。在此情形下，德·让松深知自己无法再参与朝中之事，但又不甘心退隐山林，于是整日愁眉不展、喜怒无常。本身就患有疾病的德·让松，病情更加恶化，不到一年就去世了。没想到德·让松死后，人们仍然对他恨之入骨，在他的尸体准备送往圣尼古拉斯教堂的墓地中下葬时，一群暴徒冲上前来围攻他的棺材。幸好有他两个儿子的保护，才免遭一劫。

这时，隐居的约翰·劳仍然希望有一天能回到法国，帮助法国走出财政危机。1723年，摄政王正和自己的情妇法莱莉丝公爵夫人围坐在火炉旁闲话家常，突然就断了气。摄政王之死彻底毁掉了劳的希望。于是，劳便自暴自弃，整日沉迷于各大赌场。他多次将那颗见证过自己巨额财富的巨大的钻石送进当铺，不过，他凭借自己精湛的赌技又一次次地把钻石赎了回来。由于终日沉迷赌博，负债累累，约翰·劳不得不离开罗马逃到了哥本哈根。在那里他得知，英国政府于1719年颁布特赦令，豁免了他之前谋杀威尔逊先生的罪行，尽管这一决定引发了英国上议院的纷纷议论，但是劳还是搭乘英国海军司令的船返回了英国。柯宁斯柏伯爵谴责道：“对于约翰·劳这样主动离开祖国、背弃信仰的人，不配得到特赦。”而且当时的英国正在全心解决南海公司的问题，这时候让约翰·劳回来，意味着更大的风险。但是其他议员并没有像柯宁斯柏伯爵一样担心这件事，于是柯宁斯柏伯爵的说法被上议院否定了。约翰·劳在英国住了四年，之后在威尼斯度过了他的余生，并于1729年与世长辞，晚景凄凉。以下是人们为他所写的墓志铭：

一个著名的苏格兰人长眠在此，
他的算术天赋举世无双，
他用简单的代数法则，
把法国弄得病入膏肓。

曾经和劳一起管理劳氏银行和密西西比印度群岛公司的兄弟威廉·劳，在后来的法庭调查中，因为徇私舞弊被判监禁于巴士底狱。但由于一直找不到切实的证据来指控他，在监禁15个月后释放了。此后，威廉·劳便创建了一个历史悠久的大家族，就是为世人所知的劳里斯顿侯爵家族。

下一章将会谈到，在同一时期的英国也弥漫着全民性的癫狂，与曾经困扰法国的那种情形极为相似。那么，英国的君主立宪制政府是如何利用高明的决策和理智来应对此次危机，并使英国化险为夷的呢？

第二章

金融投机——南海泡沫

最终，长久的腐败如山洪般爆发开来，
冲毁堤坝，在大地上肆虐横行；
贪婪如起于低谷的晨雾，弥漫开来，遮天蔽日。
政客和爱国者都在为股票而奔忙，
贵妇与男仆同因股票陷入窘境，
法官成了股票投机者，主教愚弄了整个城市，
大公利用权利笼络人心，只为得到半克朗，
英国人臣服于诱人的金钱，这是多么肮脏啊！

——亚历山大·蒲柏

南海公司的诞生

1711年，德高望重的牛津伯爵哈利创立了一家公司，这家公司担负发行价值1000万英镑股票的任务，而买卖股票所筹集的资金，主要是为了恢复因辉格党内阁解散而受重创的公共信誉，偿还陆军、海军债券和其他一些短期债务。这家公司还未命名时，就将上述责任揽在自己的头上。

作为回报，政府答应，在一定的时期内，按6%的安全利率支付利息。这就意味着政府每年需支付60万英镑的利息。为了支付这一巨额利息，政府给予了该公司的产品税收优惠政策，该公司所经营的红酒、醋、印度产品、丝制品、烟草、鲸鳍以及其他一些商品享有永久退税权，同时也赋予了该公司南海贸易

的垄断权。受这一事件启发，这个由议院批准设立的公司取名“南海公司”。伯爵在这个公司创立期间，用自己的股份承担了大部分的信用风险。因此，那些善于阿谀奉承、溜须拍马的人便用“牛津伯爵的杰作”来夸赞这项计划。

在成立初期，南海公司就有一个众人皆知的图谋，那就是攫取南美东部海岸蕴藏的巨大财富。每个人都听说过在秘鲁和墨西哥有永不枯竭的金银矿藏，并且坚信只需将英国的工业品运往南美海岸，那里的土著居民就会将数以百倍计的金银装满英国人的船只。当时，西班牙打算放弃位于智利和秘鲁的四个港口的消息不胫而走，这更增加了人们的信心。于是，在很多年间，南海公司的股票一直备受欢迎。

然而，西班牙国王菲利普五世并未让英国人的计谋得逞，他不同意英国人在南美殖民地的港口进行自由贸易。因此，两国进行了谈判，结果是签订了一个贩卖黑奴的合约。按合约规定，西班牙政府赋予英国在其殖民地买卖30年黑奴的特权，但每年这种贸易只能进行一次。此外，轮船吨位、货仓容积也受到了限制，目的地也仅限于秘鲁、智利或墨西哥。随后，西班牙还提出了一个十分苛刻的要求，即要求英国贩奴所得利润的25%要上交给西班牙政府，并且剩余75%的利润也要按5%的税率征税。出人意料的结果让伯爵和同僚们大失所望，他们对南海公司的兴趣一扫而光。

但公众对南海公司依然抱有极大的信心。因为牛津伯爵宣称，西班牙允许在合同的第一年增加两艘货轮，同时他还给出了一份大大超过限额的清单，这让人们错误地感觉到似乎西班牙所有的港口都会向英国人开放，允许英国进行自由贸易。直到1717年，第一次航行才正式启动，而仅过了一年，合约便因英国与西班牙断交而终止。

在1717年议会召开期间，国王以演讲的方式指出目前国家的公共信誉令人担忧，并提出要采取适当的措施去拯救国家信用。南海公司和英格兰银行这两家大型金融公司于5月20日向议会提交了自己的方案。南海公司提出方案，认购或用其他方式将其资本存量从1000万英镑提升至1200万英镑，并主动将利息从6%下调至5%。英格兰银行的方案也包含了同样的有利条件。经过多次讨论，议会决定通过南海法案、银行法案和通用基金法案。南海法案通过时，它的建议就被采纳了，即由南海公司发行总额为200万英镑的股票，以此收入去偿还安妮9年和安妮10年发行的四种不同种类的彩票而欠下的债务。银行法案中，银行也给予英格兰银行一个较低的利率，其发行的股票总额价值1775027英镑15便士。银行还答应交出即将到期的总额近200万英镑的财政部账单，并接受10万英镑的年金，作为全部股票一年利息的抵押。议会还要求银行以5%的利率准备总额不超过250万英镑的预存款，以备不时之需。通用基金法案列举了上述可能会产生的各种赤字，并提出这些赤字将由上述收入进行冲抵。

南海公司的名字又以这种方式频频出现在大众眼前。尽管它同南美各国的贸易并未带来多大的利润，但却作为一个金融公司渐渐声名鹊起兴旺起来。南海公司的股票也因此一直受到追捧，需求颇大。受这件事的鼓舞，南海公司的董事们开始思考以新的方式来扩大南海公司的影响力。这时，他们想起了约翰·劳所谋划的密西西比计划，这一计划曾使法国人为之疯狂痴迷。他们也想在英国开展同样的计划。尽管他们预感到这个计划会失败，但他们仍然不忍放弃。他们认为以自己的聪明才智不仅会免于失败，而且还可能使这项计划永远地进行下去，不仅可以充分利用信贷这个工具，而且还可以避免引火烧身。

在劳的计划紧锣密鼓进行，人们都蜂拥至甘康普瓦大街疯狂渴望财富之时，南海公司向国会提交了支付国债的著名方案。在英国和法国两个不同的国家里，人们的眼前呈现的是同一幅钱财滚滚而来的画面。英国要晚于法国开始其奢靡铺张的时代，但一旦他们陷入其中，便再也无法自拔。1720年1月22日，英国议会下院成立了一个委员会，专门负责研究国王演讲中所提出的公共债务问题，以及南海公司关于偿还债务的方案。这个方案很长，分为几个部分，所涉及的国债总值达30981712英镑。南海公司害怕将由自己偿还所有的债务，因此在方案中提出在1727年仲夏以前维持5%的安全利息，之后降为4%的要求，委员会十分爽快地答应了这个要求。

但是，英格兰银行在下议院中也有很多朋友，他们当然乐意看到银行在这其中也能获得一定的利益。英格兰银行表示，在国家艰难时期，自己也为国家贡献了许多，现在，若是南海公司在这项计划中获益，至少应保证英格兰银行不会因参与此事而受到指责。考虑到这些问题，银行想方设法拖延了下议院议员们对南海公司建议的表决时间，而这期间，英格兰银行制定了自己的计划。南海公司担心政府通过英格兰银行的建议而使其从中获益，便修改了原计划的部分内容，使它更符合政府的利益，其中重大的变动是将债务偿还期由原来的七年缩短为四年。在这场商业竞争中，英格兰银行决定不再出更高的价格，并修改了之前的计划，向国会提交了新的方案。

因此，每个公司都有两种方案，在下议院的辩论中，罗伯特·沃普乐是银行一方的主要支持者，而财政大臣艾斯拉比则更为支持南海公司的建议。2月2日，辩论结束，结果揭晓，下议院的多数人认为南海公司的建议对国家更加有利，因此几乎不做改动地接受了南海公司的第二个建议，而其余建议都作为备案。

这样，整个厄雷交易街都变得异常兴奋。南海公司的股价飙升，从前一天的130英镑每股上涨至300英镑每股，在下议院讨论的推动下，股价还在持续攀升。议院内只有沃普乐一人还在大声疾呼，反对这项计划。他怀着沉重而激动的心情向众人慷慨陈词：“这将会是一次危险的股票投机行为，这将会扼杀我国的工商业天才。它会像从天而降的恶魔一样，使人们迷失在财富将会从天而降的幻想之中，不再相信踏实的劳动才能致富，它会将人们引入歧途。这项计划的实质是邪恶无比的，它只会让人们陷入无尽的疯狂而不能自拔，人为地使股价上涨到超出真实价值的价格，在这种基础上的分红是永远也不可能实现的。”他又如先知般预言，如果这个目标实现了的话，南海公司的董事们将会是英国政府新的主宰者和大英帝国新的独裁者，将会操纵立法权。如果这项计划像他相信的那样失败了，就会造成全国人民的愤怒，造成毁灭性的灾难。当这样的厄运真的降临在人们头上时，人们才会像从幻梦中惊醒一样，问自己一声，我们见到的到底是真的还只是一个梦而已。但沃普乐的慷慨演讲，没有得到任何回应。人们普遍认为他是一个错误的先知，还把他称为发出不祥之兆叫声的乌鸦。但是，沃普乐的朋友们却认为他是当时的“卡珊德拉”，可以准确地预言灾祸。然而，那些不见棺材不掉泪的人只有在灾祸降临时才会相信预言是真的。议员们开始时还保持着谦逊的态度倾听沃普乐的讲话，但当他们得知沃普乐是为了揭露南海公司的阴谋才这样做时，便纷纷离席。

两个月之后，下议院才通过了这项议案。在这期间，南海公司的董事和他们的朋友，用尽一切办法提高股票的价格，期间，他们充分利用了大名鼎鼎的约翰·布朗特爵士的名义。

一时间，有利于南海公司的传言四起。有人说，英国已与西班牙签订合同，西班牙允许英国在其所有的殖民地进行自由贸易。也有人说，英国将开发波斯拉格斯丰富的矿藏资源，这将是英国的银变得像铁一样丰富。我们还可以向他们提供丰富的棉制品和羊毛制品，而墨西哥人也将会拿出他们所有的金矿来进行交换。同南海公司有贸易往来的商人，也都会成为世界上从未有过的富翁，投资100英镑就会收获数百英镑的利润。股价以这种方式被抬升至400英镑每股。最终，下议院以172票赞同对55票反对通过了这项议案，使得股价趋于稳定，每股近330英镑。

上议院通过这项议案的速度也是史无前例的：4月4日，第一次宣读；4月5日，第二次宣读；4月6日，议员评议议案；4月7日，第三次宣读，并立即宣布通过。

上议院也有几位议员非常担忧这项计划，但大多数人并不在意这些上议员们的激烈抨击和警告，在投机的狂潮下，他们的意见如平民一样被忽略了。有两位名叫诺思和格雷的议员说，未来发生的事实会证明这个议案只能使极少数人暴富，而大多数人则会更加贫穷，它的实质是不公正的，而其造成的结果也将是致命的。沃顿公爵也站出来表示反对，由于他只是以沃普乐在下院中发表的观点作为论据，因此人们对他的话比诺斯和格雷的还不屑一顾。库珀伯爵则把这项议案比做欧洲历史上著名的特洛伊木马，指出这是一个惑乱人心的大阴谋，它必将使人们放弃信义并招致最终的毁灭。桑德兰德伯爵声嘶力竭地驳斥这些反对意见。表决的结果是：17票反对，83票赞成。就这样，上议院在表决后便通过了这项议案，使之得到了国王的钦准，成为国家的法律。

那一刻，整个国家似乎都因为股票投机而疯狂了。厄雷交易街、康恩希尔街每天都挤满了前来购买股票的人，如蜂聚般的人群和数量众多的马车把街道堵得水泄不通。人人都来买股票，“就连傻瓜也想来骗人”。

南海泡沫之歌

在当时的英国流传着一首民谣，妇孺皆知，叫“南海泡沫之歌”，歌中唱道：

星星在混乱的人群头顶闪耀，
袜带在失了心的粗野莽夫间缠绕。
人们有买有卖，有看有听，
犹太人和新教徒的吵嘴也被人津津乐道。
最高贵的名媛们也从四面八方赶来，
天天坐车奔走忙碌，
为了股票不惜赌上一把，
就算押上自己的珠宝也心甘情愿。

对于发财和暴富的渴望，使得社会各个阶层都对南海公司的一举一动异常敏感。这时，南海公司又抛出了花样翻新的各种方案，他们迅速地填写股票账单，用火车运来股票，当然这一切都是为了使股票的市场价值再度升高。

但令人意外的事情发生了，国王批准议案之后，南海公司的股价却下跌了。4月7日的成交价还是310英镑，4月8日就跌到了290英镑。已经从这项计划中获得巨额利益的董事们看着股价回落并不甘心，于是，他们立即派人四处散播谣言，告诉人们南美蕴藏着巨大的财富。厄雷交易所里全身心投入股票交易的人们很快就对这样的谣言信以为真：由于西班牙政府的建议，斯坦霍普伯爵在法国已经决定选取秘鲁海岸的某些地方与西班牙交换直布罗陀和玛汉港，旨在扩大南海贸易和增加贸易安全性。除此之外，西班牙还将取消每年一轮次的航运限制，放弃每年25%的利润。南海公司还可以建造和租用任何数量的船只，外国人都不能干涉。仿佛一幅"金砖银锭在眼前飞舞"的景象马上就要成为现实。受这股谣言的影响，股市迅速反弹。4月12日，即上院议案通过后的第5天，董事会以3：1的比例发行了100万份认购单，人们争相竞购，首次认购总值已经超过了200万英镑。认购单发售时收取股票价格1/5的预付金，即每100英镑收取20英镑，余款分期付清。数日之内，股票价格就涨到了340英镑，认购单的价格也上涨了一倍。为了继续扩大交易总额，4月21日，董事会宣称，夏季中期的股息为10%，而且所有的认购单都将获得相同的利益。这些消息使大户们变得更为疯狂。紧接着，董事会又以400%的价格发行了100万新股。人们就像被恶魔附体一般，疯了似的进入这场投机中，仅用了几个小时，竟然就卖掉了150万份认购单。

也是在这个疯狂的时代中，难以计数的股份公司呱呱坠地，人们很快就送给了这些公司一个再合适不过的雅号——"泡沫"。大家都认为这个称呼很贴切。这些公司有的只成立了两个星期，有的时间更短，便再也无影无踪了。新方案、新工程一个接一个地出现，就连最高等的贵族也卷入了这个旋涡，他们像不知疲倦的股票经纪人一样渴望在这次投机狂潮中大发横财。威尔士王子竟然成了一家公司的管理人，据说他在这次股票投机中的收益是4万英镑。布雷基瓦特公爵以改建伦敦城和威斯敏斯特为名发布了一项募资方案，钱多斯公爵又提出了另一个方案。这时出现了100多项工程，它们一项比一项更诱人、更离谱。用《政治的国家》中的话来形容，就是"骗子们设计和施展他们的伎俩，贪婪的傻瓜们跟着上当，直到最后才发现，这些人不过是一群十足的骗子"。据估算，在这场没有任何保障的游戏中，共有150万英镑的财富从傻瓜手中转移到流氓的腰包里，就这样，傻瓜变穷而流氓暴富了。

在这些方案中，有的是在公众还有清晰判断能力时实施的，这些方案似乎没有什么问题，能够给投资者带来收益，但事实上，这些方案的唯一目的就是提高股价。一旦股价上升，实施者马上抓住机会卖出股票，而后就将他的方案抛诸脑后。麦特兰德在他的《伦敦史》中严肃地记录了这样一个故事，有一项曾令人几近疯狂的工程事实上只是创办一家"用锯屑制造木板"的公司，这无疑是一个天大的玩笑。大量的事实说明，数以千计的极其差劲的方案，在提出数日、骗到几百人后便消失得无影无踪。比如，有个项目是要募集100万英镑的资金制造一种永动轮；另一个项目是“促进英格兰的牧马业，改良牧师和教堂的土地，修缮和重建教区长和牧师的住房”。那些对后者怀有极大兴趣的牧师们从中得到了巨额财富，因为这个项目就是为一群狩猎高手般的教区长量身打造的，在很短的时间内，这家公司的股份就被抢购一空。但最荒诞可笑、最能体现人们疯狂状态的是这样一个项目，它号称“一家经营和承揽巨大利益的公司，但是没有人了解它是什么。”假若不是有几十位可靠证人的确切陈述，谁能相信竟然有人被这样的项目所欺骗呢。有一个颇具智慧和胆识的人，只通过发布募股书的方式，就让人们产生了对他的信任。募股书上这样写道，有一个需要50万英镑资本的项目，共有5000股，每股面值100英镑，认购者只要支付2英镑的定金，每年就可以获得每股100英镑的股息。这个利润丰厚的项目多么诱人啊！但他又宣称，自己不会自降身份去请求认购者与他共享利益，但是会在一个月内向全体股东告知自己的所有计划。在那时，人们可以选择是否支付剩余的98英镑。第二天上午9时，他刚打开设在康恩希尔街的办公室，一大群人就挤了进来，到下午3点下班时，他估算至少卖出了1000股，并且都收到了定金。这样，5个小时他就得到了2000英镑。他自鸣得意并在当天晚上离开了这座城市，从此音信全无。

著名作家斯威夫特曾经把厄雷交易街比喻成南海中的一座海湾，并对当时的世情百态进行了相当精辟的描述。

数不尽的认购单像鹅毛大雪般飞来，
如同无数条小船拥挤堵塞在海面上，
人们都坐在那漏着水即将沉没的小船上，
满心期待能够打捞到金子，
即使淹死也在所不惜。
一会儿跌进死亡的深渊，
一会儿升上极乐的天堂，
他们跌跌撞撞毫无方向，
浑浑噩噩犹如醉汉一样。
格拉维悬崖上看来挺安全，
却生活着一群野蛮人，
沉船残骸是他们果腹的膏粱，
他们躺在那里静待小舟沉没，
好把死尸鲸吞蚕食。

另一个获得很大成功的骗局是所谓的“环球许可证”。这些“许可证”只是一些像扑克牌一样的方纸片，上面有一张印有与厄雷交易街毗邻的用蜡密封着的“环球客栈”标志，卡片上面还印着“航海服许可证”。持证者从中得到的好处是，在将来某时认购一家新建的帆布厂的股份。不过，这些许可证在厄雷交易所里卖了60几尼（英国旧时货币单位，1几尼相当于1.05英镑）。这场骗局的主谋是一个很幸运的家伙，但后来却因牵扯进南海公司董事会的挪用公款事件而受到了严惩。

当时，几乎所有的人，不分阶级，不分贵贱，不分年龄，都在疯狂追求这些财富泡沫。在酒馆和咖啡馆中，男人们同股票经销商大谈特谈；而在服装店和杂货铺中，女人们也在积极地谈论着股票。尽管她们也对那些传言中的美好项目并未完全信任，但购票投机的诱惑足够让她们相信在这次冒险中，一定可以赚取一大笔意外之财。

疯狂中的清醒

交易所里的秩序十分混乱，以至于同一股票在同一时间不同地点的交易价格竟相差10个百分点，街头巷尾的股价也截然不同。在这样的疯狂中，仍然有些人保持着清醒的头脑，准确地预言了即将发生的灾难。沃普乐先生不停地指出各种不祥之兆。那些头脑清醒的人们十分赞同他的观点，并对目前的局势表示了担忧。这促使政府开始关注这件事的发展。6月11日，在议会召开之时，国王发布公告，宣布所有非法项目都是不被允许的，应被禁止，并且即将启动司法程序处理这一事件。同时，禁止任何经纪人进行违法公司的股票交易行为，要是有谁违反规定，就将被罚款500英镑。

无耻的投机者们并未给予这项公告任何重视，而是继续诱惑贪婪的人们进行股票交易。7月12日，上议院的法官们聚集在枢密院共同发布了一项法令，驳回了所有的专利和特需申请要求，解散了所有的泡沫公司。下面是高等法院发布的法令的副本，包括一些非法项目的名单。这些项目在今天看来十分可笑，但当时却让人们沉溺其中不能自拔。

1720年7月12日，怀特会议室。出席人员：高等法院法官。考虑到出于各种目的而设立的股份公司以及它们所提出的计划与项目给公众带来了极大的困扰，特别是英国的许多臣民在这些泡沫公司的蒙蔽下被掠去了大量钱财，而这些公司仍然试图以投资者利益为由获得专利和特需申请的批准，为了避免类似事件再次发生，令人民再次受蒙骗，高等法院今天慎重讨论了下列申请以及贸易委员会、检察院和副检察长的报告，并一致决定接受枢密院的建议，取消下列申请：

① 多人提交的申请书，请求授予以“大不列颠大渔场”之名经营捕鱼贸易的专利权。

② 英格兰皇家渔场公司呈递的申请，请求为更好地推进捕鱼业务而授予更大的权利。

③ 乔治·詹姆斯代表他本人以及其他人共同提交的申请书，请求与国营渔场分立并经营同一业务。

④ 一些商人递交的申请书，请求以合作的方式经营和恢复格陵兰岛以及其他一些地方的捕鲸业务。

⑤ 约翰·兰伯特爵士和一批商人提交的申请书，请求从事格陵兰岛的捕鲸业务，特别是戴维斯海峡的捕鲸业务。

⑥ 另一项针对格陵兰岛渔业贸易的申请书。

⑦ 几位商人、绅士和居民提交申请书，请求合作购买和建造货船进行出租或运输之用。

⑧ 萨缪尔·安垂姆等人提交的申请书，请求种植大麻和亚麻的专利权。

⑨ 几位商人、船主、帆匠以及帆布制造商提交的申请书，请求授予以股份公司的形式合作经营业务的特许权。

⑩ 托马斯·鲍德同数百位商人、船主、帆匠、纺织工及其他一些商贩提交的申请书，请求以合作的方式借钱买地，制造帆布和纺线。

⑪ 几位对威廉三世和玛丽二世后期批准的一项制造亚麻和帆布的专利感兴趣的人士的申请书，请求只认可他们现在拥有的制造帆布的专利权，同时请求允许他们经营棉花和生产棉制品。

⑫ 伦敦的数位市民、商人和商贩，以及其他一些要求对英格兰所有的港口实行保险的英国股票认购者提交的申请书，请求合作经营此项业务。

⑬ 伦敦和大不列颠其他城市一些皇亲国戚的申请书，请求合作开展英国一般的火灾保险业务。

⑭ 托马斯·伯格斯以及其他一些皇室成员提交的申请书，代表他们和一些认购了总额为120万英镑的德意志领地内地贸易业务股票的其他人士，请求以哈伯格公司的名义成立一家有限责任公司。

⑮ 木材商爱德华·琼斯提交的申请书，代表他本人和其他人的利益请求以合作的形式从德国进口木材。

⑯ 伦敦的几位商人提交申请书，请求授予合作经营盐业的特权。

⑰ 伦敦的商人开普敦·麦克朱莉菲斯代表他本人和几位商人、织布匠、帽匠、染匠和其他一些商贩的申请书，请求授权以合作的方式集资买地种植茜草，以制造染料。

⑱ 伦敦的鼻烟制造商约瑟普·格兰杜提交的申请书，请求保留弗吉尼亚烤烟方法的专利，并要求将专利应用于大英帝国的所有领地。

以下是宣布为非法并予以取缔的泡沫公司的清单：

① 从瑞典进口铁矿石的公司。

② 为伦敦提供海运煤炭的公司，资金300万英镑。

③ 建设和重建英格兰所有房屋的公司，资金300万英镑。

④ 制造纺布的公司。

⑤ 英国铝业经营公司。

⑥ 建设布兰科和索塔尔哥斯堡岛安置点的公司。

⑦ 城市淡水供应公司。

⑧ 弗兰德斯花边饰带进口贸易公司。

⑨ 改良英国国土的公司，资金400万英镑。

⑩ 鼓励发展英国牧马业，改良牧师和教堂土地以及修缮和重建教区长和牧师房屋的公司。

⑪ 大不列颠钢铁制造公司。

⑫ 弗林特郡土地改造公司，资金100万英镑。

⑬ 购买开发和建设用地的公司，资金200万英镑。

⑭ 皮毛商贸公司。

⑮ 豪利岛盐业发展公司，资金200万英镑。

⑯ 买卖不动产并提供房屋抵押贷款的公司。

⑰ 能够带来巨大利润，但无人知道具体业务的公司。

⑱ 伦敦铺路公司，资金200万英镑。

⑲ 全英葬礼装饰公司。

⑳ 向买卖土地业务提供有息贷款的公司，资金500万英镑。

㉑ 大不列颠皇家渔场经营公司，资金100万英镑。

㉒ 水手工资保险公司。

㉓ 为鼓励艰苦创业提供贷款的公司，资金400万英镑。

㉔ 购买和改良可出租地的公司，资金400万英镑。

㉕ 从北英格兰和美国进口沥青柏油，以及其他海军用品的公司。

㉖ 布匹、毡以及波形瓦贸易公司。

㉗ 购买和改良埃塞克斯庄园并收取使用费的公司。

㉘ 马匹投保公司，资金200万英镑。

㉙ 出口羊毛制品，进口铜制品、黄铜制品以及铁制品的公司，资金400万英镑。

㉚ 药品贸易局，资金300万英镑。

㉛ 建设磨粉厂和购买铅矿的公司，资金200万英镑。

㉜ 改良肥皂制作工艺的公司。

㉝ 桑塔·科鲁兹岛安置公司。

㉞ 德贝郡沉坑和铅矿勘探公司。

㉟ 玻璃瓶和其他玻璃制造公司。

㊱ 永动机轮制造公司，资金100万英镑。

㊲ 花园改进公司。

㊳ 保证及提高儿童福利的公司。

㊴ 进入海关装载货物，并为商人进行商务谈判的公司。

㊵ 北英格兰羊毛制造经营公司。

㊶ 从北英格兰进口胡桃树的公司，资金200万英镑。

㊷ 曼彻斯特棉花和线料制造公司。

㊸ 加珀和卡斯特尔肥皂制造公司。

㊹ 王国熟铁和炼钢业改进公司，资金400万英镑。

㊺ 花边饰带、棉麻线、棉麻布、细麻布等货物贸易发展公司，资本200万英镑。

㊻ 英国及其他国家生产的某些商品的贸易发展公司，资本300万英镑。

㊼ 为伦敦市场供应牛的公司。

㊽ 眼镜、马车镜生产制造公司，资金200万英镑。

㊾ 康瓦尔郡和德贝郡锡矿和铅矿公司。

㊿ 菜籽油生产公司。

(51) 海狸皮毛进口公司，资本200万英镑。

(52) 纸板和包装纸制造公司。

(53) 用于羊毛制品的石油和其他材料进口公司。

(54) 改进和扩大丝制品业公司。

55 储蓄、年金和票据贷款公司。
56 以较小折现率支付寡妇和其他人的养老金的公司，资金200万英镑。
57 啤酒开发公司，资金400万英镑。
58 大美洲渔场。
59 购买和改良林肯郡沼泽地的公司，资本200万英镑。
60 改进大不列颠纸制品公司。
61 鲍特莫利公司。
62 麦芽热气干燥公司。
63 奥朗诺克河贸易公司。
64 科尔切斯特和大不列颠其他地区的厚毛呢高效制造公司。
65 购买海军存货、供给食物以及支付工人工资的公司。
66 雇佣贫穷工匠，为商人或其他人装饰钟表的公司。
67 改进耕地和养牛的公司。
68 另一家改良牧马业的公司。
69 另一家马匹保险公司。
70 大不列颠玉米贸易公司。
71 为所有男女主人因仆人造成的损失而提供保险的公司，资本200万英镑。
72 为养育所有私生儿童而建造房屋和医院的公司，资本200万英镑。
73 不用火或不发生营养流失而漂白粗糖的公司。
74 大不列颠收费公路和码头建设公司。
75 劫盗保险公司。
76 从铅中提炼银的公司。
77 瓷器和陶器制造公司，资本100万英镑。
78 烟草进口，转向瑞典北欧出口的公司，资本400万英镑。
79 利用坑煤制铁公司。
80 利用干草和稻草装饰伦敦城和威斯敏斯特城的公司，资金300万英镑。
81 爱尔兰的一家帆布和包装布制造公司。
82 碎石收购公司。
83 购买和装备镇压海盗的船只的公司。
84 威尔士木材进口公司，资金200万英镑。
85 岩盐开采公司。
86 将水银变成可锻精制金属的公司。

尽管政府对这些泡沫公司进行了严惩，而且民众也对其进行了嘲讽，但是，在英国各地，层出不穷的泡沫公司依然多如牛毛。

印刷店里、报纸上都大量堆积和刊登着一些具有讽刺意义的漫画文章。曾经有一个十分聪明的纸牌制造商以南海公司为原型发行了一套扑克牌，在每一张扑克牌的角落都印有一家泡沫公司的讽刺漫画，下面还带了一首散文诗。

当时有一家最负盛名的泡沫公司——帕科勒机械公司，这家公司以制造方形炮弹和子弹并彻底改变战争而闻名。在一张黑桃8的扑克牌上，印着这样一首诗：

这是个空前绝后的发明创造，
专门用来对付国内的傻瓜。
我的朋友，犯不着为这可怕的机器忧心忡忡，
只有那些原地等着分红的笨蛋才会被伤害。

红桃9则是一幅讽刺英格兰铜业公司的漫画，上面的讽刺诗是这样写的：

一心妄想将黄铜变成金银的笨蛋，
在交易所里十足成了一头蠢驴，
把金银宝贝双手奉上，
得来的却是一堆废铜烂铁。

方块8则对阿卡迪亚殖民地公司进行了毫不留情的批判，下方配了这么一首打油诗：

有个富翁有钱没地儿使，
拿到北美大陆胡撒乱花。
让他自欺欺人去认购那些骗人的股票去吧，
只有蠢货才会相信他的疯话。

整副扑克牌的每一张都是对一个计划工程的披露描述，同时也大肆嘲讽那些被欺骗的民众。据统计，这副扑克牌上记载的工程，资本总额高达3亿英镑。

最后的疯狂

5月29日，南海公司的股票已经涨到了500英镑，近2/3的领取政府年金的人购买了该股票，整个5月，南海公司股价一直居高不下。5月28日时，公司股价竟高达550英镑。之后的4天里，股价更是暴涨到890英镑。如此高的股价让人们觉得股价不可能再高了，于是许多人便开始抛股套现。

在听到这一消息后，许多陪同国王乘火车出访汉诺威的贵族侍从，都急于把手中的股票抛出。6月3日，许多人跑到厄雷交易所去抛股，此时几乎没有人想要买股，以至于南海股票从890镑一下子跌到640镑。南海公司的董事们对此十分惊慌，于是立马命令各自代理人大量买进。他们的这一举措确实产生了效果，股价迅速回升到750英镑，且一直保持着这样的价格，并伴有轻微的波动，一直到7月22日，南海公司的股价一直趋于平稳。

由于南海公司董事们的幕后操控，8月份，南海股价飚升到1000英镑。最终这样疯狂的暴涨也到达了极限，股价开始大幅度回落。许多领取年金的人对董事们表示不满，尤其是对在认购股份的同时列示股份清单的做法大加指责。在人们知道南海公司的董事会主席约翰·布朗特以及其他部分股东早已将持有的股票全部转手抛出之后，他们对董事们的不满更是严重了。整个8月份，股价都萎靡不振。9月2日，南海股票已然跌到700英镑了。

在如此紧张的局势之下，为了挽回公众信心，南海公司董事会又于9月8日在商界大厅召开了一次股东大会。一大早9点，大厅就挤满了人，齐普赛街被人流围得水泄不通，民众群情高涨。董事们和他们的朋友聚在一起。南海公司副主管约翰·弗洛斯爵士为会议的主持人，他在大会上宣读了公司董事会的应对政策和对可补偿基金、不可补偿基金和预付金的处理办法。秘书长克拉克斯先生还做一个简短发言，呼吁董事们众志成城，共渡难关。在结束发言时，他还就董事会所做出的巨大贡献表示赞赏，并鼓励他们继续努力，以维护公司利益。亨格福德先生由于在众议院中的激情而格外突出，他代表的是南海公司的利益，他深刻地知道见好就收是一个聪明人的举动。亨格福德先生表示，南海公司在如此短的时间内创造了如此惊人的成绩，这样受人瞩目的业绩让人望尘莫及。他们打破了观念差异，促使各界力量聚集在一起，为了同一个目标勇往直前。即使没有全部消灭，但是也平息了部分英格兰的动荡和怨恨。通过发行股票，他们令富裕的人群变得更加富裕，乡绅们的土地价值以2倍、3倍的速度大幅增长。同时，教堂也因此获益匪浅，许多牧师和教士从他们兴建的工程中获利。总而言之，他们使整个英格兰繁荣兴盛。他希望人们不要忘记他们，要用财富来作为对他们的奖赏和回报。部分人群对此抱有一种不屑一顾的态度，但他们的嘘声仍然被那些从中狠赚一笔的投机者的热烈掌声淹没了。

该会议还通过了几条决策，但这对于民众来说似乎并没有什么用。当晚，股价就跌到了640英镑，次日又跌到540英镑，此后的几天时间里一直跌个不停，最后下滑到400英镑。库克斯在《沃普勒》一书中提道，众议员布罗德里克先生给米德莱顿参议员写了一封信，他写道："人们对于南海公司的垮台众说纷纭，但毫无疑问的是，他们的不择手段是南海公司垮台的最大原因。他们费尽心机地贪图利益，导致后来的货币体系受到了严重的打击。最终，那些受害者的财产被榨干，而那些从投机中获取最大利益的人却及时脱身，安然渡过了泡沫危机。而那些贪欲十足的人早把理智丢到了九霄云外，他们妄想在鼹鼠洞上建起一座高山。千万个家庭将因此破产，弥漫在人群中的恐慌和愤怒难以用语言来形容。我看不到政府出台任何措施来应对该状况，股市已经到了崩溃的边缘，我已想不出任何方法能够挽救这场危机。"10天后，股价仍在下跌，他又写道："在这样的情况下，南海公司的股东们也束手无策。金匠们纷纷失业，有的开始潜逃，失业人群每天都在增长。我怀疑这些人中是否有1/3或1/4能够熬过这次危机。从一开始我就认为：这样超出货币体系所能承受限额的1000万英镑无论如何也不能变成2亿英镑，但有人却妄想获得这凭空的财富，我们的国家怎么可能不陷入危机中呢？"

9月12日，在秘书长克拉克斯先生的一再恳请下，南海公司的董事与英格兰银行的董事联合召开了几次会议。他们通过英格兰银行散布已经决定向南海公司注资600万英镑的假消息，导致当时的股价反弹到了670英镑。但当人们在当天下午得知他们的把戏之后，股价马上又回落到580英镑，次日又跌至570英镑，随后逐渐滑落到400英镑。在这样一个多灾多难的年代，诗人盖伊购买了2000英镑的股票，他的朋友劝他赶紧将股票抛售，但是他却沉浸在金钱中无法自拔，任谁也不能阻挡他的发财之路。后来，他被迫卖掉了价值足够他活一个世纪的股票，费顿说："这将使你成为一个清廉的人。"这一建议被拒绝，盖伊亏掉了本钱，他无法承受这一灾难的打击，几乎丧命。

内阁大臣们也对此事提高了警惕。此时南海公司的董事们犹如过街老鼠，人人喊打。危险的暴徒也让警察们时刻奔波。人们不得不向在汉诺威巡视的国王求救，希望他尽快回来。甚至，退隐山林的沃普勒先生也接到民众的建议，希望利用他对英格兰银行董事们的影响力，说服银行接受南海公司的债券清偿计划。英格兰银行非常不愿意在此时让自己卷入其中，但它还是勉强接受了各方的建议。一时间所有金融界知名人士聚集起来，共同商讨救市对策。最终，沃普勒先生提出的一份合同草案，被作为下一步谈判的基础获得了全票通过。此时，民众惊恐的情绪才得到了一丝缓解。

第二天，即9月20日，南海公司在泰勒商贸大厅召开了扩大会议。这次会议的一大重要成果是通过了一项提案，根据这项提案，董事会有权批准英格兰银行或是其他任何人经营本公司债券的要求，批准银行提出的任何他们认为合理的建议。作为发言人之一，鲍德内表示他们对人们陷入恐慌之中感到十分震惊，因为人们整天都因恐惧跑来跑去，满脑子都是漫无边际的灭顶之灾，这真是一场灵魂的煎熬。正如一首诗中所言：

无边的黑夜笼罩着大地，
人们心中满是狂暴和怒火，
整个世界如地狱般可怕。

两天后英格兰银行召开股东大会，银行主管告诉众人，此前董事会已多次召开会议讨论南海公司事件，但都未形成最终意见。会上，董事会还提出了一项提案，并且顺利通过，这项提案授权董事会批准经营南海公司的债券，但必须对债券的总额、项目和时间做出详细的规划。

因此，这两家公司便可以维护公众利益为由自由地采取措施。为了拯救南海公司的公共信誉，英格兰银行开设了专户，以15%的定金、3%的保险费和5%的利息，发行了总额300万英镑的南海公司债券。那天清晨，人们携款蜂拥而至，让人以为南海公司的债券会在一天之内被抢购一空，而不到中午，情形就急转直下。尽管采取了一切可能的措施进行补救，但南海公司的股价依旧一路狂跌。事实上，南海公司的债券早就没什么信用可言了，此前，那些最有名的金融家和银行家也因大量向南海公司贷款而陷入窘境，无法正常运转；有些还不得不关闭店铺，溜之大吉。剑刃公司是当时南海债券的主要承兑商，也停办了支付业务。看上去，灾难似乎马上要降临到银行头上了。上午，银行还在忙不迭地接受认购，可下午就不得不更加迅速地兑换现金。

接下来的一天是假期，即9月29日，银行终于有了一点喘息的时间。他们十分后悔卷入这场灾难。他们之前的竞争对手——南海公司就是在这场灾难中走向覆灭的。他们的股票一路跌至150英镑每股，又几经起伏，最终跌为135英镑每股。

直到此时，银行才意识到自己无力恢复公众信心，阻止毁灭的浪潮。银行不想因救市而白白搭上自己的性命，便决定终止已经履行了一部分的协议。他们为此找了一个冠冕堂皇的理由：英格兰银行与南海公司的合约只不过是一份协议草案，并未对一些重要的细节问题做出规定。其实，主要是合约未对退出协约方做出任何惩罚的规定。

“就这样，”借用《议会史》的描述就是，“人们看到，一个神奇的泡沫在八个月间由兴而盛，由盛而衰，并且飘到了一个令人难以想象的高度，它制造了备受整个欧洲瞩目的海市蜃楼。然而，它是建立在欺骗、幻觉、轻信和恐惧之上的。他制造的那套鬼把戏一旦被人识破，就会砰的一声爆裂。”

在灾难即将降临时，整个国家在这场危险的幻象中变得“道德沦丧”。在议会质询会上，为了揭发罪犯，一幕幕丑剧不断上演，将罪犯们丑恶的心灵和肮脏的手段暴露无遗。最终，对所有罪行的调查竟成为一件极为有意义的事，因为这向人们证明，国家的赌博行为同个人的赌博行为一样，也会受到惩罚，罪犯们也必定会受到制裁。

著名作家斯莫莱特的确错了，因为他曾说过：“没有一个历史学家会喜欢这样的时代。因为多愁善感、想象力丰富的读者们一定不会喜欢描写这个肮脏交易时代的史书。在这些描写里，没有温情，没有色彩，没有修饰，它所展示的只是一幅枯燥乏味、腐败堕落的画面。”

反之，如果斯莫莱特有一点点幽默感的话，他就会发现这个主题所能够带给人们的启发要远远超过一个小说家所希望达到的。难道遭到劫掠处于绝望中的人群之中就不存在温情吗？数以百计的家庭因股票投机而一贫如洗；昨天的富翁沦为今日的街头乞丐；手握重权、前呼后拥的重臣落得贬谪流放的下场；每一寸土地上都充斥着自责、悔恨和诅咒。这难道不是一幅悲惨的富有生命、生气的图画？在这幅画面里，人们的双眼被蒙蔽，摆脱一切障碍，疯狂地追寻金色幻影，直至陷入万劫不复的深渊，还在固执地否认这仅仅是一场噩梦，此情此景难道不应令人深思吗？

然而，历史学家们往往乐于记述那些奸诈的大臣为了取悦无能的国王而设计的阴谋、残酷的斗争等，一说起这类愚蠢的事，他们便口若悬河，滔滔不绝，一遍一遍，没完没了，却将那些会深深影响人类道德和福祉的事件抛在一边，不闻不问，他们总觉得这些事情内容干瘪沉闷，没有温情，没有色彩。

在这个臭名昭著的泡沫时代，英格兰呈现出一种独有的现象，公众的心智变得越来越不健康。人们开始厌烦那些通过小心谨慎的努力而取得成功的产业。他们渴望无穷无尽的财富，于是铤而走险，从事各种腐化堕落的行为。空前的奢靡之风使得人们的道德品行急剧下滑。一个愚蠢无知的粗野之人，有可能因一场赌博而一夜暴富，金钱的力量让世人折服，它可将粪土变为珍珠，这如何能不使那些知书达理的人们感到羞愧难当呢？

那些曾被理查德·斯蒂尔爵士认为是“微不足道的小人物”的粗野之徒，在厄运降临而一败涂地之后，就成为人们心目中的反面典型。在议会质询会上，许多董事尝到的许多苦果，并不是因为他们挪用了多少公款，而是因为他们的傲慢无礼。其中有一个既愚昧又狂妄的家伙，在他称心如意的时候竟然宣称要用金子去喂马，但最后却落到几乎需要自己动手做饭的下场。他们曾经留给世人的每一个傲慢的眼神，每一句不可一世的大话，都被记录了下来，而最后他们得到的只有无尽的贫穷和羞辱。

末日审判

英格兰举国陷入非常局面中，鉴于国家形势如此紧急，乔治一世缩短了他在汉诺威市的逗留时间，匆匆赶回英国，并于11月11日抵达伦敦。

12月8日，国王便召开了国会。同时，大英帝国的每个市镇几乎都在召开公众大会，人们采取请愿的方式，请求给予南海公司董事们以法律制裁，因为他们欺骗性的行为已将国家推向了毁灭的边缘。

几乎没有人认为政府也应像南海公司一样受到惩罚，也没有人去指责大众的轻信与盲从。贪婪和堕落已经吞噬了所有优秀国民的本性，出于对金钱的痴迷和疯狂渴望，他们再一次掉入了阴谋者们挖好的陷阱之中。从未有人指责人们的这些行为，大家都认为单纯、诚实、勤劳的人们受到了一伙强盗的欺骗，这些人恶贯满盈，罪有应得，死不足惜。

举国上下的看法几乎一致，上下两院的议员也持有同样的观点，一直要求严惩南海公司董事们的恶行。在这些南海公司董事们知道自己的罪名之前，所有的惩罚也不过是喊喊口号而已。这时，国王发表了一个演讲，希望人们考虑董事会成员想要为国家经济做出贡献的初衷和热忱，在处置他们时要对他们在这场灾难中所遭到的不幸给予照顾和适当的怜悯。这次演讲立刻就引起了公众的强烈争论。其中有几位发言者猛烈地抨击南海公司董事们的行为。他们中要数莫乐思沃斯勋爵的发言最为激烈。他说：“毫无疑问，南海公司的董事们正是这场灾难的元凶巨恶。但是现在有些人却以适用于他们行为的法律为由为他们进行开脱。在这种情形下，根据他的观点，我们便可以遵照古罗马人的先例。古罗马没有惩罚弑父逆子的法律，因为立法者认为不可能会有做儿子的人泯灭天良去杀害自己的亲生父亲。所以当这类事件发生时，他们便把那些丧尽天良、罪恶滔天的恶徒直接装进麻袋，封上袋口，扔进台伯河中活活淹死。同样，那些密谋和实施了邪恶的南海公司计划的恶棍们也应被装进口袋，扔进泰晤士河里。”

其他人的发言则比较温和谨慎。沃普乐先生更是表现得异常谦虚，他提出目前最为紧急的是，应该努力恢复公共信用。“如果伦敦市发生了火灾，所有明智的人都会先去救火，避免大火蔓延，造成更大损失，之后才会去查找纵火罪犯。公共信用受到了极大的创伤，如同一个正流着鲜血急需救助的伤员一般，应当迅速挽救他的生命，留待以后去惩办刺客。”

12月9日，国王发表的演讲得到了议会的回应，并通过一份宣言。经过修改和补充，宣言里添加了如下内容：议会尽快想方设法抚慰国民的失望情绪，严厉惩办元凶。

调查工作迅速展开，议会命令南海公司董事会成员递交一份完整的从事过交易的往来账目账簿。同时，下议院通过了一项议案建议专门制定一部法律防止这种邪恶的股票投机行为再次上演。说到底南海危机之所以会发生，并在公众中造成难以收拾的恐慌心理，主要是股票投机者所使用的阴谋诡计。因此在重建公共信誉时，同时也要采取法律手段防止类似的事情再次发生。

沃普乐先生也站出来说道，就如他之前表示的那样，经过缜密思考，他已经设计了一项恢复公共信誉的计划，但这项计划的实施要依靠一个稳定的基础，在开始实施这项计划之前，了解自己能否得到这样一个基础是必要的。目前必须搞清楚那些同南海公司签订的公共债务的认购单、货币认购单以及其他合同，在现在的情形下是否依然有效。这个问题再次引起轩然大波。议会最后对这一问题进行表决，以259票对117票做出决议：此前签订的所有合同依然受法律保护，仍具效用，除非南海公司的全体股东大会宣布无效或是经过法律程序判决无效，才会使其失去法律庇护。

第二天，沃普乐先生就向下议院的一个专业委员会提交了他所制定的恢复公共信用的计划，其主要内容是：英格兰银行购买900万英镑的南海公司股票，东印度公司也有条件地购入同等数量的南海公司股票。这个建议得到了大多数人的赞同，下议院通过了这个方案，并以命令的方式通知两大公司执行这个方案。尽管在内心，这两家公司是不愿意出手相助的，在各自召开的扩大会议上，所有与会者都表达了强烈的不满，但这并不影响议会决定的效力。最终，两家公司都执行了议会的决定，购入了南海公司的债券，并向委员会提交了一份执行报告。在沃普乐先生的监督下，委员会又提出了一项提案，经过上下两院审议顺利通过。

议会同时还收到委员会提交的另一份提案，并获得了几乎所有有影响力的议员们的一致支持。其内容是限制南海公司董事、主管、副主管、会计、出纳以及职员的出境时间不得超过一年，还要彻查他们的财务状况，以防止他们私下转移或转让财产。议会中有影响力的议员都对此一致赞同。南海公司的职员辛潘先生对克拉克斯先生的行为十分不满，辛潘先生想要向民众证明这位秘书长是如何在公司账目上做手脚的。辛潘先生说："在议会如此积极地为保护公众利益而努力的时候，保护南海公司董事以及职员们的人身及财产安全是十分必要的。但是，那些身居高位却不顾道德公益的虚伪狡诈之徒，他们所犯的罪行比南海公司的董事们更加严重！"

面对这番指桑骂槐的控诉，克拉克斯坐不住了，他愤愤地说："对于那些质疑我涉嫌南海事件的人，不论是在议院内外，我都会给他们一个满意的答复。"此言一出，立马引起了一片哗然。上议员莫勒斯沃思站起来反驳道："虽然我已年过花甲，但我仍能回答克拉克斯先生在议院里发表的任何言论。我相信很多年轻人和我一样，一定会和克拉克斯先生斗争到底！"

于是，议会的秩序再次失控，议员们纷纷站起来发表自己的观点，呼喊声充满了整个会场，发言人不断强调纪律，但却无济于事。混乱的场面持续了好几分钟，在这段时间里，差不多只有莫勒斯沃思和克拉克斯还坐在自己的位子上。最后，议员们要求克拉克斯为他此前的言论做出合理的解释。

克拉克斯辩解道，自己无非是想使那些对自己有意见的议员满意而已，自己并不想挑起事端。议员们听到这样的话之后，愤懑的心情才得以平复，会议才得以继续，接下来议会就以什么样的方式对南海公司进行调查这一问题展开了讨论。最终，议会成立了一个由13人组成的秘密委员会，以便清查南海公司的一切事宜。该委员会还被授予调阅文件、传唤人员和发布文件记录的权力。

上议院对此事也发表了自己的观点。罗彻斯特主教认为，南海计划就像是一场瘟疫。沃顿公爵则表示，议会是公正无私的，就他自己来说，即使是他最亲密的朋友卷入了此事，他也会秉公处理并与其断绝关系。南海公司的董事们密谋贪图民众的钱财，这让英格兰的经济堕落到此种地步。对于这样恶劣的行为，议会不该徇私枉法，偏袒任何一方，而要对其施行最严厉的惩罚。上议员斯坦霍普说："为了弥补公众的损失，要悉数没收这些罪犯的财产，不管他是不是董事会成员。"

此时，群众的愤怒已到达了顶峰。就像库克斯在《沃普勒》一书中所说的那样，南海公司董事们的名字，现在已经变成了欺诈和罪恶的代名词。全国各地要求对这些坏蛋施以重刑的呼声此起彼伏。而那些不赞成用极端手段来惩罚罪犯的温和派人士，却遭到了民众的抨击，认为这些人也是同谋。一心一意地想发泄自己的不满的人们，不断地给他们寄来匿名信，以最恶毒的语言公开嘲讽和辱骂他们。其中，财政大臣艾斯拉比、克拉克斯等几人尤其成了大家指责和谩骂的主要目标。

饱受舆论压力的上院立即做出决定，对所有的嫌疑人进行一番彻底的调查。1月21日，所有与南海计划有牵连的经纪人都要求向议会上交一份账目清单，标明自1719年圣米迦勒节以来借助于他们之手买卖股票的财政或税务部门官员的名单，以及这些官员的股份申购和交易信托情况。而名单显示，财政大臣艾斯拉比也是背后的操纵者之一，南海公司发行的大量股票都被秘密转入了他的名下。南海公司的五位董事，包括爱德华·吉本（英国著名历史学家、《罗马帝国衰亡史》的作者吉本的祖父），统统被监禁了起来。

斯坦霍普伯爵向议会提出了自己的建议，促使议会在此基础上做出一致的决定：在南海公司案件审查期间，以及其他某些时间内，南海公司的任何董事或机构在没有对其真实偿付能力进行有效评估或不能为其提供充分担保的情况下，若是承担股票交易及发放贷款，或是放任政府官员或议员任意购买股票，都将被视为情节严重、影响恶劣的贿赂行为。几天后，议会又通过了另一项议案。其中规定，若是南海公司董事或职员以秘密方式将自己所持有的股份卖给公司，也将被处以诈骗和破坏信托罪。由此产生的影响对公共信贷已造成了极大的危害。艾斯拉比因其不可推脱的责任辞去了财政大臣的职务，同时被议会除名。接下来将由法庭对他的犯罪行为进行进一步的法律制裁。

当时，南海公司的一名会计奈特先生，因为知晓大量公司董事们曾进行的危害性极大的秘密事件，在狗急跳墙的董事们的指使下，携带着许多重要的账目文件逃往国外。经过一番乔装改扮，他先坐一条小船，而后又雇了一艘大船，神不知鬼不觉地逃到了法国的加来港。议会知道这个消息后，马上给国王呈递两份报告，请求重金悬赏缉拿奈特，同时下令关闭所有的港口，防止南海公司其他的职员再度逃亡。

当晚，英王就发布公告，悬赏2000英镑通缉奈特。下院也命令锁闭议会大门，把钥匙放在桌子上。秘密委员会委员罗斯将军声称自己已经掌握了大量能证明南海计划罪责最隐秘、最邪恶的证据，并把这些证据上交议会处理。同时，委员会还认为，为了更深入地查清真相，非常有必要限制南海公司董事和重要职员的人身自由，并没收所有重要文件。这个提议获得了议员们的一致赞成。议员兼南海公司董事罗伯特·查普林爵士、西奥多·森爵士、索布里基先生、埃勒斯先生，以及其他董事们被分别传唤，并被要求如实交代各自的腐败行为。

西奥多·简森爵士和索布里基先生极力为自己辩解，试图为自己开罪。议员们耐心地听了他们的辩解，之后命他们收手。但是，最后议员们还是一致认定：由于两人的行为给国民带来了巨大的损失，并严重损害了公众信用，判两人信托欺诈罪。由于他们的反抗，议会决定将他们逐出议院，交给警察机构看押。四天之后，罗伯特·查普林爵士和埃勒斯先生也被逐出了议院。此时，议会立即向国王上书，请求他诏令各驻外大使，协助当局缉捕奈特，不允许他向任何国家寻求庇护，一旦发现就将他引渡回英国。国王立即准许了这个提议，当晚就派信使们纷纷动身前往欧洲各国。

南海公司董事约翰·布朗特爵士，人称“阴谋之父”，公众都认为其是这桩惊世大阴谋的幕后主使人。在诗人蒲柏写给阿伦·洛德·巴瑟斯特的信中写道，约翰·布朗特并不是个虔诚的英国国教信徒，却常常以信教者自居。他常常以高昂的姿态和滔滔的雄辩抨击时代的奢华与腐败、议会与党派的不公与软弱。而权臣望族的贪婪更招来了他激烈的攻击和批判。他原来只是个小小的办事员，后来不仅成了南海公司的董事，还成为公司里表现最活跃的管理者。或许是他从前的经历让他喜欢挑战贪婪的权贵，但可以肯定的是，他是在目睹许多上层人物的丑事秽行之后，才决定自己也铤而走险。

布朗特先生在庭审中始终沉默不语，只在法庭提出几个关键问题时开始辩解，这些问题已经在下议院委员会审查时问过了，而他已经忘了当时是如何回答的，所以会自相矛盾。而在此次审判中，他拒绝回答同样的问题。这样看似振振有词的声明，实际上却暴露了自己所犯的罪行。议院里因此产生了一阵骚乱。法官又一次命令他回答，是否曾经卖给任何政府官员或上下两院议员任何数量的股票，好促使南海议案早日通过。他说，他非常焦急，他希望尽可能地尊重议会的决定，但若是议会一味要自己承认自己有罪，那将是徒劳的。经过数次尝试，议会想使他重新回忆起供词的做法均告失败，于是，布朗特被议会斥退。

由此，在布朗特先生的同情者和反对者之间爆发了一场激烈的论战。同情者众口一词地说，是因为政府当众施压才导致一向平易近人的约翰·布朗特爵士一直保持沉默。听到这样的话，斯坦霍普伯爵和沃顿公爵表示强烈反对。当沃顿公爵发表演讲时，更是激动得当场眩晕不止，一阵昏天黑地之后，不得不匆匆离开议院回家休息。大夫即刻给他做了杯吸手术，第二天上午又给他放了一次血，他才稍稍好了一些。到了傍晚时分，他又忽然陷入昏迷，在病榻上辗转了一段时间后，突然间撒手人寰。这位著名国会议员的猝死，在英格兰引发了巨大的哀痛。英王乔治一世更是悲痛欲绝，把自己反锁在密室里长达几个小时，以此痛悼这位忠心耿耿的重臣。

南海公司会计奈特先生在蒂勒蒙（位于列日附近）现身后，被侨居布鲁塞尔的英国人利兹先生的一个秘书逮住了。作为乔伊斯协约的成员国之一，凡是在布拉班特公国的土地上被逮捕的罪犯，都应在当地受审。于是在英国多次向奥地利法院提出要求引渡奈特时，布拉班特公国拒绝将其交还给英国。正在英国司法当局与之进行交涉时，奈特却从关押他的安特卫普监狱逃走了。

2月16日，秘密委员会向议会递交了第一份报告。在报告中，他们陈述了所面临的困难：他们审查的每一个人都满嘴谎言，极其不配合，试图逃脱法律的制裁。在他们提供的账册上，有些账目是伪造的，有的则没写股东的姓名，涂抹修改随处可见，还有的竟被整页撕掉了。他们还发现，有些极为重要的账册不见了踪影，有些则被转移或是藏匿了起来。刚开始审查时，他们就发现需要查阅的资料浩瀚如海，需要处理的情况也千差万别，极其复杂。在处理涉及数千人的价值数以十亿计的财产时，有的可以通过正常的法律程序处理，有的则不得不在不合法的前提下采取行动。

比如，在南海议案通过之前，公司账册上有一笔总值1259325英镑的账目，而股票账册上的记录同公司账册上的记录有着极大的出入，售出的股票却只有574500英镑。这些股票是虚构的，仅是为了让法案顺利通过。账册上记录的是这些股票在不同的日期以不同的价格（从150%到325%）售出。在公司未被授权增加资本之前就有这么大的一笔股票售出，秘密委员会感到这其中一定有不可告人的秘密，于是决定彻查所有的交易细节。他们将公司主管、副主管和几名董事带来询问这件事，结果他们吃惊地发现在进行这笔股票交易时，南海公司根本没有这么多的股票，当时能够进行交易的股票总值最多不超过3万英镑。

经过进一步调查，秘密委员会发现，这些股票的交易是由公司伪装成购买商自己买进的。有关文件既没有支出记录，也没有缴纳定金或是保证金的收据，也没有向公司付钱。由此可见，他们制造这一假账的目的是：如果议案未被通过，股市自然会下跌，反正是买空卖空，公司不会有任何损失。相反，如果一旦股价上涨（南海计划得以顺利实施后，实际中的股价一路上涨），那么中间的差价就可以让董事们坐收渔利。后来，在议案通过之后，奈特就对这个空头账单进行了修改和调整，那些伪装的购买商则从南海公司得到了现金收益。

这些虚构的股票主要掌握在约翰·布朗特爵士、吉朋和奈特三人手中，他们将这些股票赠予一些重要的政府官员和他们的特定联系人，同时用于贿赂官员，以使议案顺利通过。其中，桑德兰伯爵拥有价值50000英镑的股票，肯德尔公爵夫人10000英镑，普拉藤女伯爵10000英镑，她的两个侄女10000英镑，克拉克部长30000英镑，查尔斯·斯坦霍普（财政部的一位秘书）10000英镑，利刃公司50000英镑。

他们还发现了斯坦霍普先生也曾通过特纳尔·卡斯沃尔公司获取了25万英镑股票的差价收益，但为了不被人发现，他的名字被擦掉了，或是改成了斯坦吉泼。财政大臣艾斯拉比以更为令人发指的方式获取了更大的利益。他也在作为南海公司董事之一的特纳尔·卡斯沃尔公司开了一个账户，户头上存有794451英镑的股票。此外，他还建议南海公司将第二批认购单做成150万英镑而非100万英镑，多出的50万英镑由公司自己控制，不用做任何担保。第三批认购单更加令人瞠目结舌：艾斯拉比先生7万英镑，老克拉克先生65.9万英镑，桑德兰伯爵16万英镑，斯坦霍普先生4.7万英镑。

这份调查报告的后面还附有6份重要性稍逊一筹的报告。在末一份报告的结尾，秘密委员会宣布，由于缺少当事人奈特的配合，调查无法继续进行下去。

在第一份报告印出来的第二天上午就提交议会审议。报告的内容引起了一场异常激烈的辩论，最后议会通过了一系列决议，宣布将对南海公司的董事会成员及牵扯其中的议员和政府官员进行严厉的制裁。这些人所贪污的款项将被没收用于补偿因他们而遭受严重损失的公众。议会还要求秘密委员会提交一份补偿款如何发放的议案。

查尔斯·斯坦霍普是第一个被审判的人，他自然想方设法地为自己开脱。他强调说，在过去几年里，他将自己的所有钱财都存在奈特那里，所有股票都是奈特帮他买的，他已经付过很大一笔钱了。而对于特纳尔·卡斯沃尔公司的股票，他则表示并不知情，称那是有人一厢情愿借他之名购买的，自己不对此负有责任。特纳尔公司应对自己的行为付出代价。但对每一位品行端正的人来讲，将25万英镑据为己有的斯坦霍普，一定是个不可饶恕的家伙。

由于有人在背后撑腰，仅以三票的优势，他被议会宣判无罪释放。他的亲朋好友，如切斯特菲尔德伯爵的儿子斯坦霍普议员到处活动，一个个地拜访那些持犹疑态度的议员，用他的花言巧语劝说他们做出违背良心的选择，或者投否决票或者直接不出席表决议会。许多乡村绅士被他劝说得晕头转向，最后他计划得逞，查尔斯·斯坦霍普被无罪释放。这无罪释放的判决令全国上下的群众极为不满。人们聚在伦敦各处进行示威游行，骚乱充斥着伦敦的大街小巷，暴乱一触即发。尤其是在即将审判那个令人憎恶的罪犯艾斯拉比时，空气中的火药味更浓——人们担心艾斯拉比也可能受到包庇，无罪释放。

至于艾斯拉比，人们一致认为他是罪魁祸首之一。在公众看来，尽管他天性恶劣，但他身居高位，肩负重责，也应坦诚地交代自己的罪行。在斯坦霍普被宣布无罪的那天，开始了对艾斯拉比的审判。那天，情绪激动的人群挤满了议会周围的各条街道，急切地想知道审判结果。议会用了一天时间去讨论如何定艾斯拉比的罪。艾斯拉比去找他的几个朋友帮忙，但由于他的罪行太过明显，极其可恨，以至于没有人敢对他伸出援手。议会辩论最后得出惊人一致的结果：艾斯拉比贪得无厌，视财如命，鼓动和促成了贻害无穷的南海事件；同时他还与南海公司董事会相互勾结，狼狈为奸，将国家的公共信誉摧毁殆尽。鉴于他穷凶极恶的罪行，他将被逐出议会，并押往伦敦塔监狱监禁；一年之内，也可能到下一届议会开会之前，他不得出国。他必须如实报告自己所有的财产，并用这些财产去救助那些因他不负责任的行为而受害的群众。

这一判决顺应民意，极大地宽慰了民心。尽管判决发布时已近午夜12点半，但消息还是在顷刻之间传遍全城。有些人将家中所有的灯都点燃以示自己心中的喜悦。第二天，艾斯拉比就被押往伦敦塔监狱，沿途聚满了愤怒的民众，他们一边大声辱骂，一边向他投掷石块。人们觉得这样还不够表达他们的喜悦之情，便燃起堆堆篝火，围成圆圈又唱又跳，好像刚刚逃离灾难一样，互相道贺庆祝。伦敦街头呈现出一派节日的喜庆景象。因斯坦霍普事件而积攒的民愤，也在此时得到了宣泄。

为了有效地安抚民心，议会又将特纳尔·卡沃斯尔公司的乔治·卡斯沃尔爵士驱逐出议会，关进伦敦塔监狱，并命令他缴纳25万英镑的罚金。接下来，议会开始谈论秘密委员会递交的报告中涉及桑德兰伯爵的那部分内容。由于他极其有名望，所以议会绞尽脑汁地想要帮他洗刷罪名。关于他的指控主要是曾经强行勒索过约翰·布朗特爵士。因为这项控告关系着这一位德高望重的议员兼枢密院顾问官的名誉，所以议会费尽心机地想要减轻压力。伯爵的许多朋友都站出来为他讲话，并提醒说，如果这个爵士有罪，将会使保守党在政治上占尽优势。最后议会表决，以233票对172票的多数宣布桑德兰伯爵无罪。但民众们并不这样认为，这件事也招致人们的巨大愤怒。大量的群众走上伦敦街头集会，幸运的是最终没有造成骚乱。

就在这一天，老克拉克先生突然猝死在家中。原定于第二天议会就要审理他的案子了。这种巧合令人们普遍相信他是畏罪服毒自杀的。但也有人认为，他并不是死于自杀。事实上，就在五周前他唯一的儿子，财政部的秘书，因为染上天花而不幸夭折。这暮年丧子的悲恸一直折磨着他，所以，这些天老克拉克一直沉浸在悲痛之中不能自拔。正是为了这个宝贝儿子，他不惜冒险，以欺骗的手段聚敛钱财，为了钱他甚至豁出去了一切。然而，儿子一死，他此前所有的努力都成为徒劳。由于对之前所犯罪行的心理负担和目前的思想烦恼，最终摧毁了他的健康，夺取了他的生命。他留下的150万英镑的遗产，将被没收以补偿那些受他欺骗而损失巨大的人民。

疯狂的终结

南海公司的董事们一个接一个地受到法庭的审判。为了补偿那些不幸的受害者，“阴谋家”们处心积虑聚敛的财富大部分被没收，总额高达240万英镑。议会视个人的情况而定，允许他们保留一定的财产，以保证他们的生活需要。其中，约翰·布朗特爵士有约18.3万英镑的财产，议会允许其保留5000英镑；约翰·费劳斯爵士有24.3万财产，保留1万英镑。

被没收了大部分财产的爱德华·吉本先生的孙子，历史学家小爱德华·吉本，在《我的生活与写作》这本回忆录中，对发生在自己祖父时代的这一事件做过详尽的记录和描述。他认为，自己虽然不是一个公正的见证者，但是一个作家有权表达不同的观点。这些作家不同于那个时代只听一面之词的那些人，他们自己可以客观公正地评判此事。小爱德华·吉本对此事的评价也可以作为一大参考，应当给予重视。

小爱德华·吉本写道：

1716年，我的祖父在被选举为南海公司的董事之前，就拥有了6万英镑的财产。但是1720年的那场灾难让他辛苦了30年才积攒下的财富在一夜之间烟消云散。让我来评价南海事件的对与错显然是不太合适的，但法庭所做出的那些武断且不合理的判决是应该被当今时代的衡平法所谴责的。然而，对于那些刚刚经历了灾难的国家来说，人们可能会说，议会急于寻求一些人为这件事情承担后果，于是便把矛头指向了南海公司的董事们。尽管莫勒斯沃斯上议员那苛刻的言辞没有被采纳，但是这也给人们提了个醒——需要有一个相关法律来制裁这些罪犯。于是立法机关才限制了董事们的人身自由，想要获得自由就必须缴纳巨额保证金，还在他们的人格上烙了一个可耻的记号。他们被迫发誓，上交自己的财产且一分也不能少，同时也不能转往国外。

南海公司的董事们对这一判决十分不满，请求上诉，在英国，每一个国民都享有这样的权利，可他们却遭到了拒绝。制裁者们不需要任何证据，不愿意听任何申辩，就进行了裁决。起初，有人建议给每位董事留下1/8的财产，以便他们日后的生活，但却遭到强烈反对，在他们看来，那些罪犯贪污了多少钱就应该受到多么严重的惩罚，这个比例对许多人来说都太轻，可对另一些人来说又太重。于是，董事们根据每人的人品和行为，被区别对待，但这样明显会有不公平的判决。因此，议会决定对他们进行分别处置。33个英国人的财产和名誉成了人们茶余饭后的谈资。而对这些人的判决仅仅是由一个没有法律效力的多数投票和几个最卑鄙的秘密委员会委员决定的。委员们一句恶意的言论或是一次不记名投票，都可能转化为个人的怨恨。给董事们的剩余财产就这样在言笑间改来改去。这种侮辱性的笑话令董事们感到更加痛苦难过。

好像有报道称：某个董事因为涉嫌一个损害他人财产的计划而受到了惩罚。而另一个人也被判有罪，原因是他发表了一则愚蠢的言论，他说他要用金子来喂马。当时一位声名显赫的财政部官员，因为拒绝回答那些高高在上的大人们各种有关个人隐私的提问，而被扣上了过分骄傲的罪名。所有董事们都没有出席法庭辩论，因而，他们也就不会因为给自己做辩护而被判有罪了，但是议会武断地没收了他们的全部财产。董事们毕生积蓄中的大部分都被席卷一空，用来填补政府亏空。这种光明正大的掠夺自然是得到了全能的议会的庇护。

我的祖父从未奢求能得到比他的同僚们更为宽厚仁慈的处置。他的保守主义原则和他与托利党之间的密切联系，无疑使他招来了更多当权者的憎恨。虽然他才高八斗，但是当他的名字出现在一份可疑的秘密报告中时，他就被无知的大众所憎恶。吉本先生是首批遭到关押的南海公司董事之一，他上交了除继承的祖产之外，总计106543英镑5先令6便士的财产。虽然议会承诺给他1.5万英镑或1万英镑的补偿，但权衡之后，毫无疑问，议会给了他数额较小的那份。就这样，在一片废墟之上，我年迈的爷爷，凭着他那议会也无法夺走的技能和一点存款，重写了自己的命运。16年的辛劳终于获得了丰厚的回报。还有什么理由叫人不相信，这第二座大厦不比第一座更好呢?

在南海公司的董事们受到惩罚之后，立法机关又面临着一个问题，就是恢复公共信用。人们发现，沃普勒先生此前的计划并不全面，而且已经落到名誉扫地的地步。

1720年年底，南海公司全部的股票本金被重新计算了一遍。人们发现，在全部3780万英镑的股票中，2450万英镑是分配给全部所有者的，剩余的1330万英镑则被公司以法人的身份所拥有——这就是他们从公众狂热中获得的全部利润。从这些利润中，议会拿出800万英镑作为给一般所有者和认购者的分红，红利为每100股33英镑6先令8便士，这一做法已经是相当宽厚了。议会还规定：那些曾经向南海公司转付过股票或其他抵押品的借款人，可以不附带任何补偿和索赔要求，而且只需偿还借款总额的10%。当股价暴涨时，南海公司曾以这种方式借出过110万英镑。而此时，股价已经回落到正常水平，这样一来，公司所回收的债务就只有11万英镑了。

但是想要恢复公众信用，还有很长的一段路要走。希腊神话里有一个长着由一对羽毛和蜂蜡制成的翅膀的伊卡路斯，想飞越海洋，但是因为飞得太高太接近太阳，粘接羽毛的蜂蜡一点点融化，最终，他从云端掉入了大海，在汹涌的浪涛中苦苦挣扎。那个时候他才明白，自己只能生存在坚实的土地之上。从此以后，他再也不妄想着要一飞冲天了。英格兰的公共信用就是如此。

一个成功的计划往往会引出许多其他类似的计划。自此之后，在英格兰国内贸易高度繁荣的时候，也曾出现过几次过度投机的风潮。人们只看到这其中的微小利益，而忘记了背后的深渊。

1825年的金融危机同样令人记忆深刻，与当年由南海计划造成的泡沫公司性质一样的各种名目的企业、公司，再度席卷英国，而在风光了一阵子之后，留下的仍然是一片泡影。而这一次，那些和1720年南海危机时一样妄想榨取人们钱财的罪犯，同样受到了法律的严惩。

1836年，商业投机再一次席卷英国，差点酿成惨祸。幸亏政府及时采取措施，才让英格兰商业逃过一劫。一直到1845年之前，南海计划一直都是英国历史上因大众狂热而引起大规模商业投机风潮事件的最佳典型。后人从那段艰辛的时光中知道了：如果任凭投机风潮蔓延，过度逐利，是多么的危险，在这样的情况之下，只有从中汲取教训，才是明智之举。

第三章

郁金香狂热

据说，“郁金香”这个词其实是源自土耳其语，本意指螺旋贝，后来则用来指代一种类似螺旋贝的阿拉伯式头巾。16世纪中叶，在郁金香花首次被引入西欧的时候，康拉德·杰斯纳就说过，郁金香在西欧将会产生很大的价值。没想到此后不久，郁金香就在欧洲引发了一场疯狂的骚乱。

康拉德说，1559年，在当时极有名的珍宝收藏名家——赫瓦特律师的奥格斯堡花园里，赫瓦特的一个君士坦丁堡的朋友送给他一个郁金香球茎，那是他第一次见到郁金香。当时，郁金香在奥斯曼帝国都城君士坦丁堡早已是风靡一时了。此后的10~11年里，郁金香变成了权贵争相抢购的珍贵收藏品，特别是在荷兰和德国。阿姆斯特丹的富翁们为了得到它甚至不惜重金派人直接到君士坦丁堡抢购。

绝世奇花

1600年，堪称“绝世奇花”的郁金香被人由维也纳带入英国，并且风靡全国一直到1634年。那时候人们都认为，如果一户有钱人家没有收藏郁金香的话，那只能证明这家人缺乏品味，情趣低俗。

许多著名学者，包括蓬皮乌斯·德·安吉利斯和雷顿的利普苏斯，都是郁金香的狂热爱好者。这股社会风潮一直蔓延到中产阶级，商人、小业主，甚至连经济状况不那么好的人也开始竞相攀比，互相炫耀谁家拥有的郁金香品种更多、更珍稀，谁肯为买花而一掷千金。哈拉姆的一位商人为了买花，不惜散去一半家财，不过却因此而名噪一时。而这一举动并非为了赚钱，只是为了满足他想得到他人羡慕的虚荣心。

人们十分好奇这种花究竟有什么特别之处，竟然让精明谨慎的荷兰商人们都争相购买。但是，郁金香既比不上玫瑰那般地娇艳，也缺乏玫瑰那醉人的芳香，而且它的花期也不长——它的样子甚至连甜甜的豌豆花也不如。

柯雷曾以优美的诗句大声赞美过郁金香，他这样吟唱道：

郁金香啊，这天降的奇花，
她妩媚多姿，鲜艳欲滴，
这其中孕育的勃勃生机，
让人们欢欣雀跃。
世上所有未曾见过的色彩，
她都可以展示得淋漓尽致。
每一个新品种的诞生，
都令她愈加婀娜俏丽。
紫色和金色常伴她左右，
就好像精美华丽的云裳。
那华丽绚烂的美貌，
足以令群芳失色。

尽管这首诗写得不是那么合乎韵律，却也不缺少优美的诗意。比起柯雷，贝克曼的用词更为精确，他向世人更好地展示了郁金香的魅力，他在《发明的历史》一书中写道：“这世上几乎再没有任何植物比郁金香更加绚丽多姿了。诸多的意外、弱化甚至于疾病，都不能改变它顽强的生命力。她经过多次杂交、培植，但却没有失掉她本身的艳丽，反而品种和花色越来越多。而那些处于自然状态未经加工的郁金香，虽然颜色单一，但往往叶片肥大茎干细长。只要经过细心培植，便旧貌换新颜，深受养花人的喜爱。随着越来越精心地培育，郁金香花瓣的颜色变得越来越淡，色彩却越来越丰富。花蕊越来越小，呈现出层次分明的样子，它的叶子则呈现出淡淡的绿色。这样的郁金香，一下子变成了百花的代表，越来越娇贵不凡。但这也导致了一个结果：郁金香成了温室中的珍品，变得越来越脆弱。就算你用最高超的技艺给它最精心的栽培，也不能保证一定能将它移植成功，甚至于难以成活。”

在栽种郁金香的时候，很多人一不小心就陷入了麻烦，就好像一位母亲常常照顾体弱多病的孩子，而很少关注那些健康的孩子。因此，我必须说，这样过分青睐这种娇贵的花儿，或许并非是明智之举。

1634年，郁金香狂热席卷了整个荷兰王国。荷兰人此时好像陷入集体癫狂之中，他们把所有的精力都投放到对郁金香的栽培种植上，以至于竟将国家普遍存在的人口问题和工业问题都置之不理。在那个时候，甚至是社会最底层的人也在做郁金香生意，郁金香贸易越来越火，其价格也水涨船高。到1635年，许多人竟然愿意以10万弗洛林（荷兰的一种货币单位）的高价去购买40株郁金香。那时候，为了郁金香交易的方便，人们在交易当中发明了一种新的计量单位——波里兹，这是一种比厘还要小的计量单位。

有一种被称为“可爱的里弗肯”的郁金香品种，只有400波里兹重，价格却高达4400弗洛林；另一种叫“可爱的范·德·埃克”的郁金香，仅有446波里兹重，价格却高达1260弗洛林；一棵重约106波里兹的“切尔德”球茎，价格高达1615弗洛林；名为“总督”的球茎，每400波里兹价格高达3000弗洛林；在众多的郁金香品种中最为珍贵的当数“永恒的奥古斯都”，最低价也要每200波里兹5000多弗洛林。“永恒的奥古斯都”成为荷兰人最为梦寐以求的东西，即使是最不好的球茎也可以卖到2000弗洛林。

据说，直到1636年初，全荷兰竟然只有两株“永恒的奥古斯都”球茎，这都不是最好的品种。其中一株在阿姆斯特丹的一位商人手中，另一株则在哈姆勒手里。人们为了得到这所谓的稀世珍宝，竟然搞起了投机，一个人竟然以12英亩的地产去换取哈姆勒的那一株球茎。阿姆斯特丹的那一株也已被人用4600弗洛林外加一辆崭新的马车和一套全新的马具买走了。

那时候，一位叫马丁的作家甚至写过1000页的书，细致入微地描述人们对郁金香的疯狂痴迷。这位勤勉的作家在书中对郁金香的交易进行了极为细致的交代，书中列举一份商品价格清单，全是用来换购一颗名为“总督”的郁金香球茎：一株总督郁金香的价格如下：2拉斯特小麦——448弗洛林；4拉斯特黑麦——558弗洛林；4头肥牛——480弗洛林；8头肥猪——240弗洛林；11头肥羊——120弗洛林；2大桶黄酒——70弗洛林；4大桶啤酒——32弗洛林；2桶黄油——192弗洛林；1000磅奶酪——120弗洛林；1张大床——100弗洛林；1套新衣服——80弗洛林；1个银酒杯——60弗洛林，共计2500弗洛林。

对于很多不在荷兰的人，在郁金香价格被炒到最高的时候，也在巨大的利益诱惑下返回到荷兰，加入到对郁金香的疯狂追求之中，最后，他们都因自己的无知而以失败告终。

《布莱恩威尔游记》中就有这样的记载：有一位因得到几株郁金香稀有

品种而洋洋得意的富商，通过一位水手得知有一批贵重的货物要运往列文特，便想揽下这笔生意。于是，他就派这位水手去会议室打探详情。这位商人为了答谢水手，便送他一条红鲱鱼做早餐，但没想到这个水手极其喜爱吃洋葱。于是，水手的注意力就被富商餐桌上放着的那个和洋葱一样的东西吸引了，他趁人不注意时，把这个和洋葱一样的东西装进了口袋。他十分开心地带着自己的报酬和酷爱的"洋葱"回到码头，准备享用自己的早餐。

他刚回去不久，富商就发现自己价值3000弗洛林的萨姆波·奥古斯特郁金香丢失了，他便召集所有人四处寻找，公司一时间混乱不堪，但最终还是一无所获，富商伤心极了。这时，他突然想起那位酷爱洋葱的水手，于是，焦虑万分的富商便匆忙赶往码头，随从们也紧随其后，但为时已晚。当他们来到码头时，那位水手正津津有味地嚼着他酷爱的"洋葱"，只剩下一点点了。这个头脑简单的水手不知道发生了什么事，所以也没有想到要躲起来。因为他做梦也不会想到，他正在享用的"洋葱"够船上所有人享用一年，或者如这位被偷走"洋葱"的富商所说，他的这顿早餐"奢侈得足够宴请奥兰王子和整个省朝廷了"。

安东尼为了埃及女王克里奥巴特拉的健康曾把珍珠融入酒中；理查德·怀庭顿爵士为了取悦亨利五世曾大搞巫术；在伊丽莎白女王主持皇家事务时，托马斯·格莱莎姆爵士为了她的健康，曾将钻石融入酒中……这位水手这顿早餐的奢侈程度足可以同上述那些人相提并论。相比之下，或许他占到了更大的便宜，毕竟这些人的昂贵珠宝并未给美酒增添什么色彩，也没有对改善这些人的健康起什么作用。但他的"洋葱"鲱鱼早餐毕竟味道鲜美，独一无二。这个可怜的倒霉蛋，因为这顿昂贵的早餐被富商指控为抢劫犯罪，而被判了几个月的监禁。

另一个关于一位英国旅行家的故事更加搞笑。这位绅士是一位业余的植物学家，一次，在一位荷兰富豪的家中，他看到了主人收藏的郁金香球茎。由于从未见过这种东西，他便掏出随身携带的小刀，想用这个圆圆的东西做个试验。他用小刀一层层的剥开球茎，并在剥到一半的时候，将它切成了两半。这位绅士仔细地观察着这个他从未见过的球茎，认真地研究它的每个部分，每一行纹理。突然富豪满眼怒火地扑向他，向他吼道："你知道自己在做什么吗？""在剥这个奇怪的洋葱啊。"这位旅行家不知所措地回答道。"你这该死的笨蛋！"荷兰人怒骂道："它可是范·德·埃克上将啊！""谢谢，"旅行家边说便拿出笔记本记下这句话，还问道，"这种上将在你们国家多不多啊？""你这该死的魔鬼，"这位荷兰人已经忍无可忍了，一把揪住惊慌失措的旅行家的衣领，"到了市政厅，你就知道是怎么回事了。"话毕，就不由分说地将旅行家拖到大街上，后面满是围观的人群。到了市政厅后，旅行家才知道自己做实验用的“洋葱”竟然价值连城。因此，无论他如何辩解，也无济于事，最终被关进监狱，直到他筹到足够赔偿富豪损失的钱财后，才被释放。

郁金香的疯狂与陨落

郁金香的抢购风潮越来越高涨，阿姆斯特丹、鹿特丹、阿尔克马尔、霍恩以及其他一些地方纷纷建立了股票交易所，郁金香投机在这里也变得明目张胆。股票投机者们对股票信息的触角十分灵敏，他们大量买入郁金香股票，并想方设法地操纵股票价格。开始时人们还是十分信任这些投机商，投身到这赌博游戏中去，并且从中获利了。经营郁金香的人们在郁金香股票价格大起大落中做着投机生意，低价买进，高价卖出，从中赚取高额差价。就这样，很多人一夜暴富。

巨大的诱惑使更多的人屈服，争先恐后地涌进郁金香市场，就如蜂蜜罐旁的苍蝇一样，密密麻麻。投机者们希望人们对郁金香的疯狂永远持续下去。世界各地的富翁也都纷至沓来，毫不犹豫地一掷千金，买下天价郁金香。欧洲大陆的富人都聚集在荷兰北部海岸，将贫穷给消灭了。贵族、市民、农民、技工、水手、男仆、女仆，甚至是烟囱清洁工和洗衣服的老妇人，都进入了郁金香股票市场。各个阶级的人都将自己的财产变为现金去投资郁金香。房产和地产都以低价出售，或低价抵押。

外国人也被同样的痴迷击败，大量的金钱从四面八方涌进荷兰。生活必需品的价格再一次上涨，房产和地产、马匹、马车、各种奢侈品的价格也随之攀升，有几个月，荷兰看起来就像是财神路托斯的接待厅。这种交易变得十分广泛而且极其复杂，它急需一些法律条令来进行规范，以引导交易商们。因为政府的职员和政府任命的公证人员也进入了郁金香交易市场。有些地方的人们甚至不知道有公证条款，但却知道有郁金香的公证处。在一些没有交易所的小城镇，人们就聚集在一些主要的酒店里讨价还价。这种昂贵的聚餐有时会吸引两三百人。大量盛开的郁金香就被摆在餐桌上或是过道里，以供他们交易期间欣赏。

然而，最终还是有一些比较谨慎的人开始明白这种愚蠢的事不可能永远持续下去。富人们不再买花养在花园中，而是将它们以百分之百的利润卖出去。一旦有人破产的消息传出后，郁金香的价格便不再高昂，而是出现下滑，从此再也没有回升。信心被摧毁，投机商们被恐慌所折磨。甲打算以4000弗洛林每株的价格从乙那购买10株萨姆波·奥古斯特。但签订合同六周后，郁金香的价格已经降到了三四百弗洛林每株，乙准备供货，甲且拒绝履约，即使降价也不接受。荷兰的各个城镇不得不每天传唤类似的违约者。数月前，就有许多人怀疑贫穷正在向荷兰袭来，但现在他们才突然发现，他们所拥有的少量的郁金香，即使现在以买进价的1/4卖出，也没有人会购买。到处都回荡着痛苦的叫喊声，人人都在怀疑别人偷了自己的东西。一些发了财的人将自己的财富隐藏起来，或是转移到其他产业上，或是将财产转移到英国或其他地区。许多因为这次投机摆脱底层生活的人，又再次被扔回社会底层。富翁成了街头乞丐，许多贵族也因投机而倾家荡产。

当第一次恐慌平息后，几个城镇的郁金香持有者就赶紧聚在一起，谋划怎样才能让公众重拾信心。大家一致认为，应该把所有地方的经纪人召集到一起，去阿姆斯特丹同政府一同商讨对策。刚开始，政府拒绝卷入其中，只让他们内部制定一些规章加以规范。他们召开了好几次会议，但最终也没能让那些被愚弄的群众满意，重拾对郁金香市场的信心。会上他们只能做些无谓的抱怨和相互不断的指责，甚至撕破脸皮大吵。在阿姆斯特丹经纪人联合会的主持下，他们才好不容易达成了一个协议。随后，他们规定，在郁金香交易的顶峰时期，也就是1636年11月之前达成的交易合同全部无效，而在这以后签订的合同，如果买方提出终止，必须给卖方10%的补偿。

这个决定没有使买卖双方中的任何一方满意，而且还让那些信守承诺买了郁金香的人觉得自己亏大了。以前6000弗洛林买的郁金香，现在500弗洛林就能买到，规定要求的10%的补偿也只比这个卖家价格高出100弗洛林。因此，每天都有人向法院提出违约诉讼，但被告却说什么也不会服从法院对其参与投机的判决。

最后，海牙省议会接手了这些案件。人们充满信心地期待这个组织能够凭借其睿智，迅速解决问题，恢复公共信用。可是，这样的期待仅仅是幻想而已，一直都没有成为现实。议会成员不断上书，在考虑了三个月后，议会宣布：由于他们还未取得充分的资料，所以不能做出最后的判决。不过，同时，他们也建议，由于有见证者的存在，卖方有必要按照合约规定的价格出售郁金香给买方。而如果买方拒绝接受的话，双方也可以经协商并以公开拍卖的方式出售郁金香，并且由原先的买家负责弥补其中的差价。

之前经纪人联合会也提出过类似的解决方案，但是荷兰人没有遵从。同样，此时的荷兰也没有一个法庭能够强迫买方付款。该事件在阿姆斯特丹愈发严重，法官们也选择坐视不理。因为，法律规定，凡是由赌博合同而产生的债务纠纷法院概不受理。

因此，这一问题也只好被摆在一边了，因为这已经超出了政府的能力范围。公共信用短期内无法恢复，那些不幸的郁金香业主也只好自认倒霉，尽量保持克制和乐观，承受着这场狂潮带给他们的巨大损失。然而那些见好就收的人却保全了自己。整个国家的商业经济都遭到了重创，这使得该国的商业在几年之内都无法恢复。

在一定程度上，荷兰发生的事情也在英国发生了。1636年，郁金香开始在伦敦交易所公开售卖，精明的批发商们想尽一切办法要把郁金香的价格抬高。而在巴黎，批发商也制造了一场郁金香狂热。尽管两地的投机商最终并没有得到他们心目中的高额回报，但是，这一举措使得郁金香声名大噪，许多人都为其一掷千金。在某些阶层的人士中间，郁金香的地位甚至超过了其他一切花卉，一首首赞美郁金香的美丽与芬芳的诗作纷纷涌出。

即使郁金香事件给荷兰人民带来了惨痛的教训，但是今天，荷兰人仍然保持着对郁金香的狂热，比起其他国家的人，他们依然愿意以超高的价格收购郁金香。就好像富裕的英国人吹嘘自己的优良赛马和名画一样，富有的荷兰人同样以拥有珍品的郁金香为荣。

令人惊讶的是，在当今的英国，一颗郁金香的价钱竟然比一棵橡树还贵。据说，如果你拥有一颗“泰里斯的拉拉”（这是一种极其少见的黑色郁金香，花色就像黑天鹅的雏鸟一般润泽），它的价值相当于12英亩谷物的价格。

据《大不列颠百科全书》第三版修订说明中的权威说法，大约在17世纪，苏格兰的一颗郁金香的最高价格达10几尼。但是到1769年时，其价格一路下滑，当时在英国最昂贵的郁金香品种是“堂·奎瓦多”和“瓦伦蒂尼亚”，前者的最低价格为2几尼一颗，后者则为2.5几尼一颗。1800年，郁金香的正常价格涨到了每颗15几尼。1835年，由于人们对郁金香的狂热，一颗名为“范妮·坎姆伯小姐”的郁金香在伦敦竟拍出了75英镑的高价。更令人惊讶的是，一位住在切尔西国王路上的园丁，给他的郁金香标出了这样的天价——每颗200几尼！

郁金香独特的美丽和香气甚至超越了园中的大多数玫瑰，一小束玫瑰只卖到一便士，这束花是园丁一家花了六年的时间再加上辛劳的汗水浇灌出来的。郁金香从来不会过时，富商们会一掷千金来购买它们。除了卖钱之外，园丁们也用郁金香来装饰自己的苗圃，这一举动使玫瑰更加黯然失色了，现在，根据不同品种，这些郁金香的普通价格为5~15几尼不等。

第四章

奇怪的圣物崇拜

破烂的头盔满是铁锈，
将军的战甲丁零当啷，
那样的一件破古董。
铆钉连着三层衬垫，
亚麻、铜镜年深日久，
可以上溯到亘古洪荒。

只要感觉和激情还存在于人们的心中，那么人们对于圣物的爱就永远不会磨灭，这是一种发自肺腑的、最善良的，也是最容易令人激动的爱，无论是多么冷酷无情的人都不能蔑视它。谁能忽视了忠贞不渝的亡妻生前悬在眉宇间的那缕头发，又有谁不会珍藏长眠于九泉之下的爱子生前挂在脖子上的小挂件呢？这些都是亲人眼中的圣物，每个人都清楚，其中蕴含着无与伦比的感情。从人类的情感上来分析，这是试图将活着的人对逝去的亲人的那份挂念从坟墓里挖掘出来，这是一种十分珍贵的感情。对于一个早就被人遗忘的生者而言，如果他偶然间在一本书里发现已故亲友写的一些文字，那该是多么宝贵的东西呀！如果写下一种思想、一种观念或者是一个名字的手已经变得冰凉，那这本书必然是无价之宝。除了这些让家人珍爱的圣物，还有一些纪念品也让人们无法割舍：被人们所欣赏的以及崇高美德神圣化的东西，比如一本莎士比亚亲手签名的《蒙田文集》；保存在安特卫普的一把椅子，因为那是鲁宾斯在创作不朽之作《来自十字架的祖先》时坐过的；佛罗伦萨博物馆里收藏的一架望远镜，由于它是当年帮助伽利略完成伟大发现的工具。当人们看到威廉·泰尔射中儿子头上苹果的箭，华莱士的剑以及古代虔诚的先辈翻阅过的《圣经》时，谁会不心生崇敬呢。

人们将爱看得太过神圣，以至于对那些圣物也产生了极端的崇拜。殊不知，这种纯洁的意愿却导致了后世无数的迷信和谬误！人们顶礼膜拜伟人和他们所拥有的一切，却忽视了美德更为重要。人们在崇拜一些所谓的“圣物”，如圣徒的下颚骨、脚趾甲，国王擤鼻涕用的手绢，或者是吊死犯人的绳索等物件儿的同时，也把自己变成了愚蠢的人。人们在崇拜名震四方的英雄、大圣贤、大哲学家、大独裁者的同时，也对那些籍籍无名的小人、大强盗、大骗子甚至是杀人狂魔佩服得五体投地。为了寻找这些古董遗物，他们不惜从赤道走到南北极，就算是寻遍整个地球也在所不惜。

在十字军之前，第一批朝圣者就将上千件圣物带回了欧洲，这些东西让他们花光了所有的积蓄。在这些东西中间，最让人喜爱的就是耶稣受难时被绑缚的十字架上的木头了。就如同寡妇的头油一样，它的数量从未减少过。在罗马天主教堂里人们纷纷传说：拜占庭著名的君主康斯坦丁大帝的母亲——海伦娜皇太后是第一个发现“真正十字架”的人。后来，米兰大主教圣阿布鲁斯收到了由狄奥多西皇帝赠送的十字架上的一块木头，之后便将它奉若神明，并用宝石装饰，供奉在米兰最大的教堂内。但不幸的是，在匈奴入侵时，这些人抢了这块圣木，并把上面的宝石夺走，之后便一把火烧了这块圣木。

直到公元11世纪和12世纪，你还可以在欧洲的各大教堂看到据说是从“真正的十字架”上取下的圣木。如果把这些木头集中起来，足够盖一间教堂了。人们都梦想自己能够拥有这样一块圣木，但圣木十分珍贵，一旦拥有，就有可能面临生命危险。人们都希望能够目睹圣木的真容，于是每一年，教徒们都会去供奉着圣木的教堂参拜，教堂方面也因此而获得了巨大的利益。

另一件价值连城的圣物是“救世主的眼泪”。人们对它的由来和保存的方法一无所知，只听到卖家将其吹嘘得神奇无比。在圣地，圣母和圣彼得的眼泪并不是稀缺之物。虔诚的信徒们将收集的眼泪小心翼翼地保管在小匣子里，不只是圣泪，像是耶稣及殉道者的鲜血、圣母玛利亚的乳汁、圣徒的头发和指（趾）甲等，都以高价出售。

在11世纪和12世纪，有上千的朝圣者涌向圣地购买这些伪造的圣物，带回自家的店铺里出售，以谋取生计。这些朝圣者的主要谋生之道就是贩卖圣物。而事实上，那些所谓的脚趾甲都是从一些恬不知耻的牧师的脚上剪下来的，并改头换面化身为某位圣贤的脚趾甲。在售卖时，每一片的价格都要赶得上一颗货真价实的钻石的价格！虽然在举行克莱芒会议时，圣彼得的脚趾甲足可以塞满一麻袋，但人们却依然虔诚地相信，这些趾甲真的是出自圣彼得那神圣的脚。直到今日，在一些教堂里还能看到这样的圣趾甲，有人还专门不远万里赶来观看。

在巴黎的皇家学院内，长着一棵被人们视若珍宝的荆棘树。神学院的教徒们一口咬定：它就是埋藏耶稣头颅的那片荆棘丛中的一棵。但是对于它是如何从耶路撒冷来到巴黎、被何人保护下来等等问题，却无人知晓。这棵著名的荆棘树在各个教派中广为流传，而它曾经创造的奇迹更是让它声名大噪。据说，在比埃尔小姐亲吻了这棵荆棘树之后，困扰她多年的眼疾竟然不治而愈了！

只要是到罗马的游客都会听到一个有关于圣梯的传说。当年海伦娜皇太后带着“真正的十字架”从圣城返回，在经过皮拉多的住所时发现了这个圣梯。传说，当耶稣被带到罗马总督府时，就是靠着这架梯子进出的。他们满怀无比崇敬的心情把它挂在罗马的教堂里，只有在虔诚地亲吻过它之后，教徒们才被允许用自己忠实的膝盖碰触它，因为他们认为用脚踩踏这架圣梯简直就是对神明的亵渎。

欧洲人对宗教圣物一直都有一股膜拜的热潮。在西班牙、葡萄牙、意大利、法国、比利时等地的天主教堂，即使是一些位于荒凉地区的小教堂，都因拥有圣物，例如圣徒的腿骨，而感到自豪。圣贝里教堂就以拥有查理曼大帝的腿骨而自豪。豪勒教堂则声称自己藏有圣母玛利亚的腿骨。西班牙的教会则反击说，自己拥有的圣骨有七八块之多。据说，这些腿骨还都是货真价实的圣物。

据说，曾有位患齿疾的虔诚教徒，在看了一眼保存在布鲁塞尔教堂里的圣戈杜勒的牙齿后，牙痛就奇迹般地痊愈了。还有人说，在埋藏着圣骨的地方，年深日久之后，当有水从圣骨上流过时，便会化为清甜的泉水，据说虔诚的教徒喝了能够治愈百病。

位于哈勒的一间教堂供奉着一块著名的股骨，相传这块股骨能够治愈女性的不孕症。该股骨一直是由圣女进行守护，而圣女必须是处女，人们对于这一点一直充满怀疑。有一对居住在根特的夫妇，全世界的富人都羡慕祝福他们，但是膝下常年无子一直是令他们最难过的事。对于这位既漂亮又可爱的女人来说，最大的悲痛就是整日向丈夫抱怨。后来，别人建议她去找看守股骨的圣女，看看有没有什么解决办法。她去了一周，结果，她回来的时候容光焕发，神采奕奕。她再也不抱怨了，而且她还怀孕了，怀胎九个月后，她生了一个男孩。但是，并非事事都能尽如人意。这个孩子十分讨人喜爱，但是几个月之后就夭折了，自此，这对可怜的夫妻再也没有怀上第二个孩子。三年过去了，妻子又开始哭泣抱怨。她的丈夫对她说："亲爱的，振作起来，去圣地看看吧，也许圣女会再次听到你的祷告呢。"妻子打起精神，擦干眼泪，动身去了圣地，然而，这次她只去了三天就愁容满面地回来了。她的丈夫问她；"怎么了？圣女不愿意听你的祷告吗？"他的妻子悲伤地说："圣女很愿意，并且竭尽所能地帮助我，但是我再也无法有孩子了！神父！神父！——他离开哈勒了，而且没人知道他去了哪里！"

有一件让人不解的事，需要着重讲一讲。在任何时代、任何国家，人们都十分渴望拥有一件圣物，为了得到一件名人甚至是大罪人的物件，人们挖空心思，绞尽脑汁。在理查德一世掌权时，平民领袖威廉·郎博德在史密斯菲尔德被处以绞刑，那时就有不少人想方设法地想要得到他的一缕头发，甚至是衣服上的碎片。埃塞克、肯特、索夫克、索塞克斯和周围各郡的妇女们纷纷涌向伦敦，为的是抢走一把他绞刑架下的土。在这些人看来，威廉·郎博德的头发可以驱邪避灾，他衣服上的布可以用来治病保健。

最近，还有一个关于那不勒斯渔夫马萨尼罗的遗物的故事。他在暴动之后，被暴动支持者们推向了权利的巅峰，但出乎人们意料的是，他比以往任何暴君都要残暴。最终，他被暴民们像追打疯狗一样打死在大街上。他的无头尸体在泥沼中浸泡了很久，夜晚又被抛到护城河里。第二天，人们对他的感情突然出现了颠覆性的变化。人们手持火把，寻找他的尸体，找到之后，还给他穿上龙袍，带上皇冠，并以盛大的仪式将他葬在教堂。一万名武装使者和一万名送葬者参加了葬礼。这位渔夫生前所穿的衣服被众人分成碎片，被当成圣物收藏起来。他的小木屋的门，也被人们卸下来劈成碎片，或刻成肖像，或做成收藏圣物的小木匣和其他纪念品。他简陋的小屋里的家具也变得无比珍贵，甚至比宫廷中奢华的装饰还要受人们的青睐。他去过的地方被当成圣地，人们去那里收集泥土，装在小瓶子里，以天价出售或当成护身符随身携带。

在处死残暴的布瑞威尔夫人时，巴黎人也表现出同样的狂热。马萨尼罗的罪行没有减损他的形象，这一点还是可以让人理解的。但发生在布瑞威尔夫人身上的事，除了令人鄙视和厌恶外，再无其他。据说，她曾经毒死过数人，因此被判在格瑞威广场上处以火刑，并要让她的骨灰也随风飘散。让人惊讶的是，在行刑的那一天，她依然打扮得雍容华贵，优雅端庄。人们很快被她吸引，对她咬牙切齿的咒骂变成了无尽的惋惜，最后这种惋惜很快又变成了崇拜。更让人不可思议的是，当晚她就被人们当成圣人。人们一点点地将她的骨灰收集起来，就连烧焦的木头也被哄抢。人们认为她的骨灰可以辟邪驱鬼。

在英国，很多人十分钟爱小偷、杀人犯或其他重罪犯的遗物或与他们有关的东西。绞死这些人的绳索通常都会被人们以每英尺1几尼的价格买走。绞死过多德博士的绳索、绞死被判叛国罪的弗特劳埃先生的绳索、绞死杀害威尔先生的凶手泰勒的绳索都无一例外地被人以高价买走。1828年，杀害了玛利亚·马顿的凶手考德也引起了人们极大的热情。人们从威尔士、苏格兰甚至是爱尔兰赶来，参观埋葬过受害人的小房子。在离开时，人们都想带点纪念品，以此证明不虚此行，因此房门上的木块、屋顶上的瓦片，尤其是死者的衣服都被拿光了。她的一缕头发竟卖了2几尼，买到的人还以为自己占了多大的便宜。

1837年，格林纳斯在坎伯威尔巷杀害了汉纳·布朗。谋杀案发生后，人们从四面八方蜂拥至坎伯威尔巷，将那里围得水泄不通，这使得警察都不得不来维持秩序。人们都急切地想从现场拿走一件东西，以作为纪念，若不是警察动用武力保护，这栋房子也将难免拆房揭瓦的结局，并将被洗劫一空。

更早的时候，还有一个关于一名被判绞刑罪犯的手的传说。人们认为，患有傫疬的人，只要让这个死刑犯的手一摸，立刻便会痊愈。这让新兴门监狱的刽子手们大发横财，这在六七年前是他们做梦也想不到的。因为人们都坚信，这是一只能够包治百病、驱邪避灾的神奇之手。在查理二世时期，这样一件令人恶心的东西竟然卖到了10几尼，而愚蠢的人们竟一点儿不觉得它贵。

1838年春，就在疯狂的汤姆（或叫考特内）即将被枪毙时，圣物猎手们又开始蓄势待发，准备冲上去抢一件这个特殊人物的东西做纪念品。他的长胡子和头发被一个外科医生剪下来，交给了他的信徒。这些信徒将这些胡子和头发奉为珍宝，细心保存。而且不只是他的信徒这样，就连住在坎特伯雷及其周边的富人们也都这样做。他被枪毙时倒向的那棵树，树皮竟被人们一条条地剥下来带走了。一封有他签名的书信，也被人花重金买走了；他最喜爱的马也同它的主人一样出名了。成群结队的人群从150 英里以外的地方赶到布格顿，竟然只是为了来看一眼他被行刑的地方，或摸一下“马耳他的疯狂骑士”的马背。

在中国人的眼中，没有什么比一位正直的官员穿过的靴子更为珍贵了。在戴维斯《中华帝国》的有趣描写中，我们知道了无论何时一位异常正直的法官辞去他的职务，人们就都会聚在一起怀念他的功绩。如果他要离开他曾治理过的地方，人们就会簇拥着将他从住处送到大门口。人们会在他脱掉靴子的地方举行盛大的仪式，并将他的靴子保存在司法大殿里。一个新的地方官很快就会来接替他的职务，同样这些新的官员在任职不久后就会被新的官员取代，人们认为，要想很快做出功绩，就必须尽快穿上这些靴子。

在欧洲更近代的时期，最受追捧的圣物莫过于莎士比亚的桑树、拿破仑的柳树、滑铁卢的桌子。莎士比亚的桑树鼻烟壶极其少有，所以市面上大多数的桑树鼻烟壶肯定不是这位大诗人种植的桑树制成的。市面上还有很多其他的物件也打着他的名字在欺骗顾客。同样，拿破仑在滑铁卢用过的桌子也是这种情况。他用过的桌子早就毁坏了。没有一个真品，便会出现一堆赝品。事实上，很多人只是收藏了一根木棍，有的人把自己得到的那点纪念物刻成别针或是其他装饰物，但更多的人则把它们制作成了鼻烟壶。在法国，这些木头被制成了精美的糖果盒。不论被制作成什么，都会被那些一听到拿破仑的名字就为之一振、两眼放光的人不管不顾地抢购一空，奉为珍宝。

滑铁卢战场上的弹壳、阵亡士兵军服上的纽扣，至今仍是备受欧洲人宠爱的物品。就像旧桌子坏掉之后又制作新桌子一样，人们又开始如法炮制当时的子弹。很多人还以为自己拥有了一颗在那个值得纪念的日子里为世界和平做出过贡献的子弹——然而，那是在滑铁卢之战12年后，人们在战场的遗址上挖矿时挖出的某个军火库里弄来的。圣物崇拜者们，请一定要看好自己的钱包，不要将钱轻易地花在滑铁卢成群结队的导游们身上！

许多游客来到圣赫勒拿岛上，来到拿破仑孤零零的坟前时，都会在他坟前折下一枝柳条带走，将它们种植在欧洲各地。其后，它们也像它们的母亲一样长成参天大树。因此，圣物的信徒们也就分不清哪一棵才是最初的那一枝树枝长成的，但他们仍然对这些柳树十分虔诚。到现在，伦敦的周围也还有几棵这样的大柳树，它们的种植者对它们的赞誉要远远多于园中其他树木。

推崇圣物和其他事情一样，既有可取的地方，也有不可取的地方。那些真正伟大人物的遗物，或是那些关于伟大事件的纪念物，永远都会绽放光芒，一直吸引人们，对他们充满诱惑力。很多人或许都不会赞同考雷说过的那种美好愿景，他想“坐在用弗兰西斯·德雷克爵士环球航行时乘坐的船的残骸制成的椅子上创作”。

“现在，我自己也偏爱安静，几乎和一把椅子一样，但我怎能乘坐一辆破旧的马车去旅行，还眼睁睁地看着它急刹车。”

第五章

近代预言家记事

末世恐惧

在许多国家，普遍存在着一种恐惧——对世界末日的恐惧。这其中最为值得一提的当数中世纪基督教世界。那时候在法国、德国和意大利出现了一些宗教狂热分子，他们用几近疯狂的话语告诉人们，《圣经·新约·启示录》中预言的世界末日即将到来！那时，上帝之子会现身云端，评判世间善恶是非。教会曾斥责这些人妖言惑众，但这谣言还是不胫而走，转瞬间在大众中流传开来。

还有传言说，末日审判将在耶路撒冷进行。于是，在公元999年，成群结队的朝圣者向着耶路撒冷的方向前进，去迎接圣主的降临，队伍十分壮观，如同一支浩浩荡荡前进的军队。其中有很多人变卖了所有家产来参加这次朝圣大会。因为世界末日即将降临，所以社会秩序变得异常混乱。各类房屋都被摧毁，完全没有被修复的可能。许多贵族宅邸被推倒，教堂也被毁坏，教义被无视。骑士、市民和农奴都带着自己的妻子儿女向东方徐徐前行，一路上唱着圣歌，惊恐地仰望头顶的天空，那里有他们期待的圣子，希望圣子能将福音播撒给他们。

到了公元1000年，又有许多人加入了朝圣的队伍。多数人都感到了经常发生的恐怖与灾难，他们认为这些自然现象是神给予的一种警告。在行进途中，一次响雷都会让他们长跪不起，他们认为那是上帝的声音，正向人们宣告审判的时间。还有许多人认为响雷之后，大地就会裂开，同时死神也会降临。天空中划过的每颗流星都成为传递上帝旨意的载体，奔向耶路撒冷的教徒们无不悲泣祈祷，路上的朝圣者们无不如此。正如诗句所言：

主啊，世界真的要灭亡吗？
世间万物将重新轮回，
大地将变成荒芜，
就像空中飘落的一张纸牌。

神父和牧师都充满了恐惧感，每一颗流星的滑落都会引起一番说教，而谈话的主题永远是即将来临的末日审判。

彗星的出现通常被认为是世界解体的预兆。这种观点，现在还在部分地流传，但彗星已不再被看成是世界解体的征兆，而是地球毁灭的元凶。所以，1832年，有关彗星与地球毁灭的最严重的警告在欧洲出现了。尤其是在德国，根据天文学家的预测，彗星将撞毁地球。地球的安危引起了广泛的讨论。由于担心彗星会将地球撞成粉末，许多人竟停止了一切生意和工作。

在瘟疫肆虐的时候，那些信徒们更加相信这就是世界末日即将来临的征兆。随着灾祸的不断发生，这一想法越来越深入人心。1345年至1350年，瘟疫席卷了整个欧洲大陆，人们普遍认为世界末日即将来临。在德、法、意等国的大城市里，人们倾向于通过占卜来预测吉凶。这些占卜师们也预言：10年之后，大天使的声音将响彻人间，主也将在天上给这个世界最后的宣判。

1736年，著名的大预言家卫斯登预言说：这一年的10月13日，世界将会毁灭。这样的谣言使整个伦敦为之震惊。人们十分不安，成群结队地在13日这天逃到艾灵顿、哈姆斯戴德和其他乡间田野，来目睹伦敦城的覆灭以及“世界末日的开始”。在《斯威夫特杂文集》第三卷中的一篇文章《在谣传世界末日审判那天伦敦所发生一切的忠实纪事》中，斯威夫特对这桩“愚蠢的事件”做过一番讽刺意味十足的描写。这种貌似真实的预测似乎有道理，但这种类似天主教皇和同性恋的严肃妙语同样是令人难以相信的。

1716年，伦敦发生了两次地震。第一次地震发生于2月8日，但其造成的损失并不大，只是把利姆豪斯和波普洛几户人家的烟囱震倒了。第二次发生在3月8日，在伦敦北部地区以及哈姆斯戴德与海格特的延伸地带都有震感，这次地震带给了人们恐慌。因为这场地震与上一次恰恰相差一个月。于是人们认为在4月8日第三场地震会发生。恰在此时，一个在治安队任职的士兵拜尔——此人曾有精神分裂症病史——坚信4月份还将发生一次大地震。自从他得出这个结论后，整个人就彻底发疯了。他在大街上四处游走，嘴里反复念叨着一句话：伦敦城将在4月5日这天毁灭。

而大多数人则认为，4月1日这天更有可能发生地震。人们纷纷逃到别的地方避难。人们坚定地相信，同时也惧怕这场灾难的到来。随着那个可怕的日子一天天逼近，紧张的气氛也越来越浓重。更多相信末日的人匆匆离开都市去方圆20英里内的村庄避难，然后等待着伦敦的毁灭。

富有的人则逃到艾灵顿、海格特、哈姆斯戴德、哈洛和布莱克海斯等地，并高价租下当地的房子来躲避灾难；而没钱的人们只能留守在伦敦，直到预期的灾难到来的前两三天才逃到郊外的旷野里，满含着恐惧，等待着那天降的巨雷把他们的城市劈成碎块，然后再随着扬起的烟尘被抛向半空。

在亨利八世统治时期，类似的恐惧和情形也同样上演过。那些曾经对这个谣言并不信以为然的人们也在这预警的日期前一周，收拾起包袱落荒而逃。当时港口里所有的商船都挤满了人，因为他们相信躲在河流上是最安全的。从4日到5日，连着两个晚上人们都是在甲板上度过的，大家此时都在等待灾难的到来——圣保罗教堂在地震中颤抖、威斯敏斯特修道院的塔石被狂风卷起在空中飞舞，又在浓雾中狠狠跌落。

第二天，大部分逃难者回到了伦敦城，他们知道了所谓世界末日预言根本就是子虚乌有；但是也有许多人觉得应该再等一周，等一周后伦敦平安无事再回去。此时的拜尔成了众矢之的，人们都骂他是个不折不扣的疯子。为了挽回颜面，拜尔试图做出新的预言，可这回再没人肯上当受骗了。数月之后，他被送进了精神病院。

1806年，在利兹城附近的一个村子里，有人发现：一只母鸡下的蛋上竟然清清楚楚地浮现着“基督将至”这几个字。这个奇闻引起了民众的纷纷议论，成群结队地来到鸡舍前观摩这些“神蛋”。他们认为这是上帝的警示，告诫人们：末日审判即将来临！

这则消息刚一传出，人们就沉不住气了，犹如暴风雨中担心翻船的船员一样。几乎所有人一下子成了狂热的宗教信徒，他们不停地祈祷，想尽办法救赎以前的罪恶。但这场闹剧几天后就被人拆穿了。一天早晨，几个好奇的人听说了该传闻以后也想去鸡舍看个究竟，正巧碰上母鸡在下“神蛋”。这几个人很快就发现，鸡蛋上的字是被人用腐蚀性的墨水涂写过的，然后再硬塞回鸡屁股里面。当真相传开之后，那些不久前还在虔心祷告忏悔的人不禁苦笑——地球依然像以前那样转动着。

米兰大瘟疫与魔鬼投毒事件

1630年，发生在米兰的大瘟疫至今影响深远，罗伯特在《地中海国家的瘟疫》中做过详细的描述。在那场灾难中，人们受尽了占星家预言的欺骗，在瘟疫流行前一年，曾有人预言过瘟疫的发生。1682年，一颗巨大的彗星闪过夜空，占星家们对此议论纷纷。有人预言一场大战将要发生，有人认为饥荒将要肆虐，而大多数人主张从彗星苍白的颜色可以断定有瘟疫降临，在瘟疫横行的日子里，预言这次灾祸的占星师们名声大噪。

几百年前就开始流行于民间的预言，在历经岁月后，更加渗透于人们的心中，以至于许多人把这看成了一种宿命。为了使人们对这一预言深信不疑，占星家们称，这场瘟疫必将给人类带来三重毁灭性的打击。这种充满绝望的预言简直让所有的人为之心惊胆寒。

有一首古诗预言说，在1630年，撒旦将会用毒药害死所有的米兰人。在4月的一个早上，那时瘟疫尚未达到最严重的状态，有一个过路人注意到，在米兰的几条主要大街上，几乎所有的房屋、门柱上都粘着一种奇怪的海绵状污点，其中还不断有腐烂的脓液溢出。大家想尽各种办法要找出罪魁祸首，可始终是白费力气。后来，有人想到了古老的预言，于是提议说，这是撒旦将至的讯号，大家如果全都赶去教堂祈祷，那么魔鬼的诡计就不可能实现了。不过，也有很多人认为，这是有人在勾结外部势力在米兰城投毒，还有人把它看成是神对人类的惩罚。

与此同时，致命的瘟疫也在不断蔓延，再加上这件奇事，人们被怀疑和恐惧包围着，认为自己身边的一切东西，包括井水、田地里的作物和树上的果实，凡是能被人接触到的东西都被沾染上了毒药，包括所有的墙壁、街上的人行道以及房门把手。民众的愤怒到达了极点，魔鬼的使者成了他们一心要找寻的目标。凡是不想被当成魔鬼使者的人都用油膏涂抹自家的房门，否则被人们指认为魔鬼使者就会必死无疑。有位80多岁的老者，经常到圣安东尼奥教堂祈祷，他想用衣服擦一下他要坐的地方，马上就有人指认他投毒。这时正在教堂里的一群妇女抓住了这位老者，拉着他的头发将其拖出，一边拖一边咒骂。就这样，这位老者被拖到了市政法官处，他将会遭受重刑，并被迫交代出他的同谋，但在半路上他就死去了。

还有许多无辜者死在了狂怒的群众手中。有一个名叫毛拉的药剂师兼理发师，在这个时期被人指控是魔鬼的同谋，和魔鬼一起作恶涂毒。人们从他的家中找到了许多配置好的化学试剂。这个可怜的男人宣称那些试剂只是用来预防传染病的，有些医生却将其鉴定为毒药。无论他如何为自己辩解都无法让人们相信。最后在恐怖的折磨下屈打成招，他“承认”自己与国外势力勾结，要毒死全城的人，为魔鬼效力。此外，他还坦白了自己是如何作案的——趁人不注意悄悄在门上涂上药膏，再往泉水中投放毒药。在威逼之下，他还不得不供出了几个同伙的名字，几个无辜的人也被牵连进来。他们最终被判有罪并处以绞刑。他的房子被人夷为平地，并在废墟上建起一根石柱，上面刻着毛拉等人犯下的罪行，以此来警告世人。

这些奇闻发生时，瘟疫也悄无声息地散播开来。当人们聚集在一起观看罪犯被行刑时，瘟疫感染了一个又一个人。但这并没有让人们清醒，相反，因瘟疫而产生的暴怒和轻信盲从，都与瘟疫的传染同时发生。人们的狂躁和瘟疫的蔓延一同席卷了整个城市。即使再荒诞离奇的故事，也有许多人愿意听信。

其中一个故事就在民间流传了很长时间。故事大意是：一个黑漆漆的夜晚，米兰大教堂外冷清清的，只有一个米兰人还在街上闲逛。忽然，一辆由六匹白色的骏马拉着的马车在他面前停了下来，后面跟着无数穿黑袍骑黑马的侍从，而马车中央端坐着一个陌生人。此人高大英俊，气质超群。夜风拂过，他那一头乌黑的长发也随之起舞。他脸上轻蔑的神情让他显得更加高贵不凡，不由得令人肃然起敬。当陌生人的眼光落到米兰人身上时，米兰人感到无限的寒意，这就更叫他不寒而栗起来。事后他回忆，这个有着异样深肤色的陌生人一定来自另一个世界。在察觉到米兰人的惶恐后，陌生人和蔼而又不失威严地请他上车。米兰人此刻根本失去了任何抵抗能力，还没等他转过身来，就发现已经身在马车上了。马车风驰电掣一般飞驰起来，呼啸的狂风迎面而来。最后他们停在了一家商店门口，等到米兰人和他们一起走进去之后才发现原来里面别有洞天。这个商店就像是一座巨大的、废弃的宫殿。进去途中他们经过了几间光线暗淡的房间。米兰人发现，其中一间房间中布满了巨大的大理石柱，石柱上全是有关鬼神在人间制造祸乱的浮雕。虽然整座建筑大半为黑暗所笼罩，不过偶尔也会闪现出一丝光亮。凭着这些微弱的闪光，米兰人看到这样一幅景象：许多可怕的骷髅吵吵闹闹地斗着嘴，相互追逐打闹着，或是正在玩着跳山羊的游戏。而建筑物的后方是一大片荒凉的土地。土地中央有一块黑色巨石。泛着毒气的河水在巨石下方蜿蜒流淌着，发出恐怖的回声。腐臭的毒水缓缓流过田野，污染了米兰所有的泉眼，所经之处全部化为不毛之地。

在这之后，陌生人把他带到了另一个大房间里。那个房间堆满了金银珠宝。陌生人告诉米兰人，若是他愿意跪下向自己行礼膜拜，并承诺愿意把一种传播瘟疫的魔药涂抹在米兰全城的房屋上，这些金银珠宝就是他的了。这时，米兰人才彻底弄明白：这个陌生人其实就是魔鬼！想到这一点，他立即开始祈祷，祈求上帝赐予自己抵抗魔鬼诱惑的力量。魔鬼听到了他的祈祷，知道了他是在拒绝自己的引诱，于是勃然大怒。只听见一阵震耳欲聋的雷声响彻云霄，接着是一道道闪电，米兰人吓得抖成一团，转眼间，他发现自己回到了尘世。这个米兰人把自己的经历向人们复述着，日复一日的讲述令所有人对此深信不疑。有人锲而不舍地想寻找那所神秘的房子，但都无果而终。尽管警察搜查了米兰人指出的几座类似的建筑物，但却没有任何发现，可人们对此仍坚信不疑。后来又有一些饱受恶疾困扰而至半疯狂的人也纷纷前来附和，声称自己也见过那魔鬼，听过那辆奇异之极的马车驶过的声音，说那辆来自幽冥的马车三更半夜穿街越巷时发出的隆隆声比雷声还要惊人。

让人不敢相信的是，有很多人坦白说自己受恶魔雇佣施毒。一场更大范围的疯狂开始了，这看起来就像是大瘟疫，迅速传播开来。精神和身体一样混乱，几乎每天都有人自愿站出来指责自己，承认他们有罪，然后他们就在这种忏悔中死去了。

1665年，在伦敦的这场大瘟疫中，人们在同样的情形下被一些庸医和狂热分子的预言折磨。笛福说，人们那时生活在无法把握的预言和没有边际的假设之中。千奇百怪的梦和占星者的传说接二连三地出现，古代的历书和那些古老的预言把人们吓坏了。在瘟疫爆发的前一年，由于有彗星出现过，有人便认为这是一种警告，饥荒、瘟疫和火灾即将到来。瘟疫一出现，那些狂热分子就跑到街头疾呼伦敦在几天之内就将被毁灭的谣言。

伦敦大洪水

1524年，伦敦城被一个虚妄的预言笼罩。那时整个伦敦城到处都是算命人和占星术士，每天都有成群结队的人找他们算命和占卜。1523年6月上旬，预言家中有人说洪水之灾将在1524年2月1日降临伦敦，泰晤士河河水将会上涨，淹没整个城市，毁灭千家万户。预言家们都把这个谣言奉为信仰。时间慢慢地过去，几乎全部的盲信者们都在坚定地传播这个预言，因此，人们慢慢地也相信这个预言是真的。于是，城中的许多百姓都开始打包行李，移居到肯特和埃塞克斯这两个城市。

在灾难日越来越近时，越来越多的人也加入到了移民大军之中。到1524年1月，城市里的人扶老携幼慢慢向15~20英里外的乡村走去，以躲避灾难。上流社会的人士亦是如此，只不过他们乘坐着马车，或是其他交通工具。到1月中旬，近20万人离开伦敦城，他们什么也没有留下，只留下了带不走的空空的房屋在等待即将到来的大洪水。许多富有的人搬到了海格特、汉姆斯戴德、布莱克海斯等地的高处居住。北边较远处的沃尔莱姆修道院、泰晤士河南岸的克洛伊顿也搭满了帐篷。博尔顿，圣·巴托洛缪修道院的院长，耗费巨资命人在哈罗山上修建了一座城堡，里面储备了足够两个月所需的食物和水。

1月24日，距大灾难来临还有一周时间，博尔顿匆忙和他的同事及家人搬到了城堡中。很多船只被运送到他的城堡中，并且花重金配备了最好的水手，以防洪水上涨到与哈罗山一样高时，可以乘船去更安全的地方。很多富人祈求留在此地避难，不过这个极有先见之明的修道院长不答应，只有他的亲友、密友以及那些给他运送食品的人才能在此居住。

终于，决定伦敦命运的一天来到了。2月1日清晨，忧虑的人们怀着极大的好奇心观看正在上涨的河水。他们认为，即使洪水没有到来，河水也会慢慢上涨，因此打算等河水超过警戒线再逃向安全的地方。但是大多数人还是担心会有危险，害怕水位上涨到不寻常的位置，只有到一二十英里外的地方才安全。然而，泰晤士河并没有理会这些愚昧无知之人的可笑行为，它依然一如既往地静静流淌，一如既往地上涨，又静静地退潮，接着，又涨起回落，这一现象和那20多位占星学家所做的预测完全不同。当夜幕降临，河水再次呈现出一片苍白时，那些自认为被愚弄的市民也被气得脸色煞白。静静流淌的河水并没有冲破河堤，也没有毁坏一栋房屋。然而，人们还是不敢入睡。许多人一直待在河边，他们害怕灾难会像夜晚的小偷一样再次回来。

第二天，那些预言家们聚在一起，认真地讨论了如何避免泰晤士河洪水错误预言所带来的影响。幸运的是，他们想到了一个防止人民的狂怒爆发的计策，他们声称，出现这样的过失是由一个错误的数字引起的，这个错误的数字导致他们将灾难到来的时间提前了整整一个世纪。日月星辰的天象变幻莫测，但平凡的人类，他们未能完全理解天意，因而出现了这种失误。当时的伦敦人民是安全的，伦敦洪水暴发的时间应该是1624年，而非1524年。这样的声明发表之后，修道院院长博尔顿不得不拆毁城堡，身心俱疲的“难民”们又返回伦敦。

受人尊敬的预言家们

至今，大英博物馆中还保存着一份特殊的皇家文物学会会报，这份报纸上记载着伦敦大火目击者的陈述，它叙述的是一个伦敦人轻信预言的事例。作者曾经陪同约克郡的公爵长时间在教区内各地走访，这个教区处在福利特桥和泰晤士河之间。在陈述中，他记录了他们曾试图去阻止那些愚昧的群众，帮助他们走出迷信的深渊，但却无济于事。圣母斯波顿曾在她的一个预言中说：伦敦将变成灰烬。因此所有的民众都信以为真，拒绝付出任何努力去阻止这已经发生的火灾。这个预言好像就是奠定圣母斯波顿地位的预言："从此以后她备受人们推崇：当末日降临英国时，国王的统治也将结束，伦敦亦将走向灭亡，房屋将成废墟。"

文中还提到凯伦·迪伯格先生的一个儿子，他是极有预言天赋的一个狂徒。他在《命运》一书中，提到世界上没有什么力量可以阻止预言的应验。有许多人本可以向他人施以援手，本可以想方设法拯救整个郊区的人脱离危险，但现在只能冷眼旁观。就在许多人放弃奋斗、任由命运摆布之时，那些不敬神的人们开始趁火打劫，抢劫处于绝境的城市。

现在，修道院院长斯波顿的预言仍被英国许多乡村的人们笃信。在乡下和修女院，她享有极高的声望，在英国，她几乎是英国所有最流行的预言的权威发布者。无论是哪个阶层的人，文盲也好，受过教育的也好，都十分相信她的预言。据说斯波顿其人出生在亨利七世时期的纳雷斯堡，还有传言说，她向魔王出卖了灵魂，以增强自己推测未来事件的能力。虽然生前她一直被人看成是一个女巫，但最终她摆脱了女巫的身份，在约克郡的克里夫顿附近慢慢老去，表情祥和地死在卧床上。据说，当地人在教堂的院子里立了一个石碑用以纪念，上面写着墓志铭：

她的一生从未有过谎言，
她施下的魔法时常在世界重现，
所有的预言都将被流传，
她的英名将永世长存。

她的传记作者曾这样写道："她的生命里，没有一天是白白逝去的，她的预言，没有一项是危言耸听的，那都来自她严肃的思考。她变得家喻户晓，无论男女，无论老少，无论贫富，其中也有少女，都从四面八方涌来，领悟她的全部精神。他们带着自己对未来的疑问来找她，然后带着她给的答复满意地离开。"

传记中其他部分，记载着她在伯弗利的修道院院长那里所做的一番预言。她预测到亨利八世将查封修道院、亨利与安妮·玻伦结婚、发生在史密斯菲尔德的异教徒大火、苏格兰的女王玛丽被执行死刑等一系列大事情。此外，她预测到詹姆斯即将接替英国的王位，并说道："灾难即将降临在寒冷的北方。"

此后，他还做出了其他的预言，在她的信徒看来，那些预言还未实现，但极有可能会在未来实现。

当血海与洪水混合时，
将会传来震天的哭喊声。
波涛之声胜过雷鸣，
三队雄狮奋力拼杀。
胜利的荣誉归于国王，
欢乐的生活还于人民。
杀戮的时代已经结束，
和平的阳光普照大地。
人们的生活富足安康，
铸剑为犁，人们再事农耕。

她最有名的还是一个同伦敦有关的预言。这个预言让成千上万的人一听便不寒而栗。她说，如果伦敦的房屋同海格特的房屋最终连在一起，那么灾难就会发生。若是按照城市目前的扩张速度，那么她弥留之际做出的这一预言很快就会实现了。革命会爆发，君主会垮台，流血事件会不断发生。到那时，天国里看到我们受尽苦难的天使们，也会为不幸的英国掩面而泣。

尽管斯波顿圣母享有盛誉，但在英国预言家的榜单上，她仍不是首位的。梅林，伟大的梅林占据着这个国家最伟大预言家的显赫位置。

梅林的预言，有人没听过吗？
在人类生存的世界上遍布着梅林的预言，
他的预言已在人间存留一千多年了，
直到预言实现的时间来临才告一段落。

斯宾塞在他的诗歌里对这个伟大的预言家进行了极为详尽且生动形象的描述。"同过去、未来和现在之人相比，他拥有神奇的魔法，他能使上天顺从他的意志，日月星辰都向他俯首称臣。沧海桑田，岁月更迭，不值评说。他独自一人，堪比百万雄兵。提起他的大名，敌人便会落荒而逃，无人不畏惧他的威名。直到现在，听到他的名字，魔鬼都会颤抖不已。先知说他绝非凡世俗人，不是终有一日会死去的帝王和普通大众。他生活在那个充满仙女和精灵的世界，象征着一种变化莫测的美妙人生。”

这些诗句反映了人们对梅林最为普遍的评价。人们普遍认为，梅林和维智是同一时代的人。现在，人们对于梅林是否真的存在，或只是他的信徒们假想出来的人物，存在很大的争议。最大的可能是，这个人真的存在，并拥有超越他所处时代的学识，就像修道士培根一样，被好奇的大众赋予了斯宾塞所说的那些超自然能力。

芒茅斯的杰奥弗瑞将梅林的诗歌和预言翻译成拉丁语散文，让其得到了很好的保存。不仅是杰奥弗瑞这样做，还有许多经验丰富、资历颇深的编年历作者也这样做。托马斯·霍华德在查尔斯一世统治期间发表的著作中说：“梅林的一生，同他的预言，都应被我们的编年历家们翻译成英语。”但我们发现有许多是伪造的预言，那些是霍华德自己编造的。霍华德的叙述清晰明确，几乎所有的人都没有怀疑这些故事是事后编造的。当谈及理查德一世时，他说：“狮心压制起义的撒克逊人，荣获了许多辉煌的战绩；玫瑰和百合原是亲兄弟，但由于分账不均导致了他们的决裂。国外的战事获得了全心的关注，国内的危机局势却无人上心，狮子将被关进牢笼，必须经过磨难、折磨才会重获自由。”

坦诚的霍华德接下来又毫无保留地告诉我们最后发生的一些事情。关于理查德三世，他叙述得相当清楚，他说：“有个生下来就长牙驼背的怪物，被艺术愚弄，也被自然嘲笑；他一出生就与常人不同，受尽世人诅咒。他的地位原本是那样的低下，但是在他蹚过没膝的血河后，便开始平步青云，步步高升。他将获得梦寐以求的高位，一旦黄袍加身，即使丑陋的人也会有人称赞；他的容貌丑陋，但令人钦佩，当他正兴高采烈地登上王座之时，一个旅居国外的正统继承人杀回了祖国。”

其后便有了另一个预言，暗示从罗马回来的前太子亨利八世将要成为英国国王。预言中用这样的词句描述这位君主：“当他发怒时绝不饶恕任何一个男人，而当他有情欲时也绝不会迁就任何一个女人的想法。”因而在他成为继承者的时代，同性恋和赌博之风便开始盛行。大师霍华德在他的时代有着接近梅林的地位，在梅林死后，他并没有注意在英格兰发生的事情。大多数其他预言家，包括那些与他同时代的人，纷纷以梅林的名义在国外行走。但是霍华德大师给人们传达了一则信息。他给读者写下一个预言：“当大麻成熟等待收获的时候，英格兰人要小心项上的人头。”

透过这个寓言，人们认为他应该被绞死，在那时，如果预言无法应验，预言家面临的就是这个下场。关于这则预言他做过如下的解释："HEMPE这个单词由五个字母组成，和亨利八世的五个子女有着千丝万缕的关系。H指以前说到的亨利国王；E指他的儿子爱德华；M指的是玛丽公主，她在爱德华之后继承了英国王位；P则代表了西班牙国王菲利普，玛丽公主的丈夫，通过王室联姻与玛丽共享英国王位；最后的那个字母E，当然就是指后来的伊丽莎白一世女王陛下了。在她去世后，可能会发生许多与王位继承相关的争端。"最终，这样的争端并没有发生，于是狡猾的霍华德到处散播谣言说："纵然是如此，但仍然证明了预言的准确性。在詹姆士一世接任英国国王之后，宫廷内外发生了多起死亡事件，在未来一段时间，也许是七年之后，不但伦敦不会幸免，全国都会不得安宁。"

这番话和庞特弗雷克特的皮特曾经的预言有着惊人的相似之处。大胆的他曾预言说约翰国王会丢掉王位并在不久之后死去，不过，约翰王还好端端地活在人世，而皮特本人却因此被判处绞刑吊死了。在克罗顿的《英国编年史》中对这个所谓的预言家进行了诙谐生动的描写，克罗顿写道："这群英格兰的教众们塑造了一个属于他们自己的先知，名叫彼得·维克菲尔。"他是约克郡人，早年做过教士，他还是一个游手好闲的浪荡子，也是一个利欲熏心的商人。现在，彼得重新装扮一番，用谎言骗取了公众的信任，他说耶稣曾两次在他面前显灵，第一次，在约克郡耶稣幻化成小孩的形出现在他面前。而第二次在布姆弗莱特，耶稣在降临时，口中念念有词道"和平、和平、和平"，耶稣还交给他很多东西。他将这番经历告诉了主教大人，他还以众生万物起誓，只要忠心侍奉耶稣基督，就能领会到天堂的极乐和地狱的哀苦。英格兰王国将会再次发生变乱，不过，他始终为耶稣而活。

"这个道貌岸然的伪预言家还预测，约翰王会在1211年5月的耶稣升天节之前失去他的王位，而那一天正是约翰王加冕13周年的纪念日。但对于国王是如何失去王位，或者被罢黜或者被绞死，还是把皇权拱手相让，彼得则表示就算知道结果也不会泄露天机，具体该如何解决也该由英明的国王自己应对。不过，可以肯定的是，下一届的统治者既不是约翰王也不是他的子孙。"

当约翰王听到这个传言时，说道："哼，该死的巫师，一派胡言。"一笑而过。失势多时的王太子在听到这样一个预言后，为防止别人说自己从中作梗，便下令禁止彼得出国，也不许他再胡说八道。为维护国王的名誉，一干重臣们私下里将彼得逮了起来，以防他再生祸端，并以诽谤罪将他关入大牢。这一切做得神不知鬼不觉，就连国王也一无所知。

"英明预言者"的声誉遍及全国，他们的名字无人不晓，但大都十分愚蠢，没有聪明人。他们被囚禁后，流言四起，随着好事者的四处议论，新的流言马上就产生了，接着就以讹传讹，无知的草民们信口雌黄，流言蜚语也传到了国外。旧事未平，新的谣言又产生了，但都是造谣生事，无稽之谈，每天都会有关于国王的谣言，但没有一个是真的。大家总把这些话挂在嘴边：“彼德·沃克菲尔德这样说”，“他曾经做过那样的预言”。这位先知所说的一切谎言，人们一概深信不疑。彼得所说的关于耶稣升天节的预言虽然过去了，可它造成的余波还在荡漾。

最终，彼得预言中的耶稣升天日到了，国王约翰在露天旷野里设立了宫廷大帐，与他的亲友们共度那一天，场面异常盛大，人们穿着华丽的衣服，有歌舞相伴，其乐融融。这一天就在这样壮烈的场面中过去了，但预言的事情并没有发生，他的敌人对此非常不解。为了使人们觉得预言已应验，他们宣称他不再是国王，因为只有人民如此快乐地生活，而不是他。当时国王约翰正遇到被开出教廷的祸事，于是，有人趁机对国王说了这则预言，使国王遭遇了不少麻烦，由于他们的话蛊惑人心，于是下议院里已经有议员开始反对朝廷了，在那些高级教士的帮助下，法国国王也听到了这个谣言，并产生了想要侵占英国的野心。他没有立刻行动，但也差一点就上当了。就如同真理被埋入希波布拉底黑暗的迷梦一样，早晚会拨开云雾见青天。于是，约翰王下令将彼得及其党羽一并处于绞刑，免得谣言再度死灰复燃。

海伍德是一个坚持主张预言真实性的人，他因为当时遭遇的不幸而享有盛名。他曾对彼得的预言给予表扬。要是他与彼得生活在同时代，他极有可能与其坐同一条船，荣辱与共。他这样说过，彼得是先知，也是诗人，他预言了约翰王的许多灾难，而且都应验了。彼得由于预言约翰国王在统治英格兰15年内将被罢黜而受到指责，但他并不惧怕这些，他告诉国王所有的预言都符合逻辑并最终会发生。于是，国王不得不向罗马教皇称臣和纳贡。这样，统治英格兰的就不再是国王了，而是罗马教皇。在海伍德看来，这个解释具有无可争议的证明力，因此人们对预言者的信任会永久地保持下去。

伟大预言家梅林

让我们把话题转回到梅林身上。即便是在当今，他的事迹仍在英格兰被广为传颂。用伯恩斯曾经形容另一位家喻户晓的名人的语句来形容梅林：他的大名宇内皆知，法力无边，声威传遍四方。

起初，他的名声仅限于他的家乡，很快其影响力就传到了欧洲。1498年，罗伯特·德·伯斯兰写过一本名为《生活、预言和奇迹》的书，于巴黎印刷出版。书中写道，梅林的父亲就是魔王撒旦。刚一出世，梅林就会说话。这种奇怪的场景吓了他母亲一跳，梅林却让母亲——一个纯洁的年轻女人向他保证，她会把他抚育成人。这正应了梅林家隔壁一个素性不良的邻居的预言。而当地的法官听说了这件奇事后也觉得其中大有蹊跷，于是就把梅林母子唤来询问。当娘儿俩按时来到法庭上时，这个年幼预言家的超常智慧着实让他费了一番心力。当法官问他，是否知道他的父亲是谁时，小梅林朗声答道："是的，我的父亲是撒旦。我拥有同他一样强大的力量，我洞悉这个世界的过去、现在和未来。"这番话让法官由之前的怀疑到后来的崇拜，他用热烈的掌声表达他的赞叹，并决定往后再也不去打扰这位令人敬畏的预言家及其母亲的生活。

早期曾有传说，位于英格兰威尔特郡索尔兹伯里平原上的巨石阵，就是魔法师梅林的杰作。据说，在梅林的指挥下，这些巨大的石头在空中盘旋翻滚，梅林特意从爱尔兰把这些巨石召唤来，安放在索尔兹伯里平原上，并将它们排列成现在所能看见的样子。据说这是为了纪念被撒克逊人残酷屠杀的300位不幸的不列颠部族首领。

在卡默森附近的阿布戈威利，仍然能看见预言者居住过的洞穴、湖泊，以及他们施法念咒的场景。我想假若没有诗人斯宾塞在他的大作《仙后》中那美轮美奂的描述，那些名震不列颠的伟大先知和他们那神奇的预言都不会流传到今天。

让我们来看看《仙后》是如何描述梅林的伟大的：

睿智过人的先知梅林，
胜利果实的永久拥有者。
他不沾世俗，潜游于太虚之中，
只为能够一探世间究竟。
只为能够在那里，
见不到一丝生命的踪影。
无论何时他总会劝告那些，
围绕在他身边的精灵。
如果你们曾经过漫游世界，
那么去看那可怕的风景吧。
湖上的仙后请他赴约，
她是他魂牵梦绕的心上人。

她让那些精灵劳工就此逃走离开，
但是他们却愿意等梅林回来，
不管这劳动艰辛到多么令人难以忍受，
他们也决不放松。
但难敌梅林威力无比的法术，
他们俯首帖耳不敢妄动，
昼夜不停地在那儿辛勤工作，
直到让铜墙铁壁高高耸立。

神奇的尼克松

英国诸多的预言家中，有一位名叫罗伯特·尼克松的预言家同斯波顿圣母处在同一时代，他认为知识之光并未完全抹掉权力。根据流传最广的说法，尼克松出生在距维尔罗伊尔不远处的德莱麦尔森森林附近一个贫穷的家庭里。虽然他的父母曾经教过如何进行耕种，但由于他的无知和愚蠢，他在农事方面十分失败。几乎所有的人都认为他是一个十足的精神病患者，因而没有人理会他的那些前言不搭后语的奇怪论调。所以他的许多预言都已被人遗忘。但他的预言并不总是错的，终于一件引人瞩目的事情发生了，这使他声名鹊起，身价倍增。

一天，正在耕地的他，突然停下劳动，四处张望，做着一些怪异的动作，兴奋地叫道："噢，蒂克！噢，亨利！噢，蒂克做得太糟了！噢，亨利，你做得真好！亨利获得了最终的胜利！"同他一起耕作的农民，不知道是什么让他如此兴奋，如此口出狂言，但第二天的消息证明了他的预言。在尼克松做出这番论调之后不久，信使就快马加鞭地将理查德三世在波斯华兹战役中被亨利七世所杀、亨利七世即将登上王位的消息传了出去。

不久之后，这位新预言家的大名就传到了国王的耳朵里，国王希望能够面见他，同他谈一谈。于是，国王便派出一位信使去送信邀请尼克松来宫廷一叙，但过了很久信使才到达尼克松的住处。信使到达前，尼克松通过超自然的方法得知了国王要接见他的消息，激动得要死，他跑到大街上像疯子一样欢呼雀跃，大叫着说，亨利国王即将召见自己，他必须即刻启程前往皇宫，还说自己会被饿死。他的这些论调并没有影响到当地人的心情。但第三天时，信使终于到了，并把他带去了皇宫。之后，在切尔海斯人的印象中，尼克松就是一个天才预言家。

尼克松一到皇宫，便见到了因丢失钻石而一脸烦恼的国王，国王便问他在哪里能够找到钻石。其实是国王自己将钻石藏了起来，想检验一下这位预言家的能力。但当尼克松说出“谁藏谁能找到”这句古老的谚语时，国王震惊了。从此之后，国王十分相信这位预言家的话，相信他确有预言天赋，并命人将他的一切言语都记录了下来。

在皇宫居住的那段时间，尼克松常常担心自己会被饿死，便多次对国王说，如果国王不让他离开，回到自己的故乡，自己一定会被饿死。国王说绝对不会这样的，便命人给尼克松准备了足够多的食物以供他食用。在皇宫里生活得太好了，以至于有段时间他迅速发胖，像个贵族管家一般，最后胖得像个总督似的。一天，国王要外出狩猎，尼克松又跑到宫殿门口，跪在地上，祈求国王让他离开，或者带他一起出门，不然自己一定会被饿死。但国王只是笑笑，他让一位官员在他不在的这段时间好好照顾这位预言家，便骑马离开了。国王走后，仆人们开始怠慢这位他们认为不值得如此款待的预言家。尼克松向那位官员抱怨，为了避免遭受嘲讽，那位官员便把尼克松关在国王的密室里，每天按时给他送去四顿饭。但巧合的是，国王的信使这时回来，说国王让这位官员立刻去温彻斯特，这位官员便即刻骑马同信使去国王那里复命，而忘记照顾那位可怜的尼克松。三天后，他回来了，突然想起密室里的那位预言家，他进去看时，那位预言家已经躺在地上，被饿死了，这正如这位预言家之前的预言一样。

在尼克松所做的预言中，被认为已经应验的有这么几个，它们发生在老王位觊觎者詹姆士·爱德华时期：

一位伟人来到了英格兰，
在王子们中间取得胜利。
乌鸦啄食着贵族的血液，
不满的北方人奋起反抗南方人的压迫。
南方雄鸡落荒而逃，
他引以为傲的羽毛被拔光，
他会诅咒自己来到这个世界上。

他的推崇者们说，预言中的情形如同正午的太阳一样清晰明亮。第一个预言的含义是：在库劳登战役中科姆布兰德公爵打败查尔斯·爱德华王子；第二个预言的寓意是：议院议员德温特·伍德、巴尔莫里诺和劳瓦特被处决；第三个预言的寓意是：老王位觊觎者詹姆士·爱德华从英国海岸撤退到法国。

下面的预言显然也很耐人寻味；

在7、8、9之间，
英国将显现奇观；
在9和13之间，
英国将遭受所有灾难。
头戴雪的印记头盔的外国人将会入侵英国，
瘟疫和饥荒随之而来，
穿裙子的人民被屠杀。
洪水将把南特威齐城镇冲毁。

前两则预言，到现在也没有得到确切的解释，但肯定会有人将其事件牵强附会地解释了一番以适应这个预言。第三个预言说，头盔覆盖着冰雪的国家将侵略苏格兰，这预示着俄国将会与英国交战。至于最后一段提及的城镇将要被大水冲毁，却没有一个人相信。那些预言家在做出预言时总是保持着快乐平和的心情，从不透露什么时候预言会成为现实，但我们一般都会认为最少还需要两百年时间才能证实。

尼克松最流行的传记中提到："他的有些预言未被证实，被认为是虚假传言，有的已经被证实，或者将被证实。我们认为不应只贪图目前的快乐和安逸生活，我们应该以武力赶走那些与我们为敌的人，以此来制止那些被我们丢弃的不好的生活方式再次回来，以祈求神保佑我们永远平安。"或许，不是所有人都会同意这一看法，但所有人都会大喊：阿门！

除了这些预言家外，还有历书编纂者利里、玻尔·罗宾、帕特里奇以及物理学家弗朗西斯·摩尔，法国和比利时有马修·朗斯勃基。尽管他们自负高傲，但远不如梅林、圣母斯波顿和尼克松。他们将自己的思想建立在精神上而非境遇上，不受一年仅能预言一次的束缚。当这些预言家去世之后，人们便很少再提起这些历书作者，甚至那位著名的帕特里奇也被人遗忘。帕特里奇最著名的预言是在1708年做出的，在他还活着，并且十分活跃的时候，他的预言被艾萨克·毕克尔斯坦福证明了，这使得他极其满意和开心。但人们对他们的兴趣迅速降低，这些人以及他们的事迹很快就会被人遗忘。

第六章
大盗的赞歌

杰克：我们上哪里去找一些有用的哲人，他们是视死如归的真汉子？
瓦特：强壮又勇敢的真汉子！
罗宾汉：他们勤劳勇敢，百折不挠，饱受磨难！
奈德：谁不为朋友仗义执言，舍生取义？
哈里：谁会为私利背信弃义，出卖朋友？
马特：我看官场上的人谁敢这样讲？

——《乞丐的歌剧：大盗们的对话》

侠盗罗宾汉

无论民众是因受尽贫困之苦而赞赏勇猛机智、善于谋略的侠盗劫富济贫，还是源于人们对冒险活动的特有好奇心，我们可以肯定的一点是各个国家的人们都敬慕侠盗。或许正是这个原因，才让他们在公众心中充满了神秘色彩。几乎欧洲每个国家的历史上都出现过巨盗，人们为他们写诗记载传颂他们的功绩，将他们的罪过编成顺口溜，让代代顽童传唱。

那些研究国民行为与特征的旅行家们经常观察和评论这种情感。18世纪初，学富五车的布兰克神父在英国居住了很久，他在书信中谈到了一些关于英国和法国有趣的事情。他说自己多次见到人们称赞拦路抢劫的行为，竟然达到同称赞英勇的军队一样的地步。他们大多谈吐幽默、机智狡猾、慷慨大方，在人民群众之中享有盛誉，他们的故事广为流传，即使是最著名的小偷也会被人们当成英雄。他又说道，所有国家的人民都会因盗贼而情绪激动，但却对将被处以极刑的罪犯十分冷漠。然而，英国有一伙强盗却对这样的事十分感兴趣：他们享受在整个审判过程中的坚定，并且为那些在面对上帝与人间的审判时表现勇敢、坦然面对死亡的人鼓掌喝彩。例如，在古老的民谣里，如此描述著名的强盗马克弗森："他离开了，如此喧闹，如此不羁，如此使人惊恐，他跳着活泼的舞步，在绞刑架下翩然起舞。"

在英国，或是全世界，人们最为熟悉的英国侠盗就数罗宾汉了。这个名字在人们心中拥有特殊的光辉。"他劫富济贫"，人们给了他一个不朽的名号，他就是人们的恩人，他给予人们食物资助。人们在传奇小说和诗歌中，用大量的笔墨来描写他的故事。舍伍德森林是他和他那些背挎长弓、身穿绿呢的快活部下经常出没的地方，现在已经成了流浪者的圣地，也成了纪念他的固定场所。如果作为一个普通人，罗宾汉是不可能受到称赞的。他的美德被人们广为流传，历经700多年，依然熠熠生辉。几乎在所有讲英语的国家里，都会出现罗宾汉的名字。罗宾汉的勇敢，对穷人的关爱，对女人的尊重，都使他成为全世界侠盗中的佼佼者。

有骑士精神的城市游侠

在后来出现的英国盗贼中，几乎所有人都听说过克劳德·杜瓦尔、迪克·特平、乔纳森·怀尔德和杰克·谢泼德。在18世纪的英国，这些拦路贼和城市游侠独特的骑士精神形成了。英格兰10岁以上的男人都知道特平的大名。他从伦敦快马加鞭回来找约克的行为令人惊叹，也使他成为无数人爱慕的偶像。他为了得知藏钱的地点，将一名老妇人放在火上进行逼供，这一冷酷行为竟被当成一个有趣的笑话。他勇于面对死亡的态度被当成是勇敢的行为。布兰克神父在其1737年的书信里写道，他对特平的故事一直很感兴趣。当他抢劫绅士的时候，会慷慨地留下足够的钱以便其走完剩下的旅程，他让他们发誓永不告发他，而这些绅士又认真负责地履行了自己的诺言。

一天，神父听到了一个人非常兴奋地讲述他的故事。不知是特平还是其他有名的强盗，拦住一个非常富有的人，至少据他所知是这样的。他如往常那样问道："要钱还是要命！"但是他在这个人身上只搜出了五六个几尼，于是，他放了这个人，态度十分友好地告诫此人以后出门不要这样囊中羞涩，并补充说，如果下次碰见他还是这样吝啬，就要痛打他一顿。

特平的一个崇拜者讲了另一个故事，是有关特平在剑桥附近抢劫某先生的。

他拿走了这个绅士的手表、鼻烟盒和所有的钱，只给他留了2先令。临走时，他要求该绅士以名誉发誓不会报警或去法庭告发他。绅士发了誓，然后两人很有礼貌地分别了。后来，他们在纽马克特偶遇，并认出了彼此。这位绅士履行了自己的诺言，他不仅没有告发特平，而且还夸赞他以正当手段赢了很大一笔钱。特平提议他们2人各自在一匹有希望获胜的马身上下注，某先生非常高兴地接受了，就好像是在和全英国最有身份的绅士一同下注那样风度翩翩。结果特平输了，他什么也没说就付了钱。某先生的这种宽宏大量的举止使他深为感动，以至于他告诉某先生非常遗憾，因为他们之间曾经发生的小事他们不能一起畅饮几杯。讲述这个故事的人为英国是一个绿林好汉的故乡而感到特别自豪。

阿贝写给布冯先生的79封信中，说到了另一件发生在1757年的奇怪的抢劫案，但是这起案件在当时并没有引起多大的轰动。“在旅途中，每个口袋里装有10几尼或者12几尼是常有的事，其目的是就是为了把钱交给劫匪，让自己躲过一劫”，当时，英国人把这些劫匪称为“路上的绅士”，政府在逮捕他们后，并不会强行逼供，而是让他们自己给自己判决。说实话，他们只是拿走了那些自愿把钱给他们的人的钱，并没有使用武力，他们并没有坚持吹嘘他们的人性，有些试图逃跑的人也不一定总是安全的。他们在索要钱财上面，一点也不含糊；如果有人不给他们钱，并试图逃跑的话，这些劫匪就会敲他们的头，让他们把钱交出来。

大约15年后，站在维权的角度，这些劫匪在伦敦富人居住的房门上贴上了纸条，明确标出不准任何人入内，无论是什么生活条件，不带10几尼出城都会有生命危险。最糟糕的时候，由于路上无钱可劫，于是他们便结成团伙，在伦敦乞讨。就连警卫也很难阻止他们。

杰克·谢泼德在英国也是尽人皆知的人物。他残忍的行为曾使他的国家蒙羞，但他又是如何获得了公众的普遍尊重呢？他没有罗宾汉劫富济贫的行为，也不会像特平那样以古怪礼貌的方式抢劫，但是他却在脚戴镣铐的情况下逃出了新兴门监狱。这个成绩——人们不止一次地重复——使他戴上了不朽的花环，也使他成为人们心目中典型的盗贼。他不到23岁时就被处决了。对他的死，人们非常同情，在他死后的数月，人们唯一谈论的话题就是他的冒险奇遇。他的画像和一幅理查德·桑黑尔以他为题制作的油画挂满了画店。1724年11月28日的《英国日报》上还刊登了这位画家的赞美诗：

是您，桑黑尔先生，
赐予了一个如此无名、如此微贱的名字，

以耀眼的名誉；
是您，
避免了谢泼德被拖进死亡的坟墓，
使他的形象存留人间！
艾普莱斯·亚历山大，
将恺撒画成了奥里留斯；利里的作品使克伦威尔成为不朽，
而桑黑尔的画使谢泼德永生。

由于杰克的声誉很高，因此人们觉得可以将其搬上戏剧舞台。于是瑟蒙德导演了一出名为《滑稽的杰克·谢泼德》的哑剧，其在伦敦剧院区的特鲁利街剧院上演时取得了巨大的成功。其中，所有的场景都力求真实，即使是他在克莱尔集市经常出入的酒吧和他在新兴门监狱成功逃脱出的死牢也不例外。

1754年出版的《新兴门监狱年鉴》的编辑维莱特先生进行了一次奇怪的演说。他声称他的一个朋友在一个街头传教士那里听说了杰克的行刑时间。演讲人维莱特用当时的情况作为例证进行说明，谴责人们只会用蛮力而极少利用头脑。他说："在这方面，我们有一个人尽皆知的最好例子，那就是有名的杰克·谢泼德。他排除了如此巨大的困难！他干了一件如此惊人的事情！这一切都为了他那条几乎被送上绞架的令人厌恶的性命！他是如此敏捷地用弯曲的钉子打开了脚镣锁的链子，又如此果断地拆下脚镣，爬上烟囱，用手拧弯了那根栏杆，穿过石墙，他砸碎了通道尽头的大门，然后一直爬上盖着铅皮的监狱屋顶，他用一枚长钉把一块毯子挂在墙上，至此他躲过了死亡！他勇敢地从屋顶溜到鸽笼顶上，然后又小心地爬下楼梯，成功地逃到了大街上！"

"噢，你们都很像杰克·谢泼德，不要误会，我的同胞们，我不是说肉体方面，而是指精神方面，因此我认为应当给予这些事情精神内涵，如果我们不去思考它值不值得的话，我们也承受着巨大苦痛，经过再三思考，若救赎我们的灵魂不值得的话，那会是多么可耻呀！""我来警告你们，用悔恨的钥匙打开你们内心的锁！打开你们钟爱的欲望的锁，走进希望的'烟囱'，清除阻挡你们决心的'栅栏'，走过绝望的石墙和死亡之谷的黑色通道！使你自己变成神的铅皮屋顶，用教堂的钉子安装信任的'毯子'，走下屈服的鸽笼，爬下谦逊的梯子！这样一来，你就会来到罪恶之狱的出口，逃脱妖魔鬼怪等老刽子手的魔掌！"

乔纳森·怀尔德——菲尔丁同样使这个名字变得不朽，并为人们所厌恶。在他的身上几乎找不到一个巨盗所应该具有的性格优势，这种优势与犯罪难以分离。他是个卑鄙小人，因为惧怕死亡而告发了同伙。他的卑劣行径为人们所不齿，在他被押赴伦敦死刑场的路上，无数的脏东西和石头砸向他，人们用各种方式来发泄他们的愤怒和表达他们的轻蔑。和他相比，人们对待特平和杰克·谢泼德的态度则大不相同。这两个人在死前都穿着干净整齐的衣服，衣服的扣眼里还有吐露着芬芳的鲜花，而且他们也像人们心中所期待的那样，勇敢地面对死亡。人们想到有人会将特平的尸体送往外科医院去进行解剖，因此，当他们发现有人在匆忙地搬运尸体之时，便从搬运人手中夺回了尸体，他们抬着特平的尸身在全城明目张胆地转了一圈，然后将尸身埋在一个非常深的墓里，他们还在墓里填满了生石灰使尸体快点腐烂。他们不能想象他们心中的英雄——在24小时内从伦敦快马加鞭奔往约克的英雄的尸身被卑鄙的外科医生野蛮地肢解。

欧洲各国的成名大盗

在法兰西所有的大盗中，无人能与艾默尔·瑞高特·泰勒努埃尔相提并论。他在查理六世统治时期十分活跃。艾默尔·泰勒努埃尔有四五百名下属，还有利木森和奥维根两座十分坚固的城堡。在艾默尔·泰勒努埃尔周围有许多封建贵族的领地，尽管他收入并不稳定，但横穿而过的驿路却给他提供了便利，带给他源源不断的财富。艾默尔·泰勒努埃尔死后仅留下一封遗书。遗书内容这样写道："我死后将赠送给圣·乔治教堂1500法郎以作修缮之用；给一直爱着我的姑娘2500法郎；剩下的全部分给我的同伴们。我希望他们能像亲兄弟般相处，并且友善地分发这笔钱。如果他们不同意这种想法，并因此而发生争斗，那绝不是我的错，我只能建议他们拿一把锋利的斧头，打开我的保险箱，自己去争抢里面的珠宝物品，动作慢的人也只能自认倒霉。"奥维根的人们仍在用十分钦佩的语气谈论着这些强盗的高明手段。

但那之后，法国的盗贼就成了十足的恶棍，人们一点儿也不尊敬和欢迎他们。臭名昭著的卡吐什——在现在的法语中依然是流氓恶棍的代名词，他的身上没有一点儿侠盗所应具有的慷慨大方、彬彬有礼和英勇献身的精神。他生于17世纪末的巴黎，死于1727年11月。尽管他很坏，不受欢迎，但他的死还是引起了许多人的同情，后来人们把他的故事改编成一出十分受欢迎的戏剧，这部剧在1734年5月和6月间在巴黎所有的剧院演出，并都受到了观众的追捧。

在当今，法国以拥有维多克这几个可与特平和杰克·谢波德并驾齐驱的强盗而感到极为幸运。现在，维多克已经成为无法考证的传奇小说的男主角，他的同胞们以他五花八门的事迹为荣，并且怀疑欧洲其他国家是否拥有像维多克这样聪明机智、才能卓著并极具绅士风度的大盗。

在欧洲的其他国家里也有着这样的大盗，他们在自己的国家里一样是老幼皆知，比如德国的斯德翰纳斯、匈牙利的斯库伯利，意大利和西班牙等国也都有自己的侠盗。在全世界都享有盛名的意大利强盗有一个共同点，即他们之中有许多人不但虔诚，而且极富爱心。这些人所表现出来的仁爱与他们的身份极不相符，以至于人们十分偏爱他们这一特点。当一个强盗被抓时，他声称："我所付出的博爱精神比这个地区任意三个女修道院都要多！"人们对于这一言论十分赞同。

在伦巴第，有两个臭名昭著的强盗现在仍为人们所知，200多年前，西班牙人统治时期，他们表现得十分活跃。据麦克·法伦说，有一本书记录了他们的故事，几乎该省的所有儿童都知道这本书，而且比起《圣经》来，孩子们更乐意阅读这本书。

斯德翰纳斯在莱茵河上活动过很长一段时间，他不仅受到莱茵河两岸人民的敬畏，也得到了他们的喜爱。农民中一直流传着很多与他有关的有趣故事，讲述的是他用种种恶作剧嘲弄富有的犹太人，或是极其专横的审判官以及他如王公贵族般的慷慨大方和英勇无畏的精神。简而言之，这些人为斯德翰纳斯感到自豪，他们愿将对他的功绩的回忆，像他们的河流一样永世长存，就如他们不愿用火药去破坏爱伦布瑞特斯汀的岩石一样。

在德国，还有一个侠盗，他的品格和功绩仍然为人们所称道。1824年到1826年，在莱茵河、瑞士、阿尔萨斯地区以及洛林等地，有一个十分活跃的强盗组织，他的首领毛姆科·纳戴尔是一个可与杰克·谢泼德相媲美的侠盗。他也有着传奇的经历，曾经从防守严密的监狱逃脱，并因此受到人们的喜爱。当毛姆科·纳戴尔被囚禁在不莱梅监狱主楼的3层牢房时，身上带着铁镣，但这并没有影响他巧妙地避开看守的戒备，逃到楼下并游过威瑟河。当他游到河中央时，一个哨兵发现了他，并且开枪打中了他的小腿，但这个英勇的强盗依然手脚并用奋力地游到了河对面，即使最终司法官员组织的严密追查也未能将他捉住。1826年，毛姆科·纳戴尔又被抓住了，并在梅因斯进行了最终的审判，他被判死刑。尽管毛姆科·纳戴尔是一个坏人，但他高大强壮、英俊潇洒，他的死还是引起了无数人的同情，尤其是妇女们，因为无法将这样一个相貌英俊而又有着传奇冒险经历的英雄从刽子手的刀下挽救出来而感到分外遗憾。

说到意大利的盗贼，查理·马克·法伦先生指出了天主教派的一些不良影响。他的忏悔和赦免使得这样的犯罪不断增加，但他又指出，与民谣作者和说书人的信口胡说所造成的影响相比，牧师和僧侣们的影响不及他们的一半。要使这份名单更加完整，必须把剧作家也列入其中。事实上，剧院出于赚钱营利的目的，会迎合观众的喜好，不断上演备受欢迎的盗贼们的历史剧目。

这些戏剧中的强盗，个个形象鲜明，他们身着奇装异服，神出鬼没，寻欢作乐，冲动轻率以及无所顾忌的行为方式极大地满足了人们的想象欲望。而且即使他们的拥趸提出完全相反的看法，他们对公众所造成的有害影响也是无可挽回的。据说为了纪念在1647年和1648年那不勒斯革命中的盖兹公爵，戏剧中的那不勒斯强盗，不论在服饰上，还是在生活方式上，都被塑造得极其引人注目。当政府当局觉得这种对强盗的大肆吹捧必须加以遏制时，便下令禁止在化装舞会上使用强盗的服装。那时，强盗众多，公爵审时度势，认为可以将盗贼组成一支军队，帮他夺取他期望已久的那不勒斯王位。因此，他这样描写他们："他们大概有3500人左右，年龄基本都在20～50岁之间。他们高大强壮，留着长长的黑卷发，穿着黑色的西班牙皮衣，丝绒长袖或是金黄色的衣服马裤上镶着金边，绝大部分镶的是深红色的花边，镶着金边的丝绒腰带上还挂着一个放鹰打猎用的袋子，腰间都插着两把手枪。皮带上挂着一把三指宽、两英尺长的华美短剑，脖子上挂着用丝质长带系着的火药筒。其中还有一些人扛着火炮，也有一些人拿着老旧的大口径短枪。他们脚穿长筒丝袜，足蹬华美的鞋子，头戴用金线织成的悦目的帽子，也有的是用其他不同颜色的线织成的。"

在我们的国家，《乞丐的歌剧》又是一部为盗贼们歌功颂德的作品，刚被搬上舞台，就受到民众们的极大喜爱。在《唐西亚德》的评论中，我们可以找到这部剧为何如此成功的原因。约翰逊在《生命的诗篇》中引用了这一说明："所有看过这部剧的人都对它赞赏不已，该剧在伦敦持续上演了63天，而在接下来的季节里又继续演出，仍然受到极大欢迎。几乎英国的所有大城市都演出过该剧，而且很多地方还连续演出了30场或40场；在巴斯和布里斯托等地更是上演了50场。依次在威尔士、苏格兰和爱尔兰也都连续成功地演出了24天。随处都能听到妇女们哼唱剧中让他们着迷的歌曲，并且她们还模仿剧中的场景布置自己的房间。不仅是这部剧的作者因该剧的成功而获得巨大荣誉，剧中人物波莉的扮演者也一下子成了城里人最喜爱的明星，在此之前她毫无名气，而此时她的画像成为各个商店的畅销品，有关她生平的文学作品和诗歌也相继出版发行，甚至还有人将她的俏皮话集成了一个小册子。该剧的影响远不止于国内，在长达10年的时间里，意大利歌剧院都将这部剧作为压轴戏。"

约翰逊博士以一个作家的身份指出海瑞恩——也就是后来的坎特伯雷大主教——对这部歌剧的批评存在的问题。海瑞恩说道："这部剧不仅对拦路抢劫的强盗大加颂扬，而且最后还让他们免于惩罚。这样一来，会使人觉得邪恶和犯罪是被鼓励的。"另外，他还说道："此剧上演后，强盗的数量以惊人的速度增长。”约翰逊博士对这个说法表示十分怀疑，并且还讲述了自己的理由。拦路强盗和入室盗窃的人很少会去剧场看戏，但就一般人的逻辑而言劫匪不可能和平抢劫，因为他看到了剧中麦希斯被判处缓刑。但如果约翰逊博士的话被推翻，人们便会得出这样一个结论，即拦路强盗和入室盗贼经常光顾剧场，并且受到这一成功歌剧中人物的影响，变成模仿剧中人的品行不端的不良年轻人，这种影响的可能性非常大。此外，社会上影响力极大的权威人士约翰·菲尔丁爵士——玻街的最高长官，以他在政府机关中了解的情况为基础十分肯定地指出，在那部歌剧流行期间，犯罪的数量出现了明显的增加。

在距离现在更近一点儿的年代里，也有一个有着同样影响的例子。当时名不见经传的席勒创作了一部名为《强盗》的歌剧，这部剧误导了整个德国年轻人的思想和爱好。著名的评论家黑兹利特也对这部剧发表了一篇评论：在此之前，从未有过一部戏剧能如此震撼他，“它就像一记重拳，使他头晕眼花”。尽管事情已经过去了25年，他仍然对此记忆犹新。用他的话讲，它“就像一直居住在他脑海中的老用户一样”，他似乎还未完全清醒过来，所以难以找到合适的语言来描述这部剧到底是怎样的。剧中的男主角是一位品德高尚、具有超凡本领的小偷，刚刚入学的新生都十分崇拜他，渴望模仿他们认为非常有名的剧中人，离家出走，放弃学业，置身于森林荒野之中，劫夺过路人的钱财。

他们想象着自己也能和摩尔人一样，抢劫富人的钱财，帮助他们遇到的穷人，然后和自己的同伴自由自在地在原始的关隘或是森林深处的帐篷里，痛快地喝着莱茵河白葡萄酒。但仅仅一点冷酷的经历就摧毁了他们的勇气，他们发现现实中的抢劫同剧中传统侠盗的行为有着天壤之别。过上三个月的牢狱生活，以面包和水充饥，每天睡在潮湿的麦堆上，如果作为在炉边消遣阅读的传奇小说的确不错，但对于真正经历过这种生活的人来讲，就没有那么愉快了。

拜伦勋爵认为，品德高尚的窃贼们至少也已改变了其祖国的那些年轻幼稚的诗歌创作人的品位爱好。而且，他认为这样总要好过他们那些德国的同龄人，因为他们没有投身森林之中，成为拦路强盗。尽管他们同样敬佩海盗康德拉，但他们并不会去参与海盗的行动，并为他们升起黑旗。他们所做的仅是用言语表达自己的赞美之情，在发行量极大的期刊和音乐杂志上发表了数量众多的诗篇，来描写海盗和他们的新娘以及他们的各种冒险经历。

但剧作家们发挥了负面的作用。与盖伊和席勒相比，拜伦在这方面做得要好很多。通过舞台的布景、华丽的服饰、悦耳的音乐以及他们在剧中表达的极其错误的看法，使得公众的鉴别力受到了损害。他们并不明白，粗俗的噱头会削减艺术的感染力。

在伦敦的贫民区和人口密集区，有很多票价低廉的剧院，那些游手好闲、行为放荡的年轻人经常光顾。比起任何其他种类的剧目，他们最喜欢有关窃贼和杀人犯的传奇故事剧目，因此这种戏能吸引更多的观众。演员们表演的拦路盗贼、夜间窃贼和绿林好汉们非常生动，这给这些情绪激昂的观众进行了有关犯罪的生动教育。同时剧中还充斥着窃贼和杀人犯各自生涯中最为悲惨的事件和极其粗俗下流的情节，在观看时，人们为剧中人的深厚感情和宽阔胸襟而鼓掌欢呼。不论何时发生了如何恶劣的犯罪案件，他们都会在舞台上演出所有令人作呕的细节，以取悦那些早晚会效仿这种行为的观众。

单纯的读者对于强盗题材戏剧的态度则有所不同，他们中的大部分人都想了解那些臭名昭著的流氓恶棍的冒险经历，即便是虚构小说，他们也很乐意去看一看吉尔·布拉斯·德·桑特伦和大恶棍唐·古兹曼·德阿尔福雷克的曲折动人的传奇故事。在这里，诗人不会带来什么损害，也用不着担心有人模仿，只要他们高兴，他们就会对所谓的“英雄人物”歌颂一番，使我们想起值得我们同情的杰米·道森、吉尔达瑞或者是具有大无畏精神的麦克佛森等人，或者是在不朽诗篇里的苏格兰巨盗罗伯·罗伊因自己所受的不公正待遇而进行的申冤雪恨。假如他们能够用优美的语言使整个世界相信这些英雄人物只是晚出生了几个时代的被人误解的哲人，且无论从理性还是现实的角度他们都热爱“良好的传统，简单的谋划，他们愿意臣服强权，他们愿意履行承诺”，那么，整个世界就会变得更明智，并愿意使用好的方法来分享财物，以使这些窃贼不再与社会对抗，达到社会和谐。但是，从事实来看，即使魔法师的法术再高明，恐怕也无法使他们变得明智起来。

第七章

政治和宗教对头发和胡须的影响

英格兰扫除长发习俗

《圣保罗宣言》中有句名言，“长发是男人的耻辱”，但它却成了政府和教会制定相关法律和教规的依据。自基督教诞生起一直到15世纪，是否准许留长发和胡须始终是法国和英国最为重要的问题。

我们同样发现，在很久以前，男人是没有权利支配自己的头发的。亚历山大大帝认为，军队士兵的长胡子会给敌人可乘之机，他们有可能被敌人抓住胡子砍掉脑袋。为了避免这个问题，他命令全体士兵都要刮胡子。他面对敌人的这种谨慎态度与那些在北美印第安人处受过款待的人完全不同。在印第安人看来，武士的荣耀体现在头发和胡子上，应该让它们自然生长，当敌人想要剥去士兵头皮时，也可以抓住这个。

有一段时间，长发在欧洲成了权力的象征。从多尔·格雷戈里的描述中我们可以知道，克洛维一世的继承人开始留长长的卷发，而且还把它作为皇家的特权，贵族们也享有这一权利。他们不仅留长发，还蓄起了长长的大胡子。从头发和胡子上很难看出贵族和皇族的区别。直到路易·戴邦乃尔时代，这种发型才有了一些变化。在他的继承人休·卡比特时代，主张将发型变短以示有所区别。然而奴隶们并不同意这一主张，继续任须发自由生长。

在威廉一世征服英国的时候，诺曼底人留的就是短发。英王哈罗德二世在向哈斯丁斯进军时，派出了一些间谍刺探敌情。间谍回禀说：“敌军的脸和嘴都刮得很干净，好像全部都是牧师。”当时英国的风俗是头上留长发，上唇留胡须，下唇刮干净。倨傲的胜利者分割了撒克逊族大乡绅、大地主的土地，用各种方式羞辱英国人。此时，英国人开始鼓励留长发，为的是与他们留平头、刮胡须的主人有所区别。

这一时尚使神职人员异常愤怒，而且在法国和德国都发生了大规模的劝诫活动。到11世纪末，教皇得到了全欧洲基督教权力机构的大力支持，颁布了禁令：凡是留长发的人，一律要逐出教会，死后也不能为他祈祷。迈尔麦斯伯雷・威廉说，著名的乌斯特大主教圣・巫士丹，无论何时只要看见留着长发的男人就会异常愤怒。他认为这种行为是极不道德的犯罪，不该是人类的行为。于是，他的身上总带着一把小刀，无论在哪里，只要他看到了留着长发的男人，他就会叫他们当街跪下来，然后拿出他的小刀割下那人的头发并把它扔到那人的脸上。最后他会命令他去把头发全部剪掉，否则就会送他下地狱。

但是，时尚与法律似乎总是天生的矛盾。那时候，男人们可以把头发盘在脑后，他们甘愿冒着受上天谴责的危险也要把头发披散下来。在亨利一世时代，坎特伯雷大主教安塞勒姆认为有必要重申教皇关于禁止留长发的禁令。但就在这时，法庭却表现出了不同的态度，他们开始欣赏卷发。于是，教会的激烈抗议变得没有任何作用，就连亨利一世和他的贵族们也都把长长的发卷披在身后，神职人员们认为他们都是“违反道德的恶人”。

国王的牧师赛尔罗对国王这种不敬的行为感到非常难过，于是，他在法庭集会时宣读了圣保罗宣言中的有关内容。他绘声绘色地描绘了在另一个世界等待他们的磨难和痛苦，好多人被他的行为感动得失声痛哭，也有人使劲揪自己的头发，仿佛要把它们全部拔掉。据说，有人看到亨利国王也哭了。牧师发现自己的话发挥了作用，便抓住时机从口袋里掏出一把剪刀，在众人面前剪掉了国王的长发。接着，几个大臣也剪掉了自己的长发。这样，没过多久，留长发的时尚似乎就成为过去。尽管德里拉神父非常赞赏大臣们的勇气，但在第一次忏悔过去不到6个月后，大臣们就觉得自己成了最大的罪人。

坎特伯雷大主教安塞勒姆因为强烈反对留长发而名扬鲁昂。他过去曾是诺曼底的教士，做主教后，仍然非常看重这项事业的改革。他的这种固执果然没有得到国王的欢心和支持，国王最终还是选择了留卷发。大主教和国王之间还因此而产生了很深的矛盾。因此，在大主教离世之后，国王非常高兴，因为他终于不用再为大主教的说教烦恼。后来，在国王的坚持下，大主教这个职位空缺了五年。但是，在这期间，在全国各地的教会讲坛上仍然有很多倡导者声讨长发族，并指责他们对教会的不忠，但这没有产生任何作用。受一些古编年史学家的影响，史陀这样撰写这一时期的历史：“男人们好像忘记了性别，留起的长发，把他们的外貌搞得和女人相差无几。当他们因为年龄的增长，或者其他什么原因而导致头发脱落后，他们便把头发编成了一些卷，然后再缠假发上去。”这种潮流却最终因为一件意外事情的发生而出现了变化。当时有一位爵士，他经常在人前夸耀自己一头漂亮的长发。一天晚上，他做了一个凶梦，在梦中一个恶魔向他扑来，抓住了他的头发，想用头发堵住他的嘴把他憋死。惊吓之下他马上醒了，却发现自己的嘴里塞满了头发。他认为这是上天对他的警告，因而内心受到了很大的触动。于是，当晚他就决定剪掉长发，从此开始赞成改革。

这个故事传播得很快，而那位爵士也被尊为开风气之先河的人。经过教士们不遗余力的劝导，人们争相效仿。男人们的头发都变得符合可敬的圣·巫士丹大主教的想法了。谁会想到，一个花花公子的噩梦竟会比圣徒的恳求更为管用。然而，如史陀所说：“过了不到一年的时间，当这些自认为被人尊重的人心态复萌时，他们开始偏爱女人们的头发了。”但亨利国王似乎根本就没受这个噩梦的影响，这一点他和其他人不同，他从未想过要剪掉自己的头发。

据说，由于他的观点与当时的主流观点背道而驰，再加上在其他一些事情上和教会也有冲突，那段时间他内心实际上非常别扭，经常夜不能寐。甚至有时他会有一些幻觉，好像所有的主教、修道院院长和各个阶层的神父、教士将他围住并用权杖殴打他。他被这个幻觉搞得心神不宁，经常在噩梦中惊醒，下床持剑追逐鬼怪。御医格雷姆德也是个基督教教士，他和国王情同手足，但他从不告诉国王这些事情的原因，而是劝他剪发以重新获得教会的信任，通过祈祷和布施来改变他的境遇，但国王并不理会这个忠告。一年后，一次海上风暴灾难让他改变了想法，那次国王差点葬身海底。此后，国王开始真心悔悟自己的罪行，剪了头发，并按照教士的愿望做了适当的忏悔。

法国长发争端

在法国，梵蒂冈教廷废除长卷发风俗的努力远没有在英国那样多。路易七世比他的皇兄要容易对付，他像教士们一样把头发剪短，朝中的勇士们对此却感到非常痛心。他的皇后爱丽诺是一位快乐、傲慢和喜欢寻求刺激的圭因那人，她对国王的这种发型非常不满。她不断地指责国王是在模仿教士的发型和衣着，也因为这件事，他们的关系变得日渐冷淡。后来，国王发现王后不仅不赞同刮脸，而且还有其他的不忠行为，因此果断地与她一刀两断。法国国王为此付出的代价是失去了圭因那和普瓦蒂尔这两个富饶的省份，这是王后出嫁时带来的嫁妆。没过多久，王后就带着自己的财产与英王亨利二世成婚，这便是导致后来长达几个世纪两国血战的重要原因。

当所有漂亮的年轻人都被十字军驱赶到巴勒斯坦时，教会认为要想使剩下的欧洲保守市民认为长发是一种罪过并不难。在里恩总督理查德离开期间，他的英国臣民都剪掉了长发，刮掉了胡子。那时伟大的社会活动家威廉·福兹伯特再一次以撒克逊子孙的名义掀起蓄留长发的浪潮。他说，留长发的根本目的是为了与诺曼底人区分开来，他以身作则，说因为他的胡子长及腰间，所以人们送给他"长胡子"的外号，这个名声也流传到了后世。

法国教会不再宣布胡须和长发是违反教义的。在通常的情况下，人们愿任其自然生长，但是人们总是难以跟随时尚变化的脚步。在理查德一世后的一个多世纪，人们又将留长胡子当成时尚。当苏格兰国王罗伯特·布鲁斯的儿子大卫迎娶英国国王爱德华的妹妹琼时，人们想起了1327年斯考特访问伦敦时讲过的那段非常有名的话，后来它被刻在了圣彼得·斯坦哥特大教堂的大门上：无情的大胡子，笨拙的彩帽子，粗鲁的灰大衣，让英国更奢靡。

在西班牙，查理五世登基时，没有蓄胡须。人们知道，他们不能期待国王身边那些谄媚的寄生虫会比他们的主人更有男子气概。一时间，朝堂上下以及全国各地的男人们都受到时尚的约束，剪掉了自己的胡子，只有一些垂暮老者准备带着胡子离开人世。那些清醒谨慎的人们不得不用一种痛苦而又惊恐的神情看待这场革命，他们认为男人所拥有的美德也会随胡须而逝。那时，人们说得最多的一句话就是："因为没有了长胡子，我的灵魂也随之而去了。"

在法国，自亨利四世去世后，胡须就不再受人们的欢迎，而人们为此找到的理由仅仅是他的继承人太小以至于无法蓄胡须。有一些社会名流，其中也包括伟大的贝阿耐斯的一些密友和他的一些大臣，认为应当保留这个习俗，然而他们的这种做法却被新一辈人嘲笑。

没有人会忘记英国曾经分成了两大派别：圆颅党和保皇党。那时，清教徒指出拥护君主制的那帮人的长头发里藏匿着万恶之源，后者就怒斥他们的对手是一群无才无德的狂徒，就像他们没有长头发一样。而清教徒们则主张，无论是从政治上将还是从宗教信仰的角度讲，男人的头发都可以成为一个标尺，头发的长短就代表这个人的虔诚程度。

彼得大帝专制法令

在所有有关男人的胡子和头发受到政治干预的事件中，1705年彼得大帝的那一次是最引人注目的了。他不仅敢于干涉，而且做得十分成功。那时，长胡子在欧洲各国都不被看好，在这种比教皇和国王的声音更有效的潮流中，长胡子不被社会文明所容忍。但这却使俄国人更加珍惜和保留其传统服装，因为这是区别他们与那些他们深恶痛绝的外国人的重要标志。虽然民众是这样想的，但彼得大帝却很想剪掉他的胡子。最后，他成功地解决了这一问题。

如果他十分熟悉历史的话，那么他在试图歧视国人和以强制手段来攻击这个历史悠久的传统之时就会感到非常踌躇。但这不符合彼得大帝的作风，他不了解也不想了解他的做法会带来什么样的危机。他只听从自己强大意志的支配，很快便下达了命令，这个命令不仅要求军队，而且还要求社会上各个阶层的人们，包括市民、贵族、农奴，都必须得刮掉胡子。并且，彼得大帝还设置了一个期限，人们可以在这个期限内去克服因剪掉胡子而产生的心理疼痛，过了这个期限，如果还有男人留胡子，那么他必须缴纳100卢布的税款。社会最底层的牧师和农奴可以不缴胡须税，但每次过城门时，都必须交1戈比。虽然人们对此极为不满，但受斯特勒利兹那可怕命运的影响，数以千计的想留胡须的人没有一个说不。

在一位著名作家的《百科全书》里有这样的记录：“他们认为剪掉胡须是明智的，不剪掉胡须会冒犯一个人，而那个人很有可能会摘下你的脑袋。彼得大帝十分明智，他不像主教和牧师那样用那些所谓的遭天罚的诅咒去威胁人们，他让那些不服从的人付出更大的代价——征收重税，很多年后，这一税种仍是朝廷收入的一项重要来源。纳税人在纳税后会得到一个小铜板，上面刻有“胡须”的字样，这时收税者给纳税人的凭证。铜币的一面刻有鼻子、嘴和胡须的图案，图案上方有“收讫”字样，周围是花纹和象征俄国的黑鹰；另一面刻有年、月、日。这是每一个蓄胡须的人出入城门时的凭证。对于那些难以制服和抗旨不遵的人，彼得大帝则把他们统统关进了监狱。

自那时起，现代欧洲各国的统治者在处理时尚之类的问题时，就不再以强迫而是以劝导的方式加以解决。教会也不再纠缠于大胡子和长头发的问题了，任凭男人们自己处置，喜欢留成什么样子就留成什么样子，不再以逐出教会或者剥夺政治权利来处罚男人们。在这样的情况下，人们又开始变得放纵起来，男人们大都蓄起了上唇的小胡子。

政府并没有对此事视若无睹，也没有让其放任自流。这一次，政府的手段比宗教更加极端，而且这种干预至今仍然影响巨大。在1830年的大革命之前，法国人和比利时人都觉得他们上唇上的小胡子没什么大不了。但那次事件之后，巴黎和布鲁塞尔小店店主的嘴巴上，一夜之间都长出了小胡子，无人知道真假。

1830年10月，荷兰人取得了鲁温城的暂时胜利之后，比利时人立即就刮掉了他们的小胡子。荷兰军队中的智囊团宣称，比利时人刮下的胡子多得可以为医院的伤残人员填充床垫，这后来成为嘲笑所谓的爱国者的典型笑话。

最后一次愚蠢的事距现在很近。在1838年8月，巴伐利亚国王在德国报纸上登出一份诏书，禁止人民以任何借口蓄胡须，并命令警察和官员去逮捕蓄胡须者，同时强迫其刮脸。报道此事的《权利》杂志称："令人奇怪的是，国王的诏令得到了全体国民的遵循，胡子如秋风扫落叶般消失殆尽，警察竟一个人也未抓到。"

巴伐利亚的国王十分擅长在短时间内写出打油诗。他执政期间对诗歌的格律做出了许多合理的改革，但他对胡须这件事的处理既无诗意也不合理。人们都暗暗祈祷这位国王千万不要想起剃头的事，否则他们也难逃厄运，得跟着遭罪。如果这成了事实，那这位国王也就堕落得无可救药了。

第八章 四处蔓延的决斗之风

古时候有一位善思的哲人，
他曾发誓说，它能够证实，
这个世界已然满是好斗的狂人。

——《哈迪拉布斯》

在论及决斗的根源时，很多作家都把它归结为纪元之初就存在于整个欧洲的野蛮国家中的好斗风气。因为那时除了刀剑，人们再也找不到更有效的解决争端的方式了。事实上，从最基础的和最能被人接受的意义上讲，决斗就是打架，是所有动物，也包括人在内，出于获取或保护自己的财产、报复别人的辱骂的目的而采取的最终行动。两只狗会为了一根骨头而互相厮打；两只公鸡会为了得到一只美丽的母鸡而在粪堆上扑腾得羽毛乱飞；两个傻子会因自己的尊严受到了对方的侵犯而在公园里向对方射击。在这个层面上，这些狗、鸡以及傻子实质上都是决斗者。随着文明的进步，身处文明社会中的人觉得这种解决分歧的方式令人蒙羞，于是，他们便颁布了一些法律，规定凡是受到伤害的人都可以获得赔偿。但仍然有许多被告拿不出确实的证据来反驳原告的指控，而且，这样的事情还越来越多。

在欧洲的早期社会，决斗的事非常多。在这时，原告与被告决定决斗，之后谁也不能控告谁。据说，正义的人会得到上帝的帮助，因而手臂充满力量，并最终取得胜利。正如孟德斯鸠所说，对于一个刚刚结束愚昧状态的民族而言，这种信仰是十分合乎自然法则的。在这种人人好战的氛围下，那些不是十分勇敢的男子，很自然地会被认为是胆怯而且虚伪的，因为胆怯和虚伪总是连在一起出现的，而在那时，勇敢被人们当成是最大的优点。于是，在决斗中英勇作战的人总会被认为是清白的，对他的任何指控都会被认为是无中生有。如果社会中的“善思者”而非“劳力者”，不能采取措施来“治人”，来征服他们无法无天的同类的冲动，那么社会也就只有一个必然结局，只能回归到最原始的状态。从这个观点出发，政府着手划定了一个极小的范围，只有在这个范围内，人们才可以用决斗来对一项有罪的指控进行证明或否定。

按照在公元501年通过的勃艮第王贡德巴都的法律，在所有合法的手段中，决斗都可以取代发誓来为判案提供证据。到了查理曼统治时期，整个法兰克王国都按照勃艮第王的做法行事。这样不仅是被告、原告，就连证人、法官，也都被牵扯进了决斗的圈子，他们被迫拿起刀剑来证明自己控诉的真实性、证词的确切性和判决的公正性。他的继承者——虔诚的路易为了避免格斗助长目前业已存在的恶习，颁布了一项法令：只有在与谋杀、抢劫、纵火一类的重罪有关，或是发生民事案件或当一个人的骑士资格受到攻击时，才能采用决斗的方式。法令规定妇女、病人、残疾人以及15岁以下、60岁以上的人在任何情况下都不能作为决斗对象。法律还允许牧师和传教士请人代替决斗。随着时间的推移，这种做法被推广到所有必须通过格斗解决的民事和刑事案件的审判中。

教士们一直反对这种把正义判给最强壮有力的人的法律体系，因为他们想要控制人们的精神世界。刚开始，他们就不赞成用决斗来解决，而且还试图在当时的偏见所允许的范围内控制那种和宗教原则相背离的好战情绪。教士们先后在瓦伦提亚会议、特伦特会议上公开宣布过开除决斗者的教籍，助手和观看决斗的人也都受到了牵连。在教士们看来，决斗之风罪大恶极，是魔鬼想要通过决斗来摧残人类的精神以及肉体。因此，决斗发生地的王公大臣如果对决斗不加以制止，也应暂时取消其在当地的司法权和控制权。然而，后来我们却发现，正是该条款成了它原本反对决斗的依据。

但当时的人们却持有一种错误的观点，在他们看来，无论在什么时候，只要他们的一声祈祷，万能的上帝就会奇迹般地出现，就会来帮助无辜受害的人。因此，虽然教士们强烈谴责决斗，却不反对决斗者这一条错误的信仰。他们依然鼓励大众相信这些准则：国家之间，包括个人之间，有了纷争时，神灵会做出公正的判决。教士竭尽全力支持的神裁法在审判时依据的也是这样的原则。决斗时，谁是谁非完全取决于人们的手臂，而在神裁法中所有人都是平等的。因此，人们原本是在用和平的方式来解决分歧的。正如他们所愿，这种做法被推广开后，他们成了本国最有威望的人。但是，因为当时的法律仍然允许在所有的疑案中用个人的力量来做出最后的裁判，因此王公贵族比教士更有权利和影响力。

因此，教士们用开除教籍的严厉措施来惩罚决斗者，不只是因为痛恨流血事件，而且是为了保住审理案件的资格。由于这些教士是当时知识阶级的代表，所以他们的教义蕴含着知识以及文明的萌芽，就如同当时的贵族是世俗权力的代表一样，这些教士为了牢牢将裁判权掌握在自己手中，为了让自己成为所有民事以及刑事案件的最终裁判，他们创立了在福音传教士面前发誓、水淹判决法（适用于地位卑微的人）、面包和奶酪判决法（适用于教士阶层内部成员）、十字架判决法和火烧判决法（适用于身份较高的人）共5种裁判模式，并掌控着所有模式的处罚权。

在福音传教士面前发誓的判决法具体是这么操作的：让接受这一判决法的被告面对一本新约圣经，并站在殉道者的遗物或者坟前发誓说自己是清白的，并没有犯被指控的罪行；当然不是他一个人发誓就能证明自己的清白，他还必须找到12名被公认为正直的人和他一起发誓，才能证明自己是无辜的。这一判决法存在很大的弊端，尤其是在继承权纠纷案件的审理中，因为那些做伪证的人也不时会打官司，人们之所以会选择用决斗的方式决定是非，某种程度上也是由于这种判决法的弊端所导致的。当时的封建男爵以及早期的首领，宁愿选择用一场公开的决斗来决定是非，也不愿意选择这种常常会让做伪证的人如愿以偿的审判模式。

查理曼大帝要求儿子们在他死后解决内部纠纷时应采用十字架判决法。这种判决法是这样进行的：先做出对自己有利的判决，也就是先发誓说自己无罪，然后再向十字架请求宽恕。而后，被告就被领进教堂，站在牧师事先布置好的祭坛（牧师事先准备好两根极其相似的木棍，其中一根上刻有一个十字架图案，然后用一些上好的羊毛织物，极其庄重、小心翼翼地把两根木棍包好，放在祭坛和殉道者的遗物上）前面，由牧师庄重地向上帝祈祷，请求上帝用他神圣的十字架赐予他的判决，判决被告是否有罪。祈祷之后牧师走进祭坛，拿起一根木棍，然后由助手小心翼翼地解开羊毛织物，如果木棍上刻有十字架，那就说明被告人是清白的，反之，这个人则是有罪的。我们不能荒唐地以为这种判决完全是碰运气，如果说这种判决的判罚都是错误的，那是不公平的。不可否认，牧师们任何时候都十分谨慎，给出过很多清楚的、可信的判决，我们坚信牧师们在审理这些案件之前对案件一定进行过很多调查和分析。他们已经清楚，被告是否清白，然后根据他们的判决选择相应的有十字架的木棍或者无十字架的木棍。虽然对围观者而言，这两根被包裹起来的木棍表面上看起来并没有什么区别，但对打开包裹的人来说，却不费吹灰之力就可以进行区分。

在火烧判决中，最终决定权也毫无悬念地落在了牧师的手中。当时的人们普遍认为，火是不会伤害无辜者的，所以在火烧判决前，牧师会让那些无辜的人（或者说是牧师眼中的无辜者）小心不要碰到火。有一种火烧判决是这样操作的：牧师们将很多烧得火红的犁头在地上排成一排，每两个犁头之间留出一定的距离，然后蒙上被告的眼睛，脱掉他的鞋，让他从这头走向那头。如果他走过的时候都能有规律地避开火热的犁头，那就说明他是清白的。反之，他就是有罪的。教士们常常事先就可以预见到判决的结果，因为只有他们有权安排这样的裁决，如果他们想判一个人有罪，把犁头稍微排列得不规则一点就可以办到（被告肯定会踩上其中一个）。英国国王爱塞烈德二世的妻子，也就是新教徒爱德华的母亲艾玛，在被指控和温彻斯特主教过于亲密后，她就是用这一裁决法为自己洗清罪名的（由于牧师们必须捍卫神裁法的名声，而且也想确保皇后的名誉，因此，他们想方设法地避免皇后踩到任何一个火热的犁头）。这种判决法还有其他的操作手法，如让被告拿一根烧红的大约有2~3磅重的铁条。如果我们看见，不只是手掌粗糙的男子，就连那些细皮嫩肉的女子都能安全地手持灼热的铁条时，那我们就可以断定，这些人一定提前在手上涂抹了防护品，或者就是那根看似火红的铁条其实是冰凉的，只不过是在外层涂上了一层红漆，让看的人觉得是烧红的铁条罢了。还有一种判决法是将被告赤裸的胳膊浸入沸腾的热水中，然后有牧师们用几层亚麻和法兰绒布把被告的手臂包起来，并由牧师们精心照料。三天之内，被告不得走出教堂，如果三天后被告的手臂完全恢复，不留一点疤痕，那么他就是清白的。

现代印度人的火裁法与此十分相似，福布斯在他的《东方记事》第一卷第11章是这样描写的：选择用火裁法来判决一个有重罪的被告时，几天之内他都会处在严密的监护之下，他的右手和右臂会用漆布紧紧缠裹，最后封上。为了避免作弊，通常有几名正式的官员在场，在英国控制的地区，被告手臂上裹的漆布通常是由东印度公司的人最后封上，然后由欧洲守卫看管，等到行刑之日，会有人用火将一大锅油加热，直到沸腾，然后往锅里扔一枚硬币，这时便会解开被告的漆布，在原告和法官的监视下，清洗干净。仪式进行到这一环节时，出席仪式的世族会向上帝祈祷，世族祈祷完毕后，被告就要将自己的手放入油锅并捞起硬币，然后再次封好手臂，直到检查的那天，如果无疤痕，那么被告就无罪，反之，他就会受到与罪行相应的惩罚。进行这种判决时，被告往往还要在手臂进入油锅前进行这样的祈祷：啊！火，你无处不在，你是纯洁的象征，你是能证明人的美德以及罪恶的火呀，通过我的手臂，告诉我事情的真相吧。如果其中无诈，那么这种裁决法所得出的结论只有一个：所有被告都有罪。而实际上经历过这种裁决的人，有的是无罪的。因此那些世族一定是在火裁过程中做了手脚，和中世纪的基督教牧师一样，试图通过他们的方法来保护他们想要保护的人。

水淹裁决法这种适用于贫穷和卑贱的人的裁决方法操作较为简单，因为它的结果已经被认为是无关紧要的，就是直接将被告扔进池塘或者河里，如果沉下去淹死了，幸存的朋友就会为他的清白而感到欣慰；如果漂在水上，就说明他有罪。也就是说，无论是哪种情况，他都不再属于这个社会。

值得一提的是，在所有的判决法中，教士们为自己设计的面包与奶酪判决法是一种能够确保他们中任何人都不会被判定为有罪的方法。即使是罪孽深重的魔鬼，如果用此方法来审批，他也会是清白的。具体操作方法是：先让人在祭坛上放一块面包和一块奶酪，然后由被控教士身穿法衣，身边围满罗马教廷的助手，被告先念符咒，再进行几分钟热情洋溢的祈祷。被告唯一的负担就是，如果他真的有罪，上帝就会派他的天使加百利（七大天使之一，传达上帝好消息给世人的使者）堵住他的喉咙，他就会咽不下那块面包和奶酪。不过，有史以来还从未有牧师的喉咙被堵住过。

印度也有一种类似的刑罚，他们用神圣的大米来代替面包和奶酪。有罪的人是无法咽下一粒米的。如果他们有罪，那么将会受到上帝的惩罚，他们会被米粒哽住喉咙，无法呼吸，最后他们会下跪并承认他们所犯的罪行。毫无疑问，罗马教堂也采取面包奶酪裁决法，可是这一方法是给除了神职人员以外的人员使用的。后者更容易聪明反被聪明误。

教皇格列高利统治时期，人们开始讨论这样一个问题——格列高利赞美诗到底应不应该被引入古代西班牙北部的开司提尔王国，用来取代塞维尔的圣伊西多创作的缪塞拉比克圣歌，这样的讨论引起了诸多麻烦。鉴于开司提尔教会不愿意接受新圣歌，于是有人建议双方各选出一名代表参加决斗，以此确定到底要不要采用新的圣歌。然而教士们更愿意用火烧的方法来确定结果，而拒绝用决斗的方式来处理这件事。一大堆篝火被燃了起来，并将一本格列高利赞美诗和一本缪塞拉比克圣歌同时扔进火堆，由火焰来确定上帝到底更偏向哪一首圣歌。上帝倾向的那本书便会完好无损。据说，巴伦纽斯红衣主教亲眼见证了这件事。他说，格列高利赞美诗刚被投进火堆自己就完好无损地跳出来了，书跳出时还发出了一声巨响。在场的每个人都认为这是上帝的旨意，上帝支持格列高利教皇。于是，人们扑灭了大火。让人难以置信的是，另一本书也毫发无损地躺在灰烬里，仅仅沾上了些许灰烬，但没有任何损伤，甚至这熊熊烈火都没有将它焐热。因此，人们认为上帝对两本书都十分满意，全塞尔维亚王国的所有教堂应该轮流使用这两首歌。如果神裁法只是用来解决这样的事，那么世俗的人是不会对此有争议的，但若是人与人之间的所有纷争都由神来决定的话，那么那些勇敢的人就会产生抵触情绪，站起来反对。

事实上，很早之前，贵族们就已看不惯牧师们了。因为，在这些裁决法推出后不久，贵族们便意识到，牧师们的根本目的是要确保教会能够掌控所有的民事和刑事案件的裁决权。贵族们更愿意用决斗的方式来解决问题，这不仅仅是因为决斗本身方便易实施，还因为通过勇敢战斗和高超本领得来的胜利，在他们的眼中这样的结果才能让人心服口服，无可非议。但在神裁中，双方的意见无处发表，都对结果无能为力。此外，还有一个原因，骑士精神开始萌芽。因此，不管教士们如何激烈反对，决斗已蔚然成风，而且还成为王公贵族们独有的被当成十分高雅的生活追求。

就在这时，人们渐渐将尊严和荣誉看得十分重要，不容侵犯。任何有损他人尊严和荣誉的事，都有可能引发一场竞技场上的决斗。在双方决斗时，场外会有很多围观的热心观众，场外观众们的热情互动远比冰冷而正式的神裁法更能让决斗双方感到满意。

后来，路易斯一世之子罗退尔在自己的辖区内废除了火烧判决法和十字架裁决法。但是在英国，神裁法一直持续到亨利三世即位，亨利三世即位之初，议会通过了一项法令禁止神裁法。与此同时，十字军东征再次将骑士精神推向了完美的巅峰。骑士精神很快就将神裁法系统摧毁殆尽，并且使决斗成为司法判决不可动摇的基础。事实上，作为骑士精神的后裔，决斗已成为一种制度，如同锦标赛一样在竞技场上战胜对手，一直延续到了今天，它完全不顾圣贤和哲人们试图根除它所做的努力。作为那个野蛮的年代遗传下来的余毒，决斗可以说是最为顽固最难消除的现象之一。人的理性和其荣誉之间常常不一致，将一个明智的人和一个傻瓜放在同一水平上，就会有成千上万的人去指责这种做法，也有人会屈服，甚至会有人去实践这样的做法。

那些想要了解决斗规则的人，可以参看孟德斯鸠的著作。在他的著作中，我们可以看到关于决斗程序的详细介绍，还有被安排得有条不紊、引人入胜的决斗介绍。就好比许多聪明的事被愚蠢的人搞得一塌糊涂一样，决斗这种愚蠢的事被安排得井井有条。这让人们不禁感叹，如此荒谬而又亵渎神灵的决斗裁决法，竟然会有如此明智、如此富有宗教精神的法则。

决斗在十字军东征之后、火药和印刷术打开新时代之前这段时间内沉寂了，此时一种更加理性的司法体系开始生根发芽。城市居民们都忙着从事商业贸易和工业发展，没有过多的精力和时间自己去解决争端，因而他们更加愿意让法官和地方官员来做出判决。他们不像贵族那样空闲，有充足的时间。他们的生活习惯和行为方式也不允许他们为了一点小事就去和他人决斗。关于粮食、布匹以及母牛价格的纠纷，市长和地区长官所做的裁决，他们认为十分合理，都感到很满意。即便是那些好战的骑士和贵族们也意识到，“若是过于频繁地使用决斗裁决，就会使它丧失权威性”。同时政府也同意这种看法，便严格限制这种极端行为，仅允许少数情况下使用决斗裁决。

在路易九世执政之前，法国就只有冒犯君主、强奸罪、纵火罪、暗杀罪以及盗窃罪的判决能够使用决斗裁决。但在路易九世执政后，他废除了所有的限制，即使是民事案件也可以采用决斗裁决。不过这种做法使得情况变得十分糟糕，菲利普认为应该限制决斗裁决的实施范围。于是，1303年，他下令只有叛国罪、强奸罪和纵火罪这样的刑事案件以及涉及继承权纠纷的民事案件可以采用决斗裁决。但为了捍卫自己的尊严和报复别人对自己尊严的侵犯，骑士也被允许使用决斗来裁决所有纠纷。

在有关决斗的最早记录中，我们发现唯一的一桩决斗发生在公元878年（路易二世执政期间）。事情的经过是这样的：一天早上，醒来的伯爵夫人发现丈夫加斯蒂努瓦伯爵安吉尔吉死在自己的身边。伯爵的亲戚贡特朗指控伯爵夫人对伯爵不忠，因而杀死了伯爵。贡特朗向伯爵夫人发下战书，让她找一个人替她参加决斗，他会亲手杀死这个人来证明她有罪。伯爵夫人的亲朋好友都相信她是清白的，但由于贡特朗是一个十分强壮且自负的有名武士，因而没有人敢代替伯爵夫人应战。就在伯爵夫人即将陷入绝望之时，一个愿意替她出战的人突然出现在她面前。这个人正是当年被伯爵夫人抱在怀里接受洗礼的安戎伯爵，他年仅16岁，深爱自己的教母，因此表示愿意替她同任何人决斗。国王极力劝说这个勇敢侠义的孩子，因为决斗需要非凡的力量、高超的技艺以及大无畏的气概。但他坚持这么做。法庭上所有的人都为这个勇敢又优秀的孩子要去送死而感到十分伤心，认为这是一件极其残忍的事。

决斗场准备好之后，伯爵夫人也确定了自己的代表，决斗双方便进入了决斗场。贡特朗骑马迅猛地冲向对手，并将长矛刺向对方的胸口，但对方却用盾牌挡住了他的长矛。由于用力过猛，贡特朗失去了平衡，从马上摔了下来。年幼的安戎伯爵便趁机将长矛刺向了贡特朗的胸膛，还用刀割下了他的头颅。布朗托姆描述说，他把人头献给了国王，国王庄重地接受了这份礼物，高兴得好像有人赠送给他一座城池一样。之后，人们为伯爵夫人的清白得到证实而欢呼。伯爵夫人则当众将教子安戎伯爵搂在怀里，亲吻他，伯爵夫人的泪水浸湿了他的肩头。

1162年，在亨利二世即位之前，蒙特弗特的罗伯特指控埃塞克斯伯爵5年前在柯尔斯山与威尔士人发生冲突，这使得英格兰皇室颜面扫地。罗伯特为了证明自己的指控是正确的，便提出要与埃塞克斯伯爵决斗，伯爵接受了挑战。决斗场就选在雷登附近的一个地方，这次决斗引来了很多人在周围观战。刚开始时，埃塞克斯伯爵英勇应战，但后来却失去了自控能力，变得急躁起来，这便让他的对手占了上风，最终决斗也以伯爵的失败而告终。伯爵摔下马，并且受了重伤，所有人都以为他死掉了。在他的亲戚的请求下，雷登修道院的僧侣们将他抬出决斗场去埋葬，罗伯特成了最后的赢家。然而，埃塞克斯爵士并没有死，他只是昏过去了，在僧侣们的照料下，几周后他养好了伤，并且恢复了身体健康，但他的心理受到了严重的伤害，难以修复。尽管他是一个勇敢又忠诚的人，但由于在决斗中失败了，人们普遍认为他是一个叛徒、懦夫。他承受不了大家对他的这种偏见，于是就去做了一名教士，在修道院了度过了他的余生。

作家都·沙斯特雷也讲述了一件发生在西班牙的决斗事件。塞维尔城里一位信奉基督教的绅士说耶稣基督的宗教是神圣的，而穆罕默德的宗教不受欢迎，于是向一位信奉穆罕默德宗教的摩尔人发出挑战，要求他与自己决斗，以此来证明谁是谁非。西班牙的主教们考虑到这次决斗可能会让基督教蒙受羞辱，因为或许摩尔人会胜利，于是就用开除教籍的方式威胁那位基督徒，迫使他撤回挑战书。

这位作家还记述了一件发生在奥托一世时的法学学者们的学术争端。争论的焦点在于：丧父的孙辈是否可以和他的叔辈们平等地继承祖父的遗产。那时，没有一个律师能够解决这样的事，于是这个问题被争论了很久也没有得出合理的结论。最终，双方一致决定用决斗来决定这件事。论战双方各派出一名代表参加决斗。在商量好时间和地点后，两名决斗者开始决斗。经过长时间的角逐，叔辈最终摔下马背，被“支持孙辈有权和叔辈们共同继承祖父遗产的一方”的斗士用长矛刺死。从此之后，学者们决定支持孙辈的这一继承权。

决斗在欧洲很多国家数不胜数，尤其是在14世纪和15世纪。让人不解的是，许多决斗仅仅是因为某个莫名其妙、毫无意义的理由，这在勇敢的法国城堡主都·盖斯克兰的回忆录中有详细记载。他的回忆录中有“一个微不足道的原因就引发了一场生死决斗”的例子。都·盖斯克兰曾与英格兰上尉威廉·布兰布尔发生过一次小冲突，都·盖斯克兰略占上风。这让威廉·布兰布尔的好友威廉·特鲁塞尔十分生气。特鲁塞尔左思右想，认为只有一场生死决斗才能平息自己心中的怨恨。于是，特鲁塞尔请求兰开斯特公爵允许他与盖斯克兰决斗。由于这个决斗的理由不正当，兰开斯特公爵拒绝了他的请求。但特鲁塞尔非常渴望与盖斯克兰决斗，因此他想方设法寻找更合适的理由。不久之后，他就如愿以偿地找到了机会——他的一位亲戚被盖斯克兰俘虏了，如果不交赎金，他的亲戚就不会得救。特鲁塞尔暗自大喜，决定借此挑起事端。他派一名信使前去与盖斯克兰谈判，要求盖斯克兰释放他的亲戚，还说要很久以后才给赎金。盖斯克兰明显感到特鲁塞尔想要挑起战争，就直接回话说，如果不立即缴清全部赎金，他是绝不会释放俘虏的。特鲁塞尔听到后就立即提出，盖斯克兰拒绝他的条件就是损害了他作为一名骑士的尊严，他一定要与这位城堡主来一场殊死决斗以捍卫自己的尊严。特鲁塞尔还设定了决斗的规则——在决斗中双方要用长矛、利剑和匕首各战三个回合。虽然此时的盖斯克兰身患重病，卧床不起，但他还是接受了特鲁塞尔的挑战，并通知一名叫安德尔盖姆的中将为他们安排了决斗的日期以及地点。这位将军提出“被打败的一方应拿出100弗罗森宴请在场作证的所有贵族和绅士”这一条件的同时，为决斗做了所有准备。

兰开斯特公爵听到这一消息后非常生气，他对特鲁塞尔说，如果他坚持要与身患重病、卧床不起的勇士盖斯克兰决斗的话，那就是对自己作为骑士的尊严甚至是对整个国家的尊严的侮辱。特鲁塞尔听了之后，十分惭愧，于是写信给盖斯克兰道，他愿意推迟决斗时间，等盖斯克兰完全康复了再决斗。但盖斯克兰回信说，所有王公贵族都知道了他们即将要决斗，因此他不愿意延迟时间，如果自己不能在约定的时间参与决斗，他就将被所有人认为不配做一名骑士，或者不配手持一柄代表尊严的长剑。他还自信地说，自己不仅有力量与特鲁塞尔决斗，而且还相信自己能击败强大的对手。特鲁塞尔将盖斯克兰这些傲慢的说法告知兰开斯特公爵后，兰开斯特公爵立即批准他们进行决斗。

到了决斗的日子，两位勇士出现在了角斗场，四周围坐着上千人。盖斯克兰带来了博马努瓦的马歇尔、莫尼的奥利弗、圣坡恩的贝特兰和拉贝里埃尔子爵这几位法兰西贵族中的精英。而特鲁塞尔只带了两名副手、两名护卫、两名短剑侍卫和两名号手。第一次进攻时，盖斯克兰出师不利，他持盾牌的手臂被特鲁塞尔重重一击，身子不禁向左歪倒在马脖子上。由于身体虚弱，还差点被扔在了地上。他的所有朋友都因此感到悲痛，认为他已经无力回天了。没想到盖斯克兰孤注一掷，使尽全身的力气发起了第二次进攻。他瞄准对方的肩膀奋力一击，对手翻下马去，血流满地。盖斯克兰胜利了，他从马上跳下，手持长剑，正准备砍下对手的头颅时，安德尔姆司法官将一柄镀金的权杖投在场地中间，宣布决斗结束。盖斯克兰在观众的欢呼声中退出决斗场。紧接着，4名英国护卫和4名法国护卫上场进行较低层次的决斗，用长矛乱打一通，结果，法国人占了上风，整场决斗就此结束。

在查理六世统治期间，也就是在15世纪初，巴黎议会准许了一场十分著名的决斗。卡洛基在圣地的时候，莱格里强暴了他的妻子，当他回来时，他决定要和莱格里进行一场生死之战。尽管卡洛基指控莱格里犯有强奸罪，但是莱格里却矢口否认，并声称是卡洛基的妻子自愿和自己发生关系的。由于议会认为卡洛基的妻子无法证明自己的清白，一场决斗在所难免。布朗托姆说，在决斗的那一天，卡洛基的妻子乘坐马车前去观看决斗，但国王却把她赶了出去，因为在国王看来，在她未证明自己的清白之前，都是有罪的。国王让她站在绞首架前面，等待着上帝的仁慈和决斗的胜负。几回合过后，卡洛基把莱格里摔下了马，之后莱格里便承认自己犯了强奸罪和诽谤罪。莱格里当即被处死。传令官宣布这位女士是清白的，她的丈夫、国王以及所有的围观者也都认可这个结果。

与上述案件相似的案件数不胜数，直到发生了一件触目惊心的决斗案件后，亨利二世才郑重地宣布，无论是民事、刑事案件，还是涉及绅士的尊严，都不允许类似的决斗再次出现。

这场具有纪念意义的决斗发生在1547年，拉沙太杰领主沃尼的弗朗索瓦和雅尔纳克领主沙伯特的盖伊从小就是好朋友，在弗朗西斯一世时期，都因表现勇敢、仆人众多而有名。弗朗索瓦知道他的朋友并不富裕，有一天他问盖伊："到底是从哪里弄来了这么多钱？"盖伊说是他父亲刚娶了一位年轻漂亮的女人做妻子，比较而言，继母对儿子的爱远远超过了丈夫，他想要多少钱继母就会给多少钱。弗朗索瓦把这个见不得光的消息告诉了皇太子，皇太子又告诉了国王，国王又传给朝臣，最终，朝臣们又将这个秘密告诉了他们的朋友们。很快，这个消息就传到了盖伊父亲的耳朵里，他立即将儿子叫来，质问他到底是怎么回事，问他是不是不仅无耻地和继母私通，还不知廉耻地向他人炫耀。盖伊气愤地否认自己做过这种事、说过这样的话。为了证明自己的清白，盖伊请求父亲和他到法庭去和指控他的人见面，他要当面拆穿那个说谎的人。他们两个便一同前往法庭。当盖伊走进法庭时，皇太子、弗朗索瓦和大部分大臣都在场。盖伊气愤地吵道，谁说他和继母有不正当的关系，谁就是懦夫，是骗子！于是大家都看着皇太子和弗朗索瓦。无奈，弗朗索瓦站出来辩解道，这件事是盖伊曾亲口对自己讲的，他会让盖伊再次承认。这种事情是很难证实的。于是皇家议会决定用决斗来判断真假。但国王弗朗西斯却坚决反对这样做，他禁止双方继续纠缠此事。可是一年后弗朗西斯驾崩了，亨利二世即位后，由于当年自己也卷入了这场官司，因此他决定让这场决斗进行，日期定在1547年1月10

日，决斗的场地被定在圣日耳曼安莱一座城堡的院子里。双方当时的挑战书在《城堡记事》中有记载：拉沙太杰领主，维沃尼的弗朗索瓦之挑战书："诸位圣贤：近日听说雅尔纳克的盖伊·沙伯特于贡涅地放话说，居然有人诽谤他和继母之间有乱伦关系，这样的人太可恶了，应该遭到天谴。如果不介意，我将在大家面前做如下声明：是他在说谎，而且在抵赖自己说过的事就是在说谎。我再次重申，他确实多次说过并向我吹嘘说自己曾和继母同床共枕。" 雅尔纳克的盖伊·沙伯特于贡涅地的应战书如下："诸位圣贤：请大家允许我在这里声明，维沃尼的弗朗索瓦曾经编造过不属实的言辞来毁坏我的名声，这件事我在贡皮涅也向大家郑重说明过。诸位圣贤，我在这里极其谦恭地请求能允许和弗朗索瓦公平地一决胜负，死而无憾。"

准备工作正轰轰烈烈地进行着，国王也说会亲自前来观战。弗朗索瓦自认胜券在握，便提早在竞技场边上搭建了一个豪华的帐篷，准备决斗之后，宴请国王和150位朝廷重臣共进晚餐。盖伊这边虽已下定决心进行决斗，但却不怎么有信心。决斗当日中午，两位斗士上场后，都按规则发誓说自己没带任何护身符和符咒，也绝不使用巫术帮助自己暗中攻击对手。之后，他们便开始了激烈的战斗。弗朗索瓦身体强壮，精力充沛，异常自信；而盖伊虽然敏捷灵活，但还是小心谨慎，并做了最坏的打算。

决斗持续了一会儿，直到盖伊受到对手重重一击，趴在马背上，处于劣势。于是他便用盾牌护着自己的头，以其灵活来弥补自己力量上的不足。这样趴着，攻击对方的腿部便不会受到阻碍，他便弯下身子，用矛对准对方未做防护的左腿，迅猛地刺了两下，结果他成功了。在所有观众的惊呼声和国王极度懊悔的叹息声中，弗朗索瓦滚落到沙土之中。他抓起匕首竭尽全力地刺向盖伊，试图做最后一搏，但最终却无力地倒在助手的怀中。这时裁判进来宣布盖伊获胜，盖伊取下头盔，双膝跪地，双手握拳，对天大喊："噢，上帝，明白一切的上帝！"而这时的弗朗索瓦因决斗失败而异常羞愧，他拒绝别人为他包扎伤口，并把医生给他包扎的绷带扯了下来。两天后，弗朗索瓦便含恨而死。自那以后，法国人就将所有狡诈诡秘的攻击称为"雅尔那克的进攻"。

亨利二世十分惋惜自己痛失了一位最要好的朋友，悲恸之余，便庄重地发誓，只要自己在世，就绝不允许有任何决斗。包括梅来塞在内的一些作家都宣称亨利二世确实颁布过这样的禁令，但另一些作家却对此表示怀疑，认为亨利的命令极有可能没有颁布，因为历代朝廷的文告中并没有这样的记录。其后一个事件证明后者的说法更为可信——两年后，枢密院又批准了一场类似的决斗。但是，由于决斗双方身份卑微，场面没有那么壮观。没有任何证据证明亨利试图去阻止这场决斗，与此相反，他对此予以了鼓励，并派出王室司法长官拉玛尔克去监督这场决斗是否按照严格的规则进行。

决斗双方都是王室顾问，分别是芬迪尔和达盖尔。一天，这两位顾问在王宫里吵了起来，后来还在王宫大厅里大打出手。之后，枢密院了解到这一情况，便决定让两位绅士进行决斗。拉玛尔克上报国王，得到批准后，就将决斗的地方定在法国北部的色当城。芬迪尔剑术不精，十分害怕，便想方设法地避免同达盖尔交战，因为达盖尔在当时是以剑术精湛而闻名于世。但枢密院容不得他争辩，让他一定要参加决斗，否则就剥夺他所有的荣誉称号。达盖尔在沙特尔伯爵旺多姆的陪同下出现在竞技场，而芬迪尔则是在奈维尔斯公爵的陪伴下出场。芬迪尔不仅是一个学艺不精的剑客，而且还是一个十足的懦夫。考雷在他的诗歌中是这样描写他的："死神，将这把可怕的剑带入这个和平的世界。"在第一个回合，芬迪尔就摔下马背。他招供了对手要求招供的所有事后，带着耻辱灰溜溜地从竞技场逃走了。

后人把亨利二世的死看成是对他在禁止决斗事件上发伪誓的报应。在他女儿的婚礼上，亨利二世举办了一场盛大的比武大会，他击败了当时最为勇敢的骑士后，还感到不够尽兴，雄心勃勃地想要再添战绩。然而不幸的是，他遇上了年轻的蒙哥马利伯爵，蒙哥马利伯爵用长矛刺伤了他的眼睛。不久之后，亨利二世就去世了，终年仅41岁。

之后的弗朗西斯二世、查理九世以及亨利三世统治期间，决斗事件数量剧增，让人瞠目结舌。同一时期，欧洲其他国家的决斗事件也很常见，但在法国决斗发生得太过频繁。历史学家一谈起那个时期，就称它为"决斗泛滥的时代"。巴黎议会也努力在自己的职权范围内竭力制止决斗的发生。在一份日期为1559年6月26日的文书中，巴黎议会宣布，无论是谁，只要他实行、帮助或是唆使他人决斗，都将被视为"背叛国王、违反法律和扰乱公共和平"而受到惩罚。

1589年，亨利三世在圣克劳德被人暗杀。一位名叫里尔·马利奥的年轻绅士是他生前最好的朋友。这位朋友对亨利三世的死感到悲痛欲绝，便决定追随国王而去，但在当时自杀是一件十分不体面的事。而他又希望能光荣地为他的主人和国王捐躯，于是他便发表声明说，国王的死是国家的损失和不幸，不同意他这一观点的人必须同他决斗。另一位性格刚烈、勇猛如虎的年轻人马尔洛斯接受了他的挑战。在决斗那天，所有的事都准备就绪，马尔洛斯回头问他的助手，对手是不是只戴了头盔，有没有穿盔甲。当他听说对手只戴了头盔时，他异常兴奋地说："这就好多了，如果我不能将长矛插进他的头颅将其杀掉，那么我就是这个世界上最愚蠢的人。”

讲述这个故事的布朗托姆说，确实如此，刚刚一开战，可怜的里尔·马利奥还未发出一声呻吟，就命丧黄泉了。胜利的一方本可以任意处置对手的尸体，割下对手的头颅，扔出竞技场，或是扔向一头驴子。但马尔洛斯是一位聪明而又理智的绅士，他让对手的亲属带回对手的尸体，并让他们体面地将其埋葬。因为这次决斗胜利的光环，马尔洛斯受到了巴黎的太太们和小姐们的青睐。

亨利四世即位后，决心下令禁止决斗，但由于受到早期教育和社会成见的深刻影响，他从未认真惩罚任何一个违背禁令而进行决斗的人。在他看来，决斗有助于人们养成好战的性格，只有这样国家才会更加强大。当一个名叫克雷吉、有武士风度的人请求他允许自己同塞维尔的唐·菲利普决斗时，亨利四世回答说：“如果我不是国王，我愿做你决斗时的助手。”这样，人们很少注意到他反对决斗的禁令就不足为奇了，因为国王对决斗竟持这种支持的态度。1607年，罗梅尼先生做过一个统计，自亨利四世1589年即位以来，共有4000位法国绅士死于决斗。也就是说，在他执政的18年里，每个月都有18人死于剑下，每周都有4~5人因决斗而丧命。苏利在他的回忆录里表示，他一点也不怀疑这一数字的准确性。由于国王这种优柔寡断和极不理性的好心肠，导致整个朝廷、城市甚至是整个国家都将他的决斗禁止令置之不理。

苏利这位理智的大臣花费了大把时间和许多精力来思考这个问题。他说，决斗盛行让他本人和国王都深感痛心。这个国家竟然有这样一种看法——一位绅士不论是亲自上阵，还是作为助手，如果他从未参加过决斗，那他就无颜活在这个世界上。这样他只有一个办法摆脱这种偏见，那就是故意找别人的麻烦，然后同人决斗。苏利不断地给国王写信，请求他重新颁布禁止决斗的禁令，严厉惩罚违反法令的人，规定不论在什么情况下，也不能宽恕参加决斗者，也不管是他杀死了对手，还是只是伤害了对手。他还建议成立一个处理案子严厉而迅速、使受伤害者能够快速得到抚慰、冒犯者能够尽快得到相应惩罚的道德裁决所，来处理恶语伤人以及诽谤他人的事情，以避免进一步演化成决斗。

亨利四世被他的大臣兼朋友的诚恳深深地打动了，于是便在枫丹白露宫召集群臣召开了一次专门的会议，所有人都到齐后，亨利四世要求他们中对决斗了如指掌的人向他做一个关于“决斗的起源、发展以及各种不同形式”的报告。苏利在回忆录中极为自豪地说，由于皇帝陛下的顾问们没有一个人了解决斗的事情，因此都低下头，默不作声。苏利也气定神闲地端坐着，不发一语。皇帝便转向他，说：“我的大学士，从你的脸上我可以看出你一定对这件事十分了解。所以，我现在请求你，或者说命令你，把你想到的、知道的全部告诉我们。”为了顾全他可怜无知的同僚们的面子，苏利开始是拒绝的，但在国王的一再要求下，他才从古到今详细地讲述了一遍决斗的发展史。在他的回忆录里，苏利没有记述这一段历史，出席会议的大臣和顾问们没有一人想出合适的方法来解决这个世界秩序混乱的问题，毫无疑问，苏利在当时是最为博学最为出众的人才。这次会议的结果是，皇帝颁布了一项法令——禁止任何人进行决斗。苏利以最快的速度将这项法令传达出去，即使是最为边远的省份也传达到了。此外，他还四处宣传，皇帝将严格按照法律惩罚那些违背这条法令的人。苏利没有详细地介绍这条法令的内容，但马提亚神父更加详细地介绍了一下，说他，法国的高级军官们组成了一个道德法庭来审理“贵族以及绅士们的尊严受到侵犯”的案件。如果有人违反法律去决斗，那么决斗者将被处以绞刑和没收财产，助手和护卫也将被剥夺地位、荣誉和职位，并且还会被逐出他们所属领主的领地。

尽管国王说要严惩决斗者，但是决斗的次数却一点也没有减少，苏利对此深感惋惜。赫伯特阁下是路易十三执政时的驻英大使，他在信中多次提到过法国在亨利四世统治时的社会状况。他说，几乎没有一名上层的法国人没有在决斗中杀死过同胞。修道院院长米洛特也写到过这个时期的状况。疯狂的决斗给社会带来了巨大的灾难，男人们都成了决斗狂，人类的任性与虚荣再加上激情的刺激导致了兵戎相见。一个人被迫同他的朋友一块儿同别人争吵，如果不愿意的话，就会受到朋友的责怪，从而不得不成为冲突的一方。报仇的信念在很多家庭世代相传。

据统计，由于亨利四世的放纵不管，在20年的时间里，国王一共赦免过8000个在决斗中杀死了对手的人的罪过，还有一些作家也证实了这一说法。胡塞的阿姆洛在他的回忆录中就提及过此事——路易十三执政期间，决斗变得如此盛行，连普通人早上碰见朋友时的第一句话也成了“你知道昨天谁决斗了吗？”晚饭过后则问“你知道今天早上谁决斗了吗？”在此期间，最臭名昭著的决斗者是德·布特维尔。人们很害怕和这个恶棍发生冲突，担心不得不与之拔刀相向。他只要听说有人很勇敢，就要找上门去说：“别人告诉我你很勇敢，因此我们必须一决胜负！”每天早上都有许多远近闻名的暴徒和决斗者聚集在他家里吃早餐。他们喝酒，吃面包，然后切磋剑术。他和后来被提升为红衣主教的德·瓦朗塞在那群人中的威望很高。德·瓦朗赛每天都要参加一两次决斗，有时是自己亲自动手，有时是做别人的护卫。德·瓦朗赛还挑战过自己的好朋友德·布特维尔，因为德·布特维尔在刚刚进行的决斗中并没有邀请他当副手。因此，德·布特维尔向他保证下一次一定请他效力。德·布特维尔当天就跑出去挑起了一场同鲍尔特斯的争吵。根据达成的协定，德·瓦朗塞兴致勃勃地作为副手随他的朋友前去决斗。在决斗中，他杀死了鲍尔特斯侯爵的副手德·加弗瓦，而德·加弗瓦从未伤害过他，也从未和他见过面。

在之后的几个国王统治时期，决斗之风继续蔓延，而且还愈演愈烈，一直到红衣主教黎塞留担任首相为止。黎塞留对这种公众道德境况感到十分惋惜，因此也十分重视。他和他的前辈苏利的观点一致，那就是只有用最严厉的刑罚才能制止这种恶性事件的继续发生。而且黎塞留比苏利更善于同邪恶做斗争，他拿地位高的人开刀，杀鸡儆猴。黎塞留敌人的行为更加深了他同世俗斗争的信念。据记载，黎塞留还在卢松地方担任主教时，因为和梅地西斯德玛相关的几项陈述得罪了泰米尼斯侯爵。因为根据当时的惯例，人们不能向神职人员挑战，于是这位侯爵向黎塞留的兄弟提出了挑战。泰米尼斯侯爵很快就找到了机会。一天，泰米尼斯将黎塞留的兄弟黎塞留侯爵叫来，用侮辱的口气向黎塞留侯爵抱怨卢松主教亵渎神灵，不守信仰。黎塞留侯爵十分讨厌泰米尼斯侯爵说话的内容和态度，立即接受了他的挑战。他们在安古莱姆大街决斗，可怜的黎塞留侯爵被刺穿心脏，当场死亡。在那以后，黎塞留主教便坚决反对决斗。理智与手足之情一起坚定了他废除此恶习的决心。当他的地位在法国得到巩固后，他便积极地履行他之前立下的誓言。他在自己的《正式医嘱》一书中，将自己的观点写在了题为“阻止决斗之法”的章节里。不过，虽然法令出台了，但仍然有贵族因为一些鸡毛蒜皮的小事或者是一些十分荒谬的理由展开决斗。黎塞留最终决定给他们点颜色看看。臭名昭著的德·布特维尔和勃弗隆侯爵进行了决斗，虽然这场决斗并未给双方造成致命的伤害，但后果还是让他们送了命。虽然他们两个身份高贵，但黎塞留决定拿他开刀，在判定他们有罪之后，将他们斩首示众了。这两个嗜血成性、败坏民风的害人精终于从世上消失了。

1632年，两名贵胄在决斗中双双丧命。消息传到裁判所后，裁判所官员立即赶到现场。这个时候，交战双方的家属还没来得及把尸体收走。为了维护法令的权威，裁判所下令扒光这两具尸体的衣服，并将他们的头朝下吊在绞架上示众了数小时。这种严厉的惩罚的确让公众从决斗中清醒了一阵，但他们还是很快就忘记了严厉的惩罚。错误的荣誉观已经在人们的心中生根发芽，想要彻底清除并非易事。黎塞留严厉处理的几个案子，尽管判决十分严厉，但却未能说服他们走上正道。虽然他很聪慧敏锐，但却不清楚发生决斗的根本原因。决斗者并不怕死，而是受不了羞辱。就像艾迪逊80年后说的那样：“死亡并不能震慑住那些以不怕死为荣的人。但如果将所有的决斗者到放在绞架台上示众，那些试图为荣誉而战的人会放弃决斗，决斗者将大大减少，甚至停止这种荒唐的决斗。”不过，黎塞留却没有想过这些。

苏利说：“在他那个时代，决斗在德国也很盛行。”在当时的德国，人们在弗朗索尼娅的威茨堡、斯瓦比亚的乌斯帕克和哈勒这三个地方决斗是合法的。在法律的鼓励下，这三个地方每天都有很多人决斗。如果一个只是受伤了但还有战斗能力的人同对手和解，就会遭到鄙视。那些不愿意决斗的人更是被人看不起。在德国，这样的人不能刮胡子、赤膊，连马也不能骑，更不要说担任公职了。而在决斗中战死的人却能被隆重地厚葬。

1652年，当时路易十四刚刚到法定成年的岁数，波弗特公爵和内姆尔斯公爵各带4名随从展开了一场决斗。虽然二者的妻子是亲姊妹，但他们早就对对方不满了。波弗特公爵和内姆尔斯公爵的不断争执让自己手下的部队很凌乱。双方都在找机会想和对方大干一场，好不容易机会来了（一方的一名成员不小心走到了另一方的会议桌边）。他们选择用手枪来较量，没想到第一发子弹就让内姆尔斯公爵毙命。维拉尔斯侯爵作为内姆尔斯的副手，当即就向波弗特的副手黑利科特提起了挑战。这两个人以前素未谋面，但他们却打得比自己的主人更加卖力。双方选择用剑来决定胜负，他们的厮杀时间更长，也更扣人心弦，6位现场观战作证的绅士直呼过瘾。最终，黑利科特因为心脏中剑而倒地身亡。这场决斗的惨烈程度前所未有。

伏尔泰说，类似的决斗频频发生。《轶事词典》的编撰者说，决斗的人带的护卫数不一定都一样，有时是10个，有时是12个，也有带20个的。当主人不能再战时，他们的护卫就会冲上去相互厮杀。其中一个决斗时叫上另一个做护卫是两人之间友谊最深的标志。很多绅士们都希望能做他人的护卫，他们经常将一次小小的误会演变成一次争吵，以便能进行一场决斗。布西·拉布丹伯爵在他的回忆录中就记录了这么一件事：一天晚上，他从一座戏院出来，一位叫布鲁克的绅士礼貌地挡住了他的去路，而他们之前从未见过。这位绅士将他拉到一边问，蒂昂杰公爵是不是在背后说布鲁克是酒鬼。布西回答道，由于他很少见到那位公爵，所以的确不知道。但布鲁克接着说：“哦，但他是你的叔叔啊！他住的地方离这里一点也不近，我没法亲自问他，所以不得不问你。”布西回答说：“我很清楚你的想法，我现在就可以告诉你，我叔叔从未说过你的坏话，如果有人这样说，那肯定是说谎！”布鲁克很不高兴地说：“这是我兄弟说的，他还很小，不会说谎！”布西说：“他就是在说谎，回去用马鞭抽他！”布鲁克愤怒地说：“我很不愿意听到别人说我兄弟说谎。拔出你的剑吧，接招！”二人即刻就在大街上拔出剑来，不过围观的人将他们分开了。于是二人约定了一个时间按照决斗规则来决出胜负。没过几天，就有一位布西从没听说过的人找上门来，请求要做布西的护卫。值得一提的是，这位不速之客还说自己和布鲁克也不认识，只是听说布西和布鲁克二人要决斗，便决定做其中一人的护卫。他认为布西更为勇敢，所以选择做布西的护卫。布西在对他说的一切表达了真诚的谢意后告诉他，很抱歉，自己已经有4名护卫了，如果再增加，决斗就要变成打仗了。

当这类冲突被公众看成是理所当然的事情后，整个社会的风气就定然好不到哪里去。路易十四很早就注意到了这种现象，而且很早就下决心要治理这一社会问题。然而，直到1679年，他在“建立‘火刑法庭’审理被指有异端邪说、犯慢性投毒罪和实施巫术的人”时才出台法令禁止决斗。这一年，他发布禁令，前任国王亨利四世和路易十三的严厉措施被重申。路易十四保证要实施这些严厉措施，同时还表达了绝不宽恕任何违背法令的人。按照这项这著名法律，法国组建了最高道德法庭，由法国高级军官组成。他们一起管理法庭事务，而且必须依法给予那些被冒犯的人满意的答复以及补偿。如果有任何绅士不满法庭的判决而不服从，那么他就会被罚款或是被监禁；如果他试图逃往国外以躲避惩罚，那么他的财产将会被没收直到他回国认罪。

一个人不论受到怎样的挑战也不能提出决斗的要求，否则他不仅不会从法庭得到任何补偿，还将被罚款，罚款的数额是其一半的年薪，并被停职三年、监禁两年。接受挑战进行决斗的人也会受到同样的惩罚。送传挑战书的佣人或是知道这件事的相关人员，还去送传挑战书，也会被判有罪。第一次犯罪的人将会被罚戴上枷锁示众并且当众遭受鞭刑；如果再犯，就会被判送到船上做苦役3年。亲自参加决斗的人，不管他是否打死人，都会被判定为谋杀罪，受到相应的惩罚。地位较高的人会被判斩首，中等地位的人则要受到绞刑处置，而且他们的尸体还不能以基督教的礼仪进行埋葬。

在路易十四颁布这项法令时，他还要求自己手下的重臣承诺绝不以任何借口参与决斗。路易十四立场异常坚定，对决斗者绝不姑息。自从法令颁布后，全国各地有很多决斗者被处决。这种恶行的数量急剧减少，在之后的几年里，决斗似乎已经彻底销声匿迹了。因此路易十四便想铸造一块奖牌来纪念这一成果。他对这一法令的执行十分重视，所以在遗嘱中特别嘱托他的继承者一定要坚持落实这一法令，还要求继承人坚决不能姑息任何违反这项法令的人，不能对他们存有任何慈悲之心。

马耳他也颁布了一项正式的法令限制决斗。这项法令规定，人们决斗只允许在一条特定的街道上进行。如果他们违反，在其他地点决斗，都将被认为是犯了谋杀罪，并依法严惩。同时还有一项十分特别的规定，如果牧师、骑士或是女士要求他们停止战斗，他们必须立刻放下武器，否则就将受到更加严重的惩处。但是，不论是骑士还是女士都很少使用这一特权。因为骑士常常自己就卷入决斗之中，而女士觉得如果阻止他们决斗，就会使他们蒙羞，因此都不愿出面阻止。只有牧师是和平的使者和缔造者。布里多尼描写说，骑士在决斗中丧生，决斗地点对面的墙壁上就会画一个十字架符号，他数过了，在那条被允许决斗的街道上，墙上共有约20个记号（布里多尼的《马耳他游记》，1772年）。

16世纪末、17世纪初这一时期，英格兰私人决斗的数量已经多到令人发指的地步。后来决斗作为司法判决的情况减少了很多，但历史上还是有一些记载，伊丽莎白统治时期有一起，还有一起发生在较晚一点的查尔斯一世时期。亨利·斯佩尔曼说，发生在伊丽莎白时期的那场决斗令人十分不解，因为在那个时候它竟然是完全合法的，并且这种状况一直持续到1819年。高级民事裁判所做出了一项关于在肯特郡恢复部分采邑权的决定，被告提出进行一场决斗以证明自己可以保持控制权，原告接受了这一挑战。由于裁判所无权阻止这场决斗，于是同意双方各选一名斗士代表自己参加决斗，一决胜负。伊丽莎白女王试图阻止这场决斗，命令决斗双方和解，但由于这次决斗并没有违反任何法律，最终女王不得不同意。决斗场地已经提前准备好了，定在托蒂希尔的一个地方。决斗那天，高级民事裁判所的所有法官以及与此相关的律师都到了现场作证。双方斗士都已经准备充分，依据法定程序，要让原告和被告前去当众确认自己的代表。被告应声而起，根据程序证实了自己的代表，但是原告却未露面，因而决斗无法进行。法官们认为原告缺席，就是默认放弃自己的要求，法官们便向公众宣布了这一结果，并禁止他在其他任何裁判所再次提起诉讼。

尽管伊丽莎白女王早已看不惯这种解决争端的方式，但她的法官和法律顾问们却没有改变这种野蛮行为的意思。私下进行的决斗几乎天天发生，这种情况终于激起了公愤。在詹姆斯一世统治时期，英国决斗之风的猖狂肆虐程度完全可以同法国媲美。当时的首席检察官培根试图借助自己卓越的口才去推行这项改革。星法院收集到的信息显示，有两个名叫普利斯特和怀特的人以主人和护卫的身份进行了一场决斗。培根就此事发布了一项命令，上议院对这项命令赞赏有加，并命人将其印刷出来在全国散发。

培根的这项命令被称为是“合乎时宜，应公之于世，值得纪念”。在这项命令中，培根首先阐述了决斗的本质及其带来的极大伤害：它破坏和平与安宁，引发战争，给个人带来灾祸，使国家蒙受损失，使法律遭到轻视。对于引起决斗的原因，培根认为，最根本的原因毫无疑问是对尊严和荣誉的错误理解。这些错误的理解为决斗埋下了种子。这些种子一旦被傲慢无礼的言辞和幼稚无知的冲动所浇灌，便会发芽，此外，人们对刚毅、勇敢的错误理解也会让它迅速成熟，决斗也就在所难免了。人们认为在争吵中正义的一方固执己见就是性格刚毅，根本未曾考虑过为此付出宝贵的生命和鲜血到底值不值得。人性的弱点和对自己的错误判断才将自己的生命押在了这种荒谬的举动之中。一个人的生命不应这样白白地被浪费掉，应该将其投入到高尚的公益事业中去，应该牺牲在伟大的探险道路上。决斗浪费的不仅仅是生命，还有金钱。我们不应将大把的金钱浪费在这种毫无用处的事情上，更不应将血溅黄沙看成是勇敢刚毅的体现，除非是为了有价值的、伟大的事业。

那一时期，发生在一个名叫桑奎尔的苏格兰贵族和一个名叫特纳的剑术教师之间的决斗是当时最为引人注目的。在一次武艺切磋过程中，特纳的剑一不小心刺伤了桑奎尔的眼睛。特纳对此深表遗憾，而桑奎尔也大人有大量，原谅了对手，但这件事却没有结束。3年后，桑奎尔前往巴黎，在那里他成了亨利四世的贵客，一次闲谈中，国王问他的眼睛是如何受伤的。由于桑奎尔自诩自己是当时水平最高的剑客，国王的问题让他羞愧难当，满脸通红地说，是一位剑术老师所致。亨利此时已然忘记了自己是决斗的反对者，就随口问了一句“这个人是否还活着”。尽管他没有再说其他什么，但这句话深深刺痛了桑奎尔的自尊心。

不久之后，桑奎尔便怀着强烈的复仇之火返回了英格兰。开始时，他打算亲自找那位剑术老师进行决斗，一决雌雄，但仔细考虑之后，他觉得亲自同他公开决斗有失自己的高贵身份。于是，他便雇用了两名刺客将剑术老师杀死在其怀特弗瑞尔的家中。两名杀手被抓后被判砍头，官府又拿出1000英镑悬赏捉拿幕后指使者。躲了几天后，桑奎尔决定向法庭自首。他本以为自己是一个贵族，而且是出于一念之差进行的复仇，法庭或许会网开一面，从轻发落。法庭上，所有握有大权的法官确实是站在桑奎尔这边的，但是国王詹姆斯为了引起人们对法律的重视，并未理会法官们的请求。于是培根作为首席检察官，对桑奎尔进行了判决。1612年6月29日，桑奎尔作为一名重罪犯，被绞死在威斯敏斯特宫前的绞刑架上。

培根对审判过程难以决断，在法律允许的范围内进行公开决斗或决斗裁决也持反对态度。在培根看来，任何情况下，决斗都不应该被允许，他还建议，应该出台一项更为严格的法律来根除这种现象，不能纵容它，更不能鼓励它，所有被判有罪的人，都应当立即送到法院进行快速而又严厉的处罚，地位高贵的便要驱逐出境。

在随后的那个朝代，又发生了一次决斗，里埃爵士唐纳德·麦凯指控戴维·莱姆塞有叛国之嫌，戴维·莱姆塞曾同汉密尔顿侯爵一起密谋篡夺苏格兰王位。于是，戴维·莱姆塞向唐纳德·麦凯发出挑战，要求通过决斗来一决雌雄。当时的政府原本想通过正常的法律程序来解决这起争端，但是，莱姆塞却坚持要采取决斗这种惨烈的、几乎已经完全被摒弃的习俗来证明自己无罪。里埃爵士立即接受了他的挑战，然后两人都被关进了伦敦塔，直到有人担保他们会在法庭指定时间准时参加决斗为止。在法庭指定的时间即将到来的时候，莱姆塞如实向法庭交代了里埃爵士对他的指控，国王查理一世立即结束了决斗的准备工作。

当时，决斗这种罪恶的行动还不是十分猖獗。克伦威尔议会在1654年颁布了一个命令以杜绝决斗。在克伦威尔统治下的共和国，人们被禁止用刀剑来解决纠纷，但是人们心理上对决斗的认同并没有被根除，于是那些受禁令压制的皇家贵族们便将恶习带到了其他国家，在国外继续着他们的决斗。查理二世复辟之后，也颁布了不许用决斗来解决争端的类似禁令，但在查理二世统治时期却发生了最臭名昭著的决斗。对决斗这种无视禁令的举止，当局表现得十分宽容和大度。

1668年1月，施鲁伯恩伯爵因为自己的夫人被邪恶的白金汉公爵玷污而向其发出挑战，施鲁伯恩伯爵要求用决斗来明辨是非，查理二世坚决反对。当然，查理二世并不是出于公共道德的考虑，而是担心丧失宠臣，于是，查理二世便下令让阿尔伯马公爵软禁白金汉公爵，或者采取其他的方法来避免白金汉公爵应战。阿尔伯马公爵认为查理二世应采取更加可靠的措施来阻止决斗，因此对国王的命令不以为然，并把决斗的地点选在巴恩·艾尔姆斯。

决斗当天，受辱的施鲁伯恩伯爵带着亲戚约翰·塔伯特和阿兰德尔伯爵之子伯纳德·霍华德爵士赴约，白金汉公爵则带着霍尔摩斯上尉和约翰·詹斯金两名随从。根据当时的野蛮习俗，不仅主将要和主将打，随从之间也必须进行一对一的决斗。其结果是，詹斯金被刺中心脏，战死在决斗中，约翰·塔伯特的双臂受重伤，可怜的施鲁伯恩伯爵也被一剑刺死，只有白金汉公爵仅受一点轻伤。可气的是，决斗的时候，那个引发这场决斗的女人还恬不知耻地假扮成仆人，躲在附近的树林里，帮情夫白金汉公爵牵着马，等待决斗的结果。白金汉公爵刺死施鲁伯恩伯爵后，便携情妇逃离了那个地方。最让人气愤的是，此事发生后，国王还通过发挥自己的影响力，来帮助白金汉公爵逃脱惩罚，还若无其事地宽恕了所有相关人员。不久，查理二世便发布了一项命令，正式赦免了杀人犯白金汉公爵，并且补充说，以后不会再宽恕任何一个以身试法者。这件事情到底是让国王还是白金汉公爵抑或是那个无耻的娼妓声名狼藉了呢?

安妮女王统治期间，公众对蔓延的决斗之风怨声载道。包括爱迪生、斯威夫特、斯梯尔在内的很多作家都用犀利的文笔鞭挞过决斗，尤其是斯梯尔，他不仅通过那时的两本小品期刊《闲谈者》以及《旁观者》揭露了决斗的罪恶之处，而且还想方设法地引导同胞们用正确的方式进行思考。他在喜剧作品《自觉的情人》中表示，因为人们对“荣誉”的认识存在扭曲，因此才会犯下让人惋惜的错误。斯威夫特在有关决斗的作品中说，地痞白痴们的相互厮杀对社会倒是没有什么害处。斯梯尔在《旁观者》中高屋建瓴地阐述了他对决斗的看法，基督徒和绅士这两个名分在一个人身上可能会变得不可调和，如果你不能宽恕别人对你的伤害，你就得不到永生，但如果你被人辱骂，还不愿意动手杀人，尘世间就会有人耻笑你。慈悲之心和真正教义全部被抛到了九霄云外，人们因为一些鸡毛蒜皮的小事而疯狂报复，总是把满足内心的冲动看得十分光荣，他们不懂得宽恕他人才是能达到或者是应该追求的境界。一个懦夫可能常常会舞刀弄枪，也可能会不断地征服他人，但是他永远不懂得宽恕别人。斯梯尔出版的一本小册子上有关于“路易十四的法令以及这位国王为医治他的子民们杀气腾腾的蠢病而采取的措施”的详细记载。

1711年5月8日，在议员考莱姆·第令和下议院议员理查德·索恩希尔的决斗中，议员考莱姆·第令被杀死。3天后，议员彼得·金将该案件纳入司法体系的关注范围，基于对长期以来决斗案例日益增加这种情况的考虑，他获准提出“对决斗之事进行禁止和惩处”的议案，这个议案当天就通过了一审，并在下一周进行二审。几乎是在同时，上议院议员们的注意力也被十分痛心地吸引到了决斗的事上。要不是安妮女王及时发现并制止，两个最有声望的议员之间已经发生了决斗。没过多久，上议院的两名议员之间又发生了一场有史以来最引人注目的决斗。

第一件最终没有进行的决斗是在马尔波拉夫公爵和波莱特公爵之间。事情的经过是这样的：上议院的爵士们在讨论奥蒙德公爵拒绝冒险，害怕与敌人接触一事的过程中，波莱特公爵说，奥蒙德公爵的勇敢不应该遭到怀疑，他不像是那种“仅仅为了侵吞部下的军饷，充实自己的腰包，就让自己的士兵成批遭到屠杀，让自己所有的军官几乎捐躯沙场”的将军。其他的爵士都觉得这是在含沙射影地讽刺马尔波拉夫公爵，不过，马尔波拉夫公爵虽然对此气愤不已，但却装作若无其事。会后没几天，莫汉爵士就找到波莱特并对他说，马尔波拉夫公爵想要向波莱特解释一下前几天他在争论中所说的几句话，希望他能一起到乡间去呼吸一下新鲜空气。波莱特立刻就听出了话外之音，不过却淡定地问莫汉爵士，马尔波拉夫公爵是不是在向自己挑战。莫汉说，意思很明显，就不用解释了，自己将陪伴公爵前来与波莱特会面。随后，莫汉离开了。波莱特回家后，将这件事情告诉了夫人，他的夫人非常担心丈夫的安全，就赶紧将此事告诉达特茅斯伯爵。达特茅斯伯爵当即以女王的名义禁止马尔波拉夫走出家门半步，同时还派了两个哨兵看守波莱特的家门，做好这些防御措施后，他将此事禀报了女王。女王当即派人去把公爵叫来并告诉他，自己很讨厌决斗，要求公爵保证终止此事，公爵不得不答应，事情才得以圆满解决。

1712年11月，另一件令人扼腕不已的决斗发生在汉密尔顿公爵和莫翰爵士之间。事情的经过是这样的：这两位贵族绅士打了11年的官司，一直纠缠不清，没有结果。因而他们每次见面都冷眼相对。1712年11月13日，他们在大法官奥列巴家中不期而遇。交谈之余，汉密尔顿公爵突然想起打官司时一位证人的言行，他说那位证人既不诚实也不公正。莫翰爵士对汉密尔顿公爵说自己的证人不正直十分不满，当下便回应汉密尔顿公爵的话，说事实上怀特沃斯先生同你一样正直和诚实。公爵不再讲话，在场的人都认为莫翰爵士被冒犯了。出门后，汉密尔顿公爵主动礼貌地向莫翰爵士打了招呼。当晚，麦卡特内将军带着莫翰爵士的挑战书前去找汉密尔顿公爵，前两次都未见到人，第三次在一个小酒馆见到了他，并传达了莫翰公爵的要求。汉密尔顿公爵也接受了挑战书，决斗时间定在星期天，即11月15日早上7点。

他们按时在海德公园碰面，汉密尔顿公爵由他的亲戚汉密尔顿上校陪同出席，而莫翰爵士则由麦卡特内将军陪同出席。他们越过一个大沟，来到一个叫“花圃”的地方进行决斗。汉密尔顿公爵对麦卡特内将军说：“这场决斗是你牵线搭桥的，你可不能冷眼旁观啊。”莫翰爵士不想让随从也加入其中，但是汉密尔顿公爵坚持麦卡特内将军“也有份儿”。一切准备就绪，两位决斗者站好位置，拔出剑就开始了这场殊死搏斗。不一会儿，两人都摔倒了，伤势严重。莫翰爵士当场死亡，汉密尔顿公爵也是在被抬回马车的途中就咽了气。

这一惨剧不仅在伦敦引起了巨大震动，在全国各地也都是如此。托利党人为汉密尔顿公爵的死深感痛心，他们指责辉格党的党魁马尔堡拉夫公爵为政治决斗开了极坏的风气。由于莫翰爵士在决斗中曾经杀死三个人，其中两次被判谋杀罪，因此，托利党人骂他是“辉格党的恶棍”，还公开宣称，莫翰爵士和麦卡特内将军联手密谋杀死汉密尔顿公爵，想要夺取他的领地。托利党人还认为，汉密尔顿公爵的致命伤口不是莫翰爵士造成的，而是麦卡特内将军造成的。他们利用各种方式散布这种谣言。决斗的处理结果是，根据验尸报告，判汉密尔顿上校和麦卡特内将军犯谋杀罪。几天后，汉密尔顿上校自首，之后在达特茅斯爵士家中受到私下审讯。汉密尔顿上校发誓说，他亲眼见到莫翰爵士倒下，随之汉密尔顿公爵也倒下去了，他冲过去帮助公爵，扶起公爵后，看见麦卡特内将军又向公爵刺了一剑。根据这份供词，皇家议会立即发布了一道公告，以500英镑为赏金，悬赏捉拿麦卡特内将军，公爵夫人后来又增加了300英镑赏金。

然而，在对汉密尔顿上校的进一步审问中，发现他对几个重要细节的叙述与之前的叙述相互矛盾，所以人们对他的证词产生了怀疑，认为他的口供不足为信。在他被伦敦中央刑事法庭以“谋杀莫翰爵士的罪名”传讯后，伦敦所有的政治圈人士都对此表现出高度的关注。托利党人都在为汉密尔顿公爵和汉密尔顿上校祈祷，甚至有些托利党人把通往法庭的道路和大门都围起来，长达数小时之久。据当日报纸报道，罪犯坚持说麦卡特内将军是杀害汉密尔顿公爵的凶手，但是对其他方面，他却支支吾吾，含糊不清。最后，汉密尔顿上校被判过失杀人罪，这一判决得到了公众的一直赞成，顿时欢呼声四起，“不仅仅是现场的法官和绅士们，场外的群众也十分满意这一判决，都回以热烈的掌声和雀跃的欢呼声”。

在激动兴奋之余，人们也开始冷静地思考。尽管众所周知麦卡特内将军是一个落井下石的人，但汉密尔顿上校的证词也不足为信。后来，汉密尔顿上校的朋友们都不再理他。这让他异常苦恼，他便辞职了，卖掉了所有的护卫，将自己关在家中，四年后抑郁而终。后来，此案中的麦卡特内将军也自首了。不过，英国高等法院虽然以谋杀罪对其进行了审判，但最后却判其为过失杀人罪。

1713年，在议会开始会议时，女王在演讲中特别提到过决斗发生得太过频繁，并提议司法机关制定一项快速而有效的措施进行治理。议员们很快便研究出一个提案，但这项提案在二审时就被否决了，这使得所有关心这件事的人大失所望。

1765年，又一起著名的决斗发生在拜伦爵士和恰沃斯先生之间。这场决斗发生在一家咖啡馆中，原因竟是双方攀比自己封地上的猎物。争论中，双方在酒精的刺激下，他们立刻进入旁边的一个房间里，借着微弱的烛光，在桌子旁边拔剑打斗了起来。恰沃斯先生是一个技术精湛的剑客，但却受了致命的伤害，不一会儿就死去了。拜伦爵士因此被带往上议院审判。但因为这场决斗完全是出于冲动，事先完全没有预谋，因此就判他为过失杀人，缴纳罚款后就被释放了。然而，这个判决给这个国家树立了一个很坏的榜样，决斗从此不再那么令人唾弃了。

相比较而言，法国对决斗的惩处就要严厉得多。1796年，格勒诺伯议会发现议员都什拉在一场决斗中杀死了弗兰米什军团的一位上尉。审判中，护卫都什拉的佣人同主人一起都被控犯了谋杀罪。最终，都什拉被判以车碾刑处死，他的佣人则被送到船上终生做苦役。

1778年11月，在英国的巴斯，两名外国探险家里斯伯爵和都·巴里子爵之间发生了一场野蛮而惨烈的决斗。这次决斗是因为赌博引发的。赌博中，都·巴里不同意里斯的一个看法，就直接说："那不对！"里斯立即就问都·巴里是否知道他的那句话很不友好。都·巴里表示自己明白自己讲了什么，里斯爱怎么理解就怎么理解。于是他俩很快就进行完了决斗的程序，即发起挑战和接受挑战的程序。尽管已是深夜，但他们还是当即就叫来了自己的护卫，一大群人连夜赶到克雷弗顿·唐这个地方，他们和一位医生一直等到天亮才开始为交战做准备。

准备工作中，他们每人配备了两把手枪和一柄剑，护卫们的交战场地也被单独划出来了。都·巴里首先开枪，打中了对手的大腿。里斯伯爵举起枪，朝都·巴里的胸口开了致命的一枪。双方都像疯了一样，不愿退步，之后又都后退几步，又猛地向前冲去，用第二支枪射向对方。双方的第二枪都没有打中，两个决斗者便扔掉手枪，准备拔剑展开殊死搏斗。双方找好位置，向对方靠近，突然都·巴里晃了一下，便倒地大喊："救救我！"对手刚说愿意救他，然而不幸的都·巴里就在翻了一下身后，呻吟着死去了。

这场决斗的幸存者被送回家中后，好几周都没有脱离生命危险。与此同时，验尸官对都·巴里的尸体进行检验后，判定为过失杀人。里斯伯爵恢复健康后，也被控谋杀罪。审判中，他详细讲述了决斗的公平合理和决斗发生的突然性，以更好地为自己辩护。同时，他还表示对都·巴里的死深感惋惜，说他们是多年的好友，有着深厚的友谊。这些辩解好像发生了很大作用，因为这个暴躁的决斗者最终仅被陪审团判为过失杀人罪，而且也是仅仅做了一点名义上的惩罚后就被释放了。

1789年，在约克公爵和里奇德蒙德公爵的外甥及继承人莱诺克斯上校之间也发生了一场决斗，这场决斗虽然不怎么激烈，但由于双方的地位较高，因此也备受关注。决斗是由约克公爵引起的，他当着几个皇家禁卫军军官的面说，没有一个人愿意服从莱诺克斯上校的口令。在队列行进时，莱诺克斯上校走上前公开质问公爵，是否说过这样话，约克公爵冷冷地命令他回到原位，并未对其问题有所回答。检阅完队列后，约克公爵借训话之机站在莱诺克斯上校前公开说，他不想受到自己作为王子以及司令官这些身份的制约，他卸任后，也会像一位深居简出的绅士一样，穿上普通的棕色外衣，他也愿意接受任何挑战。

这正是莱诺克斯上校想听到的，因为这等于说他可以与约克公爵进行殊死决斗了。于是莱诺克斯上校向王子发出了挑战，两人在温布尔顿公园交战。莱诺克斯上校举枪射击，子弹从约克公爵的头顶擦过，烧焦了约克公爵头上的几缕头发，约克还没来得及还击，就在护卫们的调解下终止了这场决斗。

不过，莱诺克斯上校很快又卷入了另一场与这件事情有关的决斗之中，原因是斯威夫特先生写的一本小册子中提到了莱诺克斯上校和约克公爵之间的决斗。莱诺克斯上校对这本小册子中对自己的描述很不满，因此便决定用手枪决斗来解心头之恨，他们在尤克斯桥路开展决斗，但双方都未受伤。

爱尔兰人很久以前就因为决斗而闻名于世。一些非常轻微的冒犯，在爱尔兰也可能引发决斗。约拿·贝灵顿在他的回忆录中说，在英格兰统一之前，在都柏林一次有争议的选举过程中，每天都有二三十场决斗，并不是什么新鲜事。就是在平时决斗也是件司空见惯的事，除了双方有伤亡的案件外，历史学家们都不屑于记录。

当时，爱尔兰的社会各阶层都必须用宝剑和手枪来赢得名声，军人也不例外。每个政治派别都有一群无赖之徒专门为自己所用，这群无赖被称为“吃火药的人”。他们脾气暴躁，争强好胜，动不动就和人打架，他们是一群害群之马，只要有空闲就要枪弄棒，练剑打靶。他们吹嘘自己想干什么就干什么，想打哪儿就打哪儿。每次决斗之前，他们都会计划好，到底是将对手杀死，还是只是将对手打残，抑或是使对手破相。

1808年，决斗之风发展到了高潮。国王乔治三世必须找机会表达自己对决斗的深恶痛绝。1807年6月，他抓住了一个向爱尔兰人表明任何决斗杀人者都不能逍遥法外的机会。驻扎在爱尔兰的第二十军团的军官坎贝尔少校和博伊德上尉之间发生了一场争执，原因是二人在对如何在阅兵时使用口令的看法上发生了分歧。争论中，他们的言辞越来越激烈，最终，坎贝尔向博伊德上尉提出了挑战。他们当即就退到了一个基地的食堂里，各自占据了一个角落，两人之间的距离只有七步，在这场决斗中，他们没有带任何随从就相互射击起来，很快，博伊德上尉的第四根肋骨和第五根肋骨之间受了一处致命伤。不久之后，医生赶来了，坐在椅子上的博伊德大口呕吐，痛苦万分。博伊德被抬到另一个房间，坎贝尔紧随其后，心里十分后悔和痛苦。博伊德支撑着活了18个小时，在临死之前，还对博伊德说：“这场决斗不公平，你比我开枪早，坎贝尔你是个坏家伙！”坎贝尔回答说：“你现在说这场决斗不那么公平，当时你不是说自己准备好了吗？”博伊德虚弱地说：“不是这样的，你知道当时我是想让你等一下，不想让你失去朋友。”当坎贝尔再次问这场决斗到底公不公平时，奄奄一息的博伊德又嘀咕道："是的。"可一分钟过后，他却又骂道："你这个坏家伙！"坎贝尔颤抖着双手，激动地抓住博伊德的双手大叫着："啊，博伊德，我们两个中你才是最幸福的人！你能原谅我吗？"博伊德回答道："我原谅你，我知道你也可怜我。"不久，博伊德便撒手人寰了。坎贝尔和家人逃到了切尔西附近，隐姓埋名地生活了几个月，但后来还是被捕了，并被带到阿尔马进行审判。坎贝尔在狱中说，一旦被判谋杀罪，他将会被作为爱尔兰决斗者的典型而受到严惩。但他还是满怀希望地祈祷陪审团只判他过失杀人罪。在审判过程中，由于有证据表明坎贝尔被冒犯之后，并没有立即进行决斗，而是回家喝了一杯茶才去找博伊德开始殊死决斗，因此陪审团对他做出了故意杀人的判决。但考虑到决斗是公平的，陪审团又对坎贝尔动了恻隐之心，因此在接下来的那周周一判了坎贝尔死刑后，又延缓了几天才执行。在延缓的那几天里，坎贝尔的妻子竭尽全力地去营救他，一个深爱丈夫的勇敢女人所能做的任何事情她都做过了，例如跪在威尔士王子面前，祈求他用自己的影响力说服国王宽恕他可怜的丈夫。但是坎贝尔最终还是没有逃过一死，因为乔治三世已经铁了心，要拿这个案子开刀，以示警戒。因此所有的事情都被要求按法律来办，坎贝尔这个牺牲品被当重罪犯处死。

当时德国大学校园里的学生们对决斗很是上瘾。这些学生动不动就枪剑相向。有些纠纷，如果发生在其他国家，学生们往往是打一架就完事了。但在德国却不是这样，这些蛮横无理的学生会选择用手枪和剑来表明立场。他们甚至借决斗之名把仇人的鼻子给割掉，还通过这种方式把破别人的相当成自己的目标。德国的这些决斗狂还经常计算这种令人恶心的战利品的数量。计算的时候，他们的得意之状完全不亚于一位成功的将军巡视自己攻下的城池时的样子。

但是，决斗的起因往往都是一些鸡毛蒜皮的小事。如果我们停止对决斗的回顾，认真去审视一下引发决斗的原因，那么我们会发现，引发决斗的原因不是些鸡毛蒜皮的事，就是些毫无价值的事。一度成风的议会议员决斗中，因为选择决斗而污损了自己名声的人不少，诸如沃伦·黑斯廷斯、菲利普、弗朗西斯、威尔斯、皮特、福克斯、格拉顿、柯伦、蒂尔尼和坎宁等。这说明权贵人物也抵御不了这种野蛮之风的侵蚀。这些著名人物一边在谴责，一边却又投身其中。理性的束缚看似坚不可摧，事实上却很容易就被愚见击破。世俗的习气看似柔弱，却很轻易就攻垮了人们心里的道德防线。就连皇家卫队的军官托马斯上校，也因为决斗而亡。托马斯在决斗前立下的遗嘱中这样说："首先，我要将自己的灵魂交给无所不能的上帝，希望上帝能够可怜并原谅我即将采用这一不符合宗教但却完全符合邪恶世界习俗的行动，因为我也是迫不得已的。"

试想有多少人和这个理性而又愚蠢的人持有同样的观点。他明知道自己有过错，而且对决斗厌恶至极，但一想到拒绝参加决斗将使自己蒙羞，他还是选择了决斗，他根本就无法抗拒世俗的偏见。

一些决斗的原因甚至无意义到令现在的我们感到羞耻。斯特恩之父曾为一只鹅与人决斗，英国航海家及作家雷利也曾因为一张酒店的账单与人决斗。很多造成伤亡的决斗竟然是因为牌桌上的争执或是戏院中争抢座位而发生的。曾经上百次的决斗甚至是因为半夜的一丝醉意，次日却不得不与人厮杀，最终导致死伤。

当代最臭名昭著的两次决斗分别是由一条狗和一个妓女引起的。前一次决斗是因为蒙哥马利家的狗攻击了麦克纳马拉家的狗，两只狗的主人便介入其间，开始争吵，争吵的结果是，一人提出挑战，另一人接受挑战。次日双方决斗时，蒙哥马利中弹死亡，他的对手也身负重伤。这件事在当时引起了很大轰动，等在决斗地点旁边准备随时救助伤者的医生赫维赛德以谋杀案帮凶的罪名被捕，投入了新兴门监狱。后一次决斗是在贝斯特和卡莫尔福特之间展开的。双方使用了在英格兰被认为是最适合用来决斗的武器——手枪。开战前，双方商定好用抛硬币的方法来决定谁先开枪。贝斯特在抛硬币中胜了，就先开枪。第一声枪响过后，卡莫尔福特就中枪倒地，但由于他是个铁杆决斗狂，曾参加过许多次决斗，亲手杀过不止一个对手，因此没有人可怜他。

各个国家是如何采取措施来应对这种广泛流行的决斗之风的蔓延的呢？前面提及的法国和英国政府所采取的措施，其收到的成果是众所周知的。不论在哪里道理都是一样的，一分耕耘一分收获，只要付出就会有所收获。在专制国家中，君王的意志不断被强化，被广泛传播，因此决斗的次数便会在一定时期内有所减少，但如果继位者放松警惕，或是意志不坚定，决斗之风便会卷土重来，席卷整个国家。普鲁士的决斗次数曾一度减少。据说，普鲁士国王弗里德里克十分厌恶决斗，虽然在军队中他允许决斗，但却设有条件限制：决斗必须当这一个步兵营的士兵展开，以让士兵明白什么是公平竞争。同时，士兵也必须严格遵守一个命令，即当决斗一方倒下之后，他们必须立即射死另一方。这位国王以此项规定有效地阻止了决斗之风的蔓延。

奥地利的国王约瑟夫二世采取了同弗里德里克一样强硬的措施，尽管他的措施不够新颖，但成效不错。下面这封信表明了约瑟夫二世对决斗之风的态度。

给某将军：

我的将军，我要求你马上逮捕K伯爵和W上尉。伯爵年轻气盛，还受到了出身和对荣誉错误观点的影响；W上尉是一名老兵，他一贯用剑和手枪解决所有纠纷。因此，K上尉接受年轻伯爵的挑战是极其危险的。

我不愿见到我的军队中出现任何决斗。那些试图正其名、试图冷酷地相互残杀的人的诡辩，我将充耳不闻，不屑一顾。

当我的军官面对敌人，不顾一切危险，展现他们的勇敢、刚毅和攻防的果断时，我会赐给他们高位，因为他们这时表现出来的对死亡的态度和对敌人的冷酷无情对国家有利，同时也为自己增添了荣誉。但是，如果有人仅为私仇就妄图牺牲一切，我将弃他们如敝屣。我认为后一种人同当年罗马公开表演中格斗的奴隶没有任何区别。

组建一个军事法庭公平无私地审判这两名军官，调查清楚引起纠纷的原因和经过，被判有罪的人必须严格按照法律规定为自己的行为付出相应的代价。

这种野蛮的风俗，只适用于帖木儿时代和巴亚热特时代，这给每个家庭都带来了巨大的伤痛。即使我会损失一半的军官，我也会严惩决斗者，镇压和惩罚这种决斗之风。只有遵纪守法的人才能成为一个英雄，同时也才能成为一个好的臣民。

约瑟夫，1771年8月

在美利坚合众国，情况更为复杂。遥远的西部还是一片草莽之地，除了圣经十诫中“不可杀人”的规定外，没有任何关于决斗的专门法令，但也没有发生过一次决斗，人们和睦相处，十分充实。然而随着社会的发展，决斗也变得越来越频繁，弥漫于欧洲的关于荣誉的错误观念逐渐开始影响“这些淳朴的乡巴佬转变成的所谓市民”。他们开始使用手枪来解决与他人的纷争。在大多数州的法律里，对挑战、决斗和在决斗中充当护卫的人的惩罚仅仅是不到一年的监禁和苦役，以及20年内不得担任公职。佛蒙特州对决斗的处罚就要严厉得多，决斗者被彻底取消公民权，处以罚款，并且终生不得担任公职。若是决斗中有一方死亡，那么另一方将按谋杀罪被处决。在罗德岛，即便是没有造成伤亡，决斗者也会被押上绞刑架，脖子上套一根绳子，示众一小时，同时接受公众的围打。此外，如果法官对他的示众表现不满意的话，还将入狱监禁一年。在康涅狄格州，决斗者终生不得担任公职，不被雇佣，外加罚款100~1000美元。伊利诺伊州的法律规定，一些州政府官员在上任之前必须宣誓，他们从未也将永远不会牵涉到任何决斗中去。

在欧洲各国不同时代颁布的所有禁止决斗的法令中，值得一提的是波兰国王奥古斯都所颁布的法令。1712年，他颁布法令，规定参加决斗的所有人，不论是主将还是随从都必须处以死刑，并且送挑战书的人也要受到惩罚。1773年，德国慕尼黑也出台了类似的法令。法律规定，即使决斗中没有伤亡，决斗双方也会被处以绞刑，他们的尸体将被埋葬在绞刑架下。

1838年，那不勒斯国王也颁布了一项法令，法令规定，所有涉及死亡决斗的人都必须处以死刑。死在决斗中的人以及之后被处死的人的尸体，都只能埋在荒郊野外，并且不能举行任何宗教仪式，墓地不能有任何纪念物或纪念碑。不论是有伤亡的决斗还是没有伤亡的决斗，法律都一一制定了应对措施，如罚款、入狱、剥夺地位和称号、不得担任公职等，传送挑战书的人也将受到罚款和入狱的惩罚。

仅靠严厉的法令禁止是不够的，必须还得有明智之人去阻止，只有这样，决斗这种恶习才有可能被彻底根除。法律从来不会告诉你它的不足，将来也不会，只要执法者稍稍掉以轻心，不论法律多么严厉，人们决斗的念想就不会彻底断除。让人失望的是，严厉的法官也只是在法庭上对一个被别人辱骂成骗子的倒霉蛋义正辞严地说："如果你向他挑战，你就会杀人，就会犯谋杀罪！"但是同一个法官，当他走出法庭，脱下官服，混入广大群众之中，他便会说："如果你不向他挑战，不冒着成为谋杀犯的危险，你就会被人看成是一个胆小鬼，只配被别人轻视和嘲弄而不配与同伴交往。"所以，应该遭到谴责的是社会而非决斗者。

女人的影响也不容小觑，她们能够轻易地让男人为其决斗，并使他们成为罪犯。不幸的是，在广大女性眼中，匹夫之勇极具魅力，一个成功的决斗者常常被女人看成是一个大英雄。而那些拒绝决斗的人则被女人当成懦夫，遭到女人的讥讽和嘲笑，尽管他们才是真正的勇者。1838年初，美国司法机关的一名成员格雷夫斯先生在决斗中杀死了西利先生，而后，他还站在众议院的讲台上振振有词、有条不紊地辩解，说人们不应当谴责他，应该谴责的是社会。这位追悔莫及的演说家说："公共舆论才是这个世界上最重要的法律，不论是宗教还是世俗的其他任何法律在它面前都不值一提。是的，所有法律在公众舆论面前都会败退。正是至高无上的全国法律众议院将剥夺荣誉作为惩罚，迫使我不情愿地参加了一这悲剧性的事件，就在国家元首的面前，在众议院的门口，抛洒玷污了我双手的鲜血。"

只要社会还认为"受到辱骂的人不去报复就只配受辱骂"，那不管法律多么严厉，恐怕决斗也难以根治。受伤害者必须得到救济，而当法庭对此类伤害置之不理时，受伤害者就会采取自我执法的方式，冒着生命危险去和对方决斗。这就是为什么尽管仁人志士在大力呼吁，但仍有很多人宁可拼上百次命决斗，也不愿被同伴取笑、被人当成笑柄苟活于世、让大家戳着后脊梁羞辱的原因。

决斗风俗是文明社会中的一颗毒瘤，必须加以根除。根除这颗毒瘤唯一可行的方法便是设立道德法庭，通过这个法庭来处理好给人们心灵造成巨大伤害的，哪怕是非常细微的、模糊的冒犯行为。路易十四设立过这种法庭，或许这可成为一个很好的范例。当今社会，再也没有人会为了只需一声道歉就可解决的纷争而去同人决斗了，那么这个法庭现在的任务恐怕只有冷静地思考和倾听被话语或事件伤害自尊的人的抱怨，并迫使冒犯的人进行公开道歉。如果他拒绝道歉，那就可以多给他一项罪名——拒不执行法庭命令。然后法庭便可以对其采取惩罚措施，如罚款或是关进监狱，直至他知道自己错在什么地方，并愿意按照法庭的要求去对自己的冒犯行为负责。

道德法庭建立后，如果发现人们是一群嗜血的生物，不满足于和平解决纷争的决定，认为应该诉诸古老野蛮的方式，使用手枪来解决纷争，就应找到一些手段来应对。将他们绞死也无济于事，因为即使许多人死掉也没能给他们留下恐惧与警告。只有羞耻才能让他们回归理智。基于这个原则，有人建议未来的立法者在处理这种事件时，要结合道德法庭，并加之更多措施来根除这一社会毒瘤。任何参加决斗的人，即使没有伤害对手，也应根据这一事件的证据，判他砍掉右手。

只要他活着，世界就会了解其真正的本性。如果他决斗的习惯根深蒂固，难以除去，那他就应该学习用左手使用手枪，但根据附属法律，他的左手也同样会被砍掉。这项法律，使惩罚在任何情况下都不可避免，这将给予道德法庭极大的权利和权威。在未来的一些年里，决斗将成为舞台剧中的常见场景，人们会感到奇怪，如此野蛮、邪恶的习俗过去竟然存在于他们之中。

第九章

十字军东征（上）

每个时代都有其特有的愚蠢行为，可能是一个计划、一个项目甚至是一个让人全身心投入的幻想，原因可以是对财富的热爱、激动不已的情绪抑或仅仅是人类模仿的天性。这些愚蠢行为源于一种疯狂，而这种疯狂可能是由于政治原因或是宗教原因的刺激，甚至两者都有。这些因素都影响了十字军东征，并且共同促使这次行动成为历史上热情程度最高的、影响最为广泛的战争。

去往圣地的朝圣者

历史在其庄严的页面上告诉我们，那些十字军都是些无知的野蛮人，他们的动机是绝对的偏执，而他们所行之路到处流淌着血水和泪水。然而，传奇故事却夸大了十字军的虔诚和英勇，并且用热情洋溢的笔细数其高尚的品德和慷慨之情，赞赏其永不磨灭的荣耀和对基督教所做出的非凡贡献。在接下来的篇章里，我们将会仔细思考历史和传奇中描写的这场战争，以探寻到底是何种精神可以团结各色人等来一起为十字作战。我们要在历史中寻求事实，同时借鉴当时的诗歌和传奇故事来洞悉当时人们的感觉、动机以及观点。

为了能够充分了解当隐士彼得发动这场圣战时欧洲公众的感觉和想法，我们很有必要追溯到十字军东征前的很多年。我们必须认识下8、9、10世纪的朝圣者，以便了解他们讲述的他们亲身经历过的危险和目睹的奇迹。去圣地朝圣的首先是皈依基督教的犹太人，而后是拥有丰富想象力的基督教徒，他们对参观他们眼中最有意思的地方有一种天生的好奇心。虔诚的、不虔诚的都蜂拥至耶路撒冷——前者是为了在他们的主生活和受难的圣地一饱眼福，还有一种广为流传的说法，就是这里可以洗去朝圣者身上所附的罪孽，无论是多么深重的罪孽；而后者占了朝圣者的很大一部分，他们来巴勒斯坦就如现代人参观意大利或瑞士一样，只是一种无聊的消遣，并且可以在回去以后向人们吹嘘自己的所见所闻以满足自己的虚荣心。

总体来说，虔诚者还是占朝圣者的大多数。这些朝圣者的数量与日俱增，最后人数多到被称为“主的军队”。他们怀揣着热情，一路上与危险和困难对抗，在福音传教士描绘过的圣地流连忘返。对他们来说，能喝一口约旦河清澈的河水或是在当年约翰为救助者洗礼的溪流中接受洗礼都是一种偌大的幸福。怀着敬畏与喜悦的心情，他们流连于圣殿的周围、神圣的奥利弗山巅和令人敬畏的凯尔瓦力——那曾是上帝为罪恶的人们流下鲜血之地。对于这些虔诚的基督徒来说，每一处地方、每一件物品都是弥足珍贵的。他们渴望一切遗迹，约旦河的一壶壶水、受难山的一筐筐土都被带回家乡，以高昂到离谱的价格卖给教堂和修道院。更多的是不足为信的遗迹，比如耶稣受难的十字架的木头、圣母玛利亚的眼泪或是她衣服的褶边，最初的传道者的指甲和头发，甚至是保罗当年帮忙搭起的帐篷。所有这些被奸商带到巴勒斯坦高价售卖，并费尽心血带回了欧洲。然而市场上售卖的那些“耶稣受难十字架的木块”加起来比100棵橡树所能提供的木材还要多，而那些圣母玛利亚的眼泪如果聚集在一起，恐怕一个水池都装不下。

在过去的200年间，朝圣者在巴勒斯坦没有遇到一点阻碍。开明的君主哈伦·阿尔·理奇德和他更多的继承者们都鼓励人们去朝圣，并给徒步旅行者以最大的礼遇，因为他们给叙利亚带来了巨大的财富。而如今的哈里发一族，虽然在其他方面和之前的阿巴斯王朝一样宽容，但却较之更加贪婪。他们为了得到朝思暮想的钱财而不择手段——强迫每一个来耶路撒冷朝圣的人缴纳一个金币的税款。这对于满怀希望来此朝圣的穷人来说更是雪上加霜，他们千辛万苦，一路乞讨穿过欧洲，等到达目的地的时候已经身无分文了。严苛的税收激起了强烈的抗议，但依然没有停止。无力缴纳税款的朝圣者被拒之门外，直到某个富裕的朝圣者乘马车而至，替他们交了税款才可放行。诺曼底的罗伯特，也就是征服者威廉的父亲，像许多身居高位的贵族一样前来耶路撒冷朝圣，等他到达城门口的时候，发现被拒之门外的朝圣者眼巴巴地盼望着他来替他们交税。这种情况下罗伯特自然没有拒绝的道理。

大量的税收收入成了当时巴勒斯坦的穆斯林统治者主要的财富来源。随着朝圣者数目与日俱增，税收收入也水涨船高。在10世纪和11世纪之交，一个怪异的想法占据了人们的大脑：世界末日即将来临，启示录上所说的千年之路已经到了尽头，耶稣将降临耶路撒冷来裁决人类的罪行。整个基督教世界一片混乱，那些软弱、轻信和负罪的人都惊慌失措，而这些人就占了当时人口的95%以上。他们抛弃了自己的家园、亲友和财富，涌向了耶路撒冷，幻想着可以通过艰苦的朝圣来减轻自己的罪恶。人们观察到星星从天上跌落、大地在猛烈地颤抖摇晃、一片片的森林被飓风刮倒，所有这些都为原本就恐怖的气氛加上了一道色彩。所有这些现象，尤其是流星陨落，更被看成是最后审判日到来的先兆。每颗滑落天际的流星都会引起那个地区的恐慌，驱使人们涌入耶路撒冷。他们背着行囊、手持拐杖并一路祈祷，希望自己的罪行能够得到减轻。男人、女人甚至是孩子都艰苦跋涉来到耶路撒冷，希望在最后审判日能够目睹天门洞开，神散发着万丈光芒降临人间。

这等奇特的幻想使得朝圣者与日俱增，而朝圣的路途也随之变得更加艰苦。于是在欧洲西部到君士坦丁堡的大道上，乞讨者随处可见，就连和尚这些平日里最慷慨的施舍者，如果他们慷慨解囊帮助这些乞讨者的话，都会饥肠辘辘地回家，所以就任由他们自谋生路，苦苦挣扎。成百上千的人非常高兴路边有成熟的浆果可以果腹，而在这之前，他们可能在修道院里享受面包和肉呢。

但这并不是最大的困难，最大的困难是当他们到达耶路撒冷后却发现另一个更加严苛的种族占据着这座圣城。塞琉克彪悍的土耳其人继承了巴格达的哈里发，他们对朝圣者充满了憎恨和厌恶之感。比起10世纪的撒拉逊人，11世纪的土耳其人更加残暴无度。他们十分厌恶日益增多、满城尽是的朝圣者，而后者的无意离去更是加深了他们的厌恶之感。对最后审判日的强烈期盼使得朝圣者们一直在等待着，不曾离去，而这也让土耳其人感到恐慌，他们担心日益增多的朝圣者终究要将自己赶出去。所以土耳其人在朝圣的路上设置了重重障碍，各种各样的磨难在等待着他们：抢掠、鞭笞以及被拒之门外长达数月，被迫缴纳一金币的入城税等。

当最后审判日的流言第一次消散时，一些朝圣者冒险回到了欧洲，他们在耶路撒冷受尽了欺凌。他们每经过一块地方，都要向同情的听众们控诉土耳其人对朝圣者所犯下的罪行。奇怪的是，这些控诉竟然激起了对朝圣的另一轮狂热。朝圣的路途越是艰险，朝圣者身上所附的深恶罪行就越能得到救赎。艰难险阻只会增加朝圣者的荣耀，这份荣耀激励着一批又一批的朝圣者从欧洲的各个乡镇出发，渴望能在圣地一睹上帝的风采。因此，朝圣一直持续到了11世纪。

彼得与教皇的密谋

疯狂运行的马车已经准备就绪，现在就差一双手去点燃这把火炬了。最终那个人终于登场了。就像所有成功的伟人一样，隐士彼得应运而生，没有早一点，也没有晚一点，时机恰到好处。他的目光极其锐利，能在别人看清楚之前探索到世界之谜。狂热、偏执、顽固的性格使他成为那个时代最典型的人物。真正的狂热会使人不屈不挠并且能言善辩，而这两种特质在这个非凡的牧师身上得到了完美的融合。他是阿缅城的一个修道士，而在之前，他曾是一名战士。据说他身材矮小、相貌丑陋，但是眼神里却透露出超乎寻常的明亮和智慧。由于受到当时朝圣热潮的感染，他来到了耶路撒冷，后来因为看到那些虔诚的朝圣者受到重重迫害，他一怒之下返回了欧洲。他一回到家乡就开始讲述那里的滔滔罪行，这震惊了全世界。

对宗教的狂热和对战争的热爱将人们推向了战争，然而欧洲的国王和王公们则另有所谋。他们煽动民众的情绪，这样就可以让那些焦躁不安、聚众闹事、嗜血成性的人离开本国，这对于国家的统治大有裨益，而且这种好处会越来越明显。那些王公贵族态度傲慢，并且不满足于自己小小的封地，所以他们倾其所能鼓动朝圣者东征的情绪，鼓励他们参与这场战争。国王和教会的政策需要贵族们的扩土野心以及大众对宗教长达两个世纪的狂热……他们唯一的引导者准确预测到了这一切。 就是在巴勒斯坦，隐士彼得初次拥有了一个宏伟构想，即激起基督教世界的力量，拯救穆斯林奴役下的东方的基督徒，从异教徒手中夺回耶稣的坟墓。这个构想贯穿他的整个思维，即使是在夜里，也萦绕心头。一个梦境使他印象深刻，他虔诚地相信救世主出现在他的面前，并承诺援助和保护他的神圣事业。如果他的热情曾经动摇过，这个梦境便使他坚定决心，直到永远。

彼得在完成了朝圣所有的修行和职责后，请求与耶路撒冷的希腊教会主教塞弥翁进行会面。尽管塞弥翁在彼得看来是异教徒，但他仍是一个基督徒，并敏锐地感觉到了土耳其人对耶稣信徒的众多迫害。彼得走进他的视野，建议他写信给教皇以及基督教世界最有影响力的君主，详细描述信徒们的悲痛，并敦促他们拿起武器保护自己。彼得不甘落后，与主教亲切告别，匆忙返回意大利。

那时教皇乌尔班二世在位，而这个位子坐起来并没有那么容易。他的前任格雷戈里留下了与德国皇帝亨利四世的纠纷。而他由于对法国国王菲利普一世通奸的强烈反对，也与其成为敌人。众多危险包围着他，梵蒂冈没有安全的居所，他在著名的罗伯特·吉斯卡特的保护下，躲入阿普利亚避难。彼得似乎在那里跟随了他，尽管古代编年史作者或现代历史学家都没有陈述两人的会面地点。乌尔班亲切地接待了他，眼含泪水地阅读塞弥翁主教的书信，认真倾听了隐士动人的故事，表明了他对基督教会苦难的深切同情。激情是会传染的，教皇似乎已经被这位有着无限激情的隐士所打动，并给予他足够权力，将其送到国外，到所有基督教国家宣讲圣战。彼得四处演说，无数人响应他的号召。在他的号召下，法国、德国和意大利开始行动，为拯救基督教会做好准备。

一位十字军东征的早期历史学家吉伯特·诺让见证了这个景象，描述了隐士彼得当时出现的场景。他说彼得所说的或所做的每件事似乎都是神圣的。人们是那么崇敬他，他们甚至从彼得的骡子身上拔下鬃毛留作纪念。在演说时，他通常穿着羊毛束腰短衣，外面披着长至脚跟的深色斗篷。他赤裸着双臂和双脚，既不吃肉也不吃面包，只靠鱼和酒来支撑身体。编年史作者说："我不知道他从哪里出发，但是我们看到他穿过乡镇，四处演说，人群将他围住，送给他食物，盛赞他的神圣，我从未见过有人得此殊荣。"因此，他继续演说，不知疲倦，不屈不挠，充满奉献，把自己的疯狂传达给他的听众，直到欧洲四处开始骚动。

当隐士彼得的显著成功吸引着民众时，教皇也成功吸引了那些即将远征的首领们。他的第一步便是号召1095年秋在普拉桑迪亚举行一次会议，在这次教士的集会上，教皇宣布了宏伟的计划，并正式接见了东方君主从君士坦丁堡派来的使者，详细描述了土耳其人计划在欧洲立足所取得的进展。教士们当然一致支持十字军东征，会议结束后，每个与会成员都被授权对自己的教民进行宣教。

但是，不能指望意大利提供所有需要的帮助，教皇越过阿尔卑斯山来鼓动高卢凶残而有权力的贵族和谦卑有礼的人民。他勇敢无畏地进入法国境内，进入敌人法国国王菲利普的权力范围，这是其使命的惊人特点。有人猜想是残酷的政策驱使着他，而另一些人断言，仅仅是纯粹的热情在驱使他，像隐士彼得一样盲目的热情。社会并没有计算这样做会带来的后果。每个人似乎只凭冲动行事；而教皇将自己置于法国腹地，和响应他号召的数千人一样冲动行事。奥弗涅的克莱蒙特将为教皇举行一场会议，考虑到教会的情况、改革的问题，以及最重要的，即为战争做准备。那是冬季非常寒冷的时候，地面被雪覆盖。七天时间会议大门紧闭，而来自法国各地的大量人群蜂拥进镇，期待教皇本人亲自演说。方圆几英里的城镇村落挤满了众多民众，甚至田地里也挤满了人，他们付不起房费，便在路边的树下搭建帐篷。临近地带出现了一个庞大的帐篷阵营。

历时七天的会议通过了国王菲利普被逐出教会的判决，因其与安茹伯爵夫人贝特拉德·德蒙福尔通奸，且不服从罗马教会的最高权威。这一大胆的举措使得人们对这个在履行职责时一视同仁的严厉的教会充满了崇敬。他们的爱和恐惧同样在增加，他们带着热烈的忠诚来聆听刚正不阿的教皇的讲道。临近夜晚，当教皇向民众进行演讲时，克莱蒙特大教堂前广场每分每秒都更加拥挤。教皇身着法衣，走出教堂，穿着绚丽的罗马教会服饰的红衣主教和主教们围绕着他，教皇站在为此次活动所搭建的盖着红布的高台上，面向民众。红衣主教和主教的辉煌阵列包围了教皇，其中地位卑微却被世人更为看中的隐士彼得，衣着则简单朴素。

历史学家们对彼得是否进行了演说看法不一，但一致认为他在现场，所以猜想彼得进行演说似乎有理可循。但是，教皇的演说才是最重要的。当他举起双手示意时，所有声音立刻沉寂下去。他首先详细介绍其同胞在圣地忍受的苦难；讲述残暴的异教徒是如何毁坏巴勒斯坦平原，他们带着剑和火把，所过之处哀鸿遍野，信徒财产被焚烧；讲述基督徒的妻子和女儿是如何被异教徒的欲望所玷污；讲述上帝的祭坛是如何被亵渎，圣人的遗物又是如何被践踏。“你们”，雄辩的教皇继续说道（乌尔班二世是那天最能言善辩的人之一），“你们这些听我演说的人，接受了真正的信仰，以及上帝赋予的力量和伟大灵魂——你们的祖先一直是基督教的后盾，你们的国王已设立障碍阻挡异教徒的发展——我呼吁你们移除地球表面的污秽之物，将困于深渊的被压迫的基督同胞解救出来。异教徒占领了基督的坟墓，他们的卑劣使圣地被玷污。哦，勇敢的骑士和忠诚的人们！你们的祖辈战无不胜！你们不会败坏祖先的名望。妻小无法阻挡你投身于这项伟大的事业，你会记得救世主的话：凡是爱父母胜于我的人对我来说一文不值。凡以我之名，抛弃房产、兄弟姐妹、父母妻儿或是土地的人，会领取百倍回报，并得到永生。”

教皇的温暖传递到人群之中，在结束演说之前，民众的热情爆发了几次。他接着描述，那些拿起武器为基督效劳的人所获得的不仅有精神上的好处，还有物质上的好处。教皇说道，作为拯救人类的重大事件的发生地，巴勒斯坦是一片流淌着牛奶与蜜糖的土地，被上帝所珍视。他承诺，这片土地将在他们之间进行分配。此外，他们所有的罪行都应被完全赦免，无论冒犯的是神还是人类。“那就去吧”他补充道，“赎去你的罪孽；放心去吧，现世消逝之后，在即将到来的世界，不朽的荣耀将属于你们。”民众热情高涨，无法抑制，呐喊声打断了发言者，人们异口同声地喊道“上帝万岁！上帝万岁！”乌尔班沉着镇定，在民众的激情稍微平静后，他继续说道：“亲爱的兄弟们，今天验证了上帝在福音书中说过的话，‘当两个或三个人以我的名义聚集在一起时，我将会在他们中间，保佑他们。’如果上帝不在你们心中，你们便不会说出相同的话；或者说，上帝通过你们的嘴唇亲自宣告这些话，因为是上帝将它们放在你们心中。那么，你们在战争中的欢呼来自上帝。让上帝的军队在冲向敌人时，齐声高呼，‘上帝万岁！上帝万岁！’让投身于这神圣的事业的人庄严地参与，并将上帝的十字架放在他们胸前或额头，直到出发，让准备行军的人将神圣的徽章戴在肩上，以纪念主的教诲，‘不背起十字架跟从我的人，不会被我珍视。’”

会议消息难以置信地在极短时间内传到欧洲最偏远的地区。没过多久，轻骑手带来的消息已经被远省人们所熟知，他们认为这是超自然的。但是大家都在谈论这个问题，并且也为其结果做好了思想准备。热情的人坚持他们的希冀，而事件也与他们的预测相吻合。但是，在那个时候，这足以是一个奇迹，大家也都将它视为一个奇迹。克莱蒙特大会结束几个月后，法国和德国出现了一个奇异的景象。虔诚的、狂热的、贫穷的、荒淫的，不分男女老幼，还有瘸腿的人，都数以百计地应征入伍。每个村庄的神职人员都十分兴奋，承诺永恒地奖励那些背负着红色十字架的人，并以最可怕的谴责怒斥所有有着世俗思想、拒绝甚至犹豫的人。每个加入十字军的债务人通过教皇的法令获得自由；在相同的条件下，不法分子与诚实的人是平等的。参加东征的人的财产受教会保护，圣保罗和圣彼得会从天而降，守护朝圣者的财产。

空中的迹象和征兆增加了群众的热情。散发着不寻常光辉的北极光出现了，成千上万的十字军凝视着它，俯首跪拜。人们认为这是对他们崇高行为的肯定的预兆，是对他们的军队战斗并推翻异教徒的预示。到处都是关于奇观的报道。一位僧人看到空中有两名高大的骑士手握火红的剑在马背上战斗，一个代表基督徒，另一个是土耳其人，当然，基督徒战胜了异教徒。据说，无数星辰从天际坠落，每一颗代表一个异教徒敌人的败退。同时，人们相信皇帝查理曼将从坟墓复活，领导上帝的军队取得胜利。大众疯狂的一个特点是妇女的积极性。她们鼓励自己的恋人或丈夫为圣战抛弃一切。她们中的许多人在胸部和双臂烙上十字架的标志，用红色染料涂抹伤口，作为她们热情的永恒纪念。其他人则更加狂热，以同样的方式在幼童和婴儿娇嫩的四肢上烙刻印记。

吉伯特·德诺让谈到一位在前额上刻了个十字架的修道士，他用醒目的颜料给伤口上色，并告诉人们，这是一位天使在他睡着时干的。这位修道士胜似一个无赖而不是一个傻瓜，因为他企图利用他的神圣力量，来获得比他的朝圣兄弟更奢华的食物。各地的十字军给了他食物和金钱，虽然路途艰辛，他抵达耶路撒冷时却大腹便便。如果他之前承认了伤口是自己切的，便不会被认为比同伴更神圣，天使的故事是关键之处。

为了圣战的缘故，人们携带着各种各样的物品蜂拥至市场上，想要将财产变现。此时，战备物品变成了紧俏商品而身价倍增，相反只用1/4的价格就能买到土地和财产。本来预期未来一年将会严重缺乏而弥足珍贵的谷物也突然间充裕了起来，粮食价格暴跌，跌到只需要5个丹尼尔就可以买到7头羊。贵族们将自己的家产抵押给了犹太人和那些不信基督教的人，只为了换取一点点路费。他们甚至给自己管辖内的乡镇和社团免除了义务，要知道在以往，这些贵族们对于此类要求是不屑一顾的。农夫售卖耕地的犁，工匠则售卖自己的工具，只是为了能买一把剑加入解放圣城耶路撒冷的队伍。妇女们则因为相同的目的处理掉了自己的首饰。

一群宗教狂热分子

1096年的春夏两季，街上挤满了十字军战士，所有人都匆忙赶往本地集合地。有些人骑着马，有些人赶着牛车，有些则撑着船，带着老婆和孩子，赶往耶路撒冷，却几乎没有人知道耶路撒冷具体在哪里。有些认为在5万英里外，其他人想象一个月就会到达。然而，每到达一个城镇或是城堡，小孩子就会兴奋地问：那是耶路撒冷吗？我们到了吗？在路上也能看到一群一群的骑士或是贵族一路东行，他们边走边以自己的鹰作乐，以此来消除旅途中的疲惫。

吉伯特所言之事并非道听途说，都是自己亲眼所见。他说，激情是如此具有感染力。人们只要听到教皇的命令，就会立刻去说服自己的亲朋好友、邻居街坊和他一起踏上“上帝之路”。就是这样，他们发动了这次远征。享有王权的伯爵充满了远征的欲望，下级的骑士们也同样被这种热情所煽动，就连贫苦百姓也变得疯狂起来，以至于没人停下来想想自己是否有这个能力，或是考虑一下是否要放弃自己的房子、庄园和葡萄园。每个人都准备以极低的价格变卖掉自己的家产，就好像囚犯要找钱缴纳自己的赎金一样。那些还没有决定远征的人大肆嘲笑那些亏本变卖家产的人，并且预言他们的远征会痛苦不堪，并且不会有任何收获。但是第二天他们就改变了主意，同样染上了这种疯狂。那些笑得最大声的人就为了几个金币卖掉了自己的家产，与他们曾经嘲笑过的人一起踏上了征程。这时候情况出现了反转，他们成了被嘲笑的对象，因为他们犹豫过。他们热衷于远征的邻居则会送给他们一根织毛衣的针或是纺线杆来表达自己的鄙视。由于害怕沦落为被嘲笑的对象，又有一大批人匆匆忙忙地加入了远征的队伍。

十字军远征的另一个影响就是人们对于宗教的服从，这使得加入远征的百姓和贵族都接受了“上帝休战日”。11世纪初，法国的教会就因为同情贫苦大众，但又无法抑制封建主的贪婪占有，就试图通过宣布“上帝和平”的说法来唤起那些封建主的良心。遵从这条规则的人都要发誓不再因受伤而进行报复，也不再享用掠夺而来的果实，不使用致命的武器。作为善行的回报，他们的罪恶都能得到赦免。但是，无论教会宣布这条规定的本意是多么的好，最后都只是导致了伪善和一直以来都存在的难以控制的暴力。1041年，由于想再次削弱那些领主野兽般的贪欲，教会庄重地颁布了“上帝休战日”，休战日指每周三晚上到周一早上，在这一期间，严禁以任何借口使用暴力，或因任何伤害寻求复仇。用这些方式来教化人是不可能成功的，几乎没有人承诺在每周长达五天的时间里保持和平，即使他们这样做了，他们就会在剩下的两天里变本加厉。再后来，休战日的时间改为周六下午至周一上午，但结果是，暴力流血事件几乎没有得到缓解。克列芒会议上，乌尔班二世有一次庄重地重申了停战日。人们的宗教感情如此之强烈，每个人都赶忙遵从了这一指令。在十字军东征强烈的热情之下，所有微小的感情都消失殆尽。封建主停止了压迫，强盗金盆洗手，人们不再抱怨。所有人的心中只有一个想法，别的事情再无容身之处。

各色各样的露营方式反映了一个奇怪的现象。在领主旗下远征的人，将帐篷搭在其领主城堡的周围，而那些自行参加远征的人，则在城镇、乡村周围搭起了小木屋，时刻准备加入到某位远征领袖的麾下。法国草地上到处都搭起了帐篷。由于人们以为只要到了巴勒斯坦就能解脱自己身上所有的罪恶，成百上千的人开始了无限度的淫乱放荡。妓女脖子上挂着红色的十字架，向纵欲的男人兜售自己毫无廉耻的身体，双方都无所顾忌。贪食好吃的人放开肚皮，暴饮暴食，酗酒和淫乱之风盛行。他们服务于上帝的热诚可以将自己的罪恶和愚蠢一笔勾销，他们和那些严格修行的隐士一样可以得到上帝的拯救，这样的逻辑对无知者来说很有吸引力，甚至在一个帐篷里，可以同时听到淫荡作乐的欢笑声和虔诚祈祷的诵经声。

现在该谈谈远征的领导者们了。许多人自愿归于隐士彼得的麾下，因为他是这场远征的发起者，自然是领导这场圣战的最佳人选。另外一些人聚集在了一位勇猛的探险家周围。这位探险家的光辉历史给自己的名字添了些许光彩，人们都叫他“一无所有的高蒂埃”或是“一文不名的瓦尔特”。他出身贵族，英勇善战。来自德国的民众则听从一位名叫哥茨乔克的人指挥。关于他，我们只知道他是受宗教狂热浸染最深的人之一。所有的这些队伍加起来足有30万，包括男人、女人、老人、小孩，全是欧洲最卑鄙下流的乌合之众，无组织、无纪律，更别说什么真正的勇气，他们像蝗虫一样席卷而过一个个国家，所到之处满目疮痍，充满了恐怖与死亡的气氛。

打着圣战旗号的侵略军

1096年春天，克列芒会议结束后的几个月，由瓦尔特率领的第一队人马出发了。这支队伍中的所有人都想要成为自己的主人，像他们的领袖一样，每个人都两手空空，试图在途中混饭吃。他们如潮水般漫过德国，进入匈牙利，不明所以的匈牙利人还友好地接待了他们。匈牙利人虽没有那么狂热地参与十字军东征，但也很乐意通过自己的帮助来推进这项事业。遗憾的是，这种和谐的局面并没有持续很久。由于这群人不满于所供食物，还想享受奢靡的生活，于是他们开始对乡村人民进行攻击性的掠夺，稍有抵抗就刀剑相向。于是在他们快到桑林时，愤怒的匈牙利人聚集起来，攻击了十字军队伍的尾部，杀掉了掉队的十字军战士，将缴获的十字架和武器作为战利品，悬挂在城墙上。

瓦尔特看起来无意或是没有条件对其进行报复，因为他的军队像一群蝗虫一样，只会烧杀抢夺，根本无法抵抗匈牙利人组成的队伍。于是其队伍的尾部持续受到攻击，直到走出了匈牙利，才摆脱了骚扰。他们走到了保加利亚，瓦尔特的运气也没有好起来，各个城镇都拒绝让他们通行，乡间也不再提供食宿。城市居民和乡村农民联合起来，杀了数百名十字军战士。这支队伍的进程更像是撤退而不是前进，他们毫无立足之地，所以当瓦尔特率军行至君士坦丁堡时，由于饥饿和杀戮，所剩人数不足出发时的1/3。

激情澎湃的隐士彼得率领着更多的战士，跟随着队伍的，有很多的行李，还有足以组成另一支队伍的妇女和儿童。如果说还有比瓦尔特所率队伍更残暴的队伍，那一定是隐士彼得所率的这支了。由于物资充沛，他们在经过匈牙利时，并没有像之前的队伍一样进行抢劫。如果不走桑林这条路的话，他们或许可以秋毫无犯地通过这个国家。然而，他们走了这条路，当他们发现城墙上悬挂着作为战利品的十字架和武器时，他们被激怒了。自然这座城市遭到了十字军的猛烈攻击，不是因为十字军队伍勇猛，他们完全是仗着人多。彼得隐士的这支队伍打进城后，就制造了一系列恐怖暴行。每个邪恶的冲动都衍生了猥亵、报复、纵欲和贪婪，每一种恶行都以数百桑林人的性命为代价。每个失去理智的人都能引起一场火灾，而拥有理智的人都想要扑灭它。

隐士彼得可以煽动人们的狂思，但却难以使之冷却。他的战士经常到处制造混乱，直到恐惧对方报复才肯罢手。匈牙利国王得知这一惨剧，亲自率领大队人马前来讨伐隐士彼得。彼得得知这一消息后，赶忙拔营退往莫拉洼。宽阔的莫拉洼，水流湍急，在贝尔格莱德以东数英里处汇入第聂伯河。在莫拉洼岸边，一群愤怒的保加利亚人正张网以待。他们冲出来袭击了十字军，使他们想要从这里通过的愿望变得异常艰难和危险。大批晕头转向的十字军战士葬身鱼腹，更有大批战士丧命于保加利亚人的刀剑之下。古代的编年史没有提及隐士彼得在通过这条河时损失了多少名战士，只是说很多。

在尼萨，保加利亚大公为防止十字军进攻而加强了防备。但是，彼得也从经验中学到了一点儿东西，他决定避免战争。他率领士兵在城墙下住了三夜。这时候，公爵也不想激怒这群凶狠残暴、贪得无厌的豺狼，这是很没有必要的，就允许人们向他们提供食物。第二天早上，彼得和平地离开了，但是队尾的几个德国流浪汉烧掉了两三座房屋和磨坊，好像是因为前一天晚上和给他们提供住宿的主人发生了口角。尼萨人之前完全轻信了这群混蛋，于是他们冒死进行了武装报复，将几个肇事者乱刀分尸，并追杀十字军大部队，捕获了队尾的妇女、儿童和大部分行李。彼得不得不返回尼萨，要求面对面向大公进行解释。大公说明了这场挑衅事件，彼得无法消除怒火。大公和彼得进行了谈判，结果还算成功——保加利亚人可以释放所有俘获的妇女和儿童。

而此时，一支无法无天的十字军队伍自行其是，想要攻破城墙，占领尼萨。彼得想要制止这场越来越严重的骚乱，但是无济于事。十字军战士孤注一掷，在与尼萨人进行了短暂的搏斗后，就扔下武器，四散而逃了。这队人马被彻底击垮了，直接导致了一场屠杀，死伤人数成千上万。

据说隐士彼得从生死攸关的战场上逃到了一个小树林里，这树林离尼萨几英里远，杳无人烟。人们都很好奇，在经历了如此严重的挫折之后，他的热诚能否重燃熊熊烈火，助他东山再起。彼得刚刚还是一支拥有十万战士的领导，现在孤独地躲藏在树林里，随时可能被搜索他的保加利亚人发现，中断自己的事业。当他看见他的两三个最勇敢的骑士带着500多个散落的战士来找他时，他知道，他的机会来了。这些士兵兴高采烈地再次将彼得推上了领袖的宝座。他们经过商量，决定重聚那些散落的士兵。他们在山顶点燃篝火，向四面八方发出讯号，他们也吹起了号角，告诉那些散落的士兵，朋友就在附近。夜幕降临前，已有7000人重回彼得的队伍，第二天，又有两万人加入到彼得的麾下。彼得带领这些残兵败将，沿着原定路线向君士坦丁堡出发。丧命战士的尸骨被埋在保加利亚的森林里。

初战失利

彼得一到君士坦丁堡就发现瓦尔特已恭候多时，并受到了国王阿历克塞热情的款待。一个接一个的挫折应该使他们受到了教训，让他们小心谨慎。但他们无法克制自己的本性，即使朋友环绕，食宿无忧，他们还是手痒痒。彼得的劝诫也无济于事，在这一方面，彼得无计可施，和最低端的士兵一样。仅仅是因为恶作剧，他们就放火烧了几座公共建筑，将从教堂屋顶上抽下的铅条卖到城郊。

或许从这个时候开始，阿历克塞就对十字军产生了厌恶，这表现在他之后的所作所为中，甚至延续到了其对待后来的正直的军队身上。看来他已经意识到了，即使是土耳其人也不如这些欧洲渣滓难收拾。他很快找到了一个借口，催促十字军早早前往小亚细亚。彼得和瓦尔特一起穿越了博斯普鲁斯海峡。但其手下的放纵使其彻底绝望了，他找个借口返回了君士坦丁堡。十字军忘记了自己正处于敌国境内，应该团结起来，一致对外。他们的内部出现了裂隙。瓦尔特手下的伦巴底人和诺曼人与彼得手下的法兰克人、德国人之间发生了激烈的争吵。后者脱离了集体，自行推举一个名叫雷纳德或雷霍志的人作为自己的领袖，并占领了雷克瑞格根城堡。手握重兵的苏丹所立曼有所警觉。

一群人离开城堡，驻扎在不远处当伏兵的十字军士兵遭到突然袭击，全部丧生。与此同时，城堡也被紧紧地包围了起来。苏丹将城堡包围了8天，十字军饱受缺水之苦。等待援军的希望或者绝望的力量能使他们坚持多久很难说，但致命的是，他们狡诈的首领背弃了对基督教的忠诚，将城堡拱手让给了苏丹。雷纳德带着两三个人溜出了城堡，剩下的人由于不愿意成为穆斯林，都被残忍地杀害了。由隐士彼得带领着穿过欧洲浩浩荡荡的人马，至此全军覆没。

瓦尔特的队伍也遭遇到同样悲惨的命运，他们一听到雷克瑞格根城堡的惨剧就要求立马发兵攻打土耳其人。瓦尔特认为，只有好的士兵才能造就好的将军，所以此时他特别冷静，明白这么做的危险性。在敌方力量占绝对优势的情况下，他的军队无力采取任何行动，而且，如果战败了，连退路也没有。因此，他发布命令，除非援军到来，否则不得采取任何行动。但他的下属们头脑却不像他那样清醒，他们吵着嚷着反对他的意见，并且声称，如果瓦尔特不同意的话，他们就独自出征。鉴于此，勇猛的瓦尔特只好引领着他们向毁灭冲去。在前往尼西亚，也就是现在的伊斯尼克的路上，苏丹的军队挡住了他们。一场残酷的战斗开始了。土耳其人制造了一场大屠杀：25000名基督教徒中，22000人被砍死，瓦尔特也身受7处重伤而亡。剩下的3000人退到了西维多，以壕沟自卫。

尽管彼得对自己带出欧洲的这群人的放纵感到十分厌恶，但当听到他们的厄运时还是悲痛万分。他以前所有的热诚再次被点燃。他马上赶到君士坦丁堡，祈求阿历克塞一世国王发兵解救被困西维多的幸存者，眼里满是泪水。于是国王派了一支军队，将那些被困者及时解救了出来，将最后的3000人安全送回了君士坦丁堡。阿历克塞深受十字军之苦，不愿将他们留在这座城市，于是就给他们发放了盘缠，让他们放下武器，并将其遣回了欧洲。

与此同时，又一批十字军人马从德国境内整装出征了。和前两拨队伍一样，他们的目的地也是耶路撒冷。他们的首领是个名叫哥茨乔克的狂热牧师。他同瓦尔特和彼得一样，也选择了经过匈牙利的那条路线。他们人数众多，在匈牙利到处烧杀抢掠，当地人民不堪其扰。国王卡罗曼做出了一个大胆的决定——除掉这帮人，因为匈牙利人民的愤怒已经达到了顶点，不除掉他们不足以平民愤。哥茨乔克不仅得为他手下的人付出代价，还要为之前的十字军犯下的恶行付出代价。匈牙利人引诱他们放下了自己的武器，就在他们手无寸铁之时，凶残的匈牙利人冲上去大肆杀戮。他们到底有多少人逃过了此劫，我们不得而知，我们只知道，他们没有一个人到达巴勒斯坦。

在德国和法国，另一批由无名首领率领的十字军队伍也踏上了征途。他们的残忍狂暴比以往的十字军有过之而无不及。他们比隐士彼得手下最疯狂的战士还要疯狂。他们成群结伙，每伙1000～5000人不等，各自寻找路径。他们穿越一个个国家，一路上烧杀抢掠，无恶不作。虽然他们肩上佩带着十字架，但还是猛烈抨击前面的队伍留下了太多的犹太人，基督教与其是不共戴天的仇人。他们猛烈地报复着这个民族，把他们所见到的犹太人要么残忍杀掉，要么折磨致死。根据阿尔伯特·阿坤西斯的证词：这是一群披着人皮的野兽，放荡不堪，寡廉鲜耻，唯一能与他们的邪恶程度相媲美的就是他们的愚昧无知。他们总是让山羊和大鹅带领自己寻找犹太人，因为他们相信这些动物是神圣的，被赋予了灵性，可以发现那些不信上帝的人的踪迹。仅仅在德国，这个队伍就屠杀了1000多个犹太人，完全不顾教会的阻拦。他们折磨人的方式十分残忍，很多犹太人为了避免落入他们的魔掌而遭到这种折磨，选择了自杀。

现在又轮到匈牙利人为欧洲除掉这些害虫了。当没有犹太人可杀时，十字军战士又聚集起来走上了通往匈牙利的老路，这条路洒满了30万十字军先驱的斑斑血迹，而他们注定也是同样的归宿。这群人到底有多少，谁也不知道，就连当时的作家们也无法给出具体的数字，只知道他们的尸体堆积如山，第聂伯河的河水都被染成了红色。

一场最残酷的屠杀在多瑙河边的梅尔斯堡展开了——几乎无人幸免。匈牙利人曾试图阻挠他们过河，但他们凭借自己疯狂又盲目的勇气强行过了河，并且成功地在城墙上打开了一个缺口。然而在这胜利的时刻，他们却扔下武器拼命地逃跑了，没有人知道为什么，也没有人知道他们逃往哪里。匈牙利人手持尖刀，毫不留情地赶上去将他们杀掉。死伤之多，据说第聂伯河的河道都被尸体堵住了。

卷土重来的新一代十字军

如今，欧洲已经宣泄了它最歇斯底里的疯狂，现在该骑士风度粉墨登场了。在亚欧大陆的洪流之间，一批头脑冷静、计划成熟、英勇坚韧的领导应运而生。传奇故事在描写这些人时从来不吝笔墨，倾注了大量描述美好品质的词汇，而把之前的十字军队伍的恶行留给历史去谴责。

在这些勇士当中，最有名的当属洛林公爵布伊隆的戈德弗雷和图卢兹伯爵雷蒙德。除了他们俩，还有4名拥有欧洲皇室血统的领导人，分别是法国国王的兄弟沃曼杜瓦伯爵休、诺曼底公爵罗伯特、弗兰德斯公爵罗伯特以及大兰多大公鲍埃蒙德。他们带领自己的队伍加入了前往圣城的大军。这些人都耳濡目染了这个时代的癫狂，但无人仅仅是因为宗教就开始行动。他们虽不像瓦尔特那般鲁莽，不像彼得那般盲目，也不像哥茨乔克那般凶残，但却以一种稍微温和的方式展现着这些劣性。他们的宗教激情和野蛮的兽性被世俗观念和骑士精神控制着。他们明白主导大众意志的是什么，如果他们无法阻止，那就投身其中，以求自保。

他们周围聚集着很多小首领，这些人大部分是法国和意大利贵族的后裔，还有一小部分来自德国、英国和西班牙。人数如此庞大的军队如果沿着同一条线路前行，供给很可能会跟不上。于是，这些首领们决定兵分三路向耶路撒冷出发。

其中，戈德弗雷公爵取道匈牙利和保加利亚；图卢兹伯爵雷蒙德取道伦巴第和达尔马提亚；剩下的人则经由阿普利亚去往君士坦丁堡，也就是各路人马事先商定汇合的地方。关于各个军队人数的多寡众说纷纭。公主安娜·高妮娜说这些人如海边的沙粒或银河中的星星一般密集；沙特尔的富尔彻所说并没有这么夸张——当时所有兵马聚集在比提尼亚的尼斯城前时，足足有10万骑兵、60万步兵，这还不包括传教士、妇女和儿童。吉本认为这个数目有点夸张，但其实和实际数目相差无几。安娜公主认为仅葛德布雷手下就有8万骑兵和步兵，其他将领手下也不会少于这个数目，所以估计总人数要接近50万。这个数目肯定大于实际的人数，因为葛德布雷的军队人数是最多的，在途中损失的也是最少的。

最先踏入希腊领土的是沃曼杜瓦带领的队伍。他一到达拉斯就受到了国王代表热情的欢迎。他的追随者也得到了充足的物资补充。然而，在没有任何征兆的情况下，阿历克塞国王就下令逮捕了公爵并且押往君士坦丁堡。大家异口同声地对其进行谴责，说他破坏了公平和慷慨的传统。但关于为什么这位国王会采取如此卑鄙又野蛮的行为，不同的作者有不同的说法。诺让·吉伯特给出的理由较为可信，阿历克塞担心十字军夺取他的王位，所以采取了这个做法，从而迫使公爵发誓效力于他，才会将其放出。他认为，如果有一位王公，尤其还是法王的兄弟，向拜占庭帝国宣誓效忠，那么，后来的王公贵族也会群起而效仿之。

这种做法到最后却令阿历克塞他大失所望。他有教养、善统治的名声遭到了破坏，一直担心那些身体强壮又野心勃勃的西方战士会一拥而上。如果说这几个首领的反对将他的统治置于危险境地，那么他可以通过让自己成为这次欧洲人运动的首领，将能量引向众所周知的目标，即征服耶路撒冷，从而轻松地化解矛盾，解除危机。但是，他并没有这样做，他并没有成为十字军的首领，即使他曾派遣使节向教皇表示全力支持十字军。

戈德弗雷在匈牙利的土地上安静而有秩序地前进。当他到达梅尔斯堡时，他发现尸骨遍地，这些血肉模糊的尸体正是残忍杀害了犹太人的十字军战士的。戈德弗雷对于十字军的恶行一无所知，于是他质问匈牙利国王，要求他对其进行解释。国王非常耐心地向他描述了那些人所犯下的罪行，并表示匈牙利人完全是出于自卫才这么做的。这位品德高尚的十字军将领对国王的解释表示满意，于是他带领他的战士们平平安安地穿过了匈牙利，既未骚扰别人，也未受到别人的骚扰。

到达菲利普波利后，他听说沃曼杜瓦伯爵被囚，于是立即派遣信使要求阿历克塞国王释放公爵，否则将以刀剑和火焰将整个王国夷为平地。一天之后，戈德弗雷率兵向阿德里安堡进军。途中信使来报说国王拒绝了他的要求，这位勇猛无敌、意志坚决的十字军领袖不会言而无信。于是，整个国家陷入了水深火热之中，阿历克塞的国土再一次遭到劫难。阿历克塞国王通过这次可怕的经历认识到，十字军说到做到，绝不食言，于是他立刻同意释放公爵。

阿历克塞国王先是满脑子的如意算盘，现在却变成了满心的恐惧。他的行为提醒了十字军将领，那就是不要指望阿历克塞可以大发善心，只有使他感到恐惧，才能得到想要的东西。戈德弗雷在君士坦丁堡的郊区扎住了几个星期，这使阿历克塞心烦意乱。他千方百计地恐吓戈德弗雷像沃曼杜瓦公爵那样宣誓效忠于他——他有时对十字军宣战，派兵进行抵抗；有时拒绝提供物资，命令市场对其关闭；又有时表现出一副爱好和平的样子，派人给戈德弗雷送去最贵重的礼物。戈德弗雷这位诚实正直的十字军将领厌倦了他的虚情假意、反复无常。他愤怒不已，就任凭自己的战士在城郊撒野抢劫。焚烧农舍的火焰整整持续了六天之久。阿历克塞吓得惶惶不可终日，而这正中戈德弗雷的下怀。

惊恐的拜占庭皇帝

唯恐君士坦丁堡成了十字军攻击的下一个目标，老皇帝阿历克塞赶忙派遣使臣邀请戈德弗雷进行协商，他主动提出把自己的儿子送给十字军当人质，想以此表达自己的诚意。不知道是为了尽早结束这场毫无意义的战争还是别的不为人知的原因，戈德弗雷欣然接受了阿历克塞的建议，并且向其俯首称臣，宣誓效忠于他。

根据当时的礼仪，作为君王的臣子，他接受了各种各样的荣誉，还参加了“接受荣誉”典礼。戈德弗雷和他的弟弟保杜安·德·布隆彬彬有礼，但却无法控制手下人的野蛮行径。这些十字军士兵不愿向这样一位虚情假意的君王俯首称臣、唯命是从。

巴黎的一位公爵罗伯特，一个野蛮的十字军头领，竟然坐在了阿历克塞的宝座上，这叫拜占庭人感到痛心，而这位老国王只能付之一笑。他对那些源源不断从欧洲涌来的大队人马越来越不放心。我们有时候也会怜悯这位虚伪的国王，因为在随后的日子里，他受尽了十字军的傲慢，被恐惧折磨着。任何不快的经历都会助长这些无法无天的士兵征服这个王国的野心。安娜·康妮娜，阿历克塞的女儿，为其父亲的生活状况感到深深的悲哀。

博学的德国人威尔根在最近出版的一本书中，以公主的口吻描写道：为了避免对十字军产生任何形式的冒犯，阿历克塞几乎满足了他们所有奇怪的念头和不合理的要求，甚至不惜折磨自己的身体——他身患麻风病，这场病最终夺去了他的生命。无论哪个士兵，只要想见他，他随时恭候。士兵们高谈阔论，没完没了，他则低声下气地倾听着，没有表现出丝毫的不耐烦。士兵出言不逊，蛮横霸道。阿历克塞的大臣们试图对其有损国王尊严的行为进行阻拦，却被国王严厉呵斥。老国王心里明白，自己必须忍受这一痛苦的过程，如果没法忍受这折磨，必将为自己的宫廷招来一群凶残的恶魔。

十字军头领们经常带领自己的士兵径自来到国王面前，完全不顾王室的尊严。国王依旧保持平静，耐心倾听。他天还没亮就得上朝，直到漫天星斗，也没有换过地方。

阿历克塞经常连吃东西喝水的时间都没有，晚上也不能休息，不得不在王座上以手托头，打一会儿盹。就连打盹儿都经常被骑士们的话语打断，他们粗鲁无礼，喋喋不休。他的臣子们都筋疲力尽，坚持不住了，他们倒在长椅上、地板上——而阿历克塞依旧强打精神，专心倾听那些拉丁人的唠叨，让他们没有不满的借口。

在这样一种焦虑和恐惧的气氛中，阿历克塞哪能顾得上自己君主的尊严呢？

因为他的虚伪举动，十字军对他充满了怀疑。最后，他们达成了共识，土耳其人和撒拉逊人不是西方基督教的敌人，阿历克塞国王和希腊人才是不共戴天的仇家。我们不必再浪费笔墨于各种各样的恐吓、贿赂、诱骗和敌对了。正是靠这些伎俩，陆续到君士但丁堡的十字军领袖们一个个向阿历克塞宣誓效忠，承认他才是自己的教宗，然后他们才得到容许，前往小亚细亚。这些将领中只有一个人拒不接受阿历克塞的领导，此人就是雷蒙德·德·圣吉尔斯，图卢兹公爵。

对于这支高举十字架的队伍来说，停留在君士坦丁堡并没有给他们带来任何好处。将领们意见不合，争吵不休，队伍内部贪污奢靡，这都使他们的实力大打折扣，也使人们的一腔宗教热情化为乌有。图卢兹公爵甚至想到过解散这支军队，若不是十字军的领袖们竭力使他们穿过博斯普鲁斯海峡的话，说不定都会成为现实呢！

尼西亚之战

一到亚洲，他们的精神就在某种程度上恢复了。危险和困难使他们全神贯注于自己的工作。第一场战斗就是围困尼西亚城，他们的目的是夺取这座城市。

戈德弗雷和沃曼杜瓦公爵先后兵临城下。在这次战斗中，涌现出了不少著名人物，除了之前介绍的几位外，还出现了勇敢慷慨的坦可里德，他的名字和荣誉被永远记载在《解放耶路撒冷》一书中。此外，还有英勇的普伊主教鲍德温，后来成了耶路撒冷之王。至于隐士彼得，此时已经失去了原先的权力和影响，成了没人理睬的小人物。

吉里·阿斯劳恩，这位罗马尼亚的苏丹，也是塞尔柱土耳其人的首领，其事迹被传奇罩上了虚假的光环。读过塔索的诗的人都知道，他在诗中的名字叫索里曼。他出兵保卫尼西亚，但经过几次顽强的抵抗，他以失败告终。这场战争中，基督教徒所表现出的英雄气概让他惊讶不已。战争刚开始的时候，吉里还期望自己的对手和隐士彼得的士兵一样，散漫又粗野，领导者难以控制。但恰恰相反，他发现自己的对手是那个时代经验最为丰富的领导者，而其手下的士兵，他们身上所具有的狂热，足以使他们表现凶猛，却不会到失控的地步。在数次交锋中，两方都非常残暴，并且死伤惨重。十字军士兵砍下穆斯林的头作为战利品，成筐成筐地运往君士坦丁堡。吉里战败之后，尼西亚之战的惨烈程度成倍增长。土耳其人孤注一掷，誓死抵抗。毒箭如雨般射向十字军士兵，一旦哪个不走运的士兵被射中倒在城下，土耳其人就从城上放下铁钩，把尸体钩上来，剥光衣服，砍断四肢，扔回到攻城的士兵中去。

十字军士兵给养充足，战争持续了36天，双方都拼尽了全力。很多故事都写到这些基督徒领导者们如何的英勇善战，一个人打得敌人1000多人四处逃窜；忠诚于上帝的人，射出的箭百发百中等。其中有一个由阿尔伯特讲述的关于戈德弗雷的轶事，值得在此再次记录，不仅仅是因为它能反映出戈德弗雷的英勇，更是因为它能反映出在这支军队中蔓延的轻信，这种轻信常常将他们带到失败的边缘，同样也会引领他们取得胜利。

一个身材高大的土耳其人，每天坚守在尼斯的城垛后面。他手持巨弓，给基督徒们造成了巨大的伤害。这个土耳其人箭无虚发，每发必夺人命。尽管他站在最暴露的地方，十字军士兵的箭拼命朝他的胸口射去，但他却毫发无损，射来的箭都落在了他的脚下。他看起来刀枪不入。

流言迅速传开，说这个土耳其人并非凡人，其实是回教弓神弗安德，所以尘世的人奈何不了他。戈德弗雷不以为然，他从不相信穆斯林口中的神仙鬼怪之说。于是，他决定控制士兵中的恐慌，这种恐慌持续下去会让他们失去战斗力！戈德弗雷拿起巨大的弓箭，稳稳地站在敌军阵前，瞄准了那个令他的士兵胆战心惊的射手：箭直穿心脏，一箭致命。那个土耳其人倒地而亡，被围在城中的穆斯林哀号恸哭，攻城的基督徒则欢呼雀跃："这是上帝的旨意！这是上帝的旨意！"

到了最后，十字军以为自己已经扫平了所有的障碍，着手准备接管这个城市。就在这时，令他们始料不及的事情发生了，他们突然看见阿历克塞国王的旗帜在战场上空飘扬。原来，一个名叫法狄修斯或是泰坦的阿历克塞的使者，已经带领一支由希腊人组成的军队，从十字军的一处缺口攻入了战场。这群希腊人说服了穆斯林向他们投降，而不向十字军投降。十字军士兵发现真相后，愤怒无比，戈德弗雷百般劝说才避免了又一场对希腊人的战斗和围攻。

十字军队伍继续向东前进。但不知什么原因，队伍分成了两部分，其中一支由勃埃蒙德、坦可里德和诺曼底伯爵领导，另外一支靠右行军，与第一支有着一定的距离，由戈德弗雷和其他几个领导者引领。至于十字军为什么会突然分裂，历史学家对此意见不一，有的历史学家认为是事出偶然，有的则认为这是将领们密谋的结果，为的是能在战争中获得足够的供给。

穆斯林的反击

罗马尼亚的苏丹在失去尼西亚城之后，一直在悄悄集聚力量，企图一举击溃十字军。他在很短的时间内网罗了众多的部落和一些游勇散将。据保守估计，他当时的士兵人数已达20万，且主要为精锐骑兵。他在多雷洛姆山给第一支十字军队伍设下了埋伏。

1097年7月1日清晨，十字军士兵突然看到了一批土耳其骑兵从山顶上如洪水般冲下来。勃埃蒙德几乎没时间整理自己慌乱的思绪，他优柔寡断，并且感染了他的士兵们，所以当那些东方人铺天盖地地朝他们冲过来的时候，他们毫无还手之力。

这支十字军队伍的主力是步兵，在土耳其铁骑的践踏之下，他们四处逃散，但是箭如雨下，一阵砍杀之后，十字军战士的尸体堆积如山。

当丧失主力后，剩下的十字军人马撤到了辎重的附近。这时，一场可怕的杀戮开始了。无论男女老少，病残伤员，无一幸免。就在全军将要损失殆尽之时，戈德弗雷和图卢兹公爵出现了，这才扭转了局势。

一场顽固的抵抗之后，突厥人抛下了大量的器械和装备仓皇逃跑了。经过这次伏击，十字军伤亡4000多人，几位著名的首领，如巴黎的罗伯特公爵和坦可里德的兄弟威廉也不幸阵亡。相比之下，突厥人的损失要小得多，这次战斗也让他们学会了怎样对付十字军。这位苏丹远没有被击溃，他带领依然十分庞大的军队，将十字军两翼的所有乡村都夷为平地。

十字军发现土耳其人留下的营地里有充足的给养，于是他们放纵自己吃喝玩乐，挥霍浪费，几天时间就把营地里所有的物资浪费殆尽，丝毫没有精打细算以备不时之需的远见。很快，十字军就为自己的鼠目寸光付出了惨重的代价。他们向安条克进军，但所经之地已经被土耳其人夷为平地，在到达费尔基亚的村镇时，队伍已经弹尽粮绝。

头顶的烈日几乎能将土地晒干晒裂，苏丹的煽动总算发挥了效果。十字军被口渴折磨得奄奄一息。到此地的第二天，他们就把水喝干了。之后的每一天都有超过500多个基督徒因干渴倒毙在路旁。骑兵的战马也一批批死去，它们驮的辎重，有的放在了狗、羊、猪的背上，有的则干脆扔掉了。

在后来降临到他们头上的灾难中，基督徒们都沉溺于极度挥霍之中，但此次人们完全忘记了财富所导致的纷争。在不幸降临之时，早已抛在脑后的宗教热情再次在人们的心中燃烧起来。教士说，人死后将会得到永恒的幸福，这种虚幻的承诺也让那些将死之人感到了莫大的安慰。历经千辛万苦，他们总算一路跋涉到安条克城。在这里，他们找到了充足的水源和肥美的牧场。战马、驮牛和十字军战士一样欢呼雀跃。他们在那里支起了帐篷，再次过上了衣食无忧的生活。但是，很快士兵们忘记了曾经饥饿难耐的痛苦经历，他们又过起了奢侈享乐的日子。

鏖战安条克城

1097年10月18日，十字军终于来到了坚固的安条克城下。在十字军东征史上，安条克城之战以及随后发生的其他事件，无不意义重大。

安条克城战略位置十分险要，易守难攻。牢固的城池建在一片高地上，城边有一条河流，名叫奥伦提斯。土耳其军队的储备足以支撑他们很长一段时间。在物资方面，基督徒们占有很大优势，但是他们的不明智导致了他们并不走运。十字军有3万士兵可以战斗。

根据雷蒙德·达吉利斯所说，十字军的给养太充足，以至于他们生活得非常讲究——只吃杀死的动物最鲜美的部分，而把大部分肉丢掉。他们的铺张浪费达到了令人咋舌的地步。不出十天，他们又受到了饥饿的威胁。一场徒劳无功的夺城之战之后，他们想将城中的敌人困在里面，从而饿死他们，但与此同时，他们自己也饥肠辘辘。随着饥饿的到来，十字军战士的热情渐渐消退。首领们开始厌倦这次东征。鲍德温先前已经脱离了大部队前往埃德萨，密谋夺取那个小公国的最高权力。而此时其他十字军将领更没有什么热情和活力了。由于无法继续忍受士兵们的愚蠢、挥霍所造成的困难，查特的斯提番和沃曼杜瓦的休已经开始动摇。甚至隐士彼得内心里也对他们先前所造的罪孽感到厌恶。

饥饿开始四处蔓延，十字军饥不择食，甚至出现了人吃人的惨象。鲍埃蒙德和弗兰德斯的罗伯特为了解决粮食问题而带人加紧攻城，结果却只获得了小胜。由于收获甚微，仅两天之后，十字军队伍再度陷入饥荒之中。阿克里塞的代表、希腊军队的统帅法狄修斯借口寻求粮食而临阵脱逃了。他这一走惹得大家纷纷效仿。留下来没走的十字军队伍陷入更大的苦难之中。他们努力在四周寻觅那些神迹来减轻所受的痛苦。每当星象显示出胜利的迹象时，他们欢呼雀跃。而当星相中十字架倒转时，他们便异常沮丧和消沉。

有一次，战场上刮起了飓风，地上的大树都被刮到了，十字军将领的帐篷也被刮跑了。还有一次强烈的地震也震撼了整座营盘。这种凶险的预兆，使得军心愈加涣散，人们纷纷传言，基督教大难临头。但是不久后，一颗彗星出现在苍穹，再度唤起了他们的激狂，他们从消沉中奋起，基督徒那丰富的想象力使他们认为这颗彗星就是天空中燃烧的十字架，在幻想的指引下，他们将迎来凯旋的一天。食物的匮乏、从附近沼泽地吹来的肮脏的空气，以及可怕的瘟疫，在这时候也插上一脚，十字军中瘟疫蔓延的速度格外惊人，其速度甚至超过了遭土耳其人毒箭射击致死的速度。每天都有上千人死去，以至于埋葬死者成了一个大问题。雪上加霜的是，军中的人开始互相猜疑起来。十字军营地中掺杂着许多土耳其人的间谍，这些人每天向城中的土耳其部队通风报信。绝望催生残暴，勃埃蒙德将通过侦查抓到的两名间谍在安条克城下活活烤熟了。即使是这样，也不能减少十字军队伍中间谍的人数。土耳其人对基督教徒的一言一行了如指掌。

快要绝望的时候，喜讯传来，欧洲来了援军，并带来了大量的给养，十字军的战士们士气大振。这支万众期盼的援军在安条克城外6英里的圣塞门岗登陆。那群面黄肌瘦的士兵们乱哄哄地行进着，后面跟着鲍埃蒙德和布鲁斯公爵，他们还专门派了几支由家臣、奴仆们组成的精悍小部队前去护送物资安全到达营地。但城中的穆斯林军队事先就得知敌方援军到达的消息。他们十分警觉，急忙派遣了一队弓箭手埋伏在山中，准备在敌军返回时进行截击。勃埃蒙德带着大批辎重，走到一个岩石林立的关隘，遭到了敌人的伏击。大部分人马都葬身箭下，只有勃埃蒙德九死一生，逃回了营地。蒙德弗雷、诺曼底公爵以及其他的领导者们听到战败的消息后，立即决定出兵相救，一半是出于激情，一半则是由于饥饿的驱使。士兵们立即行动起来，准备在那些班师回朝的土耳其人将战利品运回城内之前对其进行拦截。一场激烈的战斗开始了，从中午直到太阳西下，持续了整整一个下午。基督徒们具有明显的优势，他们每个人都英勇奋战，仿佛自己是这场战争的胜负的关键。成百上千的土耳其人丧命于奥龙提斯河中，2000多突厥人横尸荒野。

十字军夺回了所有的辎重，并安全送回了营地。他们一路高唱胜利之歌，高喊着：上帝有眼！上苍开恩！这种轻松只持续了几天，如果他们停止挥霍浪费，这些给养还可以多维持一段时间。但是，到了这个时候，首领们的权威已经丧失，也失去了对粮草的分配权。饥荒很快再次降临。对前景丧失信心的布鲁瓦公爵斯蒂芬带着4000人离开了营地，驻扎在亚历山大里亚。这一举动对留下的士兵们造成了很坏的影响。勃埃蒙德是最急躁、最具野心的首领，他预见，如果当下这种心态不被迅速遏制，整个东征将会以失败告终。现在他们必须采取果断的行动，因为在围困的过程中，整个军队都在窃窃私语，各做打算，而土耳其人也正在聚集力量，准备一举歼灭十字军。本来在安条克城下还能再坚持几个月，如果再迟疑不决，一切的努力都将付诸东流。

巴哈西汉是一名土耳其亲王，也是安条克城的统帅。他手下有一个亚美尼亚人，名叫费罗兹。他被派到城墙上的眺望塔守卫。在这座塔上，土耳其人可以俯瞰山道中的关隘。勃埃蒙德收买了费罗兹身边的一个人作为奸细，这个奸细已经皈依基督教。他在洗礼时，鲍斯蒙德将自己的名字赐予了他。这个奸细每天都要和费罗兹交流，如果他能保证费罗兹将城交出，他将得到丰厚的报酬。无论这个计策是由哪一方先提出，但毫无疑问，现在已达成了共识，定于某天晚上动手。勃埃蒙德事先将计策通报给了戈德弗雷和图卢兹伯公爵，并提出了一个约定：如果行动成功，他作为军中统帅，应享受安条克亲王的尊严和地位。虽然戈德弗雷和杜鲁斯公爵有些犹豫，但野心和嫉妒诱惑着他们，使他们拒绝出兵相助。但是深入思考之后，他们决定默认这一条约。这些首领挑选出了最英勇的700名骑士来冒这个险。为防奸细探知，他们死守着这个秘密。直到万事俱备，他们才宣布这支700名骑士组成的军队要前去伏击一支正在靠近的苏丹军队。

所有的事情都朝着有利于这个亚美尼亚人实现叛变计划的方向发展。他在眺望塔上收到了十字军靠近的消息。这一天晚上伸手不见五指，而且刮着狂风，看不到一颗星星，风呼啸而过，掩盖了所有的声音，雨也开始倾盆而下，塔上的哨兵和费罗兹都没有听到十字军骑士的马蹄声，也没有看到军队的踪影。当他们走进弓箭手的射程内时，勃埃蒙德派一名翻译前去与亚美尼亚人接头。亚美尼亚人催促他们赶快行动，因为巡逻队举着火把每半个小时巡逻一次，他们可以利用这一间隙顺利通过防线。十字军的将领们很快到达了城墙脚下，费罗兹放下了一根绳子，勃埃蒙德将绳子拴到了一架藏起来的梯子上，让费罗兹将绳子拉起，让骑士们往上攀爬，但是这些冒险者心中掠过了一丝恐惧，他们开始犹豫。最后，在费罗兹的鼓励下，勃埃蒙德先爬上了梯子，接着是戈德弗雷、弗兰德斯的罗伯特公爵和其他几名骑士。攀登时，其他的人向前扶着梯子，但是他们太重了，梯子断裂了，12名骑士跌在了地面上，他们叠压在一起，身上的铁甲叮当作响。他们心里想道：这下全完了。但是由于风咆哮着穿过山谷，骤雨倾盆，暴涨的奥伦提斯河哗哗奔流，城上的哨兵竟丝毫没有察觉到声响。他们很快修好了梯子，这次骑士们一次上两个人，很快就登上了城墙。

当第60个人登上城墙时，拐角处出现了一个巡逻兵的火把。骑士们马上躲到了墙后面，屏住呼吸。巡逻兵刚走到武器射程之内时，就被抓住了，没等他开口报警，死神就让他的嘴唇永远关闭了。随后，骑士们迅速爬下塔中的螺旋梯子，打开了城门，好让其他的伙伴们进来。雷蒙德是整个行动的中坚力量，他带领着大队人员留在后面，直到听到人已成功入城的号角时，才下令城内外一起进攻。当晚，安条克城的气氛恐怖到令人无法想象。之前的狂热和痛苦致使十字军狂怒异常，男人、女人、儿童统统遭屠杀，街道上血流成河。由于天黑看不清楚的缘故，十字军的破坏力更大，天亮时，他们发现自己错把同伴当成了敌人，手中的剑插在了战友的胸膛上，土耳其人的统帅却逃跑了。他先是逃到了城堡上，然后眼看城堡也守不住了，就钻到了山里，但最后还是被抓住杀掉了。士兵们把他灰色的头颅砍下来当成战利品送回了安条克城。天亮了，屠杀停止了，但十字军士兵们开始了新一轮的抢劫。他们找到了很多金银珠宝、丝绸以及天鹅绒，但是他们迫切需要的粮食却少得可怜。从这个角度看，他们认为围城的人和被围的人并无差别。

十字军夺城后还没来得及在新的环境中安顿好，采取措施获取给养，土耳其人就包围了安条克。波斯的苏丹已派出一支大军——由摩苏尔族的首领克保迦率领，将这些基督教的蝗虫赶出这片土地。克保迦率军与吉里·阿斯劳恩会师，两路大军将安条克城紧紧包围。

刚入城的胜利者一转眼就成了无路可逃的瓮中之鳖，这更让基督徒心灰意冷。一些人逃出城去，投奔驻在亚历山大城的布卢瓦的斯蒂芬伯爵。这些人在伯爵面前大谈特谈他们所遭受的苦难和战争胜利的渺茫希望，斯蒂芬听完后就拔营退往君士坦丁堡。碰巧的是，他遇到了拜占庭皇帝阿历克塞，老王正在率军抢占十字军在亚洲的地盘。他一听说前方战况，也打消了前进的念头。两位将军一道率军退往君士坦丁堡，把困在城内的十字军大队远远地抛在脑后。

留在城内的十字军不得不重新饱尝缺衣少食的滋味，一天天苦熬。除了必需的战马，城里凡是能吃的东西都被吃光了，一时间人们做起了狗、猫和老鼠的生意，而且价格也高得离谱。很快，食品短缺达到了极点，整个城内，虱子、跳蚤之类的害虫也很少见了。随着饥荒的加剧，瘟疫开始流行。短时间内，30万士兵只剩下6万了。然而这残酷的现实虽然磨灭了士兵们的斗志，但却使领导者们紧紧团结在了一起。勃埃蒙德、戈德弗雷以及坦可里德发誓，只要有一口气在，就不会放弃东征。但是士兵们却个个身心疲惫，所有的承诺和奖惩对他们都无济于事。有些人甚至把自己关在房间里不出来。勃埃蒙德气得命令放火烧房，逼他们出来，但这种极端的方法也没有奏效。许多人因此葬身火海，而围观的人袖手旁观，冷漠至极。

圣天使的鼓励

可怜的勃埃蒙德空有一腔热血，他丝毫不知手下士兵真正的想法，对那种激励着欧洲人如潮水般涌向圣地的宗教疯狂知之甚少。这时候，一个明智的牧师提出了能重新激励人心的计划，这个计划实施得十分顺利，也奇迹般地再一次鼓舞了人们战胜敌人的信心和勇气。有了这种精神力量做后盾，这群食不果腹、形如枯槁的狂热基督徒居然再次转败为胜，一举击败了比自己人数多6倍且兵粮充足的波斯大军。

现在回来说这位神奇的牧师，他是法国东南部普罗旺斯人，名叫彼得·巴塞莱梅。此人是何身份？是一个骗子还是一个宗教狂人？或者两者兼而有之？是自己一个人自发做的或是受人差遣？关于这些问题我们现在已无从查证。但有一点可以肯定，那就是他帮助十字军解了安城之危，激励他们重拾信心取得了最后的胜利。在痛苦的磨难已经蚕食了十字军的战斗力，每个人都准备放弃的时候，彼得前去求见杜鲁斯的雷蒙德公爵，两个人进行了一番密谈。

彼得给公爵这样讲，几星期前，十字军还在攻城，他独自在帐篷里休息，突然，他感觉到大地在震颤，所有人都感觉到了。惊恐不已的他口里喊着：上帝救我！就在这时，他转过身看到面前站了两个人，头上都有光环。他马上认出了这是两位来自天上的神灵。其中一位看起来年纪稍长，红红的头发，灰黑闪亮的眼睛，灰色的胡须随风飘荡。另一位稍微年轻些，身材高大，潇洒帅气，神情凛然不可侵犯。那位长者告诉他，自己是上帝身边的福音使者圣安德鲁，希望彼得能找到雷蒙德公爵、普伊主教和阿尔塔普罗的雷蒙德，问一下他们为何不劝诫众生，给众生佩戴十字架。彼得说他当时只穿了件衬衫，就被使者带到了半空中，腾云驾雾飞升到安条克城中心才降落下来。

天使带着他走进了圣彼得大教堂，彼时，这座大教堂已经被萨拉逊人改为清真寺了。使者带他停在了祭坛台阶前的柱子旁，从南边登上了祭坛。祭坛上挂着两盏灯，这两盏灯比正午的太阳还要明亮些。那位年轻些的神站在远远的地方，靠近祭坛的台阶。年长的使者下了台阶，拿出一根长矛。他把长矛递到牧师手中，并告诉牧师，这就是当年拯救世界的长矛。牧师热泪盈眶，恳求使者将长矛交给他，他要把长矛呈给雷蒙德公爵。使者没有允诺，他把长矛埋进了土里，告诉牧师，只有当安条克城摆脱了异教徒的魔掌，才能选出12个人来此挖出长矛。说完，使者从空中把他送回了帐篷，就化作一阵清风而去了。牧师说他之所以没有来找公爵说这件事，是因为担心像公爵这样位高权重的人是不会轻信这种天方夜谭的。

几天后，他准备走出营地寻找食物时，天使又一次在他面前显神迹。这次来的是那位年轻的天使，他用一种责备的目光望着他。牧师祈求使者重新找一位合适的人选来完成这个使命，使者拒绝了他的请求。为了惩罚他，天使施法令他眼睛发痛，彼得却顽固依旧，始终拖延着不愿照牧师所说行事。

又有一次，当他陪伴自己的主人威廉一起在圣赛门港的一顶帐篷里时，福音天使再一次出现了。这次圣安德鲁让牧师告诉公爵，让他不要在约旦河里洗澡，应该乘船渡过，而且应该身着喷洒着圣河之水的亚麻衬衫和裤子去挖长矛。尽管威廉看不到福音使者，但他却清清楚楚地听到了声音。牧师再次拒绝执行嘱托。当他在玛米斯特拉港乘船前往塞浦路斯时，圣安德鲁又一次出现了。使者威胁道，如果牧师再不执行，他死后就将永远堕入地狱。这一次他才下定决心向雷蒙德禀报。

图卢兹伯爵被这个故事震惊了，他在心里掂量了一下，决定立即去请普伊主教和阿尔塔普多的雷蒙德。主教听罢立即表示不相信这个故事，拒绝采取任何行动。杜鲁斯公爵的态度则恰恰相反，他有充足的理由相信这个故事，即使是假的，也可以假装相信。最后，他极力向主教陈述了相信这个故事可以带来的好处——可以重新煽起大家的激情。主教极不情愿地点头同意搜寻那件神圣的武器。找寻长矛的仪式被定在第三天举行，时候一到，彼得就被纳于雷蒙德的管理之下，成了公爵的私人牧师，这样就可以避免世人出于好奇刨根问底而使牧师尴尬不已。

他们挑了12个虔诚的人参加挖掘长矛的行动，其中包括杜鲁斯公爵和他的私人牧师。他们从日出挖到日落，不知疲倦。正当他们一无所获，担心要无功而返时，彼得跳入坑中，祷告上帝让长矛现身，以增强世人的力量，让他们取得胜利。那些藏矛的人知道矛藏在哪里，彼得也知道，因为他曾经和长矛同时掉入了这个坑中。突然间，彼得和雷蒙德看到了长矛尖，雷蒙德拉出长矛，热泪长流，高兴地亲吻了长矛。这一切被围观的群众看在眼里。人们用事先准备好的紫红色的布将长矛包起来，在虔诚的教徒中传阅。顿时，整个寺院响起了士兵们欢欣鼓舞的呼喊声。

当天晚上，彼得又一次目睹了神灵，从此他成了军队中赫赫有名的“梦中的梦想家”。第二天他讲述道，福音使者安德鲁和那位“凛然不可侵犯”的年轻使者又一次出现在他面前，并且告诉他作为对上帝虔诚的回报，杜鲁斯公爵可以携带这支长矛统率全军，而发现长矛的日子应该作为基督教世界一个庄严的节日。安德鲁让彼得看了同伴手上和脚上的洞眼，他明白原来他就站在救世主耶稣的面前。

彼得以自己的幻觉获得了如此多的荣誉，因此那段时间，做梦之风盛行。他旁边的修士们也称自己看到了神灵，神灵告诉他们，如果他们坚持到底，一定会赢得最终的胜利，而那些牺牲在沙场上的士兵将被赐予永恒的荣耀。两个士兵由于受不了艰苦的战争和物资的匮乏而逃回营地，并找到勃埃蒙德，声称自己遇到了两个幽灵，这两个幽灵愤怒地命令他们返回。其中一个逃兵说，他认出一个头顶光环的幽灵就是他几个月前战死沙场的兄弟。另一个逃兵的说法更加耸人听闻，声称对自己说话的那个幽灵就是救世主。救世主对他说，如果他返回军队，将永远受到地狱之火的煎熬。没有人怀疑他们的话，士气一下就恢复了。失望变成了希望，每个士兵身上又充满了斗志，饥饿也没有那么难捱了。那种曾驱使他们离开欧洲来到战场的激情再一次燃烧起来。他们大声呼喊着上阵杀敌。这正是领导者们所期望看到的场面。这次的战斗将决定他们能否东山再起。尽管戈德弗雷和坦可里德都对长矛一事感到怀疑，但他们明智地决定不给这种欺骗行为泼凉水，因为这件事打开了通往胜利的大门。

隐士彼得先前曾被派去克保迦的营帐进行谈判，他提议，两个宗教之间的纷争就该挑选两军中最勇猛的战士，让他们做了断。克保迦对隐士彼得的提议不以为然，说他不会同意可怜的乞丐和凶蛮的强盗的建议。彼得带着这两个无礼的建议返回了安条克城。于是，十字军马上决定攻打敌军。而克保迦对十字军的举动了如指掌。安条克城依然在他们的控制之中，他们可以俯瞰全城，敌军所有的举动，他们都看得一清二楚。1098年6月28日清晨，安条克城内最高的塔顶上升起了一面黑旗，那是基督徒向围城的土耳其军队宣战，他们要准备突围了。

穆斯林的领导者觉得饥荒和疾病给敌军造成了重大伤亡。他们知道，十字军队伍只有不到200名骑士拥有战马，而步兵不是疾病缠身就是羸弱不堪。但是，他们无法明白的是宗教的信仰在敌人的心中注入了多么令人难以置信的力量。穆斯林对圣矛之事不屑一顾，因此无需为敌人的进攻做什么特别的准备。据说，十字军攻来时，克保迦正在下棋，当听说城堡上面的黑旗升起，敌人靠近时，他竟带着东方人特有的冷静，坚持把那盘棋下完再去理会那些不值一提的敌人。直到他的2000名先遣战士被消灭后，他才不那么漠然了。

首战告捷的十字军士兵们欢快地向山上跑去，他们是想将敌方的骑兵引到一个无法发挥作用的地方。他们由诺曼底公爵、弗兰德斯的罗伯特公爵和佛芒杜瓦的休引领，士气高昂。终于，他们看到了敌人富丽堂皇的营地。戈德弗雷和普伊主教带领着士兵紧随其后。他们身披铁甲，手举圣矛，以便全军人都可以看得到。勃埃蒙德和坦可里德将军则负责断后。

终于，克保迦明白了敌人并没有自己想象得那么不堪一击。于是他开始采取有效的措施来弥补自己的过错。他亲自率军上阵，抗击基督徒；他命令罗马尼亚的索里曼苏丹袭击敌军的尾部；为了迷惑敌人，隐藏自己行军的踪迹，他派人点燃了覆盖在地面上的干燥杂草，在浓烟的掩饰下，索里曼绕了一大圈来到预定的地点，在敌军的尾部占据了有利位置。战斗也进行到了白热化的阶段。土耳其人的箭如雨般落下；100多名训练有素的骑兵穿梭在十字军队伍中，如入无人之境，十字军士兵纷纷倒下。但是，战争的胜负尚未见分晓，因为基督徒们在地面上占有优势，并且很快就占了上风。这时，索里曼带领的队伍也到达了敌军尾部。戈德弗雷和坦可里德率军飞奔去支援勃埃蒙德，只留下普伊主教带着一群法国兵与克保迦率领的骑兵团激战。圣矛的出现使得普伊主教手下最胆怯的士兵也变成了雄狮。然而，敌军源源不断地涌来，基督徒们四面受敌，开始退却，土耳其人胜利在望了。

紧急关头，基督徒中有人大喊圣灵与自己并肩作战！原来是杂草燃烧的浓烟弥漫在战场上空，在远处山脉的顶端结成了奇形怪状的云朵。几个想象力丰富的宗教狂热分子，透过战场上飞扬的灰尘隐隐约约看到这些，就喊同伴们看那圣灵的军队，身着白衣，骑着白马，从山顶上一泻而下来援助他们。所有的人都立刻将眼睛转向了远处的浓烟，心中充满了虔诚。古老的战斗口号“神的旨意！神的旨意！”响彻田野。因为每一个士兵都相信上帝显灵了，派军来帮助他们了，他们以前所未有的力量进行战斗。波斯人和土耳其人感受到了强烈的恐慌，他们四下逃散，像被凶猛的猎狗追得拼命逃跑的野鹿。克保迦想把他们聚集起来，但于事无补。恐惧的情绪比热情更加容易传染。他们向山上跑去，两个领导者看到一切努力都白费了，就带着败兵残将逃跑了。这支军队逃到了巴勒斯坦就溃散了，留下了700多具尸体。

土耳其人那富丽堂皇的营地落入了敌人之手。营地里的粮食十分充足，成群的牛羊、成堆的金银珠宝被十字军战士瓜分殆尽。坦可里德在山上追击那些亡命徒，缴获的战利品和营地里的一样多。土耳其人在撤退时沿途抛下了许多价值不菲的东西。阿拉伯的纯种战马比比皆是，每个基督徒都如愿以偿地得到了一匹骏马。十字军承认自己在这次战斗中损失了1万多名士兵。

他们怀着愉悦的心情回到了安条克城。城堡里的敌人马上就投降了，许多土耳其人皈依了基督教，剩下的也都狼狈逃窜了。普伊主教发起了一场庄严肃穆的感恩活动，全军上下都参加了，每个士兵都前来膜拜圣矛。

士兵们激动的心情持续了好几天，他们要求进军耶路撒冷，实现所有人的宏大目标。但是，没有哪个首领急着行动——谨慎的戈德弗雷和坦可里德权衡利弊后做出了慎重的决定；野心勃勃的杜鲁斯公爵和勃埃蒙德则是出于对自己利益的维护。首领当中出现了激烈的纷争。杜鲁斯的雷蒙德被留下守卫这座城市，当他看到敌人已无力反击时就劝说他们归降。但是其他首领回来后却发现雷蒙德的旗帜在城墙上悬挂着。这个行动无疑冒犯了勃埃蒙德，因为根据之前他们订下的契约，勃埃蒙德在战斗胜利后对整座城市具有至高无上的权力，戈德弗雷和坦可里德也支持他。因此，经过一番激烈的争论，雷蒙德的旗帜从塔上撤了下来，取而代之的是勃埃蒙德的旗帜，它在安条克城的上空飘扬，从此僭越了安条克大公的称号。然而在接下来的几个月，雷蒙德依然占据了一个城门和附近的几座塔。勃埃蒙德对此非常头痛，整个军队都甚觉不悦。雷蒙德因此名声扫地，尽管其野心和勃埃蒙德的一样在情理之中，也和鲍德温毫无差别。鲍德温占领了埃德萨，在那个弹丸之地行使自己的权力。

彼得·巴斯莱的命运值得记载。

圣矛事件过去之后，人们对他的尊敬如潮水般向他涌来。因此，他觉得有必要继续那个使自己成为显赫人物的梦境。但是，如同其他骗子一样，他的记忆力差得惊人。他做的梦前后明显矛盾。比如，一天晚上，圣约翰出现在他的面前，告诉他一个故事，但一周以后，圣保罗却讲述了一个完全不同的故事，而且在这个故事中，圣保罗给予的希望和几天前圣约翰所给予的完全不一样。那个时代的人是很容易轻信于人的。但是，当最初信仰圣矛的人拒绝再一次相信彼得的满嘴胡言时，彼得的臆语就成了荒唐之言和令人愤怒的谎言。终于，勃埃蒙德为了使杜鲁斯公爵处于尴尬境地，就向可怜的彼特发出了挑战——用神火来判断他所述圣矛故事的真假。彼得无法拒绝，因为这种火灼判法在当时十分流行。另外，他也得到了杜鲁斯公爵和他的私人牧师雷蒙德的鼓励。这个火烧仪式定于第二天早上举行。根据惯例，仪式前一天晚上要进行祷告和斋戒。

第二天早上，彼得如约出现，他手持长矛昂首阔步地走向了火堆。全军士兵围绕在其周围，焦躁不安地等待着结局，因为全军上下都还相信圣矛是神的旨意，而彼得也是神圣之人。雷蒙德·达吉尔颂过祷告词后，彼得在祷告者的注视之下走进了火焰。在他即将穿过火焰时，火焰的热量影响了他的视觉，也使得他的大脑糊涂起来。他又再次转过身来，痛苦万分地再次穿过火焰。这一次，他烧伤得很严重，后来就一直没有恢复过来，在床上痛苦地捱了几天后，就一命呜呼了。

此时的十字军士兵要么伤痕累累，要么疾病缠身，要么精疲力竭。戈德弗雷解决了这个问题，他是一个公认的有谋略的首领。他建议军队应该找时间休养生息，此时正是7月，所以他建议大家在安条克城内度过炎热的8月和9月，等到10月份大家的精力都有所恢复时，欧洲的援军也赶到了，再出发前往圣城。尽管军中有人窃窃私语，指责这样会延误时机，但最终大家还是接受了这个建议。就在这时，沃曼杜瓦公爵作为使者被派往君士坦丁堡与阿历克塞会面，他要谴责阿历克塞背信弃义，并要求他遵守诺言，派出他曾许诺过的援军。公爵忠实地履行了自己的职责（顺便说一下，阿历克塞一点也没有把他的话放在心上），在君士坦丁堡逗留了几天，直到热情消失得无影无踪。他对十字军感到非常厌恶，就独自返回了法国，并决定再也不与其来往。

尽管十字军首领决定在安条克城停留两个月，但还是忍受不了这么平静的日子。如果巴勒斯坦没有土耳其人可以供他们排遣其满腔热情，他们很可能会自相残杀。戈德弗雷前去埃德萨帮助他的兄弟鲍德温驱逐撒拉逊人，其他的首领认为他们两人有野心，遂对他们抱有敌意。最后，士兵们进攻耶路撒冷的心愿越来越强烈，首领们也按捺不住了。于是，雷蒙德、坦克里德、诺曼底的罗伯特带着自己的士兵包围了面积不大但十分坚固的马拉城。由于他们平时大手大脚，浪费物资，这次围攻他们所带的给养还不够坚持一个星期的。他们挨了好几天饿，直到勃埃蒙德率军前来相助，一举扫平了这座城市。关于这次围攻，叙事诗诗人雷蒙德·达吉尔，也就是圣矛事件中的私人牧师雷蒙德，讲述了一个自己深信不疑的传奇故事。根据这个故事，塔索写下了其诗歌中最优美的章节。因为这个故事显示了那个时代的精神，也展示了十字军战士在痛苦绝望时表现出来的超凡勇气，所以值得我们再次重述一遍。“有一天”，雷蒙德说，“安赛尔姆·德·里波蒙看见了年轻的恩格尔奈姆走进了他人的帐篷。”恩格尔奈姆是圣保罗公爵的儿子，丧命于马拉城之战。“这是为什么，”安赛尔姆说，“我看到你在战场上死去了，你怎么又活过来了？”“你一定知道，”恩格尔奈姆说，“那些为耶稣而战的人会得到永生。”“可是”，安赛尔姆又说，“你身体周围那奇怪的光亮是从哪里来的？”听到这个问题，恩格尔奈姆用手指向天空，安赛尔姆顺着手指的方向看到了一座由钻石和水晶建成的宫殿。恩格尔奈姆又说：“我在那里得到了无上的荣耀。我就住在那里，那儿还有一座更好的宫殿，是为你准备的，你很快就可以住在那里了。再见了！明天我们会见面的。”说完，恩格尔奈姆就回到了天上。安赛尔姆被眼前的景象惊呆了。第二天早上，他派来了牧师，说他接到了神谕。尽管目前身体非常的健康，他还是向他所有的朋友告了别，称他很快将要离开这个世界了。几小时后，敌人发起了一次反攻，安赛尔姆手持利剑，出门迎战，他被土耳其抛石机抛过来的一块石头砸中了前额。这块石头把他送往了天堂，送到了那座早已为他准备好的宫殿。

安条克大公和杜鲁斯公爵之间发生了一场新的争执，这次是关于马拉城的占领问题。其他首领艰难地平息了这次争执。行军中，士兵们遇到了新的阻力，尤其是在阿治斯城前。士兵们愤怒不已，决定挑选能将他们带到耶路撒冷的新首领。在这种情况下，戈德弗雷烧毁了自己在阿治斯城的营地，向前迈进。数千名来自杜鲁斯公爵队伍的法国士兵加入了戈德弗雷的队伍。于是，在戈德弗雷的带领下，整个军队浩浩荡荡地前往耶路撒冷，那个无论他们在痛苦、哀伤还是危险之中都无比向往的圣城！

在伊姆斯瓦，他们遇到了从伯利恒来的基督徒代表团。这个代表团希望十字军能给予他们直接的帮助来反抗异教徒的压迫。

伯利恒，救世主的出生地，这个名字简直如雷贯耳！十字军士兵们想到自己正在接近这个神圣、令人崇敬的地方，许多人都喜极而泣。艾斯的阿尔伯特告诉我们，十字军战士们这时候都异常激动，所有人在整个晚上都毫无睡意。他们待在帐篷外面，等待天亮之后继续行军。午夜刚过，他们就踏上了征途，心中满怀希望与激情。浑身是劲的士兵们在黑暗中走了四个小时，队伍却一点儿也没有乱。太阳升了起来，万里无云，朝霞满天，甚为壮观。远处耶路撒冷的高塔、阁顶在阳光下熠熠生辉。这景象触动了十字军内心最柔情的部分，他们不再像野兽般疯狂，变成了一群谦卑温顺的朝圣者。他们双膝跪地，热泪盈眶，嘴里呼喊着“耶路撒冷！耶路撒冷！”有的人亲吻神圣的土地，有的人伸开四肢平躺在地上，以便最大限度地汲取圣地的灵气，有的人则高声祷告。妇女和儿童从欧洲追随着军队，一路上跌跌撞撞，与士兵们共度危险、疲惫与匮乏。他们比其他人更加喧闹，妇女的喧哗是出于素有的热情，而小孩则只是进行模仿。他们祷告、哭泣、欢笑，直到那些更加冷静的人也激动起来。

人们爆发的喜悦稍一平息，十字军战士就从四面将耶路撒冷包围了。战争一触即发。但是，自从基督徒失去了他们那些最勇敢的骑士之后，他们抛弃了以前那种简单粗暴的方法。他们稍作休整，开始准备一场正规的围攻。他们制造了抛石机、可移动塔楼、攻城槌，还有一种特殊的机械。这种机械外面罩着一层生兽皮，里面的工兵可以在墙下挖地道。为了重新鼓舞战士们的士气，重建将领们的威信，一直在无谓争吵的首领们终于向对方伸出了友谊之手。坦克里德和杜鲁斯公爵当着全军战士的面紧紧拥抱在一起。教士们也用自己的方式来支援这场战争。他们用极富煽动性的语言向士兵们进行演讲，号召全体将士，无论职位高低，都应该团结友爱。他们组织了一次庄重的游行，全军将士都排成一列绕城游行，在每一个福音书中描绘过的神圣之地祈祷神灵的帮助。

撒拉逊人站在城墙上，泰然观看这些表演。他们非常鄙视基督徒，为了激怒基督徒，他们做了几个粗糙的十字架绑在城墙上，朝上面吐痰、撒土、扔石头。这种侮辱基督教圣物的行为彻底激怒了十字军将士，以至于勇敢变成了残暴，热情变成了疯狂。所有东西准备妥当之后，真正的进攻开始了。每个基督徒都气势如虹，以洗刷目睹圣物受辱的耻辱。每个人都被激怒了，骑士们装备齐全，就连最吝啬的士兵也带上了足够的武器。撒拉逊人的弓箭和火球又密又快，顽强的士兵依然用撞击器攻打着城墙。移动塔上的每一层都占满了弓箭手，他们要置土耳其人于死地。戈德弗雷·雷蒙德塔克里德和诺曼底的罗伯特，他们每个人都站在自己的移动塔上，以饱满的热情、旺盛的精力，长时间地指挥着战斗。十字军一次次被击退，又一次次重新进攻。土耳其人再也不敢小觑敌人了，他们用尽了所有的作战技巧勇敢地防卫着。天黑后，战斗暂时告一段落。

基督徒们只在营帐里睡了一小会儿。牧师在全神贯注的士兵中间庄严地祷告，祈求能在下次战役时上帝的军队会大获全胜。天刚刚拂晓，士兵们都迫不及待地要打仗，就连妇女和小孩都不顾战场上箭如雨下，跑来跑去为干渴的士兵送水。整个军队都相信天国的神灵们一直在保佑着他们，于是他们坚持勇敢地冲锋陷阵。可以想象，如果没有这种信仰，能力超他们三倍的军队也会溃不成军。杜鲁斯的雷蒙德最后搭云梯冲进了城内，与此同时，坦克里德和诺曼底的罗伯特也猛然冲开了一个城门，土耳其人纷纷冲上来试图夺回突破口。戈德弗雷意识到战争已到了最后的紧急关头，他放下移动塔上的吊桥，带领所有骑士冲下来。没过多久，耶路撒冷四周的城墙上就飘起了十字军的战旗。十字军的将士们呐喊着，从四面八方涌进了城内，耶路撒冷被攻陷了。进城后，双方在街巷又激战了几个小时。基督徒们没有忘记他们的圣物是如何遭到这些人的侮辱，于是他们疯狂地烧杀屠戮，无论男女老少、老弱病残。十字军的领导者们也没有下令让他们停止暴行，因为他们知道，即使下了也形如空文。撒拉逊人大批大批地逃进索里曼清真寺，他们还没来得及筑城防御，基督徒们就赶到了。据说，仅在这个清真寺里就有1万多土耳其人命丧黄泉。

长久以来，被人们忽略淡忘的隐士彼得在入城的那天得到了城内基督教兄弟的热烈回报，人们没有忘记他祈祷圣战的热情和一路遭受的痛苦。战事刚一结束，城内隐藏的基督徒们就跑出来迎接帮助自己脱离苦海的十字军军队。他们一下子就认出了彼得，他们没有忘记，是彼得在很多年以前向他们滔滔不绝地讲述一路上所受的侮辱和虐待，是彼得发誓要在欧洲所有国王和人民面前向他们请命。他们跪在彼得的长袍边，充满感激，他们发誓每天要在上帝面前为彼得祈祷。许多人抱着彼得放声大哭，激动的泪水打湿了彼得的肩膀。他们完全将圣城的解放归功于彼得的英雄气概和坚韧精神。后来，彼得在耶路撒冷的教会中任职，具体是什么职位，以及他最后的命运如何，历史中都没有记载。有人说他返回法国创建了一个修道院，但缺乏足够的证据支撑。

至此，千千万万基督徒，背井离乡，抛妻弃子，从欧洲出发东征的目标终于实现了。圣城中的清真寺被改为教堂，基督殉难山和圣墓也不再受异教徒的玷污了。狂热的公众完成了自己的使命。但是，按照自然的规律，随着时间的推移，他们的热情渐渐消逝，开始平静下来。圣城解放的消息传回了欧洲，又吸引了大批的朝圣者前往圣城，其中就有斯蒂芬和休前来朝拜以弥补自己的过错。但是，之前激情澎湃、人潮涌动的场景已经不复存在了。

第十章
十字军东征（下）

第一次东征结束了。为了能更好地理解第二次十字军东征，我们很有必要讲述一下两次东征之间所发生的事情，了解一下耶路撒冷在欧洲君王统治下的那段历史，以及欧洲人和不认输的土耳其人之间长时间的战争，最后是宗教的狂热和战争对人们生命的恣意挥霍和其贫困、痛苦的后果。

基督教文明和伊斯兰文明的对抗

耶路撒冷被攻陷以后不久，十字军将士们感到有必要推举一个众望所归的人来作为圣城之主。与勃埃蒙德和雷蒙德相比，不那么野心勃勃的戈德弗雷最终掌握了让其他首领垂涎欲滴的权力。他受命之时圣城仍然受到撒拉逊人的威胁，他以自己的智慧和英勇解决了这次危机，巩固了自己的地位。他趁敌人还未形成合围之势就冲出去迎击敌人，在亚斯卡隆与土耳其人展开了一场恶战，最终赢了敌人，自己也受到了很大的损失。但是圣战的荣誉他还没有享受多久，一场致命的疾病在他掌权9个月后夺去了他的生命。他死后，他的弟兄埃德萨的鲍德温接替了他的位置。虽然这位继承者在位时做了不少事以扩大领土，改善圣城的危险境地，但他也没有为后来的人打下坚实的基础。自此以后的50年是研究历史的人最感兴趣的时间段。在此期间，土耳其人一直对十字军充满敌意，虎视眈眈。大大小小的战争从未间断。基督徒的领地经常失而复得、得而复失，其国力渐渐衰退，国家渐渐分裂，与此同时，撒拉逊人却越来越团结，越来越强大。他们联合起来打击十字军，试图将基督徒从耶路撒冷铲除干净。这段时期涌现出了不少英勇的骑士，其英雄事迹也层出不穷，超过了历史上任何时候。这种情况在连年征战的叙利亚穆斯林中并不常见。基督徒们在与土耳其人交战的这段时间，不禁对撒拉逊人英勇的精神气概、完善的社会规范、先进的文明成果产生了由衷的尊敬和敬佩，他们认为，粗野蛮横的欧洲人在这些方面远远不及撒拉逊人。

信仰的分歧并没有影响十字军中的基督徒与东方黑眼睛的少女进行联姻。开启这种先例的是勃德温国王自己，之后他的部下纷纷效仿，这种做法普及开来，就连那些发誓为圣城献出生命的骑士也没能“免疫”。由于这些东方女性在被接纳前必须先受洗礼，她们以及她们的后代自然不像攻城的狂热信徒对撒拉逊人充满仇恨，狂热的基督徒依然认为宽恕一个异教徒是对上帝犯下的罪恶，会遭到上帝的惩罚。所以我们会发现，在以后的统治者执政期间，那些最激烈的战斗往往是那些刚从欧洲来的人挑起的。他们受激情的驱使，怀着死后升入天国的梦想来朝圣，所以他们对于之前基督徒和撒拉逊人达成的停战协议毫无顾忌，这直接导致了撒拉逊人的报复。早期定居者的激愤已经退却，理智占了主导，他们企望的只是和平安定的生活。

这种并不令人满意的状态一直持续到1145年末。就在这一年，基督徒地盘外围坚固的堡垒埃德萨城落入敌手。土耳其人的首领曾希是一个孔武有力、进取心强的人。曾希死后，他的儿子诺海丹接了班，其表现丝毫不逊色于他的父亲。艾德萨公爵试图夺回城堡，结果大败于诺海丹。接着，诺海丹率军冲入城内，进行了一场大屠杀。土耳其人将城中所有的设施夷为平地，艾德萨公爵再也守不住耶路撒冷了。通往首都的门户打开了，基督徒对此非常惊恐。此时，诺海丹只需等待一个合适的时机就可以席卷整个耶路撒冷。而此时的十字军羸弱、分裂，根本就不能进行有效的抵抗，圣城的牧师们满怀悲痛与惊恐，一封封地给欧洲的教皇和国王写信，迫切要求组建一支新的十字军远征来解圣城之围。由于圣城内的牧师大都来自于法国，他们首先想到的就是自己的祖国，于是他们派信使接二连三地向法国国王路易七世呈递告急文书。法国的骑士们得知后，又开始讨论起拿起武器保卫基督诞生的圣地。没有参与第一次东征的国家的国王开始酝酿这次行动。此时，一个像当年的隐士彼得一样口才出众的人出现了，他将像彼得所做的那样唤醒民众。那就是圣贝尔纳。

第二次十字军东征

然而，我们可以明显地感觉到人们的热情已经远远比不上第一次了。事实上，人们的狂热在隐士彼得时代已经达到了巅峰，之后就开始慢慢消退。第三次东征时比不上第二次，第四次时又比不上第三次，最后公众的心彻底冷静下来。到那时，耶路撒冷重新回归土耳其人的怀抱也已引不起基督教使节的一丝骚动。这里有许多原因，其中之一就是欧洲已经厌倦了无休止的战争，不愿意再插手“亚洲事情”。吉佐特在他关于欧洲文明的绝妙演讲中成功地反驳了这一说法，并提出了自己的见解，这个见解更加令人信服。他在第八篇演讲中说道：“有些人一直认为那是欧洲已经厌倦了无休止地侵略亚洲的战争，这在我看来完全是无稽之谈。首先人不可能对自己未完成的事业感到厌倦，其次他们祖先东征时痛苦的感觉也不会遗传到他们身上，疲倦是一种个人的感觉，并不会遗传，所以13世纪的人不会对12世纪的东征感到厌倦。这些人是受了另外一种因素的影响，那就是他们的观念、信念、所处的社会条件发生了变化。人们不再有同样的欲望，不再相信同样的事情。他们拒绝相信他们的祖先深信不疑的事情。”

事实上，这才是变化产生的秘密。关于这一点，随着十字军历史向前推进，比较戈德弗雷、路易七世和理查德一世分别领导这一运动时公众的思想状态，我们就会发现其正确性越来越明显。十字军本身就是推动欧洲人民观念转变和整个欧洲文明进程的重要力量。在戈德弗雷时期，贵族们手握大权，气势逼人，上到国王下到平民百姓都对之深恶痛绝。他们离开欧洲意味着欧洲最愚昧、最迷信的势力的减弱。国王和人民摆脱了贵族专政的影响，自身实力壮大，在享受自由的同时也受到了文明的熏陶。就是在这一时期，作为十字军东征狂热情绪的中心——法国，其社会开始获得能量，王室开始获得实质上而非停留在书面上的权威。安定的秩序在法国生根发芽。当牧师们在召集第二次十字军东征时，人们已不愿舍弃自己的田产了。而从耶路撒冷归来的朝圣者们心胸变得更加自由开阔，因为他们看到了更加文明的民族，看到了大千世界，同时失去了那些由于无知所造成的偏见和执拗。骑士精神也发挥了其重要的影响，并通过东征的考验而发扬光大。不仅如此，它还使得人们的性情变得更加温顺，封建秩序更加富于理性。这时，在西班牙、意大利、法国和德国等国家出现了许多游吟诗人。他们四处游唱关于爱情和战争的歌曲，社会各个阶层都很喜欢。这些歌谣在根除十字军东征时大众心里的愚昧和迷信也起到了积极的作用。人们不再像以前那样甘心受牧师的奴役，失去了曾经对它们怀有的那种极端信任。

看起来十字军在英国所受的关注远比不上欧洲大陆，这倒不是因为英国人缺乏宗教热情，而是因为他们正忙于他们感兴趣的其他事情。英国当时正在遭受异国的侵略，根本顾不上同情在巴勒斯坦受难的基督徒。仔细研究历史我们就会发现，英国人根本没有参加第一次东征，第二次也很少有人参加。这为数不多的参与者也主要是由诺曼骑士和他们的仆从组成，而不是土生土长的撒克逊财主和平民，因为他们自身就处在水深火热之中。撒克逊财主和平民们认为施善应从身边做起，许多智者对此所见略同。

德国在十字军这场事业中涌现出了大批的狂热之徒，其大批未经开化的子民在第二次东征时仍然高举十字军大旗向东迈进，人数与第一次相比有过之而无不及，而此时，别的国家的这种热潮显然已经消退了。德国人的野蛮程度比其他国家的都要高，因此，很久以后，他们才得以从这种偏执中走出来。实际上，第二次东征的士兵大部分来自于这个国家，从这里征召来的远征部队士兵与第一次相比丝毫没有减少。

尤金纽斯教皇在多次接到叙利亚基督徒的紧急求救信后大为感动，于是他派圣贝尔纳去发起一场新的征战。当时整个欧洲的思想状况大抵如此。圣贝尔纳是做这件事的不二人选，他雄辩的口才在当时的欧洲无人能敌。只要他愿意，就能将听众们感染得或泪流满面，或开怀大笑，抑或是怒火中烧。他在生活中严于律己，自我克制，什么样的诽谤和中伤都丝毫不能损伤他的名誉。他当时已经辞掉了教会中的要职，正心满意足地在克莱尔沃克斯的小教堂里颐养天年。他只想得到他梦寐以求的闲暇时光，以便随时驳斥他人的中伤。任何邪恶遇到他都会受到严厉的谴责。无论谁受到了他的谴责或是同情，都会感到心安理得。他很契合这个时代，就像隐士彼得契合他那个年代一样。当然，隐士彼得倾向于冲动，而他则倾向于理智。彼得召集起来的是一群乌合之众，而他召集起来的是一支真正的军队。彼得和圣贝尔纳拥有同样的热诚和坚韧，但彼得是出于宗教感情的冲动，而圣贝尔纳则是自己深思熟虑的结果。他想扩大教会的影响，因为他是教会的栋梁和骄傲。

圣贝尔纳劝服的第一个人就是他的主人——路易七世。这位君王专横霸道且十分迷信，曾在洗劫维特里城时主使过一场臭名昭著的大屠杀。路易七世对此事件的悔恨和愧疚促使他很快被劝服，宣誓到圣城参加朝拜。圣贝尔纳刚开始劝说时，路易七世已经有一点心动了，于是经圣贝尔纳稍一劝说，他就投入到了这场征战中。他的所作所为对贵族阶层产生了很大的影响。由于许多贵族因祖先前辈参加圣战，家产被变卖而变得一贫如洗，所以他们急切希望通过征服外族来重振家业。于是他们竭尽所能，网罗士兵。短短的时间内，一支20万人的军队已经整装待发。他们在维兹莱举行了一个盛大的典礼。在一座万众瞩目的高台上，圣贝尔纳双手递给即将出征的法王一个十字架。几个贵族、三位主教以及皇后伊利阿诺也都出席了典礼，并报名参加了圣战。圣贝尔纳将自己的红袍剪成许许多多个十字架，让出征的士兵缝在自己肩上。他还在典礼上向众人高声宣读了教皇的布道书。教皇在布道书中承诺赦免那些即将参与这次出征的士兵的罪恶；命令任何人在这次神圣的朝圣活动中不得携带沉重的行李和无用的奢侈物品；贵族们不得架鹰玩狗，因为在第一次东征时，猎鹰和猎狗曾将军队带入歧途。

人们原本想让圣贝尔纳统率全军，但他生性喜好清闲，所以就拒绝了这个请求。他在圣丹尼斯举行了一个庄严的宗教仪式，授权路易七世作为全军的统帅，然后他继续游历全国，每到一处便号召人们起来参加这次东征。人们十分尊敬他那神圣的品德，认为他的话都是神的预言，他能创造出惊人的奇迹。有许多妇女为他的口才所感染，为他的美好语言所激励，离夫弃子，女扮男装，匆忙加入东征的队伍之中。圣贝尔纳在他写给教皇的信中详细描述了他的宣传所带来的成功。他说，在这几个城市中已经看不到可以上阵杀敌的男性居民，无论是乡村还是乡镇，到处都是悲伤哭泣的妇女，因为她们的丈夫离开她们去东征了。然而，除了上述的热情之外，我们可以看到，这次拿起武器征战的人数与第一次时的人山人海相比显得微不足道。直到最后，士兵的总人数也不到20万，不可能使法国之类的国家的人口减少到如圣贝尔纳所描述的程度。所以说圣贝尔纳对当时情况的描述显然不是真情情况，夸张得像是文学作品。

路易七世的大臣舒格极力劝阻路易七世不要亲自率军东征，因为他的国家需要他亲临朝政。但是这位国王对于自己在维特里所犯下的错十分不安，所以他急需按照当时宗教规定去朝圣来弥补自己的过错。他更想通过这个行为向世人证明，尽管教会侵犯了自己作为君王的特权，他仍可以勇敢面对。只要教会的行为不与自己的行为相违背，符合自己的利益，他完全可以拜服于宗教神圣的法令。舒格的劝说毫无作用，路易七世在圣丹尼斯接到法旨后，就做好了朝拜的准备。

与此同时，圣贝尔纳来到了德国，在那里他取得了同样的成功。圣贝尔纳崇高的品德早已冲破国界，闻名于基督徒世界，因此，所到之处受到了崇拜者热烈的欢迎。成千上万的人即使听不懂他所说的每一句话，但仍围绕在他的周围，只为一睹他的风采。骑士们也争先恐后地报名参加十字军，从他的手中接过东征的标志——十字。但是这一次，大家并没有像当年哥茨乔克那样的狂热。我们并没有看到二三十万人组成的队伍，浩浩荡荡地像蝗虫般铺天盖地地掠过整个国家。即使是这样，人们的情绪依旧很激奋。

人们到处传播着圣贝尔纳各种各样的故事，据说他非同寻常，能创造奇迹，他把远近乡村的人的激情都调动了起来。据说，圣贝尔纳目光所及之处，恶魔立即消失。他只要轻轻一触，就可以治疗各类疑难杂症。德国皇帝康拉德被自己子民的热情所感染，最后宣布自己将亲自挂帅上阵，为解放圣地而战。

康拉德一声令下，全国的准备工作遂紧张地开展起来。不到3个月，康拉德就发现麾下已经聚集了至少15万士兵，此外还有大量追随丈夫或情人的妇女。妇女们也被编成了分队，其中一支女队身披男式铠甲，骑着战马，首领还穿着带有金色马刺的半筒靴。这支女兵队因此有了一个外号叫“金脚女士”。

在法国人出发之前，康拉德已经准备就绪。于是，1147年6月，他已经秋毫无犯地通过了匈牙利和保加利亚，顺利抵达君士坦丁堡城。

这时候拜占庭老皇帝阿历克塞已经把皇位传给了迈纽尔·康尼努，新上任的皇帝对十字军的态度与前皇帝并无二致。当十字军到来的消息传来的时候，他变得非常警觉。之前，正是这支军队曾践踏过他的都城，打破他的子民的安宁。迈纽尔·考迈纳斯实力太弱，不可能拒绝十字军的通过，但让他的子民欢迎十字军的到来，那也未免太过强人所难，谁会信任那帮基督徒？实话说，他不了解十字军的真实意图，他也知道他能从十字军东征中得到什么好处，所以更无法虚构出从未感受到的友好感情等。

于是，从一开始希腊皇帝迈纽尔就与十字军结下了不解的孽缘。拜占庭的民众自豪于自身高度发达的文明，讥笑德国人是野蛮人。而德国人即使真的野蛮，也不愿意坦白承认，他们回骂希腊人是两面三刀的骗子和叛徒，所以双方的争执从未间断。

康拉德一路上纪律严明，但在君士坦丁堡他再也压制不住手下人的怒火。希腊人冒犯了他们，他们就闯入了迈纽尔辉煌壮丽的游乐花园中，但由于当时的历史学家水平有限，对于德国人要闯入这个花园的具体原因并没有明确记录。德国人在花园里看到了各种珍禽异兽，还有森林、山洞、树林和小溪，这些东西都保持着自己的原始状态。被称为“野蛮人”的德国人把这个美丽的花园摧毁殆尽，鸟兽珍禽不是被杀就是被放了。据说，迈纽尔透过他宫殿的窗户目睹了这一切，却无能为力。他没有实力，更没有勇气。迈纽尔对这个客人深恶痛绝，于是决定效仿前辈阿历克塞，立即将这群野兽打发走。

迈纽尔派信使送信给康拉德，诚挚地邀请其会面，但康拉德同样对他不信任，觉得自己的人身安全在君士坦丁堡无法得到保障，而力邀迈纽尔来自己的营地会晤。迈纽尔自然不答应，认为自己出城去与德国人会面既有损身份，更加不安全。经过几天的讨价还价，最终迈纽尔总算同意派向导带领十字军队伍通过小亚细亚。

康拉德于是率军通过了海利斯邦海峡，他亲自带领前队，后队则由好战的弗雷辛根主教率领。历史学家们对于希腊人事先安排向导将十字军引入险境这一点异口同声。可以肯定的是，向导没有把十字军引到水草丰茂的地方，而是将他们带到了卡巴多西亚的荒野中。在那里他们看不到草肥水美的富饶之地，而是受到了塞尔柱土耳其人的突然袭击。这时候，向导的阴谋已经掩饰不住了，他们一见到土耳其军队就逃之夭夭。

可怜的基督徒们在一望无际的荒野上与强大的敌人进行了一场不公平的战争。十字军士兵身着沉重的盔甲，根本无法对土耳其人的轻骑兵组织有效的抵抗。土耳其轻骑兵们动作敏捷，忽前忽后，搞得基督徒们晕头转向。土耳其人箭如雨下，支支射向深陷沼泽地的十字军士兵，他们苦苦挣扎，损伤惨重。德国人被打得狼狈不堪，迷失了方向，只得后退。缺水断粮的德国人，最终成了土耳其人的猎物和牺牲品。伯恩哈德公爵是这次远征队伍中最勇敢的骑士之一，他率领的分队所有人马都被围困，最终全军覆没。

康拉德身负两处创伤，差点儿送命。敌人穷追不舍，德国人根本做不出一点反抗姿态。因此，当康拉德最终到达尼西亚城时，他发现自己原来浩浩荡荡的10万名士兵和7万匹战马已经只剩下五六万疲惫不堪的残兵败将了。

尽管早有人提醒过路易七世，他还是对希腊皇帝的欺骗行为不予理会。他继续率军经沃尔姆斯和拉提斯本向君士坦丁堡进发。在经过拉提斯本的时候，路易七世遇见了一位迈纽尔派来的代表，他带来了迈纽尔写给路易七世充满阿谀奉承的信件。据说，当兰格里斯主教给路易七世念信时，这位法国国王害羞得满脸通红。这个代表的任务就是让法王做出一个承诺：友好、和平地通过希腊领土，并放弃占领小亚细亚的想法。路易七世很爽快地答应了第一个要求，但严词拒绝了第二个不合理的要求。路易七世继续行军，通过匈牙利后，在君士坦丁堡城外安营扎寨。

路易七世刚到，迈纽尔就向他发出了友好的邀请，请他带一小队人马入城。路易七世立马就接受了邀请，在宫殿的走廊里会见了拜占庭皇帝。迈纽尔向法王做出了各种各样的承诺，说尽了阿谀奉承之话，并以各种事实和论据来引诱法王放弃将来对希腊的征服。路易七世果断地回绝了他，返回了营地。他现在才明白，迈纽尔并不值得信赖。然而，这种谈判还是持续了一阵子，法国军队对此十分不满。当得知迈纽尔正和突厥人议和时，这种不满演变成了愤怒。大大小小的首领纷纷请战，要求率军攻打君士坦丁堡，并保证可以踏平这座阴险狡诈的城市。但是路易七世没有接受建议，他选择拔营绕过君士坦丁堡进直奔亚洲而去。

到了亚洲，路易七世才第一次听说了德皇康拉德的事情，并且看到了德国人在尼西亚城的残局。于是法德两国军队合并，共同沿着海岸线前往以弗所。但是康拉德嫉妒法军兵多将广，不愿自己处于隶属地位，就马上带兵退出了联合部队并返回了君士坦丁堡。迈纽尔面带笑容，彬彬有礼地接待了他。他对康拉德的遭遇表示同情，并对向导的愚蠢和奸诈进行了谴责。康拉德被他友善的外表所迷惑，有点儿相信他了。

路易七世继续向耶路撒冷进发，在米安德的岸边遇到了敌人。土耳其人占领了河流的通道，但是法国人技高一筹，他们买通了一个当地的农民，带他们找到了下游的一个浅滩。法国军队毫不费力地渡过了河，对土耳其军队发动了猛烈的攻击，突厥人防备不及，被打得四处逃窜。不过土耳其人是真的战败了还是假装战败，至今仍不得知。但看起来，似乎是后者更有可能。这可能是一个预谋已久的计划，他们把侵略者引诱到他们难以发挥本领的地方，然后将其一网打尽。如果真的是这样的话，那么这个计谋的制定者已经达到了自己的目的。十字军在取胜后第三天到达了一座陡峭的山下。要通过这座山只有一条小路，而突厥人的大队人马就埋伏在山顶上，他们隐藏得极为巧妙，山下根本看不出任何痕迹。“拖着沉重缓慢的步伐”，法国兵艰难地向上攀登，突然一块块巨石从山顶滚落下来，带着呼呼的风声。法国兵惊恐万分，死伤无数。与此同时，土耳其人的弓箭手在藏身处朝着十字军射箭，箭如雨下。但是骑士们身着铠甲，箭碰到身上又弹了出去。土耳其人又瞄准他们的战马，于是人仰马翻，掉入了悬崖下湍急的洪流中。路易七世还在后军作战，从前军退败回来的士兵的口中得知前方战线的消息，他在不明了敌军人数的情况下亲自催马上阵，试图以此来压制弥漫全军的恐慌，但是根本行不通。一块块巨石从山顶滑落，他们根本无法前进，即使是有人冲到了山顶，也被土耳其人割了头从山顶扔下。

路易七世拼尽全力冲杀，但还是不敌土耳其人，差点儿落入敌手。最后，路易七世在夜幕的掩护下，带着幸存的残兵败将逃到了阿塔利亚城下。路易七世在这期间重整军纪，鼓舞其手下溃不成军、无心再战的将士们不要放弃。之后，他与各个首领谈论了是否继续执行之前的计划。由于军中断粮已久，再加上疾病肆虐，最终首领们决定改道前往安条克城，因为这座城市由勃埃蒙德的继承者管辖，是唯一一个自由国度。当时安条克城的大权由雷蒙德掌控，他是法国皇后伊利阿诺的叔叔，他仗着这点关系劝说路易七世放弃十字军的伟大目标，即保卫耶路撒冷，留在安条克城帮助他扩张地盘，增大权力。特里波利大公也有相似的计划。但是路易七世拒绝了两人的建议，在安条克做短暂停留后就率军继续前往耶路撒冷了。

康拉德率德国远征军已提前到达了耶路撒冷。他离开君士坦丁堡时，迈纽尔曾保证要援助他们——但是援助迟迟未到，或许迈纽尔根本没想过给予康拉德什么援助。

十字军齐聚耶路撒冷城下，为了决定未来战争如何进行，他们举行了一次首脑聚会。大会最终决定使用在联军前往埃德萨城前包围大马士革的策略，把撒拉逊人从那个作为战略要塞的城市中赶出去。这个大胆的计划如果实现的话，他们极有可能取得战争的最终胜利。但是基督徒们从未汲取历史上的悲惨教训教给他们的联合的重要性，从来都不知道团结一致才是克敌制胜的法宝。尽管他们都同意这个策略的内在精神，但是每个人又对如何具体进行作战有自己不同的见解。安条克和特里波利两位大公不仅互相嫉妒，还对耶路撒冷国王产生了猜忌。康拉德嫉妒法王，法王对其他所有人都感到厌恶。但是法王来到耶路撒冷是为了了却自己曾经立下的誓言，所以虽然他的看法有失偏颇，但至少是诚心诚意的。他下定决心等待机会全心全意地完成这一事业。

根据制定的策略，他们包围了大马士革城。十字军人数众多，士气高昂，所以立马占了优势。围困了这座城市几个星期后，城墙上被打坏的防御设施和守城士兵日渐无力的抵抗使得十字军坚信：城中的敌人坚持不了几天了。就在此刻，十字军内部之间的嫉妒和猜忌达到了高潮，首领们都各怀鬼胎，致使即将取得胜利的围城失败，也使得整个东征彻底结束。一本介绍烹调兔子的书上写道：应该“先抓住兔子，再杀掉它”——这真是一条散发着智慧之光的至理名言。而基督徒们在此时却显得有些可笑，因为他们竟然为了一座还未征服的城市的统治权而展开了激烈的争论。安条克城和特里波利城已经有了各自的大公，而现在有20名首领申请主政大马士革城。于是，他们召开了一个谁应该享受这份荣誉的大会。许多珍贵的时光就这样耗费在了这样无谓的争论之中。就在这个时期，敌人趁着他们倦怠之时积攒着力量。最终，经过一场异常激烈的争论，由曾经两次到达圣城的来自丁弗兰德的罗伯特公爵获得了这份荣誉。其余的首领则不承认这个争论的结果，拒绝在围城过程中互相合作，除非再举行一场更加公正的讨论。猜忌之风笼罩着整个十字军营地，关于阴谋和奸诈的最恶毒的谣言四处传播，那些心怀不满的候选人只为自己打算，不顾大局，把自己的士兵撤出了围城队伍。他们的做法得到了其他首领和士兵的效仿。这种行径造成了极其恶劣的后果：由于长期的攻打已经变得不堪一击的城墙已经无人包围了。敌人立马从十字军的漏洞中得到了好处：他们取得了充足的给养，又重新加固了城墙，而十字军还没意识到这一点。当他们有所察觉时，一切都为时已晚。穆斯林彪悍的艾米尔（土耳其高官的称号）沙甫艾丁已经率领大军前来解救大马士革之围了。十字军队伍一触即溃，被迫放弃围城，灰头土脸地返回了耶路撒冷。就这样，他们不仅没有削弱敌人的力量，反而被敌人削弱了。

十字军的宗教热忱到此已经完全消退了，即使反应最迟钝的士兵也从内心深处感到了厌倦。即使是开始时踌躇满志的康拉德，此刻也心灰意冷地带着一帮残兵败将返回了欧洲。路易七世因为羞于归国而在耶路撒冷停留了几日，最终由于顶不住大臣舒格的劝说回到了法兰西。十字军第二次东征到此结束，东征的历史就是不断失败的历史。耶路撒冷王国比十字军刚从欧洲出发之时更加难以为继。基督徒们从东征中除了羞辱之外一无所获，这次东征使所有与它有关的人都感到灰心丧气。

第三次十字军东征

由于做出的预言和实际结果相去甚远，圣贝尔纳名誉扫地。就像其他曾经做过与最终结果大相径庭的预言的预言家一样，人们对圣贝尔纳怀有的尊敬已荡然无存。更为糟糕的是，他在任何国家都无法得到昔日的荣耀了。但是，仍然有一些狂热分子站出来为他说话，试图挽回他的声誉。弗雷辛根主教也声称预言家们的预言不一定全部能言中，是十字军自身犯下的罪恶使天庭降祸。来自克莱弗克斯的吉奥弗罗瓦为圣贝尔纳做了最为天才的辩解，他坚定地认为十字军并不是不幸的。他解释道，圣贝尔纳预言了一个很好的结果，但是十字军最终的结果并不能说是不好的，毕竟它为上天贡献出了一大批光荣的烈士。吉奥弗罗瓦是一个特别狡猾之人，他确实鼓动了几个狂热分子，但是即使在那个年代平民百姓也不是那么容易糊弄的。

我们现在应该谈一谈第三次十字军东征及东征的必要性了。第一次东征后流行一时的狂热降温至此已濒临全部熄灭。欧洲诸国冷漠地旁观他们的王公们做着战争的准备。但是在战争中兴起的骑士精神现在正风靡起来。于是，当普通老百姓不愿再让他们身强力壮的年轻人去参加东征队伍时，是骑士精神的感召为解救圣地提供了军队。激起第三次十字军东征的，不是宗教，而是诗歌。但是，诗歌在当时就像“餐桌上的鱼子酱”那样，在大众之中曲高和寡，因为大众都有他们更值得关注的事情。然而，骑士和他们的追随者满怀欣喜地倾听英、德、法、意等国的游吟诗人吟唱关于战争和爱情的歌谣，都梦想着在圣战中取得卓越功勋来赢取心仪姑娘的芳心。

第三次东征事实上是十字军历史上的浪漫时代。那时的男人们打仗并不完全是为了圣墓以及在东方保留一个基督教王国，而是想在这简直是唯一的绝佳机会中为自己赢得荣誉。他们是士兵，而不是宗教狂热之徒；他们不是为了宗教而战，而是为了荣光；他们不是为了被授予殉教的美名，而是为了获取情人的欢心。

我们在此没有必要详细叙述萨拉丁是如何取得东方帝国的最高权力的，或者他是如何将穆斯林的旗帜牢牢树立在耶路撒冷的城墙之上的。我们只知道，基督徒骑士们和圣城的其他基督徒们，包括圣约翰骑士团的成员、专职救护贫困基督徒的慈善团、保卫圣墓和保护朝圣者安全的圣殿骑士团成员们一并跌入了邪恶的深渊。由于这些基督徒之间无谓的嫉妒、猜疑和内讧，根本没有能力保护自己，更遑论对手是智慧、彪悍的萨拉丁率领的勇猛的穆斯林铁骑。

圣城沦陷的消息传到欧洲后，骑士阶层痛苦不堪，因为这些人最高层的成员都与巴勒斯坦的人有着血缘和友谊上的种种联系。泰伯利亚斯战役中基督徒惨败后又遭到屠杀的消息先传到了欧洲，接着又传到了耶路撒冷、安条克、特里波利和其他相继沦陷的城市。忧伤笼罩着整个教士阶层，教皇乌尔班三世得悉这个噩耗后非常悲伤，面容变得憔悴不堪，人们很难再看到他露出笑容，直到他去世为止。乌尔班三世的继承者格列高历八世也感到了深深的痛苦，但是他挺住了。他下令让整个基督教世界行动起来，号召人们拿起武器勇敢地夺回圣墓。

泰尔大主教威廉是隐士彼得的虔诚信徒，他离开巴勒斯坦前往欧洲各国向国王们痛陈他目睹的基督徒所遭受的苦难，并要求国王们发兵救援。

著名的德国皇帝腓特烈·巴巴罗萨火速集结军队，迅速穿过叙利亚，快马加鞭，以迅雷不及掩耳之势击败了撒拉逊人，攻占了伊科尼亚城。不幸的是，他的生命却在如日中天时戛然而止。因为天气过热，他草率地跳入锡德纳斯河中洗澡，不幸溺水身亡。他死后职位由苏比亚伯爵代理。事实证明，后者不能胜任该职位。自从他率军以来，军队一再遭受打击，最后只能苦守安条克城等待欧洲援军的到来。

英国的亨利二世和法国的菲利普·奥古斯都代表本国的骑士阶层全力支持十字军东征，直到有段时间战争和内讧使他们无暇顾及东征为止。两位国王各带领一队精悍的骑士于1188年1月在诺曼底的吉佐见了面。泰尔的手下威廉以其雄辩的口才详细陈述了东征的必要性。于是他们群情激昂，立下誓言要前往耶路撒冷。同时，他们决定向整个基督徒世界中不能或者不愿意亲自参加东征的人征收什一税，即无论是田产还是财产，这些人都必须把他们家产的1/10作为税款上交给国家。这种什一税也被称为萨拉丁的什一税。每个采邑的领主，无论是不是基督教徒，都必须负责在自己的领地内征收什一税。根据法令，任何拒绝缴纳其应缴份额的人都将被强行变为主人的奴隶，丧失所有的人身自由。而对于那些参加十字军的人，两位国王则赐予了很大的恩惠：任何人都不得以任何罪名阻止他们加入东征的队伍，无论他们是欠了债，还是犯了抢劫、谋杀等罪行。法王在巴黎召开议会，隆重地通过了这些规定。亨利二世在鲁昂为他在法国的领地宣读了命令，也在北安普敦的盖廷顿英格兰的领地宣布了这个决定。用一位古代编年史作者的话来评价："他（亨利二世）召开会议商讨前往圣地的事宜，并以向人们征收什一税骚扰了整个国家。"

但是，并非只有英格兰遭到了什一税的"骚扰"。法国人民对此也无任何好感。并且，从那个时候开始，他们对十字军的态度由冷漠转变成了厌恶。即使是教士阶层也不愿从自己的腰包里掏出一分钱来支持十字军，尽管从教士本身来讲，他们希望别人拿出一半甚至全部的财产来促进这项他们最喜欢的事业。《法国史素材》的作者米洛也提及有几个教士大声疾呼，不愿交税。另外，当兰斯的地方教会被要求交税时，他们派了一位代表去面见国王，劝说国王应该对他们为战争所做的祈祷感到满足，不应再让他们交税，因为他们太穷困潦倒了，除了自己的诚心祈祷外一无所有。但是菲利普·奥古斯都知道这是怎么回事，他想教训他们一下，就命令教会附近的三位贵族把教会的田产踏为废墟。教会得知以后，遂请求国王赔偿。而国王说："我会以我的祈祷来帮助你们，我会祈祷他们放过你们。"他果然这么做了，只是祈祷而已。他开玩笑的口吻使得那三位贵族认为停止破坏是荒唐的，因此继续他们的破坏活动。教会又一次向国王送信抗议："你想从我们这里获得什么？""你给了我们需要的祈祷，我也给过你所需要的祈祷。"国王用这样的话回应他们的抗议。教会至此才幡然醒悟，不等再催促就乖乖地上交了自己应交的什一税。

这个故事说明了东征是多么不得人心。就连教会都不愿意贡献自己的力量，人民大众对东征更是厌恶反感。但是欧洲的骑士阶层却对此异常积极，什一税很快就征收上来，从英格兰、法国、勃艮第、意大利、佛兰德斯和德国召集来的军队迅速集结，整装待发。但是，还未等到两位国王率军东征，英法两国之间就陷入了争吵之中，原因是吉耶那伯爵理查，即历史上有名的狮心王侵犯图卢兹伯爵领地的事件。出征巴勒斯坦的日期被推迟了，两国开始打仗，短时间内也不会有什么结果，很多急于东征的贵族们撇下两位国王独自前往巴勒斯坦去了。

亨利二世最后在敌人的敌意、儿子们的奸诈和忘恩负义之中撒手人寰，他的儿子理查马上与菲力普·奥古斯都达成了同盟的协议，两位年轻气盛、鲁莽冲动的国王准备联合起来共同东征。他们带着大批彪悍的随从在诺曼底的诺南科特会师。在全体骑士面前，他们像兄弟一样拥抱，并且发誓两国要成为真正的盟友，这种关系直到东征从圣地返回40天后为止。为了把营地中对有损东征的愚行和恶习清除掉，他们为军队制定了多项法令。之前军队之中赌博盛行，并因此引发了许多争吵和流血事件。这次，他们在法令中禁止军队之中骑士级别以下的任何士兵以任何方式赢钱。骑士和教士可以玩，但是每人每天只能输赢20先令，如若违反该法令，将被罚款100先令。参加圣战的贵族也可以赌博，但也不能超过上述限度。对军中出格行为的惩罚是裸身鞭笞，示众三日。任何参加东征的士兵都不得伤害同伴，违者将被砍去双手。任何杀害本军士兵的人都会被绑起来与被害人的尸体一起埋葬。法令还禁止年轻妇女随军，但是仍然有许多已婚、未婚妇女，手持宝剑或者长矛冒着被惩罚的危险追随着自己的丈夫或情人来到了军中。只有一类妇女准许光明正大地随军东征，那就是50岁以上的洗衣婆或者其他超过50岁的妇女。

法令颁布以后，两位国王共同行军至里昂，他们商量好在梅西那汇合后就兵分两路。菲力普翻越阿尔卑斯山，来到热那亚，在那里他带着自己的军队乘船安全抵达了约定的会师地点。理查生性鲁莽，路上不断发生各种争端。他手下的随从尽管打仗时和他一样英勇，但有时也同他一样莽撞，他们在行军路上也争吵不休。到了梅西那后，他们向当地的西西里人购买生活必需品。但是西西里人坐地起价，理查的士兵怎么抗议也无济于事。开始只是争吵，后来演变成了打架。最后，由于士兵们无法购买到东西，他们就洗劫了西西里人。于是，双方开始打仗，在以后的一次冲突中，理查的爱将莱布兰不幸丧命。附近的农民从四面八方赶来支援城里的西西里人，战争规模迅速扩大。由于爱将丧生，加之有人报告西西里王坦可里德亲自带军向十字军开战，理查非常愤怒，他手持宝剑带领自己最英勇的骑士也加入了混战，他们击退了西西里人，并横扫了整个战场。他亲手扯下西西里的旗帜，换上了自己的旗帜。这个行为极大地冒犯了法王。从那个时候开始，法王对理查有了戒备，他认为理查的目的不是到东方重建一个基督教王国，而是要征服沿途别的国家，为自己谋利益。但是法王没有表达出他的不满，只是利用自己的影响力平息了英格兰人和西西里人之间的争端，然后乘船前往阿克尔。自此，法王的心里埋下了对盟友不信任的种子。理查待了几个星期，这种按兵不动的状况颇有点儿不合他的平时风格。看来他已经不与西西里人起冲突了，还过起了安逸奢华的日子。在这种快乐的生活里，他仿佛忘记了自己离开英国带兵出征的目的，也没有意识到这种过分的行为会给整个军队带来怎样危险的不良影响。后来，士兵们的迷信行为唤起了他的责任感。他们一连几个晚上都看到一颗彗星在夜空飞行，这个现象被解释为上天对他们延误时间的惩罚。流星也一颗颗划过天空，他们认为这也是同样的警告。

一位名叫约奇姆的狂热之徒披头散发，手执长剑穿过营地，长长的头发在肩头狂野地飞舞。他整夜整夜地大声嚎叫，声称如果他们再不立即出征，瘟疫、饥荒和其他灾难将降临到他们的头上。理查这才开始重视，在为自己的疏忽懈怠做了祈祷后，扬帆前往阿克尔。

一场剧烈的风暴吹散了理查率领的舰队，但他最终还是带着主力部队安全抵达罗得岛。当他到达后才得知己方的三艘船在塞浦路斯布满礁石的海滩上搁浅，岛上的统治者伊萨克·科姆内纽斯放纵自己的人抢劫了这三艘不幸的船只，并且拒绝为理查的未婚妻白兰加莉亚提供住所。还有，他的姐姐乘坐的其中一艘船被风暴吹到了利米索港。理查满腔怒火，立即召集全部船只返航到利米索。伊萨克拒绝向他道歉，并且不对他做出任何解释。理查哪里受到过如此怠慢，他率领军队登上陆地，把伊萨克派来阻挡他的军队打了个落花流水，并把整个塞浦路斯国置于自己的管辖之中，强令每个人都必须向十字军缴纳什一税。

狮心王一到阿克尔就发现欧洲骑士的全部精英都在此等候着。耶路撒冷王盖伊早就召集了慈善团、圣殿骑士团等所有勇敢的骑士包围了阿克尔。但是阿克尔城内驻扎着萨拉丁人数众多、纪律严明的部队，基督徒们对他们也无可奈何。

基督徒们已经包围阿克尔近两年，什么方法都尝试过了，依然毫无效果。双方也曾展开过许多次激烈的战斗，但是哪一方都占不了上风。盖伊几乎绝望，他后悔自己竟然在没有得到欧洲支援的情况下就企图拿下这个坚固的堡垒。法王菲力普率领骑士们抵达，盖伊异常高兴。当他得知理查率军抵达的消息时，他更加高兴的无法形容。他只盼望着理查来后能对敌军城池进行一次最后的、致命性的打击。当看到英格兰舰队徐徐接近叙利亚的海岸时，整个基督徒营地发出了响彻云霄的欢呼。理查率军登陆后，欢呼声更加响亮，甚至在萨拉丁所率大军驻扎的南边山岭上都能听到。

这次东征可以具体概括为以下特点：基督徒和穆斯林不再将对方看成不共戴天的仇敌，也不再视对方为野蛮人。双方对对方的英勇善战和宽宏大量表示了崇高的敬意。双方有时会达成一项停火协议，停火时双方都以礼相待。穆斯林武士们对基督徒骑士们礼貌有加，并感慨如此优秀的人竟然不是穆斯林。基督徒们也怀有同样的感觉，他们把撒拉逊人的绅士风度捧上了天，私下里议论，如此慷慨、英勇的人竟然不信奉基督，真令人惋惜。可是，一旦冲突开始，所有对彼此的好感都会抛之脑后，双方的勇士们又开始义无反顾地进行殊死搏斗。

菲力普自梅西那事件后就对理查怀有戒心，两位国王都不愿和对方一同行动。法王不愿意与理查一起攻打阿克尔，于是单独出击，结果铩羽而归。理查尝试了一次，也是同样的结果。菲力普为了胜理查一筹，他劝诱英国的士兵加入自己的队伍，他说，任何一位骑士，只要愿意放弃英国旗帜，加入到法王的队伍中，每人每月将得到三块金币。理查也不甘示弱，他颁布了同样的命令，保证让那些愿意为英王效力的法国骑士每人每月四块金币。他们的时间都浪费到了这样无谓的争执上，军队中严明的纪律和办事效率受到了极大损害。不可否认的是，联军还是取得了一定的战果：两支大军的出现使得城中无法从外界获得给养，城中的人口由于饥荒而锐减。萨拉丁不愿意冒险前去营救，他只盼望十字军发生内讧，在其力量因内部争斗而削弱时再轻而易举地歼灭敌方。如果当时他知道阿克尔城中极度困苦的情景，也许会改变他的主意。但是，由于十字军切断了萨拉丁军队与阿克尔城的联系，当他知道城中的困境时，一切都为时已晚。一段短暂的停火之后，阿克尔城投降了。但是投降的条件太苛刻以至于萨拉丁后来没有批准。投降的条件是这样的：由于阿克尔城中的十字架被耶路撒冷的穆斯林拿走，土耳其人应该重建这些十字架；土耳其人应当赔偿20万金币；释放阿克尔城中囚禁的所有基督徒；放还萨拉丁军中的基督徒俘虏，总人数为200名骑士和1000名士兵。萨拉丁这位东方的王公哪里储备有这么多木材用来重修十字架，当然他也不愿意这么做。因为他知道，一旦在城中重建十字架，敌人的气焰会更加嚣张。因此，他拒绝交出木材，其他的条件也概不接受。狮心王理查在盛怒之下，野蛮地下令处死了所有的撒拉逊战俘。

占领了阿克尔城却带来了新的令人不愉快的纷争，十字军的领袖们又开始争吵起来。奥地利大公未同其他人商量私自把自己的旗帜挂在了阿克尔城的一座塔上。理查看到后亲自把它扯了下来，踩在脚下。尽管菲力普并不同情那位大公，但他对理查的行为还是感到愤慨。两人之间的嫌隙越来越大。与此同时，盖伊和蒙特弗拉的康拉德为了耶路撒冷的王位又开始了愚蠢的争论。那些下级骑士们很快沾染上了首领们的不良习气：嫉妒、猜疑、恶语中伤充斥了整个十字军的营地。在这场混乱的氛围中，法王突然宣布他想返回自己的国家。理查听后怒火中烧，他大声喊道："不管什么原因，如果他背弃这项未竟的事业，他和所有的法国人都会背上永远的耻辱！"但是菲力普并未因为这种话而多做片刻停留。究其原因，一方面由于对东方环境的不适应，他的健康状况已经大不如前；另一方面，他野心勃勃，但由于他的势力不如理查，无法如他所愿在东征中起到支配作用，所以他宁愿无功而返也不愿仰人鼻息。他带领几乎全部士兵返回了国家，只留下勃艮第地区的一支小部队。狮心王理查在此之前有过许多竞争对手，并从未对他们表示过一丝尊重，但是菲力普二世一走，他就痛苦地感到失去了一只有力的臂膀。

菲力普走后，理查重新加固了阿克尔城，在教堂里重建了基督教的各种设施。他留下一支部队保护阿克尔后，就沿着海岸向阿斯卡隆进军。萨拉丁此时处于警戒状态，他派出轻骑兵骚扰理查军队的后方。由于错误地估计了菲力普走后十字军的战斗力，萨拉丁决定强迫十字军与自己决战。两支军队在阿佐图斯附近相遇，一场激烈的战斗开始了。最后，这场战斗以萨拉丁战败率军落荒而逃而结束。这对于十字军而言，意味着通向耶路撒冷的大路至此已经被完全打通了。

内讧又一次向十字军展示了其恶劣的影响力，使得理查不能再创佳绩。其他首领们由于嫉妒理查的英勇和影响力，经常违抗他的命令。整个军队也不再向耶路撒冷甚至阿斯卡隆进军，而是违背了原来的计划前往雅法，并且一路疏忽懈怠，直到萨拉丁组织了另一场战斗来打击他们。

许多时间都花在了毫无结果的仇视和讨价还价之上。理查渴望夺回耶路撒冷，但是路上的重重困难使得一身英勇的他也无计可施。他自身令人难以忍受的自负是造成这一恶果的重要原因，这使得许多高尚之人与他疏远，而这些人本可以满腔热情地与他合作。最后，大家终于同意继续向圣城进军。但是大军走得如此缓慢和不顺利，士兵们牢骚满腹，首领们也时常打退堂鼓。天气又热又干，路上也找不到水源。原来是萨拉丁早已派人将沿途所有的水井和池塘填盖了，行军中的士兵已经没有足够的毅力在困苦中勇往直前了。抵达伯利恒时，首领们开会讨论是继续进军还是撤退。最后，他们决定立即撤退。据说，撤退前，理查被领到一座山上，在那里他看到了耶路撒冷林立的塔尖。他对于自己不能光复一座近在眼前的城池而感到内疚，他用盾牌掩面，大声啜泣。

十字军分成了两支，人数较少的一支退至雅法，人数较多的一支由理查和勃艮第大公率领返回阿克尔。当理查快要准备返回欧洲时，信使飞报雅法被萨拉丁围困，并说如若不马上前往营救，整个城池会有沦陷之险。勃艮第领导的法国士兵由于厌倦战争不肯出兵援救困在雅法的兄弟部队，理查对这种卑怯胆小的行为感到十分羞耻。他立刻召集英国士兵前往雅法，并且及时解救了这座城。其实，撒拉逊人对狮心王的威名早有耳闻，一听说他来了就被吓得逃跑了。萨拉丁久慕理查的英勇，所以当理查胜利后要求缔结和平条约时，他很快就答应了。双方协定停战三年零八个月，在此期间基督徒朝圣者可以自由、毫无阻碍地拜谒耶路撒冷，不用缴纳任何税收；十字军可以占领雅法和泰尔两座城市。萨拉丁以王侯般的礼遇慷慨地邀请来自十字军的基督徒们参观耶路撒冷，许多首领趁此机会在这个异常神圣的地方大饱眼福。许多人还在这位苏丹自己的宫殿里玩了几天。回来后，他们都对萨拉丁这位高贵的异教徒赞不绝口。理查和萨拉丁在许多人心目中留下了深刻的印象，我们可以在瓦尔特·司各特的传世小说中一览他们的风采，虽然他们俩从未谋面，但是两位都很佩服对方的英勇和高贵。由于双方互存敬意，他们的条约订立得非常简单，没有一条苛刻的条件。英王理查不再耽搁他的行程，因为信使从本国带来了惊人的消息——国内有人密谋推翻他的王位，他必须马上回去平息叛乱。众所周知，他途经奥地利时被囚禁，最终又被赎出。就这样，第三次十字军东征结束了。这一次东征没有像前两次那样涂炭生灵，但却一样毫无用处。

第四次十字军东征和第五次十字军东征

公众热情的火焰如今只剩下苍白的火苗了，教皇们和当权者们竭尽全力也无法再使它熊熊燃烧。最后，就像要燃尽的蜡烛一样，经过一段摇晃不定之后，它在最后关头又明亮地跳动了一下，然后就永远地熄灭了。

第四次东征与公众的热情没有一点联系，也没引起人们的注意。萨拉丁死后，也就是他与理查签订的停火协定到期一年后，他打下的广阔帝国分裂成了一个个小国家。他的兄弟谢夫·艾丁，又叫萨法丁，统治了叙利亚，在统治期间经常受到了萨拉丁儿子们的骚扰。这个消息一传到欧洲，教皇谢莱斯丁三世认为这是进行一次新的东征的绝好机会，但是欧洲各国都冷淡地表示不愿意出征。人民毫无热情，帝王们忙于国内更重要的事务。整个欧洲只有德国皇帝亨利赞成。在他的支持下，撒克逊公爵和巴伐利亚公爵率领一支大军前往巴勒斯坦，可他们到达后却没有受到当地基督徒的欢迎。在萨法丁温和的统治下，他们已经开始休养生息，十字军的到来打扰了他们的安宁。他们把这支德国部队看成爱管闲事的冒失鬼，因此在以后与萨法丁的战役中他们一点儿也不支持十字军。这次十字军东征的后果比上一次更具有灾难性，因为他们不仅激怒了撒拉逊人，使得撒拉逊人仇视朱迪城的基督徒，还丢掉了坚固的雅法城，并使得9/10的士兵命丧他乡。第四次东征结束了。

第五次东征更加重要，结果连它当初的策划者都从未想到——包括席卷君士坦丁堡并把法兰西王朝的势力延伸到东方的帝国。后世的教皇们不管在别的观点上与前任有多么不同，他们都一致同意这一点，即必须竭尽全力维护罗马教皇的支配地位。而十字军东征正是要达到这个目的。他们只要能够说服欧洲的王公贵族们到叙利亚冲锋陷阵或者以身殉教，他们在本国人民心目中的支配地位就稳固了。出于这样的目的，他们从来都不要求十字军打胜仗，也不管时间选得是否正确，或者军饷、士兵是否够用。教皇英诺森三世当初能够劝说英、法那些固执的王公贵族们顺从他的意志，他感到十分骄傲。但是约翰和菲力普·奥古斯都事务缠身，两人以前都冒犯过教会，并且都处于教会的禁令之下。两人都忙着在国内进行重要的改革。菲力普正授予他的子民豁免权，约翰也被迫在进行同样的改革。教皇的使者多次劝说也只是枉费心机。

但是，就像在前两次东征中一样，一位有影响力的牧师以他滔滔雄辩的口才说服了贵族阶层，并通过他们点燃了更多人的热情之火，这就是那位野心勃勃、魅力非凡的高级教士、纽伊利主教福尔克。罗马教廷一发现这位难得的人才，就派他去鼓动每一位听众参加东征。幸运之神对他青睐异常，他所到之处几乎没有人对东征不感兴趣。香巴尼公爵西奥保德曾举办过一次盛大的马上比武大会，他当时邀请了许多贵族参加。比武大会时，除了有2000多名骑士和他们的随从参加了比赛外，还有许多观众目睹了这一盛会。福尔克亲自来到了比武大会的现场，他感到这是一个鼓动他们参加新的东征的绝佳机会。于是，他用具有诱惑力的言语，满怀激情地向众多的听众发表演说。年轻气盛、容易激动的香巴尼公爵双手接过了十字架。热情迅速蔓延开来。布鲁瓦公爵查尔斯也效仿了他，出场的全部2000名骑士中有1850名报了名。像过去那样，公众的热情又被点燃了。弗兰德斯伯爵、巴尔伯爵、勃艮第公爵、蒙特弗拉侯爵等都带着他们所有的臣仆加入到东征的队伍之中。短时间内，一支庞大的军队就集结在人们面前，准备进军巴勒斯坦。

大家都十分清楚越境行军的危险，于是十字军就努力与一些意大利的城邦订立了和约，要求使用对方的船只过境。年老的威尼斯总督丹多洛让他们使用自己共和国的大帆船。可东征的士兵们到达威尼斯后发现自己所带的钱太少了，连对方索要船费的一半都无法支付。他们用尽各种方法赚钱，士兵们把盘子熔成金属块卖掉，妇女们献出了自己的饰物，他们还向欧洲忠实的信徒请求支援。但是，他们能卖钱的东西极为有限，欧洲不肯多花钱的“忠实”信徒又多，他们实在无法支付船费。

最后，丹多洛愿意自己共和国出钱送他们去巴勒斯坦，但有一个条件，十字军必须帮助威尼斯收复不久前被匈牙利国王攻占的城市扎拉。令教皇不高兴的是，十字军竟然同意了这个条件。尽管教皇威胁说他将开除那些半途而废不去巴勒斯坦的人的教籍，但无论教皇如何愤怒，这支十字军也从未到达巴勒斯坦。他们根据丹多洛提出的条件迅速围住了扎拉城，经过守城将士一段时间的顽强抵抗，这座城市自愿投降了。这时，如果十字军愿意的话，他们可以自由地与撒拉逊人作战了。但是，由于没有预见到的情况，首领们的雄心被引导到了别的地方。迈纽尔·考迈纳死后，希腊帝国分裂了，他的儿子阿历克塞二世继承了他的王位，但不久就被他的叔叔安德罗尼克斯谋害。而后者的王位也没能持续多久，同族的另一位成员伊萨克·安格鲁斯起兵讨伐这位篡位者，很快战胜并俘虏了安德罗尼克斯，之后又将其处死。他登上王位不久，他的兄弟阿历克塞又废黜了他，剥夺了他的执政资格，并挖出他的双眼，将他关入地牢。这位阿历克塞三世也没能在王位上坐稳。

不幸的伊萨克之子，也叫阿历克塞，从君士坦丁堡逃出。当他听说十字军攻占扎拉的消息后，找到了十字军，声称如果他们帮助他推翻他叔叔的统治，重夺王位，他愿意给予十字军丰厚的报酬，并向他们许诺说：如果十字军能帮助他夺回父亲的王位，他愿意将希腊教会置于罗马教皇的统治之下，让希腊全国的军队加入十字军征服巴勒斯坦，并向东征的十字军提供20万银马克的军费。十字军接受了这个条件，但又提出一个附加条件：如果教皇不同意，他们有权放弃。很明显这无须担忧，对于罗马教廷而言，即使彻底歼灭巴勒斯坦的撒拉逊人也不如让分立的希腊教会归顺更让人满意。

十字军动作很快，迅速包围了君士坦丁堡。他们有熟练的战术，大家英勇作战，城中的敌人闻风丧胆，篡位者的梦想变成了泡影，再也保不住王位了。徒劳地抵抗了一阵之后，他弃城而逃。年老眼盲的伊萨克的手下将他从地牢中解救出来并扶上了王位，他的儿子阿历克塞四世被定为王位继承人。

战争胜利后，阿历克塞四世也该履行自己的承诺了，但条约中的某些条件冒犯了希腊人民，所有希腊的高级教士都拒绝接受罗马教廷的管制。阿历克塞开始劝说自己的子民归顺罗马教廷，同时祈求十字军能够留在君士坦丁堡，以便帮助他巩固他还不稳定的权力，但他没有及时兑现给十字军的巨额军费，这使十字军十分恼怒。阿历克塞很快在自己的子民心目中名声扫地。最后，希腊人和十字军都向阿历克塞宣战，他的子民是为了反对他的独裁，他以前的盟友十字军是因为鄙视他的虚伪。阿历克塞被他的卫兵在宫殿里抓住后投进了监狱，与此同时，十字军也正在准备包围君士坦丁堡。很快，希腊人开始着手准备选举一个新的国王，这个新国王应该同时兼具勇敢的性格、充沛的精力以及坚韧的品质。最后，希腊人将目光锁定在了杜卡斯身上。杜卡斯这个人虽然满身恶习，无恶不作，但却具备他们要求的各种品质。他以摩苏弗里斯的名字登上了王位。摩苏弗里斯上位后第一件事就是除掉非常年轻的前任国王——又老又瞎的伊萨克早已被疾病夺去了生命，他面前的绊脚石又少了一块——年轻的阿历克塞很快被处死在了监狱。

现在，十字军和希腊人之间已经剑拔弩张了。公元1204年早春，十字军开始准备攻打君士坦丁堡。开战前，法国人和威尼斯人已经签订了战后如何分享战利品的协议，因为他们从未考虑过失败，充满自信。果然，十字军的踌躇满志令他们旗开得胜。而拜占庭就像外表强大内心空虚的纸老虎，心里充满了自卑与恐惧，他们被这种预兆吓得毫无还手之力。令所有历史学家吃惊的是，尽管拜占庭粮草充足，兵强马壮，而且他们的皇帝摩索弗里斯以英勇闻名，却拿不出什么好办法来抗击敌人的进攻。

双方的实力也确实相差悬殊，据说十字军的人数是拜占庭军队人数的1/10。并且，如果说十字军是因为他们进城以后可以大肆掠夺才这么勇猛的话，那么希腊人更应该士气旺盛，因为那是在保护他们的祖国，保卫自己的家园。

然而，事态的发展出人意料，十字军发起了一场猛烈的攻击，但是被击退了。隔天，他们就重新组织了起来，以两倍于前一天的火力又开展了一场攻击。这一次十字军把船开到了城墙下，将任何胆敢抵抗的敌人杀之而后快。最后，十字军只付出了微小的伤亡代价，就攻进了君士坦丁堡城中。摩索弗里斯弃城而逃，把自己的城邦和子民丢给了任意屠杀的侵略者。

十字军的士兵们在城内发现了不计其数的财富，仅钱币的数量就足够给每个骑士分20个银马克，每个仆人10个，每个弓箭手5个。珠宝、天鹅绒、丝绸、华服、美酒、鲜果以及很多他们见都没见过的奇珍异宝，这些都归他们所有了。威尼斯商人将这些战利品变现后分发给了每一个士兵。

残酷的杀戮也没有停止，2000希腊人已经丧命于他们之手，如若不是因为城中的珍宝吸引了他们的注意力，被屠杀的人可能会多得多。在这许多次足以玷污历史的血腥战斗中，我们会发现以下特点：士兵们对于上帝精心创造的万物之灵——人类毫无怜悯之心，他们如同野兽般肆无忌惮地屠杀着上帝的杰作，同时却流连忘返于美轮美奂的艺术珍品，对此赞不绝口。他们可以保留一幅画，但却容忍不了妇女和儿童；他们不忍碰坏一件精美的雕塑，却可以对疾病缠身、孤立无援的人和头发花白的老人拔刀相向。而这些进军君士坦丁堡的拉丁人既不尊重上帝的杰作——人，也不懂得尊重艺术品。他们用人命来发泄自己的兽欲，又用艺术品来满足自己的贪婪。大量价值连城的漂亮青铜塑像被他们砸成碎块当成旧金属卖掉，那些本该受到呵护的精雕细刻的大理石雕像却被毫无顾忌地毁坏了，其残暴的手段令人发指。

大屠杀落下帷幕，战利品也被分发完毕。这回，该轮到首领们讨论君士坦丁堡的归属问题了。他们从威尼斯人和法国人中各选出了六位代表，这些代表向天起誓，他们会选出一位有能力胜任这个职位的领导人。候选人有两个，即弗兰德斯伯爵鲍德温和蒙特弗拉特侯爵勃尼法斯，最后鲍德温当选了。他立即登上王位，穿上了国王的紫袍，并受命建立一个新的王朝。鲍德温登基不久后就去世了，他还没来得及享受自己的权力，也没有时间为他的继承者们巩固政权，所以他的继承者们也没能在王位上待多久。60年后，法国人在君士坦丁堡建立的秩序被一次突然的灾难画上了句号，就像之前的摩索弗里斯一样，法国人狼狈地逃出了这块领地。这就是第五次东征造成的最大后果。

被贩卖的“儿童十字军”

对于这次远征的后果，罗马教皇英诺森三世感到很满意，但他还是抱怨说他们没有为解救圣城耶路撒冷做出贡献。于是，他在每一个合适的场合都要宣扬再次东征的必要性。一直拖到公元1213年，欧洲人才对东征重拾兴趣。

当时的欧洲，每年春夏两季都会有一批批的朝圣者陆续出发去巴勒斯坦帮助当地的基督教教友们。但由于他们人数太少，还够不上组成远征军的资格。教友们这种周期性的迁移被称为“三月大转移”或“圣约翰节大迁移”。这些人都是诚心前来朝圣的信徒，并非携带着武器前去屠杀异教徒的士兵。因此，他们除了家人、随从和钱袋之外，没有带任何东西。

1213年开春，又有许多朝圣者聚集在法国和德国境内，据说这支队伍中混杂着不少男女幼童，足有3万之多。之所以会有孩子们参与，跟教会的怂恿有很大关系，他们都是被两名邪恶的教士骗来的。这些小孩基本上是聚集在城市的弃儿，他们无家可归，四处游荡，在邪恶艰难的环境中长大，什么都敢干。看起来，那两个僧侣打着去叙利亚朝圣的幌子，把这些孩子骗到运奴船上，将他们运到非洲海岸变卖为奴隶。大批可怜的小孩在马赛被装上船，但这之中，除了其中的三艘，其余的船都在意大利海岸失事沉没，船上人员无一生还。

一些幸存的小孩在安全抵达非洲后，被当成奴隶养大，再被卖到非洲腹地做苦工。另一队小孩意外地到达了热那亚，然而筹划这次阴谋的那两个僧侣弄错了地方，却在马赛港等着他们，后来热那亚的人好说歹说才把这些被拐的儿童送回自己的家乡。在福勒的历史书《圣战》中，他这样评价道：这次儿童东征是受魔鬼指使的。当时这位著名的历史学家抱着足够真诚的态度把它记录下来：“魔鬼厌倦了夺取大人的性命，他想要用孩子的血来补足他孱弱的胃。”这种说法就像是讲究饮食的人一样，吃腻了大鱼大肉，想尝尝小羊羔来换换口味。根据其他作者的说法，那两个邪恶僧侣的劝说实在太诱人，以至于那些被骗的小孩在法国国内到处奔走呼号："耶稣啊！把你的十字军赐给我们吧！"门锁、栅栏都拦不住他们，就连父亲的恐吓和母亲的疼爱都没能使他们回心转意。

至于这场奇怪的东征的细枝末节非常匮乏，即使有一些，也不是非常清楚。当时的作家在提到这次东征时都不屑讲出那两个诡计多端的僧侣的名字和他们所遭到的报应。据说，两个参与此次拐卖行动的马赛商人因犯了其他罪而被送上法庭，最后被判处了死刑，但他在此过程中是否透露了有关拐卖行动的信息，我们不得而知。教皇英诺森三世看来还不清楚这些小孩东征的真正原因，因为当他得知这些小孩已经宣誓参加十字军时，他大声呼号："我们都在沉睡，唯有孩子们是清醒的！"很显然，他以为整个欧洲都应全身心投入到收复巴勒斯坦的事业中，他赞美这些小孩的热情正说明了他对东征这件事情的热情。

于是，教皇英诺森三世再次投入到积极筹划东征的鼓动工作中去了。为此，他向整个基督世界的教士们写了一封信，号召他们为发动一场新的东征而祈祷。像往常一样，那些热衷冒险、无所事事的贵族带着他们的仆人报了名。在召集人马的过程中，英诺森在拉特朗召开了一次会议，他在会上宣布，他将亲自率领十字军去保卫圣墓。如果可以的话，他凭借他的热情肯定会实现他的誓言。但是，死神在这时夺去了他的生命，他的计划中止了。

第六次东征和第七次东征

教皇英诺森三世的后继者们继续为十字军东征而忙碌，但却没有人愿意亲自挂帅上阵。在法国、英国和德国，教会继续做宣传，召集十字军士兵、筹集战备物资，但是找不出一位领袖领导东征。只有匈牙利的国王安德鲁自动请缨充当领军人物，另外，奥地利和巴伐利亚的两位大公也带领一支德国军队加入其中。他们一起前往斯帕拉特罗，从那儿乘船经塞浦路斯到阿克尔。整个行动中，匈牙利国王完全暴露了自己的卑怯胆小和优柔寡断，可是他手下的兵将们却是一支非常英勇善战的队伍。几番交锋下来，撒拉逊人被打得措手不及，毫无招架之力。安德鲁在打败了第一批抵抗军之后就朝着塔别山进军了，他想要占领撒拉逊人在那儿新建的一座城堡。本可以同样轻松地拿下这座城堡，但是走到塔别山时，他内心不由自主地充满恐惧，没有任何行动就返回了阿克尔。后来，这位国王完全放弃了东征事业，返回了匈牙利。

由于匈牙利国王安德鲁的临时逃跑，奥地利大公便成了这次远征的主要领导者。这位大公拥有充足的兵力，而且当时欧洲援军不断缓慢地向巴勒斯坦开进。虽然这些力量足以给撒拉逊人以沉重的打击，但是几位领导商议后决定将攻打中心改为埃及。因为埃及与巴勒斯坦联系紧密，是撒拉逊人势力的活动中心，十字军所遭遇的敌人基本上都来自这里。

坐落在尼罗河一侧的达米埃塔是埃及最重要的城市之一，它不幸沦为十字军攻打的主要目标。经过一番激烈的交战，十字军占领了建造在尼罗河中的一座高塔。这座塔被看成是攻打达米埃塔的瓶颈。就在十字军庆祝得胜的时候，却传来了那位智慧的苏丹萨法丁的死讯。萨法丁一死，他的两个儿子卡迈尔和克里丹把整个帝国一分为二。克里丹掌握了叙利亚和巴勒斯坦的政权，而埃及则由他的兄弟卡迈尔管理。

此前，卡迈尔曾在埃及担任过一段时间的法官，由于他当时并不得人心，埃及人民纷纷揭竿而起反抗他的暴政。对于东征军来说，这真是一个千载难逢的进攻的好机会。然而，十字军的老毛病又在此时复发了，部队中再次发生了激烈的争斗，士兵们也开始不服从指挥。这种情况在以前的东征史上已经屡见不鲜，可他们还是不知悔改，继续内斗并乐此不疲。也许他们明白这是一次进攻的绝佳机会，但是他们就是没法改变这种乱哄哄的局面。正当他们在达米埃塔城下吵吵嚷嚷、窝里斗狠的时候，卡迈尔已经镇压了叛乱，牢牢地建立了自己的政权。

内乱一得到解除，卡迈尔的下一个计划就是清除外患。他和克里丹握手言和，组成联军驱逐包围了达米埃塔的十字军。由于达米埃塔城被十字军紧紧包围，土耳其人花费了长达三个月的时间与其战斗，并不断向城内投掷供给，但所有的努力都于事无补。因为达米埃塔城内饥荒已经十分严重，就连老鼠肉都成了奢侈品，十分昂贵。此时，一条死去的狗的价格也比平时一头活牛的价格还昂贵。腐坏的食物造成死亡，饥荒与瘟疫造成了大量的人员伤亡，达米埃塔城内能够参战的男子已经为数不多了。

眼看这个战略要地要沦陷，克里丹和卡迈尔十分焦急。他们深知保卫这座城池的重要意义，于是他们向十字军提出和解的建议，提出将整个巴勒斯坦送给十字军，交换的条件是十字军必须撤离埃及。十字军领袖被愚蠢而盲目的妄想所蒙蔽，他们竟拒绝了这个对自己大大有利的条件。一个无知狂热的信徒——红衣主教派拉吉斯起了主要作用。奥地利大公和法国、英国的其他领导者被这位红衣主教的言辞所打动，认为这些异教徒开出的条件不足为信，因为他们从来不信守承诺。十字军的领袖们经一番商讨后，决定向达米埃塔城发起最后的进攻！被围者进行了几次抵抗，但力量弱小，希望渺茫。十字军攻进了城内。进城后他们发现，原本7万居民的城市现在只剩下3000余人。饥荒和瘟疫夺去了那些人的生命，彻底摧垮了整个城池。

十字军在达米埃塔城待了几个月，不知是这里的气候使他们体格变弱了，还是智力下降了，征服达米埃塔之后，他们竟丧失了所有的斗志，整天沉迷于安逸享乐、制造骚乱，毫无忌惮的生活着。布里安的约翰因为其妻的关系，成了耶路撒冷名义上的统治者。他对于十字军首领们的优柔寡断、骄奢淫逸和内部纷争深恶痛绝，他带着自己的人马退出了联军，返回了阿克尔。

大批的人开始返回欧洲，只留下红衣主教派拉吉斯，他兴致大发时会推进这项事业。派拉吉斯为了取悦约翰，就带领十字军从达米埃塔出发前去攻打开罗，还有几个小时就可以到达目的地时他发现自己兵力不足，于是马上掉转方向准备返回。可不巧的是尼罗河开始涨水，而且水闸也被打开了，他已经没有回头路了。在进退两难的情况下，他只能请求缔结那个曾经被他拒绝的和平协议。慷慨的卡迈尔和克里丹兄弟俩仍同意了他的提议，两军握手言和。达米埃塔被拱手让出，这位红衣主教也返回了欧洲。

约翰则退回到了阿克尔，王国的丧失使他十分悲痛，朋友的虚伪使他愤慨，他们本该助自己一臂之力的，现在却断送了他的整个王国。第六次东征到此结束。

相比历次东征，第七次东征效果更加显著。这次远征的背景也相当复杂：一直对巴勒斯坦的失陷耿耿于怀的德国皇帝腓特烈二世经常起誓要率兵收复圣地，但总是因为这事那事耽误了这件事情的执行。另一方面，巴勒斯坦的现任领导克里丹是一位温和开明的君主，为政开明而宽容，居住在叙利亚的基督教徒开始休养生息。然而，前耶路撒冷王约翰却一直对他虎视眈眈，一心想报仇雪恨收回失地。远在欧洲的教皇们也无时无刻不在谋划着如何搅乱欧洲各国，以扩大自己的势力。

当时欧洲的君主中只有德国的腓特烈二世能帮助教会。为了激发腓特烈二世的热忱，约翰提出要将自己年轻的女儿、耶路撒冷的继承人芙瓦朗特嫁给他。腓特烈二世喜出望外，立马就答应了。于是，年轻的公主被立即从阿克尔请到了罗马，在那里，他与德国皇帝举行了盛大的婚礼。约翰在婚礼上宣布将自己所有的权力转交给自己的女婿腓特烈二世。由此，一位具有宏图大志，有能力也有决心实现自己理想的君主，成了耶路撒冷的新主人。

一场新的东征计划立即付诸实施。在半年的筹备期间，这位德国皇帝就拥有了一支纪律严明的6万将士的军队。据麦修·帕丽斯记载，英格兰也组建了一支人数对等的军队整装待发，许多描写十字军历史的学者也都同意这个说法。在约翰还没有将自己的女儿嫁给德皇的想法之前，他曾在英格兰祈求英王亨利三世和英国的王公贵族们助他一臂之力，光复他的王国，但当时没有一个人支持他。格拉夫顿在他的《编年史》中这么描写过约翰当时的状态：“他又失望地离开了。”但是，当腓特烈——欧洲历史上更具影响力的人物出现时，英国的贵族们却很乐意将自己的一切奉献给东征事业，就像狮心王查理在世时那样。

腓特烈大军驻扎在布伦都邑，一场传染病袭击了他们，这使得他们不得不将行程又往后拖了几个月。屋漏偏逢连阴雨，皇后芙瓦朗特又被难产夺去了生命。约翰此时已经十分懊悔自己将所有的权力全部转移给腓特烈，再加上腓特烈平时对他的傲慢和鄙视，他此时已经怒火中烧了。于是，当他看到女儿芙瓦朗特这根维系他和德皇的纽带不复存在时，他振作起来去请求罗马教皇宣布自己之前的承诺无效，他要重新夺回失去的王位。罗马教皇格列高历九世倔强执拗，报复心极强，由于之前腓特烈曾多次反抗过自己的权威，他对德皇素来怀有几分怨恨。于是，虽说教皇对此力不从心，但还是鼓励约翰的做法。腓特烈对这两个人都不屑一顾，他的军队摆脱了疾病的困扰之后就直赴阿克尔。然而，他们在海上航行了几日之后又受到了病魔的袭击，这使得他们不得不返回最近的港口——奥特朗托。此时格列高历已经挑明站在了约翰这边，他以德皇从东征中半途返回为借口开除了腓特烈的教籍。刚开始腓特烈还没将开除他教籍的事放在心上，但不久后他开始觉得自己受到了侵犯，而侵犯他的人必须受到惩罚。于是，腓特烈派出一支军队在教皇的领地上进行骚扰和破坏，但是这样一来，事情就变得越来越糟了。格列高历派信使赶往巴勒斯坦，禁止那里的信徒和腓特烈领导的东征军之间有任何交往，否则将会受到严厉的惩罚。

这样下去，东征的大业可能就此毁灭，这正是撒拉逊人求之不得的。腓特烈依旧一腔热血，进行着自己的事业，因为他现在是耶路撒冷之首，他不是为基督教而战，更不是为教皇格列高历而战，他是为自己而战。当他得知约翰要离开欧洲后，他马上启程，很快就安全地抵达了阿克尔城。就是在阿克尔城他第一次尝到了被开除教籍带来的恶果。耶路撒冷的基督教徒们不信任他，他们拒绝以任何方式帮助他，甚至还有点厌恶。圣殿武士、慈善团以及其他骑士一开始也和大家一样，对腓特烈极其不信任，但他们并不是盲从的人，当他们发现东征军与自己利益一致时，他们选择了一致对外。所以，当腓特烈准备率军攻打耶路撒冷之时，他们全部加入了他的战队。

据说，德皇腓特烈在离开欧洲之前就与卡迈尔苏丹商议过重夺圣城之事。当时卡迈尔出于对其兄弟克里丹勃勃野心的妒忌，他就和德皇达成了协议，如果德皇腓特烈能够帮助他巩固他在埃及的权力，他就选择支持这次东征，帮助他们夺取圣城。但是，十字军还没到达巴勒斯坦，就传来了卡迈尔兄弟的死讯，这消除了他所有的担忧。他认为这时已经不值得与十字军并肩作战，夺取那片沾满基督徒和撒拉逊人鲜血的不毛之地。于是，他改变了主意，提议休战三年。他唯一的条件就是应允穆斯林在耶路撒冷的清真寺中自由出入。可是即便是如此有利的条件也没能满足巴勒斯坦心胸狭隘的基督徒。这些基督徒认为不该对撒拉逊人如此宽容，他们抗议不该给敌人以如此特权。突如其来的好运将他们冲昏了头脑，他们开始变得粗俗无礼，他们对教皇签订条约的权利表示质疑，毕竟腓特烈此时已经被开除了教籍。腓特烈对他的这些新子民感到非常厌恶，但由于圣殿武士和慈善团都对他忠心耿耿，他就前往耶路撒冷行加冕之礼，但却吃了闭门羹。耶路撒冷所有的教堂都对他大门紧闭，他甚至连一位主持加冕典礼的牧师都找不到。他早已鄙视教皇的权威，就算到了这个时候他也不会妥协。既然找不到人为他加冕，他就自己动手。他从祭坛上双手摘下王冠带到了自己的头上，神情是那么无所畏惧。没有子民们响彻云霄的欢呼，没有牧师们歌功颂德的祈祷，只有士兵，他们刀剑林立，誓死效忠，保卫自己的新国王。

很难相信腓特烈为了巴勒斯坦那块不毛之地和他头顶上那块并不舒心的王冠而远离自己的国家。六个月后，他再也忍受不了自己的新子民，同时德国国内有更重要的事情需要他亲自处理——约翰已公然和教皇格列高历联盟，准备派遣教皇的一支军队前去破坏德国的领土。德皇下定决心返回欧洲。在回去之前，他要让那些蔑视自己权威的人感受到自己是他们的主人，让他们因之前的所作所为而痛苦。于是，那些人得到了腓特烈的严惩，而他自己，则在一片咒骂声中扬帆离开了巴勒斯坦。第七次东征至此划上了句号。尽管其间遇到了很多的阻碍和挫折，但不得不承认这次东征比以往任何一次都成功，做出了更加实在的贡献，这应该归功于腓特烈的英勇无畏和卡迈尔的慷慨大度。

第八次东征

德皇腓特烈离开后不久，塞浦路斯皇后提出要接替耶路撒冷的王位，但是圣城中大批武士倾向于腓特烈，这位皇后只好作罢。如此和平的结果并没有给欧洲带去太大的喜悦，法国与英格兰的骑士一刻也闲不下来。德皇与撒拉逊人签订的停火协议远没有结束，他们已经在为第八次东征召集兵马了。在巴勒斯坦，也有许多人对此感到不满意。圣城附近的许多穆斯林小国当时并没有签订停火协议，他们不断地对耶路撒冷的边境城镇进行骚扰；圣殿骑士也一直在与阿勒颇（叙利亚古城）的土耳其人苦战，最后只会被全部消灭；大屠杀不断发生，圣城教徒们关于其悲惨命运的讲述不断传到欧洲人的耳朵里；许多高贵的武士拿起武器保护这一秩序不受破坏，因为这多灾多难的城市里有很多珍贵的纪念品，城市的安危更是关系着这些纪念品的存亡。当卡迈尔得知欧洲人准备再次东征之后，他表示自己在以前已经慷慨过了，于是，在停火协议期满的那天他起兵前往耶路撒冷，击溃了圣城武士的抵抗，占领了这座城市。在这个消息还未到达欧洲之前，一支由那瓦尔王（纳瓦尔曾是法国西南部与西班牙北部的王国）、勃艮第公爵、布列塔尼伯爵和其他首领率领的大军已在进军途中。他们到达后，得知耶路撒冷已被占领，但是占领者卡迈尔已经离世。于是，这个苏丹的王国就被争夺王位的人分裂成了很多个小国家。敌军的分裂与不和本应是十字军团结一致的好机会，但像往常的十字军一样，军队里各个首领各成一队，自行发号施令，从不顾大局。这样做的后果只能是功亏一篑。各个分队之间的冲突不断。大家不能团结一致，所以当其中一支分队打了胜仗之后，就无法再扩大战果了；同时，当其中一个战队战败后，也没有援军来救，抽不了身。战争就这样持续了一段时间，直到开启加沙之战（加沙为巴勒斯坦南部一海港）。在这次战役中，那瓦尔王受到重创，他为了避免全军覆没不得已与敌军首领卡拉克签订了一份不平等条约。

得知这个危机之后，一支援军从英国迅速赶到。这支援军的首领是康瓦尔伯爵（康瓦尔为英国西南部之郡）查理。查理这个名字是依据狮心王的名字取的，人如其名，他也如愿继承了狮心王勇猛的精神。查理的军队身强力壮，士兵们对自己和首领都很有信心。这支军队屡战屡胜，他们的到来改变了战地的力量对比。埃及的新苏丹正在与大马士革的苏丹作战，他不愿也没有能力同时抵抗这两个强大的敌人。于是，埃及的苏丹就派遣使者拜见这位英国伯爵，他们愿意用割地和俘虏来换取和平。查理并不是为了打仗而打仗，他欣然接受了这个十分有利的条件。于是，未费吹灰之力，查理就成了耶路撒冷的解放者。埃及的苏丹将自己的全部兵力投入到对抗穆斯林的斗争去了，这也是他的另一个敌人，康瓦尔伯爵也回到了欧洲。就这样，最成功的第八次十字军东征结束了，基督教再也没有理由向东方派遣军队了。所有迹象都表明战争已经到了尽头：基督教徒已经完全占领耶路撒冷、特里波利、安条克、埃德萨、阿克尔、雅法和朱迪的大部分地区。他们能够轻而易举地消灭邻邦的嫉妒和敌意，如果他们不再起内讧的话。一场意想不到的灾难将这个美好的希望破灭了，并激起了十字军最后一次的满腔怒火。

成吉思汗和他的继承者像一股热带风暴一样席卷了整个亚洲，所到之处无不所向披靡，他们铁蹄铮铮，踏遍了一个又一个王国，最后，无论是北方或是南方，每一处角落都是他们胜利的战场。这之中有一个叫克拉斯敏的王国。克拉斯敏是一个未开化的凶悍民族，他们被成吉思汗之辈赶出家园以后，就到处烧杀抢掠，寻找安身立命之处。在这个过程中，他们将目光投向了埃及，他们早就对肥沃的尼罗河垂涎三尺。埃及的苏丹根本招架不住这些野蛮人，就派自己的使者与他们的首领巴巴干联络，邀请他们到巴勒斯坦安家。这些野蛮的游牧民族欣然接受了邀请，在基督教未得知任何消息的情况下将战车开进了这个国家。情况如此突然，对于巴勒斯坦地区的民众来说是十足的灾难，他们就像一股沙尘暴般扫过巴勒斯坦。克拉斯敏人烧毁房屋，屠杀百姓。他们对所有的生命和财产都毫不留情：他们将妇女、儿童和牧师在祭坛之上屠杀，并玷污了去世了几个世纪之久的圣者的坟墓。他们将所有代表基督教信仰的东西都摧毁了，造成的恐怖在战争史上闻所未闻。大约有7000左右的民众为了保命撤出了耶路撒冷。但那些野蛮人为了引诱他们回来，竟然在城墙上升起了基督教的十字架。他们回望圣城，果然中了野蛮人的诡计。那些可怜的逃亡者以为自己的援军从不同的方向赶到了，就调转方向返回城内。这些人无一幸免，惨死在野蛮人的刀剑下。耶路撒冷的街道上血流成河。

圣殿骑士、慈善团骑士和条顿骑士们放下了往日的恩怨，联合起来，并肩作战，共同对付这些四处烧杀的敌人。他们聚集了巴勒斯坦所有幸存的骑士，固守在雅法城，还试图联合埃米萨和大马士革的苏丹们来一起对抗这个共同的敌人。很快，苏丹的援军赶到了。虽说刚开始援军还不到4000人，但因为有了他们，雅法城的首脑瓦尔特决定背水一战。战斗十分惨烈，克拉斯敏人更是凶狠残暴。战斗持续了两天，形势变幻莫测。最后，艾米萨苏丹逃回了自己的城堡，而瓦尔特则落入了敌手。这位勇敢的骑士被绑在十字架上挂在城头，以便让雅法城的士兵都看到。克拉斯敏人扬言除非雅法城投降，否则他们的首领将被永远地悬挂在那里。瓦尔特用微弱的声音命令他的士兵们拼死抵抗，绝不可以投降。但是，瓦尔特的勇敢也没有起到作用。在大屠杀中，瓦尔特的骑士中只有16名慈善团骑士、二三十名圣殿骑士和3名条顿骑士幸存了下来。这些骑士和其他残兵败将一同逃回了阿克尔，克拉斯敏人正式成为了巴勒斯坦的主人。

叙利亚的苏丹宁愿基督徒做自己的邻居，他们对这个凶残的部落十分厌恶。即使是埃及的苏丹也开始后悔，后悔自己曾经给这样毫无人性的敌人以帮助，所以他们联合艾米萨和大马士革的苏丹们想把敌人赶出这块土地。克拉斯敏总共只有2万士兵，敌不过三方组建的大军，毕竟他们孤注一掷了。敌人节节败退，周围的农民也纷纷加入，对他们以前的恶行进行报复。克拉斯敏人渐渐地越来越少。没有人怜悯他们，他们的首领巴巴干也被打死。克拉斯敏人在苦苦挣扎了五年之后，最终全军覆没。巴勒斯坦又一次回归了穆斯林人的怀抱。在这次毁灭性的灾难爆发前，路易九世在巴黎生了一场病。他高烧昏迷，做了一场梦，在梦中，他看到基督教徒与穆斯林在耶路撒冷城前战斗，基督徒战败后惨遭屠杀。这个梦给迷信的路易九世留下了很深的心理阴影，于是他庄重地起誓，如果他能恢复健康，就去圣地朝圣。当巴勒斯坦的噩运、耶路撒冷和雅法大屠杀的消息传到欧洲时，路易九世想起了自己曾经做的这个梦。此时他比任何时候都相信这是来自上帝的暗示。

路易九世亲自挂帅，高举十字军大旗，开始了解救圣墓的历程。从那时起，他脱掉身上的紫色长袍，换上了朴素的衣服，变成了一个虔诚的朝圣者。他一意孤行，决心实现自己的想法，尽管他的王国很难离开他，他还是做好了东征的万全准备。教皇英诺森四世十分赞赏路易九世的勇敢和热忱，给予他很多帮助。教皇写信给英格兰的亨利三世，要求亨利三世在自己的国家推进东征事业，还号召全欧洲的教士和平民为之贡献自己的力量。著名的索尔兹伯里（英国地区）伯爵威廉·朗索德率领许多勇敢的骑士和士兵参加了十字军。但是无论是在法国还是在英国，都没有唤起民众的激情，虽说召集了很多军队，但民众却不再对其表示同情。为了召集军队而增加的赋税更是雪上加霜。这时，即使对于一个骑士来说，不参加十字军也不会感觉到羞耻。卢特勃夫是当时（1250年）法国一位非常著名的吟游诗人，他杜撰了一段十字军与拒绝参加十字军者之间的对话。对话中那个十字军拿出各种事实依据来说服后者拿起武器，舍弃家园投身东征事业。可是，拒绝参加东征的人拿出了更有力的论据。很明显可以看出，作者是站在不参战的人这边的。在作为十字军的朋友的恳求下，不参战的人回答道：

我明白你的意思，
你是说我应该马上离开这里，
随你前往那个地方，
夺回它，
尽管流尽鲜血，
却带不回一撮土壤，
我的妻儿被我抛弃，
他们在家里哭泣，

我的好房子被毁坏，
只有我的狗儿，
它能守护，
可是，我的朋友，
我知道一句古老的话，
保护你已经拥有的东西，
我愿意以此指导我的行为。

可见老百姓对此并不支持，为远征而调高的赋税更叫他们的心变得一片冰凉。也难怪路易九世足足筹备了三年时间，才做好了征战的准备。一切就绪后，路易九世带着他的皇后、两个兄弟、安戎和阿杜瓦的两位伯爵以及一队法国最著名的骑士向塞浦路斯进军。他的第三个兄弟普瓦蒂埃伯爵则留在后面召集另一支军队，这支军队几个月后也赶了过来。他们在塞浦路斯会师，这时既使不算威廉·朗索德率领的英国军队，这支军队的人数也已经达到了5万。

但是，不幸的是，一场传染病突如其来，夺去了好几百人的生命。于是，首领们发现有必要留在塞浦路斯，安营扎寨，等到第二年开春再出发。这之后，路易带领全部人马乘船前往埃及。但是途中他们经历了一场风暴，风暴将他们的军舰吹散了，当他们到达达米埃塔时，只剩下几千个人了。

尽管形势对他们极为不利，可路易和他的手下依旧士气昂扬，对圣战充满信心。在岸上，埃及苏丹梅里克·沙带领的军队人数有碾压性的优势，但十字军毫不惧怕，等不及后面支援部队的到来，就强行登陆了。路易身先士卒，带着躁动之气从船上一跃而下，冲向沙滩，他的军队在他这种精神的激励下，更显出了无畏的气概。他们喊着第一次东征时十字军呼喊的口号“上帝与我们同在！”义无反顾地冲向了敌人。

他们无畏的气势深深地震撼了埃及军队，并对他们造成了一定的恐慌。埃及士兵试图向他们发起冲锋，但骑兵们毫不畏惧，十字军将自己的盾牌深深地插进沙里，并用长矛抵在上面，于是一排排的长矛就形成了屏障。这个屏障气势逼人，埃及士兵都被吓得不敢面对，掉头逃跑。更为火上浇油的是，这个时候，有个谣言说他们的苏丹已经被人杀了，顿时，整个军队就乱了阵脚，士兵们四处溃逃，放弃了达米埃塔城。

就这样，十字军不战而胜，不费吹灰之力就获得了达米埃塔城。当天晚上，获胜的十字军就在达米埃塔城设立了总指挥部。而在暴风雨中失散的士兵们也陆续到达。此时局面对十字军非常有利，路易不但有望征服巴勒斯坦，连埃及都可能轻松征服。

然而，日渐膨胀的自负随即成了这支队伍的致命缺点。胜利非但没有转化为更大的动力，反而消磨了他们的意志。于是，他们开始坐享其成，贪图享乐。当路易带他们继续前往开罗时，这支军队已经完全变了样，不再有来时的激情。腐败淫乱带来了疾病，炎热的气候、生活的不适应又加剧了疾病的严重性。在前往开罗的途中，他们被塔尼西安运河挡住了去路，撒拉逊人在河对岸阻挡了运河的通道。于是路易下令搭桥，在两座移动塔搂的掩护下，十字军开始搭建桥梁。可是撒拉逊人却投掷了大量的“希腊火”，当时的火炮，烧毁了刚搭起的一座桥梁。

路易不得不考虑用其他方式进攻。后来他用重金买通当地的一个农民，在他的指引下找到了一处可以徒步涉过的浅滩。他派阿杜瓦伯爵率领1400人涉水渡河，路易则率领主力抗击撒拉逊人。阿杜瓦伯爵安全抵达对岸后就击败了抵抗他们登陆的一队敌军。接着，他像是被胜利冲昏了头脑，竟然忘记了自己军队在人数上的劣势。他乘胜追击，把惊恐的敌人赶进了马苏拉城。到那里之后，他发现他已经联系不上自己的兄弟部队。

躲在城里的撒拉逊人也觉察到了这个情况，再加之马苏拉城的周围城市向他们增派了援军，于是他们重新鼓起士气，掉转头向公爵的军队杀来。基督徒们使出了浑身的力气与敌人做殊死搏斗，但敌军的人数越来越多，将他们层层包围，这时他们已完全丧失了取胜或者逃走的希望。

在路易的部队赶来援救之时，勇敢的阿杜瓦伯爵已经被砍成了碎片。由他带领的1400多人也只剩下300来人在苦苦支撑。双方的斗志已被全面激起，战争进入了白热化的阶段。这位法国国王和他的将士们表现出了惊人的英勇，而撒拉逊人在首领赛丹的指挥下也拼力奋战，似乎想一战解决这些侵犯他们的欧洲人，双方在气势上真可谓是旗鼓相当。夜幕降临时，基督徒终于取得了突破，迅速占领了马苏拉城。

他们自负地以为自己取得了最后的胜利，结果却是自欺欺人。他们趾高气扬地进城，以为撒拉逊人逃跑了，却没有想到对方只是战略撤退而已。不过路易通过这场战斗已经明白了基督徒队伍的混乱状态，未来的征服事业希望渺茫。他怀着这种想法，开始寻求和平解决之道，可苏丹坚持要求他们立即撤出达米埃塔城，并且要求路易本人作为谈和的人质，以确保十字军遵守他们开出的条件。这个不近人情的要求被路易手下的军队立刻拒绝，谈判就这样破裂了。

十字军打算撤军，可是撤退进行得十分困难。敏捷的撒拉逊骑兵时而出现在他们的队伍前方，时而出现在队尾，搅得十字军十分疲惫。一些士兵因掉队而迷路，中途被撒拉逊骑兵围追堵截，致使成千上万的士兵溺死在尼罗河里。而那些逃过了一劫的人也遇到了各种劫难，疾病和饥饿吞噬了很多人的性命，十字军的战斗力锐减。

在疾病、疲惫、失望的共同打击下，路易在马背上坐不住了。逃跑时他和他的随从被混乱的人群冲散，他在埃及的沙漠里疲惫不堪、举目无亲，只有一位名叫杰弗雷的骑士追随着他，并将他带到一个小村庄的简陋小屋里暂且安身。路易在这个小屋里躺了几天，静静地等待死亡。最后，他被撒拉逊人发现，成了敌军的俘虏。他因身份高贵而备受尊敬，且人们对他的不幸深表同情，所以敌人对他十分优待。在撒拉逊人的照料下，路易的健康状况有所好转，而撒拉逊人要做的下一件事就是向十字军索要赎金。

除了天价赎金，撒拉逊人还要求十字军割让阿克尔、特里波利以及巴勒斯坦的其他城市。路易毫不犹豫地拒绝了这项要求，在敌人面前他是那样的英勇无畏，自尊自傲，就连撒拉逊人也说路易是他们见过最骄傲的异教徒。经过一番讨价还价之后，埃及苏丹同意放弃那些过分的条件，与十字军签订了一纸停战10年的条约。十字军答应归还达米埃塔，交付1万金币作为释放路易和其他俘虏的赎金。之后，路易退守雅法城。在以后的两年时间里，路易在巴勒斯坦基督教徒的支持下，在雅法城和赛撒里城之间修建了一道坚固的防线。这件事情完成之后，路易就率众返回了法国，从此成为基督教徒心中一个著名的圣徒，但鲜有人知道他也曾是一名勇士。

圣地迷狂的终结

麦修·帕丽斯让我们知道了，在1250年，当时路易在埃及，“数万英国人决定参战，要不是英王下令严守各个港口不准人们出城，这数万人就离开英国随路易而去了”。可当最后十字军遭受重创、路易被俘的消息传到欧洲时，他们的热情冷却了。东征的事迹被诗人吟咏，却没有人真正谈论它。

法国则是完全不同的另外一番景象。国王被俘的消息传回国以后，全国上下一片惊慌。一个名叫西多的修士在各个村落到处宣扬，他说他看到圣母玛利亚在众多圣者和烈士的陪同下，命令他来说服所有的农夫和牧民拿起武器，保卫基督教。他的演讲对象只是农夫和牧民。他的演讲滔滔不绝，感召了数万人聚集在他的周围，时刻追随他。庄稼和操场也被废弃了。这支由农夫和牧民组成的军队人数越来越多，最后超过了5万——米勒说有10万之多。国王路易不在时，暂由白朗克皇后代为摄政，刚开始的时候，这位皇后也鼓励这样做。可是这些人很快就变得无法无天，那些原本支持他们的人也改变了主意，转而对其进行抵制。他们所到之处烧杀抢掠、无恶不作。那些尚有理智的人在政府的支持下联合起来制服了这群狂徒。最后这支军队被遣散了，但其中已有3000人被杀死。许多作者认为真实的死伤人数比这个还要多得多。

公元1264年，10年的停火协议到期。圣路易再次远征解放巴勒斯坦，他这么做只有两个动机，一是他对宗教的狂热，二是他想借此显示一下自己的实力。教皇自然鼓励他的计划，全欧洲的勇猛武士也跃跃欲试。1268年，英国王位继承人爱德华宣布加入东征军。教皇克莱蒙四世也向全欧洲范围的教士和普通神职人员发出倡议，让他们再劝说更多的人，拿出自己更多的钱来支持这场伟大的事业。在英国，人们同意上缴自己财产的1/10，而普通神职人员则根据命令要在米迦勒节（9月29日）缴纳自己谷物和动产的1/20。

好在路易周围还有几个头脑清醒的政治家，他们提醒路易这么做会将其富庶的王国毁掉。但是，路易此时完全听不进去，依然全力备战，执意要离开家园。好战的王国贵族们乐此不疲。1270年的春天，国王带领一支6万人的大军扬帆起航。在海上航行时，他遭遇了恶劣的气候，被迫停到了地中海中的萨丁尼亚岛上。这个时候，他改变了计划，决定不再按照原计划前往阿克尔，而是改变目的地，去往非洲海岸的突尼斯，因为突尼斯国王曾表示支持基督徒，对基督教有好感。看来路易打算让其皈依基督教，以此在与埃及苏丹的斗争中获得他的支援。路易当时常常感慨："我要能成为这个伊斯兰国家的教父该有多好啊！"带着这个想法，他在迦太基旧址登上了非洲的陆地。但到达之后，发现自己之前过于乐观了。突尼斯国王非但没有放弃自己的信仰皈依基督教的想法，也没有任何帮助十字军的意思。与此相反，突尼斯国王倾尽全力阻止路易他们上岸。但是刚开始法国军队占据了有利地形，战胜了穆斯林军队，虽然对方援军不断增加，他们还是占有优势。然而，瘟疫在路易的军队中传播开来，粉碎了任何成功的可能性。每天都有上百人死于瘟疫，而此时，敌人的进攻更加猛烈了，造成的伤亡较瘟疫有过之而无不及。路易是最先感染瘟疫的那批人，再加上饥饿，他的体质已经不堪一击，已然不能承受全身铠甲的重量。这让他的士兵很伤感。捱了几天之后，圣路易就撒手离开了人间。他的子民和士兵们深深地悼念着他，他的名声在历史上熠熠生辉。对于宗教作家来说，他简直就是模范国王，在他们眼里，他的缺点就是优点，即使他有缺点，那也是为了推进基督教事业。但稍微中立的历史学家对此并不认同，他们对圣路易的宗教狂热颇有说辞，但他们承认圣路易有着罕见的高尚品格。在对于宗教的态度上，他在时代后面；但在优秀的品质上，他走在时代的前端。

他的兄弟查尔斯策动了叛乱，成了西西里的国王，在路易死亡的消息还没传到他耳朵里之前，他已经率领大批援军从梅西那出发帮助圣路易。在迦太基附近登陆时，他走在队伍的最前面，周围是气势逼人的军乐声。他很快意识到自己的高兴是多么不合时宜，随后便当着全军的面洒下了热泪。英雄泪使所有武士荡气回肠。他很快和突尼斯国家签订了协约，法国和西西里的军队也分别返回了自己的国家。

在英国，东征的号召只有极少数人回应，即使是王位继承人全力号召也只能召集到1500人。

爱德华带着这一小撮人从多佛出发前往布尔多。他希望在那个地方能遇见法国国王，然而圣路易在几个星期前已经离世了。爱德华随后又赶到了萨丁尼亚岛，再去突尼斯。但是他还没有到达非洲，法王路易就已经离开了人世。法国人与突尼斯签订了合约，但是爱德华决定坚持东征，他返回西西里，在那里度过了冬天并极力扩大军队实力。春天来了，他扬帆起航，驶往巴勒斯坦并顺利到达了阿克尔。和以前一样，基督徒的两个通病——嫉妒和怨恨使得他们人心涣散。圣殿骑士和慈善团武士互相敌视，但爱德华军队的到来，使得他们放下暂时的恩怨，同仇敌忾。6000名精悍的武士加入了爱德华的军队，准备重新向撒拉逊人开战。埃及的苏丹叫巴比斯，也叫本多可达，他是经过一场流血叛乱才登上王位的。这位苏丹还在和自己周围的邻国作战，没有倾尽全力对抗爱德华。

爱德华凭借着这个优势，勇敢地向纳扎莱斯进军。他打败了敌人，占领了这个地方。但是他的胜利也止步于此。炎热的天气使得军中疾病流行，爱德华第一个病倒了，连同他的灵魂也病倒了。一段时间之后，爱德华的病情有所好转。这时来了一位信使要向他报告一件重要的事情，并亲手交给他几封信。正当他仔细阅读这几封信时，这个信使突然从腰间抽出了一把刀刺入了他的胸膛。幸运的是，伤口并不是很深，爱德华还有力量。他与这个暗杀他的信使搏斗了一会儿，最终用对方的匕首刺死了对方。爱德华大声呼救，他手下的人跑了进来，发现他鲜血直流，匕首上是抹了剧毒的。他们迅速采取措施清洁伤口，圣殿武士的首领送来了解毒的药，及时制止了伤口的进一步恶化。卡姆登在他的诗史中用了一种更加流行和更加受人欢迎的说法来讲述这个故事。他说伊丽奥诺拉对她的丈夫爱德华十分敬爱，就冒着生命危险用口将毒血从丈夫的胸膛里吸了出来。用老福勒的话来说就是："遗憾的是，如此动人的故事竟然不是真的；更加遗憾的是，女人的舌头这样的好药再加上爱情的伟大力量本不会做出什么好事。"

爱德华怀疑刺客是埃及苏丹派来的，他的怀疑不无道理。但怀疑归怀疑，刺客已经死了，线索也全断了。没人知道谁才是这场阴谋的主谋。爱德华痊愈后，准备全面进攻埃及。埃及的苏丹唯恐受到伤害，就提出与十字军和解，这样一来，埃及就暴露了自己弱小的实力。这种战略上的优势使得爱德华更加渴望与埃及开战，但他也有自己的利益需要顾及。当他得知自己的父亲亨利三世驾崩的消息后，他必须返回英国。于是他同意了对方讲和的想法，但是基督徒在巴勒斯坦的利益必须受到保护。他们商定十年之内不能开战。爱德华乘船返回了英国，就这样，最后一次东征到此结束。

我们在这里还要稍微说一下圣地巴勒斯坦之后的命运。留在那里的基督徒忘记了他们以前遭受的苦难，也忘记了留心周围的怨恨和嫉妒，他们竟率先破坏了停火协议。他们在马加特城附近抢劫了一些埃及商人，随后，埃及苏丹派兵占领了马加特作为对基督徒恶劣行为的报复。两国再次开战。马加特城曾组织过抵抗，但没有从欧洲来的援军，他们再也招架不住。特里波利和其他城市相继落入敌手，最后只剩下阿克尔城，成了基督徒在这里唯一的据点。

圣殿武士召集起其他数量稀少但满腔忠诚的武士们，加之塞浦路斯国王提供的时断时续的救援，他们准备为了最后的据点而背水一战。欧洲对他们的求救声充耳不闻，敌军人数又占绝对优势，他们的英勇无济于事，阿克尔城被埃及苏丹团团包围，最终全军覆没。看到抵抗并没有用，塞浦路斯国王临阵脱逃。圣殿武士的首领身受100多处重伤，倒在了阵前。只有7位圣殿武士和七位慈善团武士逃过了这场可怕的大屠杀。

获胜的穆斯林放火烧了阿克尔城，基督徒在巴勒斯坦的统治至此就永远结束了。这个消息给欧洲的教士们以沉痛的打击。他们奋力地想要重新激起大家对东征的热情，但是大众对宗教的普遍狂热已经走到了尽头，任凭煽风点火也无济于事。尽管时不时有一两个骑士宣布要拿起武器，时不时有一两位国王冷漠地对东征表示赞同，但那只是一时兴起，过不了多久就会搁置，并且，隔的时间越长，热情的火苗就越微弱。

那么，我们上面所讲的这些带来的后果或者说结果是什么呢？欧洲耗费了成百万上千万的财富，搭上了200万人的生命，换来的就是一小撮吵闹的骑士占领了巴勒斯坦大约100年！即使是基督世界占领圣地直到今天，这些代价也太过惨重了些。但是，尽管十字军凭着极端的狂热做了很多蠢事，他们也并不是一无是处。由于东征，欧洲和亚洲文明有了接触，封建主们变得更加理智了，人民也得到了一定的权利。国王和自己国家的贵族不再互相仇恨，而是时而会通过一些规范的法律。人们从惨痛的教训中得到了一些智慧，从罗马教廷长期的迷信统治中幡然醒悟，并播下了未来宗教改革的种子。神圣不可侵犯的自然规律使人们得到了一定的教训，人们开始借助当年对东征的热情来创造更先进的文明，并为西方国家创造更加幸福的完美生活。十字军东征是最吸引人的主题之一，如果要深入发掘这个事件所蕴含的意义，那么本书篇幅肯定是远远不够的。哲学专业的学生或许会得出这个深奥话题的结论——那就是他们可以通过分析这场欧洲的疯狂来锻炼自己的能力——分析这个事件的优点、缺点、成因和结果。

第十一章
杀人于无形

佩斯卡拉：没人会发现的。

斯蒂凡诺：我觉得，无风不起浪，这是个最荒唐的寓言。

佩斯卡拉：特罗丝，我来告诉你他们疯狂到什么程度了。

——米兰伯爵

有种投毒手段极其残忍，凶手慢慢使受害人死去，但在常人看来却只是自然死亡，不露半点痕迹，这种杀人方式历朝历代无不受人青睐。感兴趣的读者可以看看《贝克曼的秘密武器》这本书，其中《发明史》是作者收集的相关案例，均出自希腊、罗马作家的作品。16世纪早期的犯罪率似乎在逐年增长，到了17世纪，此种犯罪如瘟疫般席卷了整个欧洲。一般来说，所谓的女巫或男巫会犯投毒罪，因此，投毒也成了那些宣称拥有巫术或超能力者的必修课。都铎王朝亨利八世统治期间通过了一项法案，将投毒罪定为重罪，犯投毒罪的人将被扔进沸水烫死。

托马斯·奥弗伯里[1]投毒谋杀案

时间比较早的是1613年托马斯·奥弗伯里被投毒谋杀案，因手段极其残忍，让詹姆斯一世王朝颜面尽失。对这次投毒事件的简要介绍很适合作为疯狂

① 托马斯·奥弗伯里爵士（1581–1613），1606年任英王詹姆斯一世宠臣罗伯特·卡尔的秘书和顾问，因反对卡尔与埃塞克斯伯爵夫人结婚而触怒国王，于1613年4月被监禁，同年10月被毒死在狱中。

投毒史的引子，50年后，这种犯罪行为又在法国和意大利肆虐。

罗伯特·卡尔是个苏格兰小伙子，深受詹姆斯一世的赏识，并授予他极高荣誉，谁会想到原因不过是他长得比较帅气罢了。在詹姆斯一世统治期间，就有人怀疑他对各种恶行有着特殊的嗜好。如今，随着我们对詹姆斯一世研究的深入，这种疑问也就愈发强烈。不过不管原因是什么，那个帅气的卡尔让高贵的国王亲自己光滑的脸蛋，甚至在公共场合也是如此，因此备受宠爱。1613年他被任命为苏格兰财政大臣，并被册封为罗切斯特子爵，从此跻身英国名流界，但是他的荣誉又何止这些呢？

国王助手托马斯·奥弗伯里暗中相助，使得卡尔频频受到提拔。从他的很多亲笔信就可以看出，奥弗伯里无非是国王行恶时的帮凶，对其见不得人的勾当了如指掌。他暗中操纵，一路提拔卡尔，想必是从卡尔那里索取到了自己想要的东西。奥弗伯里觉得他和卡尔的友情深厚，这点事不过是小菜一碟。不过，如果这两个人之间的关系可以用友情来形容的话，那他帮卡尔和埃塞克斯伯爵夫人弗朗西斯通奸是不是更是情深似海呢！弗朗西斯这个女人情欲旺盛，毫无半点廉耻之心，她丈夫对她来说太碍眼，因此就去起诉离婚，想要摆脱他，理由是像她这样感情细腻的女人，如何能接受这样不堪的婚姻。她最终赢了这场令人作呕的离婚诉讼，而且前脚刚离婚，后脚就准备和罗切斯特子爵办一场豪华盛大的婚礼。

托马斯·奥弗伯里以前很乐意促成卡尔和埃塞克斯伯爵夫人的好事，不过现在似乎已经想象到了卡尔娶这个坏女人的下场，他的前程很可能不保。于是，奥弗伯里尽全力劝阻卡尔，说服他放弃这门亲事，可是此时的卡尔早已下定决心要举办婚礼，他和伯爵夫人一样深陷其中不能自拔。一次，奥弗伯里和卡尔在白厅的走廊散步，有人无意中听到他对卡尔说："大人，和那个低贱的女人结婚会毁了你的一切。听我一句劝告，不要和她结婚，但是如果你执意要如此，也不要过于沉迷于她的美色。"卡尔听后愤然离去，并扬言奥弗伯里要为他今天说的话负责。这些话对可怜的奥弗伯里来说打击很大，而他对卡尔所说的也大大地伤了卡尔的自尊心。卡尔觉得他话里有话，随便使点什么手段就能让自己在国王面前失宠，而且奥弗伯里似乎在说是他一直努力不让那个放荡残忍的国王对卡尔有更多的非分之想。

奥弗伯里的话一传到伯爵夫人的耳朵里，她就决意要报复。不过卡尔夫妇伪装得极好，并未表现出半点这样的意图。卡尔请求国王让奥弗伯里出任驻俄大使，这不过是他们阴谋的开始。卡尔假装关心奥弗伯里，让他别接这个苦差，说这只不过是国王把他支开的借口，并且还向奥弗伯里保证，说如果拒绝国王任命出现了什么恶果，他会尽力帮忙。结果，奥弗伯里中了卡尔的圈套，拒绝了国王任命。詹姆斯一世大怒，下令将奥弗伯里关进大牢。

奥弗伯里被囚禁后，卡尔夫妇才有了报仇的机会。卡尔先是凭着自己在朝廷上的威望，罢免了先前的狱长，任命他的手下杰维斯·埃尔维斯为新的监狱长，安插自己的亲信理查德·威斯顿为监狱看守直接监视奥弗伯里。事到如今，一切都在卡尔的掌控之中。

卡尔在这期间假惺惺地给奥弗伯里写信，让他不要过于心急，还说他在里面不会待得太久，他会向国王说情，很快放他出来。卡尔甚至还假装非常同情他的遭遇，给他送信的时候还会送些监狱里根本见不到的美食，但是这些美食都是被下了毒的。偶尔也会只送糕点，没有信，这就意味着糕点没有毒，但实情只有杰维斯·埃尔维斯知道。

有个名叫特纳的女人，以前常把房子租给卡尔和埃塞克斯伯爵夫人供他们幽会，现在由她负责采办毒药，而这些毒药是朗伯斯区的一个名叫福曼的医生和他的助手——药剂师富兰克林两人共同调制成的。这三人心里清楚这个毒药要用来做什么，把毒药混在糕点或别的食物里面，即使这样小的剂量，也照样会让奥弗伯里慢慢地丧失体力。特纳定期把掺了毒药的食物或水交给看守，再由看守转交给奥弗伯里。她还在盐里加上砒霜，把斑蝥混在胡椒粉里。久而久之，奥弗伯里的身体一天不如一天，对甜食和果酱的喜爱达到了疯狂的程度。卡尔依旧对他“关心备至”，一直满足他的各种需求，除了送去大量的糕点外，还会时不时地送鲜嫩的猪肉、松鸡和其他野味让他吃。但是特纳会在酱汁上动手脚，她把斑蝥掺到里面，在猪肉里还注入硝酸银。到指定的审判日时，奥弗伯里吞下的各种各样的毒药，足足可以毒死20个壮汉，不过他的体格出奇的好，所以这个时候还在苟延残喘。

药剂师富兰克林坦白，他为福曼医生配了七种不同的毒药：硝酸、砒霜、汞、衲脊蛇毒粉（产于北美）、硝酸银、巨蜘蛛毒及斑蝥，即使这么多毒药也没能要了奥弗伯里的命。看着奥弗伯里还好好地活着，这可让卡尔干着急，他给埃塞克斯夫人写信，向她吐露自己的担忧，于是，埃塞克斯夫人立马派人准备直接了结奥弗伯里的性命。奥弗伯里虽然没想到自己会被毒杀，但是心里还是会有所怀疑，想着自己可能会面临终身囚禁，而国王也会更恨他。

一次，他给卡尔写信，威胁说如果不马上放了他，他就把卡尔的丑事全都抖出来，还说他们都死有余辜。奥弗伯里在信中让克尔不要欺人太甚，否则不知道自己会说些什么让他后悔莫及的话。“不管我是死是活，我都会让你遗臭万年，世人都会知道你就是个卑鄙小人。我们两个是一条绳上的蚂蚱，别忘了你的把柄还攥在我手里呢！”奥弗伯里这样写道。奥弗伯里用卡尔的把柄威胁他，无非就是想让卡尔救自己出去，但是却失算了。卡尔心狠手辣，觉得与其救他出去还不如让他早点死，一个死人又怎么会告密呢，他对这一点深信不疑。所以卡尔一收到奥弗伯里的信，就把这件事告诉了他的情妇，事情不能一拖再拖了。受伯爵夫人之命，威斯顿要立刻了结奥弗伯里的性命，不能再等了。1613年10月，奥弗伯里被迫服下剧毒，立即丧命，到此时他在牢里待了足足有6个月的时间。奥弗伯里死的那天，没人为他举行丧礼，尸骨未寒就草草地用一块布裹起来，埋在了大牢附近的深坑里。

在《詹姆斯一世的性格特征及其宫廷生活》一书中，安东尼·韦尔登描述了这件惨案后来的情景。他写道：富兰克林和威斯顿走到奥弗伯里所在的牢房内，看到他那时特别痛苦，他的身体在和毒性抗争，而且似乎已经占了上风。他们担心奥弗伯里身上会有出脓的疖子、小脓包或者是水泡什么的，万一被医生发现麻烦就大了，所以决定用床单把他捂死。奥弗伯里就是这样惨死的，而这二人对自己的同伙也说他是毒发身亡，谁都不知道凶手竟是他们。

奥弗伯里突然就这么死了，再加上没办葬礼就入土，验尸报告也迟迟没有结果，这一系列事使得人们开始猜疑这件事。谣言愈传愈烈，人们开始公开讨论此事，而不像以前交头接耳、窃窃私语。死者亲属也称自己的亲人是被谋杀了。但是此时卡尔依然权倾朝野，没人敢怀疑他，而且他很快就和埃塞克斯伯爵夫人举办了一场盛大的婚礼，国王还亲自出席了二人的结婚典礼。

奥弗伯里到底还是要比卡尔更了解国王，他曾对卡尔说的那番话就是个很好的证明。虽然此时卡尔还是国王跟前的红人，但是好景不长，所有的事都被奥弗伯里言中了。加之流言飞语从来都没有消停过，人们说他是个十恶不赦的人。久而久之，卡尔脸色变得苍白，眼睛暗淡无光，整个人都变得喜怒无常，国王见他这样也没了兴趣，于是开始寻找新的意中人。

白金汉公爵乔治·维利尔斯正合国王的口味，他头脑灵活、英俊潇洒、意气风发，就光是后面这两点就足以让国王爱不释手了。乔治越是受器重，卡尔就越是受到冷落。失势的人注定没有朋友，而且谣言比以往更加凶猛。国王的新宠此时也没闲着，他想方设法让卡尔下台，还煽动奥弗伯里的亲信继续上诉。

詹姆斯一世对别人犯的罪丝毫不会手下留情，他自夸可以解决一切疑案，而这个案子更是让他觉得英雄就该有用武之地。他先是派人逮捕杰维斯·埃尔维斯，这时候还并未想到卡尔其实也是主谋之一。考虑到慢性投毒这件事的危害性，国王还专门召集了所有法官。据安东尼·韦尔登描述，当时国王跪在众法官中间说：“尊敬的法官大人，听闻近来大人们正调查一桩投毒案。天啊，我们的餐桌何时变成了犯罪的场所了，这个世界上唯一以殷勤好客而闻名的民族会处于怎样的悲惨境地呀！我们的百姓时刻都有生命危险，我们不该让邪风蔓延整个国家。所以，法官大人们，我命令你们在审判时一定要严格公正，不能以自己的喜恶判断事物。若是你们放过任何一个罪犯，上帝将会重重地惩罚你们，就连子孙后代也会受到牵连，而我也同样会受到惩罚。”

诅咒果真来了，确切地说是降临到了整个王朝的头上。詹姆斯一世违背了自己的誓言，上帝就惩罚了他，连子孙后代也未能幸免。继杰维斯之后被捕的是看守威斯顿，再后来就是富兰克林和特纳，最后是伯爵和萨默塞特伯爵夫人。自从奥弗伯里死后，这些身处高位的后援不断支持卡尔，他才能步步高升。威斯顿是第一个受审的，公众对此案充满好奇，审判那天，法院门外挤得都喘不过气来。

据《英国审判》记载，首席法官科克向陪审团陈述了罪犯的卑鄙行为，指责他们残害人命。起诉书宣读完毕后，威斯顿没做其他辩解，只是不停地重复着“上帝可怜可怜我吧，上帝可怜可怜我吧！”在问到他想怎样受审时，他坚决不让陪审团审他，说只让上帝来审判他，而且这样说了好多次。但后来因为害怕陪审团判他藐视法庭，就认了罪并愿意依照法律程序接受审判。等到所有情况证实后，威斯顿被判处死罪，并在伦敦刑场内执行死刑。另外，特纳、富兰克林、杰维斯也同样如此，于1615年10月19日至12月4日期间执行。

不过，对卡尔和伯爵夫人的审判一直到第二年5月才进行。对杰维斯·埃尔维斯的审判才引出了事情的真相，北安普顿伯爵家族的有些人，像伯爵夫人的舅舅、喜欢猎鹰的托马斯·蒙桑都了解毒药方面的知识。不过伯爵夫人舅舅早已去世，所以逃过了审判这一劫，但是托马斯就没这么幸运了，他不仅被捕，还被送上了法庭，理由是他会危害大众生命，是个危险人物，所以应当处死。但是托马斯知道太多国王的丑事，国王怕他在临刑前说些对自己不利的话，所以审判还没结束，他就被放了。

显然，国王已经说到了却没做到，他心里有点儿犯嘀咕，后悔当初不该那么轻率地说一定要把罪犯绳之以法这种话。

卡尔最后会被判死刑，这一点谁都不用想，不过国王看得出，他是想让自己赦免他，并宣判无罪。此时卡尔仍被关在牢里，但他却非常有信心，觉得国王没那么大胆子判他死罪，不过他确实有点自信过头了。国王也为这件事苦恼，觉得他们二人之间的秘密虽不会被公之于众，但难免会引起人们的猜疑。也许有些人会想国王是不是有什么癖好，有些人会猜测亨利王子的死会不会和国王有关。

亨利是个有德行的年轻人，在世时就不满卡尔的为人。他英年早逝，不过对于这一点，国王似乎并没有一点惋惜之情，当时人们就在私底下讨论说是卡尔毒死了亨利，不过国王也可能逃不了干系。所以卡尔一直未被审判的原因也就在于此。国王发现自己宠幸的人竟然和奥弗伯里的死有关，他就如坐针毡，想方设法要稳住卡尔。有人暗中向国王进言，说国王定能仁慈地处理这件事，同样也替伯爵夫人说了好话。国王以爱护臣子为名，派贝肯给卡尔写了封信，劝他承认自己的罪行，并保证他安然无恙。

伯爵夫人先受审判，法官宣读起诉书的时候，她战战兢兢，一把鼻涕一把泪，并以很低的声音表示服罪。法官问她知不知道为什么不判她死刑，她说："虽然我内心悔恨不已，但是这也无法减轻我的罪过，恳请在座各位替我向国王说情。"最后法官赦免了她的死罪。第二天，卡尔被带上了法庭，他似乎不相信詹姆斯一世的承诺，并表示不承认自己有罪。依照自己对国王的了解，他表现得很自信，而且十分严厉地反诘证人，坚持为自己辩护。最终经过11个小时的审判，法官判处他重罪。

撇开国王和卡尔之间的秘密不谈，尽管国王发过重誓，他还是怕在死刑判决书上签字，或许，这个判决书本来就该是他自己的。最后，卡尔和伯爵夫人都被关进大牢，5年后特赦释放，他们不得在皇宫附近居住。卡尔被剥夺了财产权，但国王批准免去他们每年4000英镑的所得税。这种无耻之极的行为引起了公愤，国王也因此蒙受羞辱。关于这些罪犯后半生的生活无人能晓，不过有一点可以确定：当初两个人爱得死去活来，现在即使生活在同一个屋檐下也不会说一个字。

不过，就算查清了这些人的犯罪事实也并没能让投毒事件从此销声匿迹，相反，我们后来也看到了，人们不断地模仿这种行为，也许这就是人性中黑暗的一面。据猜测，詹姆斯一世本人就是因为这个而丧命的。

詹姆斯一世之死

哈里斯在其所著的《詹姆斯一世生平与评价》一书中做了大量的说明，尽管白金汉公爵的犯罪事实不能完全成立，但是种种猜测就足以让与之相关的数百人被送上绞刑架。他的犯罪动机有三点：一是出于报复心理，国王在位的后几年里对白金汉公爵非常冷漠，因为他也看出白金汉图谋不轨；二是出于恐惧心理，他担心国王会给他降职；三是出于幻想，他觉得詹姆斯一世死后，凭他的影响力，新国王就可以顺利统治国家。

《哈里安杂记》第二卷里有一篇题为《复仇者先驱》的短文，其作者是位医学博士，名叫乔治·艾格雷沙姆，他也是国王的御医。在引述时，哈里斯曾说读读整篇文章就能感受到作者的怨气之深。当然这样说确实是有些夸大其词，不过从一连串证据就可以看出事情的端倪。艾格雷沙姆写道："国王患了疟疾，公爵就借此机会报复他。其他的御医去用餐时，他就拿一种白色粉末状的东西让国王服用，国王再三推辞还是禁不住他的软磨硬泡，最后还是以酒服下此药。结果他的病变得越来越严重，不知晕倒了多少回，浑身疼痛难忍，并时常有剧烈的腹泻。经受了此番折磨后，国王埋怨再也不吃这药了，就算去见上帝也不愿意吃了。"他还记述说："白金汉公爵夫人（也就是公爵的母亲）在国王心脏、胸部上吐了膏药，之后国王就渐渐变得十分虚弱，呼吸也很短促，整个人都在痛苦中挣扎。医生称国王中了毒，随后白金汉公爵就命他们退出去，诬陷其中一位医生就是给国王下毒的人，另一个人被逐出皇宫。国王死后，人们发现他的头比平常肿了许多，头发连同头皮都粘在了枕头上，而且手和脚趾甲也开始脱落。"白金汉公爵的一个党羽名叫克拉伦敦，他称："国王过世时58岁，他思想古怪、身材臃肿，一点小小的痛风都能让他倒下，再加上疟疾发作引起了身体痉挛，就更是要了他的命。国王死后各种中伤、诽谤之语四起，不久后，社会混乱不堪，没人怕冒犯国王，人人都在指责、谩骂王室，似乎没什么不能做的。"尽管这些话没一句是真的，但人们还是无法相信它们都是编出来的。对白金汉的审判也并不是那样严格，事实上所谓的审判都是他的心腹一手操纵的。布里斯托尔伯爵起草了对白金汉的起诉书，他把毒害詹姆斯国王一事放在了最后，而历史书中有关此事的章节也常是一笔带过，甚至一度还被取消了。

白金汉公爵是从一个叫兰姆的医生那里弄到毒药的，这个兰姆是个江湖医生，除了卖毒药，有时候还装成个算命先生。公众把对白金汉的怒气全都撒在了他头上，所以他都不太敢在伦敦街上露面。即使这样，他的运气也好不到哪儿去。有一天，他在普赛德街上走着，自以为伪装得挺好，结果还是被人认了出来，他们开始怪声起哄，往他身上扔石头，并大喊大叫："投毒犯，投毒犯！打死这个恶人，打死他！"很快，一大群人就聚了上来，兰姆溜出人群撒腿就跑，很多人狂追不舍，在伍德街抓住了他。人们开始抓着他的头发沿街示众，还有人用棍子、石块打他并大声喊道："杀死恶人，杀死投毒犯！"一听说有骚乱发生，查理一世快马加鞭赶去出事地点平息骚乱，结果还是晚了一步。当时兰姆已经死了有一会儿，连身上的骨头都被打碎了。查理对此十分愤怒，他以公众未能交出肇事头目为由罚了每人600英镑。

到处盛行的投毒之风

然而在当时的意大利，投毒却是非常普通的事情。数年前，投毒似乎是一种极为正当的消灭敌人的手段。十六七世纪的意大利人毒死敌手不会受到任何遣责，正常得就像今天英国人维护自己的合法权利一样。一些当代作家的作品中也有对此类事情的描述：斯帕拉和托普安妮亚两人做见不得人的勾当时，双方都会明目张胆地把毒药摆在桌上，给别人下点儿毒药就像现在的女人往自己身上喷点儿香水那样正常。可见社会风气的影响力有多大，那个时候人们甚至觉得杀人犯只不过是犯了点小错而已。

吉斯公爵曾于1648年做了件不可思议的事——袭击那不勒斯市政府，在他的回忆录中我们发现，有些出人意料的事和投毒这一行为有着密切的联系。有个叫詹尼热·安尼斯的人曾在马赛尼鲁当过一阵子渔民，还做过民间组织的首领，他的某些做法让吉斯公爵分外厌恶，于是公爵的亲信决定杀了安尼斯。从回忆录中可以看出，公爵派卫队长执行这项任务，有人让他用匕首杀掉安尼斯，但他却觉得提此建议的人简直是没有经过大脑思考，而且，他早准备好一接到命令就毒死安尼斯。他称用匕首杀死对方这种方法太不光彩，而且有失卫队将领的体面。律师奥古斯汀·莫拉深得公爵信任，他给了公爵一瓶毒药，下面是公爵本人所回忆的内容：

> 晚上，奥古斯汀来找我，他跟我说："我给你带了些东西，它可以帮你摆脱苦恼。既然安尼斯罪该万死，那他怎么死就不重要了。您瞧瞧这个小玻璃瓶，它里面装的这种液体清澈透明，用不了几天，安尼斯的小命就玩儿完了，卫队长已经下了毒，而且它无色无味，安尼斯根本不会察觉得到。"

接着公爵又下命令，让人定要适时适量下毒。不过安尼斯还算幸运，那晚他只吃了点儿油煎卷心菜，而这个菜恰好可以解毒，所以安尼斯吐了之前吃的所有东西，救下了自己的性命，而此后的5天，他就一直卧病在床，不过他从未想到自己差点儿被毒死。

随着时间的推移，出售毒药成了一种赚钱的生意，毒药交易在罗马十分兴隆，当时的政府都无权干涉，这种事在贝克曼的《发明史》及公莱特的《国家教堂史料》中都有记载。1659年，有人向亚历山大七世汇报说，很多年轻妇女向神忏悔，承认自己用毒药慢慢地害死了自己的丈夫。通常情况下，牧师以严格保守忏悔者所言为职责，但对如此猖獗的犯罪行为，他们还是感到既震惊又恐慌。不过最终他们还是决定要向教堂主事报告所有的事，只是不会泄漏忏悔者的名字。并且在当时的罗马，人们会经常性地谈论“年轻寡妇又多了一个”这样的话题，还有人会说，如果夫妻过得不幸福，过不了多久，那个丈夫就会得病，然后一命呜呼。于是罗马教皇开始调查此事，他们了解到很多年轻妇女组成了个秘密团体，不知是为何目的，每晚会在海尔瑞玛·斯帕拉家里聚集。斯帕拉有些年纪了，她面容凶恶，是个颇有名气的神婆，还是这帮泼妇的头儿。后经查明，这些人当中还有几个人是罗马的王室成员。

为了获取其聚会内容的直接证据，政府派了一个特务打入她们内部，她打扮得非常时髦，一副有钱人的样子，而且在她说明自己的情况以后，竟不费吹灰之力就加入了这个组织。这个女人假装自己的丈夫对她不忠，而且经常虐待她，为此觉得很苦恼，她央求斯帕拉给她点儿“灵丹妙药”，罗马女人都是这样让自己狠心的丈夫一睡不起的。斯帕拉果然中计，以非常合理的价格卖给她一些所谓的“灵丹妙药”。

这个女人一拿到东西就送去化验，结果正如预料的一样，这是一种慢性毒药，透明且无色无味，和吉斯公爵描述的相吻合。有了这个证据，警察就把她们的聚集地团团围住，斯帕拉和她的同伙都被逮捕。斯帕拉个头矮，长得又丑，还一把年纪，警察拷问她的罪行，可是她就是抵死不认。另一个叫格拉特奥萨的女人就没那么嘴硬了，她把这个妇女组织的秘密都抖了出来，虽然是经不住严刑拷打被迫招供，不过即使不这样，也还是有充分的证据证明其犯罪事实成立。这些女人被判处有罪，并且根据她们的犯罪情节和轻重程度处以相应的刑罚。斯帕拉、格拉特奥萨及其他三个毒死自己丈夫的女人将在罗马处以绞刑，另外的30多个女人就被沿街鞭打示众，还有几个因为自己身份高贵，受不了这种苦头，就被流放国外，并罚以重金。又过了几个月，陆续又有九个女人因投毒被绞死，还有些女人年轻貌美，也因犯此罪被迫半裸着沿街示众。

尽管处罚得这样严厉，也还是阻止不了某些人的疯狂行为。有些嫉妒心强又贪婪的人，他们迫切地想得到长辈留下的遗产，所以就想到了下毒这种手段。而且有些毒药是种透明的液体，无色无味，也不会引起别人的怀疑。有些小贩也十分精明，他们可以根据药性大小配出不同浓度的毒药，这样想让一个人在多长时间内死去都可以轻而易举地做到。这些小贩以女性为主，其中最有名的是个叫托普安妮亚的女人，她以这种方式间接地要了600多个人的命。这个女人可不简单，她从小就卖毒药，先在巴勒莫住着，后来又搬到了那不勒斯。有个叫莱伯特的神父是个很有意思的人，他的很多封信里都提到了关于这个女人的事。1719年的时候他在维其阿市，那不勒斯总督发现在其管辖区内买卖毒药的行为极为猖獗，毒药的名字叫阿奎阿，又叫微化水。经进一步调查，总督查明正是托普安妮亚（当时近70岁高龄）把一种用小玻璃瓶装的毒药大量销往意大利全国各地，这种毒药叫“圣·尼古拉斯·巴里甘露”。

圣·尼古拉斯·巴里的墓地驰名整个意大利，据说，它常常渗出一种神奇的油，这种油可以治好一切遗传性疾病，患者可以完全放心地使用。而托普安妮亚给毒药起这个名字就是不想引起别人的怀疑，以逃避海关官员的检查。这些官员和普通大众没什么两样，他们对这种神奇的油也一样着迷，十分敬重。

这种毒药和斯帕拉制的毒药很像。有个很有名气的海乃曼医生写过关于此种毒药的文章，他说：“这种毒药是用富砷的中性药用盐调配而成的，它会让人渐渐丧失胃口，面色苍白，四肢无力并伴有极度胃痛，最后还会患上肺痨。”一个叫盖格利亚德的神父说道，把毒药倒进茶、巧克力或者汤里，毒性就会发作得很慢，人几乎察觉不到。凯瑞里是名奥地利皇家内科医生，在给霍夫曼的信里，他这样写道：“这是一种晶粒状的砒霜，把它加在适量的热水里，然后再加些香草，它就可以完全溶解。”因此，那不勒斯人把这种毒药称为阿奎阿·托夫尼那，而在整个欧洲它又被人们戏称为阿奎阿·托普安妮亚。

这个女人生意虽然做得很广，但想找到她还真不是一件容易的事。因为她怕被人发现，所以一直活在担惊受怕中，并且频繁地改名字、换住所，还装成一个极为虔诚的教徒，在修道院一住就是好几个月。只要察觉到自己有被发现的可能，她就向基督教会求救。过了没多久，她就听说那不勒斯总督正派人抓她，所以她和往常一样，躲进了一家修道院。这几年总督一直没抓到她的原因一来是搜捕并不严格，二来是她会想各种应对措施，所以每次都能巧妙地逃避追捕。更让人不可思议的是，她在这期间仍然大量贩卖毒药。莱伯特说她特别同情那些生活不幸的女人，她们厌恶自己的丈夫，很想摆脱他们，但是她们又没那么多钱买毒药，所以托普安妮亚会免费送给她们。

这个女人不可能总是掌握主动权，有人在一个修道院发现了她，而且切断了她的后路。总督几次想让修道院把人交出来但都没有成功。修道院长有大主教撑腰，屡次拒绝总督的请求。此时公众对这件事的处理结果也是十分好奇，纷纷来到修道院，就是为了看一眼托普安妮亚。

但是事情总这样拖着总督也很不耐烦，他明白事情的严重性，而且在宗教方面并不是那样虔诚，所以他觉得就算是教会也不能包庇一个这样凶残的罪犯。最后他没有管教会，直接派兵破墙而入，抓走了托普安妮亚。培格奈特利红衣主教大怒，他威胁总督，说要开除他的教籍并停止全市的宗教活动。所有牧师也都响应这个号召，他们发动那些宗教狂热分子，准备冲进总督府营救托普安妮亚。

形势极其严峻，但是总督也不是吃素的。相反，他似乎很镇定、机敏，准备好了要大干一场。为了避免引起恶劣的后果，他在主教四周安插了一队士兵，向他汇报主教会不会真的准备让全城的人挨饿，因为只要主教说的逐出教门这句话还算数，商人们就不敢把菜拿到城里来卖，这样就给他及其信徒们造成不便，而总督也想到了，仁慈的红衣主教应该不会这样做的。

然后，为了安抚躁动不安的百姓，平息他们的激动情绪，防止发生暴动，政府派了一些人混在人群里，广泛散布消息说托普安妮亚在全市水源里投了毒。这个消息一出，民众对她立即产生了反感，那些之前还把她当圣人看的现在却骂她是个恶魔，他们迫切希望她受到制裁，就像当初想要她能逃脱一样。随后，总督审讯了托普安妮亚，她供出了一长串受害人姓名，还坦白了曾经雇用过她的人。不久之后她就被绞死了，人们把她的尸体扔进了那个修道院，因为她是在那里被抓的，这也能让教士为这个曾在此避难的人举行场丧礼。

托普安妮亚死后，投毒事件似乎是减少了，但我们还是要看看，究竟又是什么让法国人开始了疯狂的投毒行为呢？从1670年到1680年这段时间，法国人十分热衷于投毒这件事，德·赛维根夫人还在自己的一封信中表达过她的忧虑之情，她说她怕法国人都成了投毒犯。

正如意大利一样，政府从教士那里获得信息，得知投毒在当时十分盛行。社会各个阶层的妇女向教士忏悔时承认自己曾毒杀过自己的丈夫。这些情况公之于众后，两个叫艾克赛力和格拉斯的意大利人被抓进了巴士底监狱，他们受到指控称其制造并给杀人犯卖毒药。后来，格拉斯死于狱中，而艾克赛力在监狱待了七个月都没人审判他。过了没多久，他在监狱认识了一个名叫森特·克罗克斯的犯人。

得到克罗克斯“真传”的是德·布瑞威利尔夫人。她出身名门，还嫁进了法国家世显赫的一个家族。这个女人从小似乎就很冷酷无情，倘若我们看过她的供词就会发现她成年之前心眼就很坏了。不过不管怎么说她很美丽，才华也很出众，并且在旁人看来她还温柔善良，是个学习的好榜样。古约特·德·佩特维在《轰动一时的讼案》一书中提到：在德·赛维根夫人的来信中都称赞她态度温和，举止得当可亲，而且一点儿都看不出她有什么恶行。1615年她嫁给了德·布瑞威利尔侯爵，与他生活多年，但是过得并不幸福。侯爵是个荒淫放荡的人，正是他把森特·克罗克斯介绍给自己的妻子认识，而正是这个人毁了她的生活并让她一次又一次地犯罪，直到最后她犯的罪连自己都觉得毛骨悚然。为了哄森特开心她就不断地犯罪，深深地陷入了罪恶的深渊。

在世人面前她仍是一副正派面孔，不过她觉得和自己丈夫分居依照法律程序也是一件轻而易举的事。但这种行为触怒了自己的家族，之后她不顾一切，公开了自己跟克罗克斯的私情。布瑞威利尔的父亲对她的行为极为愤慨，他搞到了张秘密逮捕令，把克罗克斯抓到监狱里面关了有一年之久。

森特·克罗克斯平时就喜欢毒药这一类的玩意儿，而且在艾克赛力的指点下他对这方面的了解就更多了，也因此两人很快就成了朋友。艾克赛力既教他怎么配制意大利人用的那种液态毒药，又教他制作后来在法国盛行的粉状类毒药。克罗克斯就像是他的情妇一般，这个时候显得尤其温顺又聪明伶俐，并且他内心的复仇欲和贪婪别人一点儿也没看出来，但这种欲望却让他的内心十分焦灼，而且这种欲望的根源就是德·奥布瑞一家，一方面他想报复的原因是那些人把他送进了监狱，另一方面他贪得无厌也是因为看上了他们的财产。克罗克斯经常大手大脚，所以总是缺钱花，不过德·布瑞威利尔夫人却时常接济他，可是她分到手的那点财产怎么可能满足他的胃口呢？他对阻碍他获得财富的障碍深恶痛绝，于是就有了个可怕的念头：毒死她父亲和她那两个兄弟，这样她就成了唯一继承人，财产也是她一个人的了。杀三个人对这个恶棍来说简直是轻而易举，他把自己的计划告诉了德·布瑞威利尔夫人，而她竟然同意帮他一起做这件事，毫无怜悯之心。克罗克斯调配毒药，她负责下毒，想不到她这么积极地帮他。

克罗克斯发现她的领悟能力很强，不久，她调制毒药的技术就和他一样熟练了。为了了解初次调制好的毒药的药性大小，她总是在狗、兔子、鸽子身上做试验。再后来，她为了更好地把握药力就去了医院，还打着慈善的幌子，把毒药投进可怜的病人喝的汤里。这些毒药不会一下置人于死地，因此她就可以一直在一个病人身上做实验也不会被人察觉到。她又以同样的手法给家里来的客人下毒。为了进一步确定，紧接着她开始拿自己做实验。就是通过这种不知死活的尝试，每次她先服下毒药，再从克罗克斯那拿到解药，最后确认毒性的大小。抛开重重担忧后她开始对自己年迈的父亲下手。第一次是她亲手在父亲吃的巧克力里下了毒，毒性果然很强，之后她的父亲就病了，这个“孝顺”女儿还假装对父亲的病忧心忡忡，一直守在病床左右。结果第二天她又端来了有毒的肉汤。就是用这种手段，不到十天她的父亲就一命归天，而他的死似乎只是由生病所致，没有任何人怀疑。

她的两个兄弟闻讯赶来为父亲办丧礼，他们只看到自己的姐姐此时悲痛欲绝，哪里能想到自己命不久矣，他们可是克罗克斯发财的绊脚石，怎么可能让他们活着回去呢。克罗克斯雇了一个名叫拉·朝赛的人给他们投毒，结果六个星期都没到，他们二人就被送上了西天。

这次投毒虽然也有人怀疑，但他们行事小心，所以也没人把这件事和毒药联系起来。由于亲人相继去世，布瑞威利尔夫人的妹妹继承了一半财产，这让克罗克斯十分不满，于是又想把她也杀了。不过她的警惕心很强，没过多久就离开巴黎，逃过了一劫。

布瑞威利尔之前所做的一切都是为了讨情夫欢心，不过现在她要做的这件事却是为了自己。她想和森特·克罗克斯结婚，但她知道自己只是和丈夫分居，并没有离婚，所以她就想，与其和他打官司离婚，还不如毒死他的好，起诉的话很有可能被驳回。但克罗克斯对这个“杀人工具”已经没了兴趣，尽管自己也是个坏蛋，但他还是不想和另一个坏女人结婚，也不想让侯爵死了。不过他也还是参与到这桩阴谋里面去了，他给布瑞威利尔毒药，她就用这个谋杀自己的丈夫，后来克罗克斯又小心翼翼地救他。布瑞威利尔头天下了毒，克罗克斯第二天又给他解药，两个人让侯爵受尽了折磨，但最终还是保全了性命。不过此时他的身体几乎被毁，心脏也不堪一击。

恶有恶报，这两个人终究还是暴露了自己的行径。一次，森特·克罗克斯配制的毒药药性很强，他在实验室戴的面罩突然掉了下来，他就这样被毒死了。第二天早上人们在那个改造成的实验室里发现了他的尸体。警察联系不到他的任何亲属，也没发现他有什么朋友，最后没收了所有物品。清理现场时他们发现了一个小盒子，上面贴着一张说明：

如果您发现了这个盒子，恳请您把它交到德·布瑞威利尔夫人的手上，她住在圣保罗第九大街，这里面的东西仅属她所有，也只对她有用。倘若她比我早死，希望您能烧掉这个盒子，我向上帝发誓，我所说的没半点假话，如果您拒绝了我的请求，不管是现世还是来生都会受到良心上的谴责。我再次申明这是我的遗愿。

没几个人把这种请求放在心上，相反，他这么说反倒让人好奇，有人打开盒子发现里面有几张纸还有几个玻璃瓶。纸由警察代为保管，把玻璃瓶送去化验了。警察在这几张纸里面发现了一张德·布瑞威利尔夫人给克罗克斯的3万法郎期票，还有一些是她和仆人拉·朝赛一起杀人的记录，这些证据尤其重要。布瑞威利尔一听说克罗克斯的死讯就企图把那个盒子和那些文件要回来，但是都遭到了拒绝。她看得出没有后路可退，于是赶紧收拾东西跑了。第二天警察抓她的时候她已经在逃去英国的路上了。拉·朝赛就没那么走运了，他全然不知发生了什么，也没料到自己会被抓。后来拷问受审的时候他供认了自己曾给德·奥布瑞下过毒，布瑞威利尔夫人给了他100个皮斯托尔（西班牙古金币），还答应他要给他养老费。拉·朝赛最终被判处死刑，于1673年3月被斩首，在巴黎处决，侯爵夫人暂被判为斩首。

德·布瑞威利尔夫人在英国住了近三年。1676年初她以为追踪她的风头已经过去，可以重返欧洲了，因此她就偷偷地潜到比利时的列日。但是就算她再怎么谨慎，法国当局还是很快就知道她回来的消息，列日政府立即做出安排，准许法国警察在其地域内逮捕她。随后，马里诸塞的一名叫戴斯格瑞斯的警察受命前往列日。这个警察到那里后发现布瑞威利尔已经找到了个避难所——一个女修道院。当地法律规定，外界不得干涉此地，但是戴斯格瑞斯却并没有因此打退堂鼓，他觉得既然不能硬来就换个方法。他扮成牧师设法进入修道院，并且见到了布瑞威利尔。他说："作为一个法国人，途经列日而不来拜访美貌但却遭受不幸的夫人对我来说简直是种折磨。"这番吹捧她的话让这位夫人的虚荣心得到了极大的满足，戴斯格瑞斯看出自己已经抓住了她的弱点，就不失时机地进一步向她倾吐爱慕之情，终于使这位侯爵夫人完全失掉戒心。戴斯格瑞斯略加引诱，就使她同意在修道院外与自己幽会，因为在外面幽会更方便些。等她真的来赴约的时候才发现，等她的并不是情郎的怀抱，而是逮捕她的警察。

对布瑞威利尔的审判如期进行，有关犯罪证据也很确凿，拉·朝赛执行死刑前的陈述足以证明她罪恶深重。除此之外，克罗克斯那个盒子里的神秘文件再加上她出逃法国都强有力地证明了她是有罪的。不过最有力、最确凿的证据还要数在克罗克斯物品中发现的她的亲笔信，在信中，她向克罗克斯坦诚了自己所犯的一切罪行，还提到自己杀害父亲、兄弟一事，这都足以判处她死罪。审判布瑞威利尔期间，巴黎上上下下无不谈论这个话题。有关她的犯罪细节也被公之于众，人们也对此津津乐道。

1676年7月16日，巴黎高级刑事法院宣布了对布瑞威利尔的判决，她被判处谋杀生父及兄弟，还有谋杀妹妹未遂。宣判后她光着脚被人拖进了一辆囚车，脖子上拴着一条绳子，手举着一个点燃的火把，被押送到巴黎圣母院大教堂门口。在那里，她当着全体人民的面承认了自己的罪行，之后又被押往德·格瑞威广场斩首示众，随后尸体被火化，骨灰撒在空中随风飘散。

布瑞威利尔被判刑后对自己所犯下的全部罪行供认不讳，似乎她并不畏惧死亡，这倒不是因为她多么有勇气，只不过她毫不在意。德·赛维根夫人说她被押往刑场的路上请求牧师支开刽子手，站在她旁边帮她挡住戴斯格瑞斯，这样自己就看不见那个卑鄙的人了。她还问站在窗户边的女人她们到底在看什么，并说："你们看到的东西多么美妙，的的确确！"在断头台上她仍然大笑不止，至死都顽固不化，冷酷无情。第二天早上人们蜂拥而至收集她的骨灰并当成圣物保存起来，她被人们看成是殉道的圣人，骨灰可以包治百病。人们常有这样愚蠢的念头，把那些自诩肩负神圣使命的人当成圣人，而在这件事上也可以看出很多人已经愚蠢至极。

布瑞威利尔死前，有个叫潘奥提埃尔的人受到指控，这个人当时身兼二职，既是法国南部省的财物主管，又是牧师收税官。起诉她的是一个叫圣·劳伦特的夫人，她指控其毒杀了自己的丈夫——上一任收税官，说这个人为了取代他的位置不惜杀了他。和该案件相关的详情没被披露出来，而且当局施压阻止审判这个案子。人们只知道那个人与克罗克斯和德·布瑞威利尔夫人走得很近，毒药应该是从他们那里弄来的，其他的一概不知。对自己不利的事他也一概不说，最后在巴士底狱被关了几个月后，对他的调查也不了了之。

有传言称德·邦兹红衣大主教当时是潘奥提埃尔的帮凶，因为要交几笔年金，而且数目庞大，他的资产就有些不堪重负。然而，投毒当时正风靡全国，所以那些要领年金的人就一个接一个地死了。后来，说起这些人的时候，红衣主教还说自己是何等幸运，比这些人活得时间长。有人看到他和潘奥提埃尔同坐一辆马车就大声说："瞧啊，这不就是那个红衣主教和他的'运气'嘛！"

当时，人们开始热衷于投毒，从那时起直到1682年，法国监狱中很多人都是犯投毒罪被抓的，不过犯其他罪的却相应减少了。我们可以看得出意大利这种犯罪来势凶猛，而且比起法国，这种情况犹有过之。这些无色无味的毒药对那些心狠手辣之人来说极具诱惑，而且让他们能杀人于无形，不用担惊受怕。似乎嫉妒、报复、贪婪这样的心理，甚至是一点小小的不满都能让他们有杀人的念头，但他们又担心用枪或者匕首之类的很快会败露，即使是烈性毒药他们也不敢用，所以有些人更倾向于使用慢性毒药，这样就免去了提心吊胆。当时政府腐败，它可以包庇一个像潘奥提埃尔那样有权有势的人，但对普通人犯罪却极为不满。在欧洲人眼里，耻辱这个词已经成了法国的代名词，为了杜绝此种犯罪，路易十四召开紧急会议，并对法官审判和制裁此类罪犯赋予了极大的权利。

这个时期有两个臭名远扬的女人，她们要了上百人的性命，而且两人都住在巴黎，一个叫拉沃森，另一个叫拉维格瑞克斯。斯帕拉和托普安妮亚就是两人的效仿者，和她们一样，这两个女人也主要向想要摆脱自己丈夫的女人卖毒药，偶尔也会把毒药卖给希望摆脱妻子的丈夫。她们的公开身份是接生婆，同时又扮成算卦的，接待来自社会各基层的人，不管有钱的还是没钱的，他们都想来算上一卦。她们的预言也都和死亡有关，她们会跟女人们说她们的丈夫快要死了之类的话。而对穷人她们又会说他们家境富裕的亲戚不久就要离开人世。而且这个时候她们也会拿出工具助自己完成算卦。她们会经常跟那些前来算卦的人说，房间里有死亡预兆，比如玻璃杯或瓷器摔碎的声音。这其实是她们事先安排好的，让佣人在约定的场合制作出破碎声，而且还要装得很偶然才行。当接生婆的时候她们又窥探到了很多家庭的秘密，这些秘密后来又极为可怕地被她们用来伤害别人。

她们被发现之前不知做过多少这样的勾当，1679年底罪行终于败露了。她俩都受到了审判并处以刑罚。人们用烧红的烙铁烫她们的手，然后再砍下来，直到1680年2月22日她们在德·格瑞威广场被活活烧死。她们在巴黎和外省的党羽也被彻查并对其进行了审判。按照某些作家的说法，有30~50名妇女被绞死。拉沃森有份名单，上面的人都是来她这里买过毒药的，她被捕后这份名单落入了警察手里，诸多法官对此进行研究。他们发现德·罗克斯姆伯格陆军元帅、德·所桑伯爵夫人还有德·保隆公爵夫人的名字也在上面。这位陆军元帅似乎与一个女人有染，但是当时公众认为他的罪责并不是放荡不羁那样简单。

《乌德勒支和平表面下的欧洲大事记》这本书的作者写道："那些卖毒药又给人算卦的人说，他（陆军元帅）早把自己的灵魂出卖给了恶魔。一个叫杜平的女子就是被他毒杀的。还有其他的说法就是他和魔鬼做了交易，为的是让他儿子能和劳沃斯侯爵的女儿成婚。法官第一次指控他时，他并没有过多辩解，自己主动去了监狱。但是他觉得这些指控是很荒唐的，而且还义正词严地说：'我的祖先马提埃·德·蒙特摩西和路易斯·拉·格罗斯寡妇结婚时，为了让年轻的国王获得议会支持，他不惜求助国会，而不是别人所说的他去和魔鬼做了交易。这个勇士后来被抓进大牢关了一年多，但最后还是没对他做出任何判决。'"

所桑伯爵夫人宁愿逃到布鲁塞尔也不愿冒险受审。她企图用毒药毒死西班牙王后的嫌疑算是永远也没能洗刷掉。保隆公爵夫人被逮捕了，法官紧急开庭对她进行了审问，然而她并未毒害他人，只是迷信算卦，并且觉得自己看到了魔鬼，好奇心得到了极大满足。身材矮小、长相丑陋的议院议长拉·瑞奈非常严肃地问她是不是真的看到了魔鬼，她回答说现在自己的的确确看到了。这个魔鬼又矮又丑，性情很坏，而且还穿着国王助理的长袍。对这样一个伶牙俐齿的女人，拉·瑞奈后来又很谨慎地问了几个别的问题。公爵夫人在监狱里被关了好几个月，由于未找到她犯罪的证据，最终只能无罪释放。严厉制裁此种犯罪行为有可能降低犯罪率，但是上述几人都免受处罚，又给社会带来了负面影响。潘奥提埃尔和他的有钱雇主红衣主教都逃过了罪责，这更造成了极坏的影响。后来这种犯罪行为猖獗了几乎有两年之久，直到火刑和绞刑再次启用，并以这种刑罚处死100多人后，犯罪率才有所下降。

第十二章
幽灵之屋

的确有敲门声！咚！咚！咚！
是谁，是比尔泽布吗？
难道是魔鬼？
咚！咚！咚！……敲个没完没了！

——麦克白

你是否看到或听说过一些房子，闭锁、无人居住、年久失修、破落沉郁、满是灰尘。午夜，总是有奇怪的声音从那里传出来，不知是虚幻的碰撞声，还是锁链发出的声响，或是那些不安魂灵的呻吟声？人们觉得天黑后路过这样的一栋房子是不安全的，因此很久都没有租客居住了，即使免费居住，客源估计也会寥寥无几。

目前英国还有上百栋幽灵般的房子，法国、德国等几乎所有的欧洲国家都有这样的房子，它们都被打上了恐怖的标记。胆小的人对这样的鬼屋避而远之，虔诚的教徒路过这里心里会祈祷主的保佑和祝福，他们心中认定这里是幽灵和恶鬼居住的地方。在伦敦有很多这样的房子，如果有人对自己的高智商比较自负，只要他费心把这些鬼屋找出来数数，那他就会相信要根除这些古老的迷信，人类的智力还远远不够。

鬼屋存在的想法是女巫信条的残余，因为它相对来说是无害的，不会使人们干一些蠢事而几近疯狂。不像那些我们已经熟知的起源于巫术信仰的其他观念，玩弄鬼屋把戏并不会被烧死或绞死，最多只有很少一部分人被送进监狱。

鬼屋事件

由于人们在某种环境下神经极其脆弱敏感，因此许多房屋都被认为闹鬼，脆弱和轻信的人则远离这样的屋子，这就需要一个强有力的清晰头脑去消除所有的疑虑。亚琛有一座房子，看起来很是荒凉，五年来一直无人居住，无论白天黑夜都能听到神秘的敲门声。没有人知道这些声音究竟从哪里来，随着这种恐惧的不断加深，房子附近的租客都放弃租约，去了镇上的其他比较安宁的地方居住。由于长期没有租客住在这里，整栋房子看起来破败萧条，满目疮痍，就好像鬼魂游荡的地方，天黑后几乎没人敢从这里经过。其中楼上的一个房间传出的敲门声不是很响，但很有规律。邻里之间相传可以经常听到地下室传来的呻吟声，午夜的钟声敲响后，紧接着就可以看见灯火从一个窗口飘移到另一个窗口。窗户边，白衣幽灵在咯咯地笑个不停。然而所有这些故事都没有经过证实。敲门声却是毋庸置疑的，业主几次尝试着去探究原因，但都徒劳无获。牧师给屋子撒上圣水，想控制住魔鬼，让它们离开这里去红海。这种法事也许让其他怪象消失了，但敲门声却一直持续着。

最后，由于意外地发现了事故的原因，恢复了邻居们的宁静。没有租客，业主经济遭受损失，精神也备受折磨，于是以极低的价格出售了这栋房屋，以免以后给自己添麻烦。新主人站在一楼的一个房间里，这时候他听到门轴转动的时候底部发出很大的噪音，然后又立即弹开大约两英寸，就没动静了。他站了一分钟观察，同样的事情又接二连三地发生了。他仔细地检查了门，这下所有的谜团都被解开了。门闩坏了，所以不能被固定，门就绕着铰链来回摆动。正对着门的是一扇窗户，坏了一扇玻璃，因此当风从某个角度吹进来时形成的强大气流会对门造成猛烈冲击，由于没有门闩，门又被弹开；只要有风吹进来门就会被吹闭再弹开。新主人赶紧让玻璃工装上玻璃，神秘的声音便从此消失。新主人又重新粉刷了房子，于是这座房子的名声便又好了起来。然而，由于两三年前人们就知道这座房子闹鬼，因此许多人宁可从其他任何地方走也要远远地避开这座“鬼屋”。

沃尔特·斯科特在他的作品《鬼神与巫术的信件》中描述了一个类似的故事。其主角出生显赫，在政界颇有名气。在他继承了头衔和遗产后不久，仆人间便开始私下议论，说公馆里晚上总有一种奇怪的声音，没有人能查明原因。这位绅士决心亲自弄清楚原因，并找了一位老人家一同探明究竟。这位老人家絮叨过一些自从老主人死后诸如敲门声就开始了之类奇怪的事情。两人仔细查找着，直到听到了奇怪的声音，他们才循声来到了一间用来存放各种各样食物的小储存室，老管家正好掌管着这间小屋子的钥匙。他们进去后有相当一段时间没有听到之前那奇怪的声音。最后他们终于又听到了那声音，奇怪的是竟然比在远处听的时候要小得多，这更加激发了他们无穷的想象。接着他们毫不费力地找到了原因。一只老鼠，被关在一个老式的鼠笼里，每次它试图逃脱的时候总会发出响声。原来是老鼠在鼠笼里可以把笼盖举到一定高度但又不足以使之逃脱，然后体力不支笼盖又掉下来，如此循环往复。笼盖“啪”的一声掉下来的声音在房子里回响，于是便有了神秘的传言。如果不是主人的亲自调查，流言完全可能给房子带来不好的名声以至于没有仆人愿意留在这里。这件事情是这位绅士亲口告诉沃尔特·斯科特先生的。

总的来说，由于这种意外使房子有“鬼屋”名声的事情远比因为人们的恶作剧而使房子名声大坏的事情少得多。有六个道士曾用狡猾的诡计戏弄了虔诚可敬的“圣人”国王路易斯。听到神父对圣布鲁诺修道院修士们良好品行和渊博学识的热情赞颂后，这位国王表示他希望能为这些修士在巴黎附近建立一个社区。圣布鲁诺修道院的主教贝纳德·德拉·特尔便派了六名修士去了巴黎。国王将尚蒂伊村庄的漂亮房子送给他们居住。恰巧从这座房子的窗户可以看到优雅宏伟的古老宫殿沃韦尔王宫，这是罗伯特国王建筑的皇家居所，但已荒废多年。这些“有价值”的修士觉得这宫殿正适合他们居住，但像他们这种虔诚谦逊的修士怎么可以不知羞耻、冠冕堂皇地向国王索求这座宫殿呢？这肯定是不行的，于是这几个修士便用尽他们的“天分”想其他的办法。

这座宫殿的名声从来没有受过任何诋毁，不知怎么的，自打这六个修士来了之后，沃韦尔王宫便臭名远扬。惊恐的尖叫声整晚回荡在城堡里，蓝光、红光、绿光不时突然地在窗户边若隐若现，锁链叮当作响，还不时地传出人疼痛难忍的咆哮声。这些怪事持续了几个月，周围所有的村庄都被巨大的恐惧笼罩着。这些流言一传十，十传百，经过添油加醋最终传到了国王那里，虔诚的国王路易斯也吓了一跳。最后又出现了一个巨大的青豆色幽灵，垂着长长的白胡须，长着巨蛇的尾巴，每当午夜来临，它便出现在宫殿的主窗旁向行人舞动拳头，发出可怕的哀鸣。这些修士们听说后义愤填膺，哪里来的幽灵竟敢在他们眼皮底下为非作歹，于是他们暗示国王派来的调查专员，如果能让他们住进宫殿，他们就能立马清除这些妖魔鬼怪。国王非常欣赏他们的虔诚之心，并表达了自己对六位修士公正无私情怀的感激之情。六位修士搬进了宫殿，清除了这一切怪象，于是圣布鲁诺宫殿便成了这六位修士的财产，于1259年给予公证。这些怪象停止了，灯光也消失了，据教士们说绿幽灵已经被镇压在红海的滚滚波涛之下。

1580年，一位名叫吉勒斯·布莱克的人在图尔斯的郊外租了一间房子，但他又觉得租金太高，后悔没有跟房东彼得·皮克特讨价还价，他决定竭尽全力解除合同。房东彼得当然很是满意这位租客和租金条约，绝不会做出任何妥协。不久之后，图尔斯的大街小巷内都传言吉勒斯·布莱克的房子闹鬼。连吉勒斯自己也说他相信这座房子简直就是法国所有女巫和恶魔幽灵的聚集地。它们发出的声音简直太可怕了，让他睡不着觉。它们狠狠地敲墙，在烟囱里哀号，打碎他的窗玻璃，把锅碗瓢盆散落在整个厨房。整个夜晚他的桌椅都在自己跳舞。成群的人聚集在房子周围听这神秘的声音，这时砖块便自己从这座房子飞出来砸在清晨出门前没有念祷告词的人的身上。这些事情持续了一段时间后，吉勒斯便向本地法院进行投诉，法院于是传唤彼得，让其明示不解除合约的原因。可怜的彼得无力辩解，法院一致认为此种情况下没有租约可以维持它的效力，于是宣告租约无效，并判决由不幸的房东负责此次诉讼案件的全部费用。彼得向巴黎议会提出上诉，经过长时间的审查，议会证实了这一租约。“不，”法官说，“因为没有完全令人满意的证据证明房子被魔鬼所困扰，但是图尔斯法院在此次诉讼中的审理是非正式的，因此判定图尔斯法院的判决无效。”

1595年，波尔多议会审理过类似的案件，同样是关于该市一间严重闹鬼的屋子。议会任命一些神职人员进行审查并且汇报结果，汇报结果中肯定了这栋房子在闹鬼，于是议会宣告解除合约，并且承租人不用支付所有的租金和税收。

最好的鬼屋故事就是伍德斯托克皇家宫殿的故事，1649年长期议会从伦敦派了一些专员过来占领伍德斯托克皇家宫殿，并且命其毁去所有皇家的象征，最后他们被一位保皇党的恶作剧吓逃跑了。这些胆大包天的官员于1649年10月13日到达伍德斯托克，他们占领了老国王的宫殿，把漂亮的卧室和更衣室变成了厨房和炊具的存放室，将会议室改成了酿酒屋，用餐厅来存放木柴。他们毁去了所有的皇家象征，并且对一切能让他们想起斯图亚特王室的东西都着力侮辱一番。

一名叫吉尔斯·夏普的教士怀着极大的热情同他们一起搞破坏，甚至连根拔起了一棵高贵的古树，只因为这棵树的名字叫“国王的橡皮树”。他将这棵树的碎木塞进餐厅为官员们点起烟火。起初两天，他们听到屋子里有奇怪的声音，但是并没有放在心上。第三天，他们怀疑有什么东西不对劲，好像有只狗在床下面啃床铺。接下来一天的晚上，桌子和椅子都开始自己跳起了舞。到了第五天，有东西进入他们的卧室上蹿下跳，将温热的平底锅从客厅里甩出来，噪音太大了就像是五个教堂的钟声同时敲响在他们的耳边。第六天，碟子和餐具在餐厅里面上上下下跑个不停。第七天，这些神秘的东西不知怎么进到了卧室，还带了几根原木，并且霸占了官员们舒软的枕头。第八天和第九天暂时安宁了。到了第十天，烟囱里的砖块咯咯地移动着，整夜都在地板和官员们的头上跳舞。到了第十一天，魔鬼把他们的裤子偷跑了。第十二天，他们的床铺里填满了白蜡盘子，使得他们没法上床睡觉。第十三天，不知怎么的所有的玻璃都碎了一地，满屋子都是。第十四天，一阵震耳欲聋的噪音如同40门大炮齐发，紧接着又是卵石雨，砸得官员们哭爹喊娘，“他们恐慌极了，哭着喊着要寻求帮助”。

他们起初想尝试着通过祈祷来驱散这些魔鬼，但一点用都没有，然后他们便慎重考虑是不是把这里留给魔鬼自己折腾更好些。最终他们决定先暂住一段时间，恳求主原谅他们的罪恶，让他们安心睡觉。那晚他们睡得还算安稳，但这只是为了后续的折磨而让他们产生安全的错觉。接下来的夜晚，他们没有听到奇怪的声音，便吹嘘自己已经将魔鬼驱逐，还着手准备在这里过冬。然而这些征兆意味着魔鬼们正在策划一场新的骚动。

11月1日晚，他们听到有人在更衣室里来回走动，步调缓慢而沉重。紧接着一阵石头、砖块、砂浆和碎玻璃砸向他们。11月2日，更衣室又有脚步声，像是一只大熊在踏步，持续了将近半个小时。接下来，不知从哪里飞来一只平底锅狠狠地砸在了桌子上，随后又撒来一些石块和一副马的下颚骨。有几个胆大的拿着佩剑和手枪冲进更衣室，但是什么也没有发现。那晚他们吓得没有睡觉，给每个房间生了火，在屋子的每个角落里点上了大量的蜡烛和油灯，他们想魔鬼喜欢黑暗，因此不会捉弄被光亮围绕着的一伙人吧！他们又被骗了，几桶水从烟囱里倾泻而下熄灭了火，蜡烛和油灯也灭了，他们都没有反应过来这是怎么回事。腐臭的渠水淋湿了一些睡着的仆人们，她们突然惊醒，恐吓万分，开始默念祈祷词，去官员那里给他们看被发绿的污水浸透的亚麻床单和不知被谁敲打的又红又肿的手指关节。正当她们还在滔滔不绝的时候，一阵惊雷般的响声，如同整个炮队在开火，吓得屋子里所有的人双膝跪地，祈求神的保佑。其中一个官员站起来，鼓足勇气问道，以神的名义，是谁在捉弄他们，他们究竟做了什么要忍受这样的折磨。没有人回答，噪音停了一小会儿。最后，一位官员说道：“魔鬼来了，又还带了七个比它更坏的恶魔！”黑暗再次笼罩一切，他们点了两支蜡烛放在走廊门口以便两间房子都能被照亮。突然蜡烛又熄灭了，有个官员说看到了类似马蹄之类的东西将蜡烛和烛台踢进了中间的卧室，又连踏了三下将火熄灭。说话间，这个人大着胆子去拔剑，但还没等他从剑鞘里拔出剑，一只无形的手就抓住他，夺过了剑，并用剑柄狠狠地敲了他，他惊魂未定噪音又开始了，他们退回了各自过夜的屋子，整晚祈祷唱颂歌。

他们这时候才确信自己是斗不过恶魔的，恶魔似乎要将伍德斯托克变成自己的领地。这些事情连续发生在周六周日的晚上，他们决心立即离开这个地方，回到伦敦。

许多年过去了，这些怪象的原因才被人发现。查理二世复辟之后一切真相大白。这一切都是当年那个备受官员信赖的吉尔斯·夏普一手策划的，他真名叫约瑟夫·柯林斯，是一个秘密的保皇派。他在伍德斯托克的宫殿里长大，熟悉宫殿里的犄角旮旯以及大量的陷阱和密道。这些官员们竟然从来没有怀疑过他，坚信他是个彻头彻尾的革命派。这使得与他一起装神弄鬼的保皇派们乐开了花。

1661年，在泰德沃斯的蒙佩斯先生家里，也上演了一出非凡而又精巧的恶作剧。约瑟夫·格兰威尔牧师详尽地叙述了此事并取名为《泰德沃斯魔怪》，收录在他的巫术证据集《撒旦都该信仰的胜利》中。1661年4月中旬，蒙佩斯先生从伦敦旅行回到家里，从妻子那里得知他不在的日子房子里经常有奇怪的声音。三天之后，他亲耳听到了那种声音，就好像“有人在门外和墙外用力地敲打着”。他立刻起身，穿好衣服，拿上一对手枪，勇敢地寻找这位“不速之客”，他觉得肯定是强盗，但是他走着又觉得声音在他身后；等他走到门口，又什么都没有，但仍然可以听到一种奇怪空灵的声音。他困惑了很久，查找了房间的每个角落，但是仍然什么都没有发现。于是他上床睡觉了。刚有睡意后，那声音又来了，似乎更加猛烈，就好像“有人在屋顶敲敲打打，然后声音又逐渐消失在空中”。

这些事情持续了几个晚上，蒙佩斯先生想起来之前他下令逮捕并关押过一个流浪鼓手，他整天背个大鼓在村庄里面晃，扰得人们不得安宁，而且他还到处索要救济金。于是，他扣留了他的鼓。也许这个鼓手是一个男巫，是他派了魔鬼来到他家捣乱，来报仇。他越来越确信自己的这个想法，尤其是当他觉得这个噪音越来越像“哨兵换岗时的敲鼓点”时。蒙佩斯太太因此卧病不起，这魔鬼也倒是善解人意，每当这个时候就会停止骚动；但当蒙佩斯太太稍微好点儿的时候，它就又开始捣乱，“比之前变得更加粗鲁，追赶、折磨烦扰着孩子们，使劲敲打着他们的床架，大家都担心床会被敲得散架。”

据蒙佩斯先生给好奇的邻居们讲，这位鼓手还喜欢敲像“原颅党和乌龟”“战地小调”这样的鼓点，那鼓点子敲得和大兵们一样专业，还一敲就一个小时。这个情况持续了有一段时间，魔鬼改变了他的战略，开始用铁爪在孩子们的床底下刮磨。格兰威尔说：“11月5日，有一个巨大的噪音，一个仆人发现孩子们的房子里有两块木板在移动，他就让神秘的力量给自己一块木板，结果木板真的移到他身前不到一码的地方，他亲眼看到是木板自己移动的。那个仆人又说：‘到我手上来’。”结果这个魔鬼还是鼓手什么的就把木板几乎推到了他手跟前。”格兰威尔继续道，“这就发生在大白天，整个屋子的人都看到了。”那个早上魔鬼留下了一股硫磺味，既刺鼻又恶心。那天晚上村里的牧师克拉格和几位邻居到蒙佩斯先生家里拜访，他们都跪在闹鬼最凶的孩子们的床前做祈祷。

在祷告的时候，魔鬼退到顶楼里，但人们做完祷告后它很快又回来了；接着，众目睽睽之下，椅子在房子里乱跑，孩子们的鞋子狠狠地砸在了他们的头上，屋子里能动的东西都开始移动起来，一根床板被扔向牧师，砸在他的腿上，庆幸的是跟一团棉花砸在了身上似的，没什么大碍。还有一次，村里从来不信妖魔鬼怪的铁匠和步兵约翰睡在一起，约翰似乎听说过那些怪事，后来他俩也被吓得够呛，“房里有一阵噪音，就好像有人在给马钉铁掌，好像有东西过来了，是一副钳子”，几乎一整晚那东西对可怜的铁匠的鼻子又拧又掐。第二天魔鬼像狗一样喘着粗气，有个女人拿起床杆准备砸，“突然床杆从她手里被夺走，然后被扔出很远”。人们都惊恐地站了起来，又不知从哪来漂来一股热烘烘的恶臭弥漫在整个屋子里，那是一个严寒的冬天，而且屋子里没有生火。魔鬼继续刮磨着床板，持续了一个半小时，接着又进了另一间屋子，敲打片刻后似乎开始甩动锁链发出哗啦啦的响声。

这些微妙的谣言马上传遍了全国上下，四面八方的人都涌向了泰德沃斯的鬼屋，有些人相信，有些人怀疑，也有人半信半疑，这是本性使然，但他们都对这里充满了好奇心。这些事情又传到了皇室的耳朵里，国王派遣了一些绅士去调查，并且要呈交一篇所见所闻报告。不知是这些皇室官员比蒙佩斯的邻居们更明智，需要更加清楚有力的证据，还是他们有权力惩罚搞这场恶作剧的任何人，总之这个装神弄鬼的人被吓跑了。但是格兰威尔本人却很不情愿承认这些官员们一到，所有的声音就都没有了。他说：“也许只是官员们一来，声音恰好没有了，也许魔鬼想让那些不相信它的存在的人找不到它存在的明证，这样他们才更加惶恐。”

皇家委员会离开之后，地狱的鼓手又开始了他的新把戏，数百人每天来到这里听他的闹剧，并都惊奇不已。蒙佩斯先生的家仆也真够幸运，不仅听到了，而且还看到了这个顽固不化的魔鬼，当时魔鬼就站在他的床边。他没看清魔鬼具体的形状和大小，却看到了一个巨大的身躯，红红的眼睛恶狠狠地瞪着他好久，最后又消失了。它要了无数的把戏。有一次它发出猫的叫声，把孩子们的四肢敲得青一块紫一块，还把一根长钉放进了蒙佩斯先生的床铺里，把叉子放进了他母亲的床里，在碗里填满了灰烬，又把圣经藏在了壁炉下，人们口袋里的钱也变成了黑色。“一天夜晚，”蒙佩斯先生在给格林威尔的信中写道，“枪声响后有七八个像人一样的魔鬼逃去了凉棚。”如果不是蒙佩斯先生闭着眼睛，他肯定会相信这些“魔鬼”其实就是凡人在装神弄鬼。

涉嫌制造所有这些恶作剧的那个人正在格洛斯特的监狱里面服刑，无论他在哪里都会被认为是一个流氓，一个流浪汉。一天，泰德沃斯的一些人来看他，他便问威尔特郡有什么新闻，人们有没有到处谈论一位绅士家里的鼓声。探访者回答简直没有比这个更流行的新闻了。鼓手说：“这一切都是我策划的，他收走我的鼓，如果他不能给我满意的补偿，那他就永远别想安宁！”毫无疑问，这个看起来像吉普赛人的家伙说了实话，他那一伙朋友最清楚噪音是从哪里来的。因为这些话，他因玩弄巫术而被带上了索尔兹伯里法庭，最后因有罪而被流放，这一判决是宽大仁慈的，在那个年代令人不解，因为受到这种指控，无论是否被证实，都要被钉死或者绞死。格兰威尔写道：“鼓手一被流放海外，噪音立马就停止了，但是不知怎么的，他又逃了回来，他在海上掀起惊涛骇浪，吓坏了水手们。”他一回来后，骚乱又开始了，而且断断续续地持续了很多年。如果真的是这个吉普赛人和他的同伙如此顽固地折磨了可怜的蒙佩斯那么久，那他们的顽固则是复仇心理达到极致的最好例证。当时，很多人认为是蒙佩斯先生自导自演了这场戏，允许并鼓励别人在自己的屋子要把戏以哗众取宠。但这一切的罪魁祸首更有可能是吉普赛人，因为蒙佩斯先生也和他那些轻信的邻居们一样备受惊吓，他们被唤醒的想象力使这个故事增色不少。这些故事就像雪球一样越滚越大。

雄鸡巷事件

格兰威尔和其同时代的作家们收录了许多17世纪的幽灵故事，他们并没有花时间去证实事情的原委。最有名的鬼屋故事离我们更近，它所涉及的场景太奇妙了，以至于最有学识的人都不得不信，就比如说本章中提到的这个故事——雄鸡巷的幽灵。正如它的名字一样，在相当长的一段时间内，它把伦敦搞得鸡犬不宁，成为人们饭后的谈资，每个社会圈子都在谈论，从王子到农民。1760年初，在西史密斯菲尔德旁的雄鸡巷，圣塞帕彻教区牧师帕松斯家里住着一位名叫肯特的股票经纪人。一年前，他的妻子因难产而死。他的妻妹，范尼女士，便从诺福克郡赶来照顾他的家。不久他们便彼此相爱。他们住在教区牧师的家里，牧师很穷，向他的租客借钱。在这期间，房东与租客间发生了一些矛盾，肯特先生离开了这里并设法用一些法律手段索要房东欠他的钱。

这件事还悬而未决，范妮小姐又突然染上了天花，尽管受到悉心的照顾和看护，范尼小姐还是在几天后去世了，就埋在克勒肯维尔大教堂下的墓室里。于是牧师开始暗示范尼小姐的死有些蹊跷，肯特就是帮凶，因为他急于继承范尼小姐允诺给他的那部分财产。此后两年之内再没出现过什么纷争，但是这位牧师是一个报复心极强的人，他从未原谅和忘记肯特先生因为借钱的事情对他进行的羞辱。在这一期间强烈的自负和贪婪驱使他酝酿出一个又一个的复仇计划，但因为无法实施都破灭了，终究一个非凡的阴谋亮相了。1762年初，惊恐遍布了整个公鸡巷。可怜的范尼的阴魂飘荡在牧师的房子里，牧师12岁的女儿还见过几次，并且跟她进行了交谈。范尼告诉小女孩她不是死于天花，而是被肯特毒死的。牧师极力散布了这些谣言，只要有人来问，他便说自从范尼死后的两年来，每天晚上都有人敲墙敲门。

这些无知轻信的邻居们相信并且夸大了事实。牧师便请了一位绅士来亲自瞧瞧怪象。绅士发现这个唯一能看见幽灵并且与之交谈的小女孩在床上抖成一团，她刚刚看到了幽灵，并且幽灵再一次告诉她自己是被毒死的。房子的每个地方都能听到剧烈的敲门声，这一切都让绅士不太明白，不敢怀疑但又羞于相信这种事情，只好允诺说第二天将带着教区牧师和另外几位绅士一起过来探讨这神秘的怪事。第二天晚上他回来了，带着3个神职人员和其他20个人，还包括两个黑人，在与帕森斯协商后，他们决定整夜不睡，等待幽灵的来临。帕森斯解释说虽然幽灵不愿意让小女孩之外的人看到她，但是她可以回答任何人的问题，敲一下表示肯定，敲两下表示否认，发出刮磨声表示不高兴。孩子和姐姐睡在床上，牧师们检查了床铺和睡衣，没有发现任何花招。正如前一晚，床在剧烈地摇晃着！他们极其耐心地等待了几个小时，然后听到了神秘的敲墙声，小女孩说她看到了范尼的魂灵。牧师们提出了下面的问题，通过帕森斯的仆人玛丽·弗雷泽代为转达，因为据说玛丽和死者生前关系很亲密。和往常一样，对问题的回答是通过敲击的次数来表示的。

“你进行这样的骚扰是因为肯特先生虐待了你吗”——“是。”

“你是被毒死的吗？”——“是。”

“毒药是被放在汽水里还是啤酒里”——“啤酒。”

“你中毒后多长时间才死去？”——“大约3个小时”

“你以前的仆人卡洛兹能提供一些关于毒药的信息吗？”——“能”

“你是肯特夫人的妹妹吗？”——“是。”

“你姐姐死后你嫁给了肯特吗？”——“没有。”

“除了肯特，有人参与这场谋杀吗？”——“没有。”

“如果你愿意，能让任何人看见你吗？”——“可以。”

“你会这样做吗?”——“会。”

“你会走出这栋房子吗？”——“会。”

“你到处跟着这个孩子吗？”——“是的。”

“回答这些问题你乐意吗？”——“乐意。”

“这可以使你的灵魂放松吗？”——“可以。”

这时传来一阵神秘的声音，有个自作聪明的人说像是拍打翅膀的声音。

“你死前多久告诉仆人卡洛兹你中毒了，一小时吗？”——“是的。”

正好在场，于是人们要求她证明，但是她说事实并不是这样，因为死者在死前一小时几乎就说不出话来了。这让在场的人动摇了信念，但是测试还得继续。

“卡洛兹跟你一起住了多久？”——“三四天”

人们再次要求卡洛兹证明，这次她说这是事实。

“如果肯特先生因为这次谋杀而被逮捕，他会承认吗？”——“会的。”

“如果他被绞死，你的灵魂就会得到安息吗？”——“是的。”

“他会被绞死吗？”——“会的。”

“你认识肯特多久了？”——“三年。”

“这间屋子里有几个牧师？”——“三个。”

“有几个黑人？”——“两个。”

“这只表（在一个教士手中）是白色的吗？”——“不是。”

“是黄色的吗？”——“不是。”

“是蓝色的吗？”——“不是。”

“是黑色的吗？”——“是。”

这只表被装在一只黑皮套里。

“你今早将在什么时候离去？”

这个问题的答案是四次敲击声，在场的每个人都听得非常清楚。如答案一样，幽灵在凌晨4点的时候离开，飞去了麦捆旅馆，在老板和老板娘头上方的天花板上敲个不停，把他们吓得要死。

谣言很快传遍了整个伦敦，每天都有很多人挤在这里，希望能看到幽灵或者听到那神秘的敲击声。围观的人天天吵吵嚷嚷想进去看，于是人们最后觉得有必要满足原意付费进去观看的好事者的心愿，这可把贪财的帕森斯乐坏了。事实上，这一切让帕森斯感到满意，他不仅复了仇，而且还赚了一大笔钱。结果。幽灵每天晚上都会玩弄它的把戏，给成千上万的人带来了乐趣，也使相当一部分人感到极其困惑。

让帕森斯先生不高兴的是，有人引诱幽灵做出了一些承诺，而这些承诺会彻底摧毁它的声誉。在回答来自克勒肯威尔的阿尔德里奇先生的问题时，它承诺不仅会跟着帕森斯到任何地方，还会跟随阿尔德里奇先生或其他任何绅士一同去安放被谋杀的女士遗体的圣约翰教堂的地下室，并敲击棺材发出清晰的声响以示它在那里。人们先把那个女孩送到教堂旁阿尔德里奇先生的家里，一大群贵妇和绅士已经聚集在此，他们或者学识渊博，或者身份高贵，或者富甲一方。2月1日的晚上10点，小女孩乘坐一辆马车离开雄鸡巷，她被几位女士安置在阿尔德里奇先生的房子里，人们对床铺进行了仔细的检查，以确信没有暗藏什么东西。当隔壁的绅士们正在讨论是否要一起去地下室的时候，女士们把他们召唤到了卧室，她们万分惊恐地断言幽灵来了，并声称听到了敲击声和刮擦声。绅士们冲进卧室决定要查个究竟。人们问小女孩有没有看到幽灵，小女孩说："没有，但我感觉它像一只老鼠一样爬在他的背上。"人们让她伸出手来，几位女士抓住她的手，并以通常的方式召唤幽灵回答问题。她们郑重其事地提问了几次，但并没有听到惯常的敲墙声，也没有听到任何刮磨声。人们请幽灵现身，但它并没有答应这一请求。接着，人们请它发出些声音，或是碰一碰在场人的手或脸，以此表明它还在房间里。然而即便是这样的请求，魔鬼也没有应答。

僵持了很长一段时间后，一位牧师下楼去质问正在等待实验结果的帕森斯先生。他坚决否认有任何欺骗行为，甚至说有一次他本人也见到了可怕的幽灵，并与它进行过对话。听到牧师的转述后，大家一致决定再对幽灵进行一次测试，牧师大声对幽灵说，它曾经向一位绅士承诺要出现在地下室中，现在那位绅士要去那里，它也要兑现他的诺言。午夜过后一个小时，他们一起来到教堂，在另一位绅士的陪伴下，那位绅士进入了地下室，来到范尼的棺材旁。他们召唤幽灵现身，但它并没有出现；请它发出敲击声，也没有响应；让它发出刮擦声，同样是毫无动静。两人退出地下室，他们坚信这一切都是帕森斯和他女儿在捣鬼。但还有一些人不愿意如此草率地做出决定，他们认为自己或许轻视了这个可怕的幽灵，它是因为人们的傲慢而不愿意回答任何问题。经过认真的协商后，大家再一次一致认为，即使幽灵不回答其他任何人的问题，但它至少会回应嫌疑人肯特，因此大家要求肯特进入地下室。肯特和另外几个人进入地下室，召唤幽灵请它回答是不是自己毒死了她。没有任何回答，为了消除其他人的怀疑，阿尔德里奇先生恳求它显露一些迹象证明自己真的是一个幽灵，并指出谁是凶手。时间过去了半个小时，但仍然没有回答，并且后来的半小时也无人响应，在这段时间里，这些傻瓜们以极大的耐心等待着。他们回到阿尔德里奇先生的家里，让女孩起来穿好衣服。人们仔细地检查了她，但她仍然坚持说自己没有说谎，她真的见过幽灵。

许多人都公开表示他们相信此次“访鬼”的真实性，并且支持帕森斯一家人就是此次骗局的罪魁祸首这一观点。这次实验的结果说服了大多数人，但仍有一些顽固者，任何有说服力的证据都无法说服他们，于是他们到处传播谣言，声称幽灵没有现身，是因为肯特先生事前将范尼的棺材移走了。这位处境悲惨的绅士请来几位有影响力的见证者，和他们一起进入地下室，并打开了范尼的棺材。随后，他们的证词被公布，肯特先生以共谋罪起诉了帕森斯和他的妻子、女儿以及仆人玛丽·弗兰泽，还有牧师摩尔和一个商人，是他俩出钱支持了这场骗局。7月10日，审判由曼斯菲尔德首席大法官在王座法庭进行，经过长达12小时的调查，所有被告均被判处有罪。在法庭上，大法官严厉谴责了摩尔教士和商人，并建议他们对自己的诽谤行为对受害人名誉造成的损失给予一定的经济补偿。帕森斯先生被判处戴枷示众三次，并监禁两年。他的妻子被判入狱一年，仆人被判入狱六个月，在布莱德威尔服刑。一个受他们雇用印刷收入记录的印刷工也被罚50英镑，随后被释放。

这场骗局的实施细节从未被公开。敲墙的人似乎是帕森斯的妻子，而刮擦应该是他们的小女儿干的。如此笨拙的伎俩都能骗住所有人，不得不让我们深思。无论多荒谬的事情，只要有两三个人做了，就肯定会有许许多多的效仿者。正如田野上的羊群，只要有一只羊拱开栅栏，其他的羊也会跟随它。

十年之后，伦敦又一次因为鬼屋的故事陷入恐慌，沃克斯豪尔附近的斯托克韦尔是新幽灵出现的地方，在迷信史上，这个地方几乎与雄鸡巷同样有名。戈尔丁太太，一位老妇人，跟自己的女仆安妮·罗宾逊住在一起。1772年显圣节的晚上，老妇人被一场超乎想象的“餐具暴乱”惊得目瞪口呆。杯子和茶托乒乒乓乓地掉进烟囱里，锅碗瓢盆哗啦啦地从楼梯上滚下来，或者飞到窗外；火腿、奶酪和面包在地板上撒花儿，好像被幽灵附体了似的。这全是戈尔丁太太说的，她被吓坏了，于是邀请邻居来陪伴她，以保护她免受恶魔的骚扰。然而，他们的到来并没有使“餐具暴乱”停下来，不一会儿，房子里每间屋子都散满了碎片。最后，桌椅也凑起了热闹，这些情形看起来太可怕、太不可思议了，以至于邻居们怕整栋房子会突然倒塌，砸在他们的脑袋上，于是纷纷逃走，留下可怜的戈尔丁太太独自承受这场幽灵之乱。戈尔丁太太严厉地警告幽灵，命其离开，但是这场幽灵之乱依然如旧。于是戈尔丁太太决定赶紧离开这所房子。她带着仆人安妮去邻居家里避难。可是她们一来，邻居的玻璃和餐具立刻就开始遭殃，于是邻居只好无奈地下了逐客令。老妇人不得不回到自己的家里，又忍受了几天后，她开始怀疑安妮·罗宾逊就是这场把戏的罪魁祸首，于是把她解雇了。离奇的现象立刻停止了，而且再也没有出现过，这就足以说明谁是真凶。

这件事过去很久之后，安妮·罗宾逊把整个事情的来龙去脉告诉了牧师布莱·菲尔德先生。这位绅士又把故事讲给了霍恩先生听，霍恩先生最后公开解释了这一神秘事件。原来是女仆安妮为了私情想找一处安静的房子，于是便策划了这场把戏。她将瓷器刚好放在架子边缘上，这样一来只要稍有晃动瓷器就会掉下来；她还把马毛系在各个物件上面，在相邻的屋子里把它们拉下来，谁都发现不了。她非常擅长这种把戏，很多专职变戏法的人也比不上她。即使是出色的专业人员也不是她的对手。关于这整个事件的详尽叙述被收录在《每日书》里。

苏格兰幽灵屋事件

因房屋闹鬼而引起大众恐慌最近的例子发生在1838年冬天的苏格兰。12月5日，在阿伯丁郡班科里大街布达洛奇的农舍里，人们对眼前的景象恐慌至极。大量的树枝、卵石、泥块在他们的房屋和院子的上空飞来飞去。他们费了很大劲也没有找出是谁捣的鬼，卵石雨连续下了五天，他们最终得出结论，认为这一切的罪魁祸首是魔王和他的手下。谣言很快传遍了整个地区，成百上千的人从四面涌来，想亲眼看看这些魔鬼的把戏。五天过后，屋子外的泥块雨和卵石雨停止了，但屋内又开始了。勺子、刀子、盘子、芥末瓶，还有擀面杖、熨斗似乎突然拥有了自己行动的能力，从一个房间转到另一个房间，在烟囱下面发出咯咯声，没人知道为什么。女仆把一个芥末瓶盖在众目睽睽之下放进了柜橱，可不一会它却从烟囱里滚了下来，把大家都吓坏了。接着又是巨大的敲门和屋顶的声音，树枝和小石块纷纷砸在窗户上，把窗户打得粉碎。

整个地区都陷入一片恐慌中。不光是平民，方圆20英里内的受过良好教育的人和受尊敬的农民也都相信这件事情出乎于超自然之力。他们请了虔诚的祈祷者进行祈祷，以保护他们免受魔王的侵害。这个恐怖的消息传出后，在对怪诞之事的好奇心驱使下，人们都纷纷赶来目睹这离奇之事。不到一周，班科里一特南、德鲁毛克、多雷斯、金卡登-奥聂耳教区，以及摩恩斯、阿伯丁郡周围的人几乎都相信有人亲眼看到魔鬼在布达洛奇那栋房子顶上敲击。有一位老人十分肯定地说，一天晚上，在看完刀子和芥末瓶的表演之后，他看到了一个巨大的黑色幽灵，绕着他的脑袋打着圈，发出嗖嗖的声音，并在自己的耳边吹风，差点儿把他帽子吹跑。魔鬼就这样尾随他走了三英里。人们还发现，只要马和狗走近这个被施了魔法的地方，都会受到影响。还有一位不太信教的先生，有一天他正要出门，和一只蹦进屋里的黄油罐撞个正着，这使他坚定了自己的信仰。房顶被吹到天上，玉米地里的几个干草堆在山顶上魔鬼风笛的伴奏下开始捉对跳舞。这家鬼屋里的女人们到处讲着她们的遭遇，随着这个奇异故事的流传，人们的好奇心也与日俱增。善良的女主人和她的仆人们都说，只要她们上床睡觉，她们就会受到石块和其他东西的袭击，其中有一些来自毛毯下面，轻轻落在她们的脚趾上。

有一天晚上，一只鞋子突然快速飞过一个阁楼，里面坐着几个工人，其中一个试着接住它，后来他发誓说那只鞋子太热、太重，他根本就拿不住。据说有一只研磨机（用于粉碎大麦的机器）十分学生，需要几个人才能搬得动，但它却自己从粮仓里飞出来，飘过屋顶，最后落在一个女仆身上，不过她毫发无损，她甚至一点都不怕了，因为她清楚由魔鬼操纵的东西都会失去原有的重力，即便是砸中她的脑袋也没关系。

在被吸引到布达洛奇的人当中，有继承人、大臣和教会中的老年人，在他们的监督下，人们很快就此事展开了调查。他们的行动在一段时间里没有被公布，同时，谣言继续在苏格兰高地传播，而且离布达洛奇越远，神秘事件就越神奇。据说，女主人把土豆锅放在火上，随着水被烧开，当她打开锅盖时，每一个土豆都变成了一个恶魔，冲着她呲牙咧嘴地笑。不仅是桌椅，胡萝卜和大头菜也以最不可思议的方式在地板上跳动。没人穿的鞋子也跳起了苏格兰高地舞。有一块肉自己从食品储藏室的钩子上跑下来，自己跑到火边，屋子里的人们用尽一切办法都不能移动它，直到它被彻底烤熟，然后砰地一声飞进了烟囱里。在布达洛奇，故事并没有那么夸张，但那位农民们对于魔王和它手下的小鬼制造了所有这些骚乱深信不疑，他走了50英里，找到一个名叫威利·福尔曼的老魔术师，拿出一大笔钱，说服福尔曼移除施加在他的财产上的魔法。当然，也有一些明智的、受过良好教育的人，在剥离了故事中被夸大的部分后，他们将其他一切归为两个原因。一个原因是某些吉普赛人或无所事事的乞丐藏在邻近的农场里，以愚弄那些轻信的乡下人为乐。另一个原因是布达洛奇的居民们不知出于什么原因而自导自演了这场骗局。相信后一种观点的人很少，因为那位农夫和他的家族十分受人尊敬，很多人都公开声明他们相信超自然的力量，因为他们不想承认自己被欺骗，这会让他们看起来像笨蛋。

最后，噪音又持续了两周后，整个骗局浮出水面。两个女仆经过严格的调查后被关进了监狱。她俩一手操控了整个事件，首先是男女主人的极度恐慌和轻信，其后是邻居和村民也陷入恐慌之中，并对这些事情深信不疑，这使她们的计划实施起来相当容易。她们拥有的就是一点小聪明，由于没有受到怀疑，她们不断编造神奇的故事为恐慌推波助澜。她们自己松动了烟囱上的砖块，把盘子放在柜子边沿上，这样有轻微的晃动盘子就能自己掉下来。总之，她们要的把戏和斯托克韦尔的女仆的把戏一样，结果一样，目的也一样，都是出于自己的私情。事情过去后不久，她们就被关进了监狱。大部分人都相信这是人搞的把戏。但也有一部分过度迷信的人仍然坚持他们最初的信念，什么解释也听不进去。

以上的这些鬼屋故事，尤其是最后一则，尽管让我们脸红，但是结果还是令人满意的，因为它反映了我们的社会取得了巨大的进步。如果说帕森斯和他的妻子以及雄鸡巷骗局的策划者们早生200年，或许受骗的人要多得多，而他们会被当成巫师绞死，而不是被当成无赖关进监狱。毫无疑问，聪明的安妮·罗宾逊和布达洛奇狡猾的女佣也面临同样的命运。值得欣慰的是，虽然在一些社会中愚蠢和轻信并没有减少，但在另一些社会中，智慧和宽容比以前流行得多。立法者们通过在法律全书中擦除他们的前任制定的血腥法令，已经向教化人民迈出了一步。希望不久的将来，立法者可以通过更多直接的方式教化人民，随着文明的进步，让每一个在其领土上出生的孩子都能接受教育，从而避免类似的骗局或更糟糕的事情再次出现。如果还有人相信幽灵和女巫的存在，那么，错不在无知的人民，而是法律和政府忽视了对民智的启发。

第十三章

疯狂的炼金术

自古以来，在各种环境中，人类都不满于自己的命运，这似乎是人类的特点。“不满”最初可能被当成是一种有害的事情，但到目前为止，它一直是人类文明进步巨大的促进因素，并且使人类摆脱了野兽般的生存状态。但是，作为一切进步的来源，不满也是罪恶和荒谬的重要根源，而本部分的目的就是要对后者进行探索。这一主题十分庞大，为增加阅读的启发性和趣味性，方便读者理解，我减少了大量的案例介绍。

通过迫使我们为无法挽回的事情寻找补救办法，不满将我们困在了疯狂和错误的迷宫之中。造成我们不满的原因有三个：这些原因是死亡、辛劳和对未来的无知——即生活在地球上的人注定的命运，人们通过显示对生命的热爱来证明对死亡的厌恶；对富裕的渴望；洞悉未来秘密的强烈好奇心。

对死亡的恐惧使很多人想像他们或许能够找到长生不死的方法，即使失败，也能使他们的寿命延长到几百岁而不是只能活几十岁。从这一渴望开始，对长生不死药或生死之水的探索一直持续到现在，其间有成千上万人谎称自己找到了，更有数以百万计的人相信了他们的谎言。对财富的渴望使人们陷入了对点金石的可笑行动之中，据说点金石可以将所有的金属都变成黄金。对未来的好奇带来了各种各样的伪科学，包括占星术、占卜，以及在它们的基础上衍生出来的死灵术、手相术、预言术，再加上一系列符号、异象和征兆。

在描述那些利用人类的轻信而大发其财的炼金术士或骗子的职业生涯时，如果我们将他们分为三类，就可以简化和明确这一话题——第一类包括炼金术士，或者那些献身于发现点金石和生命之水的人；第二类包括占星家、死灵法师、魔法师、风水师以及所有自称能洞悉未来秘密的人；第三类包括贩卖护身符、驱邪符、媚药、万灵药、摸鬼符、同情粉的人，以及各类卖假药的、庸医和江湖骗子。

但在叙述这些人的职业生涯时，我们会发现，他们中有很多人会同时从事多种职业——炼金术士同时也是算命先生或死灵法师，声称自己能够通过触摸或念咒治疗百病，能够创造各种奇迹。在欧洲历史上的早期黑暗时代，这种情况尤其普遍。即使是在更近的时期，我们也会发现很难区分这些人。炼金术士很少将他自己严格限制在其领域内——魔法师和死灵法师，或者江湖医生。

现在，尽管我们拥有了更加丰富的知识，但不能鄙视前人愚蠢的行为。研究以前的伟人在追求真理的过程中犯下的错误永远都会对我们有所启示。当一个人回顾年轻时头脑中那些支配其行动的古怪念头和错误观念时，他可能会对它们的启蒙作用感到惊讶，社会在回顾过去的主张时也应该看到其教化作用。如果仅仅因为荒谬就轻视并拒绝倾听，那么他只不过是一个浅薄的人。如果一个人不能从过去的思想或行动错误中吸取教训，他就算不上一个聪明人，如果社会不能从过去的愚蠢行为和轻信中获得改善，那么社会就不可能取得进步。这项研究不仅具有启发性：只是为了消遣而阅读的人会发现人类思想史中的任何章节都不如这一研究更有意思，这一研究开启了整个虚幻领域——狂热、古怪、不可思议的以及各种“不存在，也不可能存在的，却已经被虚构和相信”的事物。

历史上的炼金术士们一直在追求那些“人类的不可能”的东西，如对点金石、生命之水、水银等这些秘密的探寻。在今天看来，正是格伯、阿诺德和霍恩海姆等思想家违背自然法则夸大自然现象，将自然奇迹和偶然付之于炼金术的贡献。在这些人眼里，整个世界好像都是从炼金炉里锻造出来的，包括哲学家的头衔、荣耀的人类、人类所依赖的能源——原油、油膏，甚至男性、女性，或雌雄同体都是炼金炉的创造！炼金炉可能会把你锻造成一个庄严的妇女、女佣的母亲，又可能从灰烬中走出一位年轻的处女、像凤凰一样鲜艳的美妇，亦可能把你锻造成一个老战士、放置在煤炭上烧烤的香肠或膨胀的鲱鱼，在烧制结束后，炼金术士用一对吹筒给你浇注灵魂！

一千多年来，炼金术吸引了许多杰出人物，数以百万计的人趋之若鹜，但其起源却无从考证。有些炼金术爱好者声称有人类以来就有了炼金术，另一些人则认为它不会早于诺亚时代。文森特·德·博威认为，事实上，大洪水以前的人肯定掌握了关于炼金术的知识，并特别引述称诺亚熟知长生不死药，否则他不可能有如此长的寿命，并且在500多岁时生下孩子。朗格雷·杜·弗雷努瓦在他的《炼金哲学史》中说道："他们中的大多数人认为诺亚的儿子闪（Shem）或者叫凯姆（Chem）精通炼金术，并且认为化学（chemistry）和炼金术（alchymy）这两个词很可能源于他的名字。"其他人认为，炼金术源于埃及，最早由赫耳墨斯特利斯墨吉斯忒斯创立。摩西被认为是一流的炼金术士，他在埃及学会了炼金术，但他一直保守秘密，不愿意把其中的秘密传授给犹太人的孩子。所有关于炼金术的作家都会自豪地引用《出埃及记》第32章中金牛犊的故事，证明这位伟大的立法者是炼金术行家，可以随心所欲地制造金子。据记载，摩西对于以色列人的偶像崇拜感到十分愤怒，"将他们所铸的牛犊用火焚烧，磨得粉碎，撒在水面上，叫以色列人喝"。炼金术士们声称，如果摩西没有点金石，他不可能做到这些，因为他没有其他方法可以使金粉漂浮在水面上。

但是，我们必须抛开这个棘手的问题，进入炼金术史上更近的时期。耶稣会会士马提尼神父在《中国史》中写道，在基督诞生2500年前，中国已有炼金术存在。但他的主张由于未得到证实而没有什么价值。然而，在公元后最初的几个世纪，在罗马就有人声称可以制造金银，但是若被发现，他们可能会被当成恶棍和骗子予以惩罚。公元4世纪，在君士坦丁堡，人们普遍相信金属能够蜕变金属，许多希腊传教士就这个主题发表了论述。

朗格雷·杜·弗雷努瓦在《炼金哲学史》的第三卷中记录了炼金术士的名字，并且提到了他们的一些文章。他们的观点是：所有的金属都由两种物质组成，一种是金属土，另一种是被称为硫磺的红色易燃物质。仅由这两种物质的结合可以形成金，但其他金属也被混合进来并被各种杂质污染了。点金石的作用是消除或中和这些成分，从而将铁、铅、铜等金属转变成原始的黄金。许多博学的、聪明的人都为此浪费了他们的时间、健康和精力，毕生都在为这项事业徒劳的追求。但几个世纪以来，大多数人并没有被这种观念所控制，这种谬论的历史似乎一度中断了，直到8世纪才出现在阿拉伯人中。从这一时期开始，它的发展变得更容易追溯。那时出现了一位大师，在很长时间内，他被看成是"炼金术之父"，他的名字与炼金术紧密地联系在一起。

格伯、阿尔法拉比和阿维森纳

格伯一生致力于研究炼金术，但我们对这位哲学家的了解很少。人们认为他生活在公元730年左右，真实名字是阿布·穆萨·达加法（Abou Moussah Djafar），人们习惯于在他的名字前加上"智者"的称呼。他出生于美索不达米亚的浩兰，有些人认为他是希腊人，也些有人认为他是西班牙人，甚至有人认为他是印度斯坦的王子。但是，在所有关于他的这些错误记述中，最可笑的是施普伦格所著《医学史》的法国翻译所犯的错误，他认为，从格伯名字的发音来看，他是一个德国人，并将他的名字译为“Donnateur”，意思是捐赠者（Giver）。没有人知道他生活的细节，但据说他写了500多篇关于点金石和生命之水的作品。

格伯是一个狂热的炼金术爱好者，他嘲笑那些怀疑其学说的人，把他们比喻为井底之蛙，说这些人像被关在没有窗户也没有小孔的狭小房间里的孩子，看不见外面的世界，而否认了地球本身的存在。他认为，用黄金制备的药品可以治愈所有疾病，不仅能治疗人的疾病，还能治疗低等动物和植物的疾病。他想当然地以为，除了黄金以外，所有金属都会受到疾病的侵害，只有黄金才是最健康的。他断言，点金石的秘密不止一次被发现，但偶然发现这些秘密的古代智者永远不会以话语或文字的形式告诉人们（他的著作《完美的总和》是一部指导学生努力寻找点金石和长生不老药的作品，现已被译成欧洲的多种语言。英语译本于1686年在伦敦出版，由一位炼金术的狂热爱好者理查德·罗素完成。如他所言，他翻译这本书的意图是揭露当时众多无知假冒者的欺骗行为）。虽然格伯一生都在追求这个虚无的幻想，但也并非毫无意义。他有一些意外的发现，在科学史上他首次提出了氧化汞，即汞、硝酸以及硝酸银的红色氧化物。

在格伯去世后200多年后，阿拉伯哲学家们致力于炼金术的研究，并把它与占星术进行融合，其中最有名的是阿尔法拉比。

阿尔法拉比活跃于10世纪初，被誉为那个时代最有学问的人。他一生周游各国，搜集哲学家们对自然之谜的观点。任何危险都无法阻止他，任何艰辛都无法阻止他的追求。许多君主都努力将他留在自己的宫廷，但他都拒绝了。他一生努力拼搏，只为找寻一个伟大目标——随心所欲地制造黄金，并把这种技术长久流传下去。

他曾访问过麦加，但并不是因为宗教信仰，而是出于哲学目的，在叙利亚时，拜访了以崇尚知识著称的苏丹赛义夫·杜拉。据说，他没有经过邀请，身着旅行时的服装出现在那位君主和他的侍者面前，从容不迫地坐在国王身边的沙发上，惹得侍臣和智者们非常气愤。苏丹并不认识这位不速之客，最初他打算依照以前的惯例办理。他命令手下将这个陌生人逐出宫廷，但阿尔法拉比纹丝不动，这令他们不敢动手。他平静地对国王说，国王不知道来客是何许人，否则他就会以尊敬而不是粗暴的方式对待他。苏丹并没有像其他众多君主一样更加愤怒，而是赞美了他的镇定，请他坐得更靠近一些，并与他就科学和预言哲学进行了长时间的谈话。王宫里所有的人都被这位陌生人迷住了。

他们讨论的问题表现出了阿尔法拉比渊博的学识，每一个大胆与他辩论的人最后都被他折服。他雄辩地讲述了炼金术，被认为是仅次于格伯的伟人。现场的一位医生问道，一个如此了解科学的人是否熟悉音乐？阿尔法拉比没有回答，只是要求给他一把鲁特琴。他演奏了一段凄婉柔和的乐曲，使宫廷所有的人都不禁落泪。接着他改变了旋律，弹奏一首欢快愉悦的曲子，严肃的哲学家、苏丹和所有人都随着乐曲手舞足蹈起来。随后，阿尔法拉比又演奏了一首悲伤的曲子使他们平静下来，唏嘘叹息，极度悲哀。

苏丹非常钦佩他的才能，恳求他留下来，并以财富、权力和高位来引诱他，但这位炼金术士坚决拒绝了。他告诉国王他的人生使命就是去发现点金石。当晚他便启程，可惜的是，他在沙漠中被叙利亚的几个小偷杀害，卒于公元954年。阿尔法拉比的传记作者除了对其所著的有关炼金术的宝贵论文有所提及外，几乎没有提到他生活的更多细节。

同时期还有另一位伟大的炼金术士阿维森纳，他的真名为埃本·西纳，于公元980年出生在布哈拉。据说，他精通所有科学，享有很高的声誉，还是一名医生。苏丹马吉德·杜拉任命他为首相，让他发挥在管理政府方面的能力，但是事实证明他在政府管理方面十分失败。阿维森纳不是个好的管理者，他甚至不能管理好自己的情感，每天沉溺于酒色，过着放荡的生活。虽然过着纸醉金迷的生活，他还是写下了七篇关于点金石的论文，当然这些论文有其伟大的价值。

像阿维森纳这样优秀的人沉迷于毫无节制的生活是非常罕见的，他因而被免职，不久后因早衰和放纵带来的并发症于公元1036年离开人世。

阿维森纳时代之后，阿拉伯半岛几乎再也没有任何致力于炼金术研究的哲学家，但不久后炼金术在欧洲却引起了更多的注意。法国、英国、西班牙和意大利的学者表达了他们对这种技术的信念，许多人投入了他们的全部精力。尤其是在12世纪和13世纪，人们普遍致力于炼金术，那个时代一些最优秀的人都与它有关。在这些人中，最著名的要数阿尔伯特·麦格努斯和托马斯·阿奎纳。

阿尔伯特·麦格努斯和托马斯·阿奎纳

1193年，阿尔伯特·麦格努斯出生在多瑙河畔诺伊堡公国的一个贵族家庭，30岁之前他在各方面表现得非常迟钝和愚蠢，家里人总担心他成不了气候。他有非凡的毅力，少年时期在多米尼克修道院学习，学业成绩很不出色，他不止一次地在绝望中选择放弃，但最后还是凭借非凡的毅力坚持下来。人到中年，他的思路开阔了，凭借非凡的资质学会了任何他想要学习的东西。

在那个时代，这样的变化只能用奇迹来解释。人们断言，是圣母被他想要变得渊博和出名的愿望所打动，怜悯于他的无能，便在他几乎绝望时出现在修道院，问他希望自己擅长哲学还是神学。他选择了哲学，圣母有些懊恼，用温柔和悲伤的语气责备他没有做出更好的选择。但是，她还是满足了他的请求，使他成为当代最优秀的哲学家，但设定了一个不利条件，即在他到达名誉巅峰时，便会恢复以前的迟钝和愚蠢。阿尔伯特从来不在乎这些流言，他投入了不懈的热情进行哲学研究，他的名声很快就传遍了欧洲。

公元1244年，著名的托马斯·阿奎纳拜在其门下，关于这位老师和他的学生有许多离奇的传说。他们对其他科学分支给予了应有的重视，并且从未忽视对点金石和长生不老药的追寻。即使他们什么都没有发现，人们仍然相信阿尔伯特已经掌握了生命的部分秘密，找到了在行星合相之时使铜像具有生命的办法，并且已经为这项研究花费了很多年。阿尔伯特和托马斯·阿奎纳一起完成了这项研究，他们赋予铜像语言能力，并使其履行仆人的职能。这一功能非常实用，但由于某些机械故障，它总是喋喋不休，令两位哲学家难以忍受。他们尝试了各种补救办法来解决这个问题，但都徒劳无功，直到有一天，当托马斯·阿奎纳在思考一个数学问题时，对铜像发出的声音感到非常愤怒，他抓起一把重锤，把它砸了个粉碎。之后，托马斯非常后悔自己的莽撞，他的老师也责备他不应该屈服于愤怒，这与哲学家的身份不符。

后来，他们没有试图复活铜像，但这些故事说明了当时的时代精神——每个试图研究大自然秘密的伟人都被认为是魔术师。在哲学家自己为了永生而自称发现了长生不死药、红宝石被认为能够创造无限财富的时代，这不足为奇，公众的观点强化了他们的自负，并赋予他们更神奇的权力。人们相信阿尔伯特甚至可以改变季节的演变，这比找到完美的长生不老药更容易。阿尔伯特希望在科隆附近获得一块土地，用来修建一座修道院。然而，这块土地属于威廉，他是荷兰伯爵和罗马国王，而出于某种原因，他并不想割让这块土地。据说，阿尔伯特是通过以下非凡的法术获得了这块土地的。

有一次在国王经过科隆时，阿尔伯特邀请国王参加一场为他和朝臣们准备的娱乐盛会，国王接受了邀请，并带着贵族随从前往这位哲人的住所。这时正是隆冬，莱茵河冻结，严寒刺骨，骑士们不得不跳下马背以免冻掉脚趾。他们到达阿尔伯特的住所时，惊讶地发现宴席设在他的花园里，地上的雪已有几尺厚。伯爵非常生气，重新备马准备离开，但阿尔伯特说服他入座。他刚刚坐下，乌云便散开了，温暖的太阳照耀大地，寒冷的北风忽然调转方向，变成了从南方吹来的温和的微风，雪融化了，溪流解冻，树木吐露绿叶，结出果实。花儿在脚下生长，百灵鸟、夜莺、乌鸦、布谷鸟、画眉以及所有会唱歌的鸟儿都在树上歌唱。伯爵和随从们都非常诧异，他们吃了阿尔伯特准备的晚餐，作为回报，阿尔伯特得到了修建修道院的土地。然而，阿尔伯特还没有完全展示其力量，宴会结束后，他念动咒语，乌云遮住了太阳，瞬间大雪纷飞，鸟儿被冻死，树叶飘落，寒风呼号，客人们把自己裹在厚厚的斗篷里，退到房子里，在阿尔伯特的厨房里烤火取暖。

传说，托马斯·阿奎纳也可以像他的老师一样创造奇迹。他曾住在科隆的一条大街上，被不间断的马蹄声吵得心烦意乱，因为马夫每天都要在那时遛马。为了免受骚扰，他恳求马夫们选择其他地方遛马，马夫们对他的请求充耳不闻。在这种情况下，他不得不借助魔法。他用青铜造了一匹小马，并在马上铭刻了一些神秘的符号，在午夜的时候将其埋在公路中间。第二天早上，这些马夫像往常一样骑着马来到这里，但当他们到达埋藏小铜马的地方时，马儿开始狂跳不已，鼻子因恐惧而张开着，鬃毛直立，汗流浃背。无论马夫如何抽打它们都无济于事——不论是安抚还是威胁，这些马儿都无法跨过那个地点。第二天，情况依然如此。最终，他们不得不寻找另一个地方遛马，而托马斯·阿奎纳的生活则重归平静。

1259年，阿尔伯特被任命为雷根斯堡的主教，但四年后便辞职了，因为主教的职责占据了他太多的时间，而他希望将这些时间奉献给哲学。1280年，87岁的高龄阿尔伯特在科隆去世。作家多米尼加否认他曾寻求点金石，但他关于矿物的论文充分证明了他的确这样做过。

阿特费乌斯

生于12世纪初的阿特费乌斯是炼金术历史上的一个著名人物。他写过两篇著名的论文，一篇是关于点金石的，另一篇与延长人的寿命有关。在第二篇论文中，他吹嘘在延长人类寿命上很有资格说话，甚至说自己已高达1025岁。他有很多弟子，这些人都相信他真的已经活了1000多岁，并试图证明他是泰安那的阿波罗尼奥斯，说耶稣降临后不久他便出生。弟子菲洛斯特拉图斯详细描述了他的生活和所谓的奇迹。阿特费乌斯小心翼翼地从不做与他的弟子所述故事相矛盾的事情，这使他在同行中的地位大大提升。只要有机会，他就会自吹自擂。

阿特费乌斯拥有着良好的记忆力、丰富的想象力，精通历史知识，因此在回答有关古代伟人的外表、举止或性格问题时，他从未失误过。他声称找到了点金石，并说为了寻找它，他已经下到了地狱，看到魔鬼坐在金宝座上，周围有许多小鬼和恶魔。他关于点金石的作品已被译成法语，并于1609年或1610年在巴黎出版。

阿兰·德·利勒和阿诺尔德·德·维尔诺

弗兰德斯的阿兰·德·利勒与阿尔伯特·麦格努斯是同时代的人物，由于学识渊博，阿兰·德·利勒被称为“神医”。人们认为他掌握所有的科学知识，像阿特费乌斯一样发现了长生不死药。他成为斯德克斯修道院的一名修道士，并于1298年去世，享年110岁。据说，他在50岁时就应该离世了，但幸运的是，长生不死药的发现为他延长了60年的寿命。他曾为《梅林预言》写过注释。

阿诺尔德·德·维尔诺生于1245年，作为哲学家，他享有很高的声誉，在巴黎大学学习医学并取得了巨大的成功。后来，他在意大利和德国旅行了20年，在那里结识了彼得罗·德·阿波恩——一个与自己相似并有着同样追求的人。

阿诺尔德·德·维尔诺被认为是那时最有能力的医生。与当时的学者一样，他还涉猎占星术和炼金术，有人认为他已经利用铅和铜制造了大量的黄金。当彼得罗·德·阿波恩在意大利被逮捕，并以巫师的罪名被审判时，阿诺尔德也遭到了类似的指控，但他设法及时逃脱了他朋友所遭受的不幸。预测世界末日使他失去信用，但之后又恢复了信誉。人们都不知道他死亡的具体时间，但肯定是在1311年之前，当时教皇克莱门特五世给所管辖的所有欧洲神职人员写了一封公开信，希望他们尽最大努力寻找阿诺尔德著名的论文《医学实践》。作者在生前曾经许诺将这部作品赠予教廷，但是没有完成便离开了人世。

一个叫隆威尔·阿尔古的人写了一部非常奇特名为《生活几个世纪后返老还童的人类历史》的作品，其中有一条引用了阿诺尔德·德·维尔诺的方法，通过这种方法人类可以延长几百年左右的寿命。比如想要延长寿命的人必须每周用肉桂汁按摩身体两到三次，肉桂汁膏药由一定量的东方藏红花、红玫瑰叶、檀香木、芦荟和琥珀等成分构成，并在玫瑰油和上乘的白蜡中液化而成。

每晚睡觉前，必须将膏药涂抹在心脏部位，第二天早上必须取下膏药，并小心地放置于铅盒中直至当天晚上需要时取出。如果一个人乐观开朗，便要饲养16只鸡；如果镇定冷淡，则为25只；如果忧郁哀怨则需饲养30只。这些鸡都要养在有着纯净空气和水的院子里，每天食用一只。但食用之前，要用特殊的方法来育肥这些鸡，先把鸡饿个半死，再用蛇和醋制成的肉汤混上小麦和糠喂食它们，这样它们的肉才可以使食用者长寿。同时在制作这种汤时要举行各种仪式，感兴趣的人可以去查阅阿尔古先生的书。鸡会被喂养两个月，接着宰杀，并用适量上好的白酒或红葡萄酒进行冲洗。如果按照这种方法每7年定期进行一次，任何人都可以活得像玛士撒拉一样久！准确地说，阿尔古先生是在没有可靠的证明下，将这个珍贵的方法归功于阿诺尔德·德·维尔诺。虽然在他的作品集中没有找到这种方法，但有一位叫普瓦利亚的人声称在阿诺尔德的手稿中找到了它。

彼得罗·德·阿波恩和雷蒙德·卢利

彼得罗·德·阿波恩这位不幸的哲人于1250年出生在帕多瓦附近的阿波那，像他的朋友阿诺尔德·德·维尔诺一样，他既是一位杰出的医生，也是占星术和炼金术的追求者。他在巴黎工作多年，通过手术、治病以及算命赚得大量财富。在一个对他来说十分晦气的日子里，他带着一流巫师的荣誉回到了自己的国家。人们都认为他从地狱带走了七个幽灵，将它们封印在七个水晶花瓶中，直到他需要帮助，才会送它们去世界尽头完成任务。这些灵魂第一个精通哲学，第二个擅长炼金，第三个懂得占星，第四个熟悉物理，第五个爱好诗歌，第六个略通音乐，第七个擅长绘画。任何时候当彼得罗想要获得这些技艺的信息时，他只需走到水晶花瓶面前将其中一个幽灵放出，马上就可以知道所有技艺的秘密，如果他喜欢的话，可以在诗歌上超越荷马，在绘画上超过阿佩利斯，在哲学上超越毕达哥拉斯。据说，虽然他能将铜变成金子，但他很少利用这种能力，他能通过其他不太正当的手段来获得金钱。

每当他花费金钱后，便念出咒语，第二天早上便会重新拥有金子。他将金子给了商人，商人或许将其锁在坚固的盒子里，并由士兵守卫，但金子还是会飞回旧主人的口袋里。即使将金子埋在地下，扔到海里，第二天黎明还是会在彼得罗的口袋里出现。因此，很少有人喜欢与这种人交往，特别是涉及金钱时。有些胆子比较大的人认为他对银没有这种能力，但是，当他们进行实验时便发现自己错了。他们根本锁不住它，有时候拿在他们手中的银子也会凭空消失，飞回巫师的口袋里。彼得罗自然养成了非常糟糕的性格，并且在宗教上发表了一些违背正统的言论，于是被作为异教徒和巫师传唤到宗教法庭问罪。即使在拷问台上遭受了常人难以忍受的折磨，他仍大声抗议，声称他是无辜的。审判还未结束他便死在狱中，但后来却被裁定有罪。他的尸骨被挖开遭到公开焚烧。他的画像也在帕多瓦的街头被烧毁。

当阿诺尔德·德·维尔诺和彼得罗·德·阿波恩在法国和意大利声名远播时，一位更出名的人物出现在西班牙，那便是雷蒙德·卢利，一流的炼金术士。与许多前辈不同，雷蒙德·卢利没有涉猎占星术或巫术，但他以贾比尔为榜样，专心研究金属的性质和结构，而不用咒语、符咒或任何愚蠢的仪式。

雷蒙德·卢利1235年出生于马略卡岛的一个杰出家庭。1230年，阿拉贡国王詹姆斯一世从撒拉逊人那里夺得此岛，原先居住在加泰罗尼亚的雷蒙德的父亲便迁居到此，并受到王室重用。雷蒙德直到晚年才开始研究这项技艺，在青年和中年时期有着不同的生活态度，一生浪漫至极。

雷蒙德结婚很早，他喜欢享乐，便带着妻子离开了幽静的马略卡岛前往西班牙，到达西班牙后在国王詹姆斯的宫廷里做了大管家，过了几年放荡的生活。他对妻子不忠，喜新厌旧，追求美色，直到最后迷恋上了可爱但不友好的安布罗西亚·德·卡斯特罗。这个女人和她的仰慕者一样是已婚者，但与雷蒙德不同的是，她忠于誓言，并且蔑视他的所有恳求。雷蒙德对她迷恋至极，拒绝只会增加他的热情。他整晚都在安布罗西亚的窗下徘徊，写下热情的诗句赞美她，以至于荒废了工作，成为朝臣的笑柄。一天，正当他从安布罗西亚的窗下往上看时，她的围巾被风吹起，他看到了她的胸部。雷蒙德一下便有了灵感，随即坐下写了一段柔情的诗送给她。

安布罗西亚之前从未给他回信，但这次她回信了。她告诉他，永远不会答应他的追求，还说一个像他那样的聪明人不把心思放在上帝身上是不合适的，并恳求他献身于宗教事业，不让这没有价值的热情消磨自己。然而，她提出，如果雷蒙德愿意的话，她可以向他展示她美丽的胸部。雷蒙德很高兴，他认为这封信的前后意思矛盾，而安布罗西亚尽管给了他一些好的建议，但还是心存怜悯，最后会使他得偿所愿。他如影随形地追随着她，恳求她履行诺言，但是安布罗西亚仍然很冷淡，并且哭着哀求他不要再纠缠不休，因为即使她明天是自由的，她也永远不可能成为他的人。最后雷蒙德绝望地问道："你写给我的信到底是什么意思呢？""我给你看！"安布罗西亚立即将她的胸部袒露在这位追求者的面前，雷蒙德看到了扩散到两个乳房的大肿瘤。

安布罗西亚看到他震惊的表情，将手伸向他，再次恳求他献身于宗教事业，将心思放在造物主身上，而不是芸芸众生身上。雷蒙德回家后像是变了一个人，次日早上便辞掉朝廷要职，与妻儿告别，并将一半财产分给她们，另一半留给自己和穷人分享。他来到十字架下，献身于上帝。

为了赎罪，他发誓将利用余生劝服穆斯林皈依基督教。雷蒙德在梦中听到耶稣对他说："雷蒙德！雷蒙德！跟从我！"这个梦境重复了三次，他确信这是来自天堂的暗示。安排好一切后，他出发前往康波斯泰罗的圣詹姆斯教堂朝圣，后来在阿兰达山独居十年。为了完成使穆斯林皈依基督教的使命，雷蒙德在这里学会了阿拉伯语以及东方智者作品中所教授的各种科学，他最先学习了格伯的作品，这对他以后的生活产生了巨大影响。

很快，雷蒙德已步入40岁，他从孤独走向了积极的生活。由教皇批准，他利用退休时积累的一些剩余财产创立了一所学习阿拉伯语的学校，他的热情和虔诚受到了表彰。雷蒙德带着狂热的情感向上帝祷告，他可以为圣洁的事业而殉道。这时，他躲过了一个阿拉伯青年仆人的暗杀，因为他不断地抨击穆罕默德及其信徒，所以那个青年决心刺穿雷蒙德的胸膛来惩罚他。雷蒙德在桌子旁坐下后，仆人便瞄准了他，但是自我保护的本能使雷蒙德抓住了他，将他推倒。他轻蔑地说道要亲手取走仆人的性命，但还是把他交给了镇上的官府，这位仆人最后死在狱中。

这次遇险之后，雷蒙德去巴黎旅行并住了一段时间，在那里结识了阿诺尔德·德·维尔诺。从他身上，雷蒙德得到了寻找点金石的鼓励，从那时起他便开始钻研炼金术，对宗教事务的关心减少了。

然而，他从来没有忘记自己的伟大使命——让穆斯林皈依基督教。最后他亲自前往罗马，与教皇约翰二十一世会谈如何工作的方法，教皇鼓励了他，但没有委派其他人与他合作完成这项事业。因此，雷蒙德独自前往突尼斯，许多阿拉伯哲学家听说他是炼金行家，便热情地接待了他。如果他在这个国家研究炼金术，便会受到很好的待遇，但他开始诅咒穆罕默德，使自己陷入了麻烦。

当雷蒙德在突尼斯的市集上宣讲基督教教义时，他被逮捕入狱，不久后被判处死刑。他的一些哲学界的朋友四处活动为其求情，最终免于一死，但条件是他必须即刻离开非洲，永远不再踏上这片土地，如果他再次出现在非洲，无论他有什么目的，或停留多长时间，他的原始判决将被执行。在没有危险时无论雷蒙德是多么想要殉道，但这时他根本顾及不到，他高兴地接受了这些条件，离开突尼斯前往罗马。后来他又改变计划，在米兰定居了一段时间，在那里学习炼金术，一些人说是占星术，最后取得了巨大的成功。

后来，大多数作者都相信雷蒙德·卢利炼金术的秘籍，认为他在米兰收到了国王爱德华邀请他在英国定居的信件后前往英国，在伦敦塔的公寓里炼造了许多金子，监督着“玫瑰金币”的制造，还利用铁、水银、铅和锡炼成600万的金子。但是权威的世界著名传记作家们否认雷蒙德曾经到过英格兰，而且有关他作为一个炼金术士而拥有神奇能力的所有故事可能是个误传，而真正的炼金术士是另一个雷蒙德，那是一位塔拉戈纳的犹太人。

纳杜在《辩护》中说，雷蒙德·卢利给了国王爱德华600万金子来对付土耳其人和异教徒。这些黄金并非是他炼出来的，而是他建议爱德华对羊毛征税才获得了这笔钱。为了表明雷蒙德去过英国，他的仰慕者引用了他的作品《金属的转化》中的一些文字，书中明确说道，在国王的劝说下他到了英国。炼金术作家对到底是爱德华一世还是爱德华二世邀请雷蒙德意见不一，后来通过他在1312年的旅行日期可以确认是爱德华二世发出的邀请。爱德蒙·迪肯森在《哲学家精英》中说道，雷蒙德曾在威斯敏斯特修道院工作，他离开很久之后，在他的密室里发现了大量金粉，因此建筑师赚了一大笔钱。朗格雷在关于威斯敏斯特修道院院长约翰·克莱默的传记中说道，雷蒙德主要是通过这位院长来到英国的，克莱默30年来一直在寻找点金石，但一无所获，当他在意大利偶遇雷蒙德时，便尽力诱使他说出他的大秘密。雷蒙德告诉他，他必须亲自找到它，因为所有伟大的炼金术士都是这样做的。克莱默回到英国后，在爱德华国王面前高度评价了这位哲学家的惊人成就，接着雷蒙德便收到了一封邀请函。

罗伯特·康斯坦丁斯在1515年出版的《送学经典术语》中说道，大量研究发现，雷蒙德·卢利在伦敦居住了一段时间，并且确实在伦敦塔通过点金石炼金，作者也看到了金币，这些金币被命名为雷蒙德金币，或玫瑰金币。卢利自己也吹嘘他炼成了金子，在其著名的《遗嘱》一书中说，他把不少于5万磅的汞、铅和锡转化为金子。英王极有可能相信了这位炼金术士的非凡能力，邀请他到英国，以便亲眼看他炼金，并雇用他来炼金和铸币。卡姆登不相信炼金术的存在，但支持铸币的说法，并认为一个拥有出众金属知识的人被雇来铸币并没有什么奇特之处。这时，雷蒙德是位77岁的老人，已经有些糊涂。他希望人们相信他发现了这个伟大的秘密。

他没有留在英国，而是回到罗马从事一项比炼金术更让他用心的事业——献身基督教大业。他曾向历代教皇提出了以下建议：第一，将东方语言引入欧洲所有的修道院；第二，统一所有的军事修道团体，以便更有效地抗击撒拉逊人；第三，教皇应禁止在学校阅读阿威罗伊的作品，因为它在穆斯林中比基督教徒更受欢迎。但他的计划都没有成功。因为教皇没有接受他的提议，在罗马待了两年后，雷蒙德孤身一人再次前往非洲传播耶稣福音，1314年到达博纳，因咒骂先知惹怒穆斯林而遭到石头攻击，被扔在海边等死。几个小时后，雷蒙德被一群热那亚商人发现，将他送到船上，驶向马略卡岛。这位不幸的老人还有呼吸但不能表达，就这样过了几天后，当船只航行到可以看见故乡的海岸线时，雷蒙德悄然离世。他的遗体被送到帕尔马的圣欧拉利亚教堂，在那里举行了隆重的葬礼。后来据说他的坟墓经常闹鬼。

雷蒙德·卢利是同时代最卓越的人物之一，除了最后吹嘘的600万金子外，他算是职业炼金术士中最不具有欺骗性的。他的著述颇丰，有语法、修辞学、伦理学、神学、政治、民法和教规、物理学、玄学、星象学、医学和化学等近500卷作品。

罗杰·培根和大主教约翰二十二世

炼金术强大的迷惑力抓住了一位比雷蒙德·卢利更伟大的人——罗杰·培根——的心神。1214年，他出生于萨默塞特郡的伊尔切斯特，在牛津大学学习了一段时间后便去了巴黎大学，并获得神学博士学位。1240年培根回到英国，成为圣弗朗西斯修道院的修士，他对点金石深信不疑，并花费大量时间来寻找它。他使得所有学者更加确信点金石的可行性，也更渴望去追求它。他是同时代最有学问的人，他的才能使人们觉得不可思议，只能假设是从魔鬼那里学得的。尽管他聪明的头脑被包上了迷信的外壳，但仍然无法掩盖其天才的光芒。那个时代，在所有具有探索精神的人里，显然只有他知道凹透镜和凸透镜的性质。他还发明了幻灯放映机，现在已成为一种非常有意思的玩具，这一发明为他赢得了声誉，也带来了痛苦。

培根虽将炼金术看成次要的追求，但在炼金术的历史中，这位伟人的名字却不能被遗漏。他心中充满了对知识的热爱，在他和世界没有发现谬误前，无法忽略科学的每一个分支。他在物理学方面的知识和对天文学的熟悉弥补了追求炼金术所失去的时间。望远镜、点火镜和火药使他声名远播，人们忽略了他追求炼金术的愚蠢，认为这是他所处那个时代和环境的错误。他的论文《在点金石生成中艺术和自然的伟大力量》被译成法语，并于1557年在里昂出版。他的《炼金术的反思》也被译成法语同年出版，并于1612年参照了雷蒙德·卢利的作品进行补充后在巴黎出版。

教皇约翰二十二世1244年出生在吉讷省的卡奥尔，是一位非常雄辩的传道者，很快便在教会赢得了尊重。传说他是阿诺尔德·德·维尔诺的朋友和学生，因而知晓炼金术的所有秘密。据说他炼造了大量的金子，死时像克里萨斯一样富有。他写了一篇关于金属转化的著作，在阿维尼翁有一座著名的实验室。

由于在基督教中涌现了大量追求炼金术的人，他下达了两道谕令禁止这项技艺，从中可以推断，他没有被这种技艺所迷惑。然而，炼金术士们声称，教皇是炼金技艺最杰出和最成功的专家，并说他的指令不是针对真正的炼金者，而是滥竽充数者。教皇于1344年去世，在金库中留下了1800万弗洛林，人们都认为这些财富是他自己炼造的而不是积攒起来的。炼金术士们以此为证，得意地说点金石并不是人们所说的幻想，而是真正的科学。他们理所当然地认为教皇真的留下了这笔钱，并要求人们回答：他还可以用什么方法能攒下这么多钱。接着他们得意地自问自答道："教皇的作品证明了他是从阿诺尔德·德·维尔诺和雷蒙德·卢利那里学会了炼金术。但他像所有其他炼金术士一样谨慎，谁想通过这本书找到他的秘密，都将徒劳无功，因为教皇严格保守这一秘密，以防被泄露。"不幸的是，为了对自己的话负责，所有的炼金术士都处于同样的窘境，如果告诉别人，他们伟大的秘密便会失去价值，因此他们只能保守这个秘密。如果每个人都可以炼造金子，金子数量猛增便会贬值，这时就需要一种将金变成铜和铁的新的技艺。如果真是这样，社会将会非常感激他们的克制。

让·德·莫恩和尼古拉斯·弗拉梅尔

那个时期，任何阶层的人都曾涉猎炼金术，诗人让·德·莫恩也不例外，他曾写了著名的《玫瑰传奇》，并曾在路易十世、腓力五世、查理四世和腓力六世的朝廷任职。他的诗歌提到了那个时代所有时兴的东西，也必然提到了炼金术。让·德·莫恩坚信炼金术的存在，他还写了两首短诗，题为《大自然对炼金术士的规谏》和《炼金术士给大自然的答复》。他平生最爱诗歌和炼金术，讨厌教士和女人，他与查理四世宫廷的女人发生了一段有趣的故事。

他曾写下一首诽谤女性的诗：

每个人都曾经或将要，
被那些自愿的妓女打扰；
我们都在寻找她们，
她们也在把我们寻找。

这自然具有很大的攻击性。有一天，一群等待国王接见的妇女在前厅看见了他，便决定惩罚他。她们大约有10～12个人，手持棍棒围住这位不幸的诗人，她们请求在场的绅士们扒光他的衣服，边游街边对他进行鞭打，以此进行报复。一些贵族也想以他取乐，但让·德·莫恩并不惧怕他们的威胁，平静地站起来，恳求他们先听听他的辩解，听完后如果不满意，便可以为所欲为。大家安静下来后，他站在椅子上，开始为自己辩护。他承认自己是这首令人讨厌的诗的作者，但否认其针对所有妇女。他只是在说恶毒的、堕落的女人，而不是他身边善良、可爱、端庄的淑女。然而，如果现场任何一位妇女认为自己受到了伤害，他愿意被扒光衣服，任由她鞭打他直到胳膊酸痛。通过这种方式，让·德·莫恩逃过了一劫，妇女们的愤怒立即消退。然而，在场的绅士们都认为，如果房间里的每个女人因为这首诗而生气将他暴打一顿，这位诗人很可能被殴打致死。

让·德·莫恩一生都仇视教士，他的著名诗歌中的大量章节反映了教士的贪婪、残忍和放荡。由于生前过多辱骂教士，为了和解，他在死后留下一个沉重的大箱子赠予教士。因为众人都知道他会炼金，便认为箱子里都是金银，教师们互相道贺，但箱子打开后，他们惊恐地发现里面都是刻着象形文字和神秘符号的石板。教士们异常愤怒，决定以他是一个巫师为由拒绝为其举行基督教仪式的葬礼。然而，他还是在巴黎被厚葬，整个宫廷的人都参加了他的葬礼。

尼古拉斯·弗拉梅尔这位炼金士术的传说很神奇，朗格雷·杜·弗雷努瓦的书中记录了他的故事。尼古拉斯于13世纪末或14世纪初出生在蓬图瓦兹一个贫穷但受人尊敬的家庭，由于没有家族遗产，他年少时便前往巴黎做公共抄写员谋生。他接受了良好的教育，精通语言，由于是一个优秀的笔友，很快得到了代人写信和抄写信件的职位，常常坐在吕·德·马里韦克斯的角落工作。

尽管努力工作，但尼古拉斯靠写字员的工作无法赚到足够的钱来维持生计。为了赚钱他尝试写诗，但这是一个更惨淡的职业。当抄写员时，他至少可以吃得上面包和奶酪，但他的诗连一块面包皮都不值。接着他尝试绘画并取得了一点儿成功，最后，他开始帮人算命和寻找点金石。这是一个绝妙的想法，他很快就赚了钱，生活舒适，并娶了彼得罗尼耶为妻。

尼古拉斯·弗拉梅尔逐渐开始攒钱，但装扮还是和以前一样糟糕和悲惨，几年后，他变得极度沉迷于炼金术的研究，脑子里只有点金石、长生不老药和万能溶剂。1257年，他偶然用两个弗洛林买了一本旧书，很快便开始他一生唯一的研究。那是一本用钢铁仪器刻在树皮上的书，只有21页。书用拉丁文撰写而成，字体非常优雅，每7片叶子中只有一片有图而没有文字。第一幅图是一条蛇在吞一根柱子；第二幅是一条蛇被钉在十字架上；第三幅是一片沙漠，中间有一个喷泉，蛇在四周爬行。据称，这本书的作者至少是同“亚伯拉罕、主教、犹太教徒、国王、哲学家、牧师，莱维特和星象学家”一样重要的人物，并诅咒除抄写员和殉道者之外的任何阅读者。尼古拉斯·弗拉梅尔对亚伯拉罕懂得拉丁语并不感到奇怪，并相信书中的字符出自那位大主教之手。当他知道了那个诅咒后便不敢再阅读它，但他想起自己虽然不是一个殉道者，但曾是一名抄写员，便克服了这个困难。他充满钦佩地阅读着，发现这是一篇关于金属转化的完美的论文。每个过程都讲述得很清楚，包括容器、蒸馏器、混合物，以及实验的适当时间和季节。但不幸的是，关于点金石或这个过程的原始材料已经成为人类的假设。这是一个难以克服的困难，就像告诉一个饥饿的人如何烤牛排，而不给他钱买牛排一样。但尼古拉斯没有绝望，他着手学习书中丰富的象形文字和寓言图片，很快便确信这是一部犹太人的圣书，而且它是在耶路撒冷的神殿遭到破坏后被提图斯拿走的。

他从论文中的一些表达得知，第四页和第五页的寓言图隐藏着点金石的秘密，没有它，这篇美丽的拉丁文便是完全无用的。他邀请巴黎所有的炼金术士和学者来研读它，但这些人并未看出什么端倪。有人甚至还说，那本无用的书不值得费神。尼古拉斯无法忍受，决心亲自去发掘这个伟大的秘密，不再麻烦这些哲学家们。他在第四片叶子的正面发现了一个像农神或时间老人的人在攻击墨丘利。老人的头上有一个沙漏，手持镰刀，砍向墨丘利的双脚。叶子的背面，风猛烈地吹着一朵生长在山顶上的花，花的茎是蓝色的，花朵是红色和白色的，长着纯金的叶子，周围还有许多的龙和狮子。在第五片叶子的正面是一个美丽的花园，中间是一棵盛开着花朵的玫瑰树，由一个巨大的橡树树干支撑着。在它的脚下有一个喷洒着奶白色泉水的喷泉，泉水汇聚成一条小溪，流过花园，渗入沙土中。叶子反面是一位国王，手持宝剑，指挥士兵执行命令，杀死了许多年幼的孩子，而不顾那些母亲的祷告和眼泪。孩子们的血液被另一队士兵小心地收集起来，放进一个大桶，象征太阳和月亮的两个寓言人物在桶中洗澡。

21年来，可怜的尼古拉斯从未对研究这些照片感到疲惫，但是仍然一无所获。最后他的妻子彼得罗尼耶说服他去寻找一位渊博的老师，但在巴黎没有从没有找到这样的老师。后来他决定求教于犹太人，当时犹太人在法国很不受欢迎，他们大部分人居住在西班牙，所以尼古拉斯决定前往西班牙。他将书留在了巴黎，担心路上被人抢走，并告诉邻居，他要去康斯波特罗的圣詹姆斯教堂朝圣。尼古拉斯跋山涉水来到马德里寻找老师，虽然他已经离开西班牙两年之久，但许多在腓力二世统治时被驱逐出法国的犹太后裔都熟知他。点金石的信徒这样描述他的冒险：尼古拉斯在里昂结识了一位名叫科西斯的改教犹太人，他是一位杰出的医生。他对这位医生讲述了他小书的标题和性质，医生一听到这本书的名字就兴奋起来，立即决定陪尼古拉斯回到巴黎一看究竟。于是两人一同出发，在路上这位医生饶有兴趣地向同伴介绍了那本书的历史，如果真是这本书，据他所知，这是亚伯拉罕的真迹，并且一直为摩西、约书亚、所罗门和埃斯德拉斯这样的人所拥有。它包含了关于炼金术和许多其他科学的秘密，并且是这个世界上最宝贵的存书。由于医生本身就擅长炼金术，在他们穿着朝圣者的衣服前往巴黎时，尼古拉斯获益匪浅，并相信他们有能力把每一个旧铲子都变成纯金的。但不幸的是，到达奥尔良时，这位医生病危，尼古拉斯守在他的床边，又当医生又当护士，几天后医生便死了。气息尚存之时他还哀叹无法活着看到那本宝贵的书卷。尼古拉斯将他厚葬，伤心地回到家里，此时他已身无分文。他立即重新开始研究他的图片，但是整整两年他都无法参透。

第三年，他突然有了灵感，他回忆起朋友所说的话，发现他以前的所有实验都是在错误的基础上进行的。他现在重新开始，并在年底有所收获。朗格雷写道，1382年1月13日，尼古拉斯将水银变成了上乘的白银，4月25日，他又将大量的水银转化为金子，这个伟大的秘密被他发现了。

他的朋友回忆说，在尼古拉斯大约80岁的时候身体仍然十分强壮、结实。他同时还发现了可以延长1/4世纪寿命的长生不老的秘籍。尼古拉斯于1415年去世，享年116岁。在这段时间里，他虽然外表可怜，但已经制造了大量的黄金。在他刚开始富有时，便像那些杰出人士一样，与他的妻子商量如何更好地利用他的财富。妻子回答说，不幸的是他们没有孩子，他所能做的事情便是建造医院和教堂。尼古拉斯也这么认为，特别是当他发现长生不死药并不能阻止死亡，而死神正在迅速向他逼近的时候。他给予长期生活的马里韦克斯附近的圣雅克·德·拉·布榭教堂大量善款，此外，分布在这个国家其他地方的7座教堂也收到了赠款。

尼古拉还建造了14家医院和3所教堂，他富有和慷慨的名声很快传遍全国。前去拜访的人包括当时著名的医生让·热松尔、让·德·库特屈斯和皮埃尔·德·艾利。他们发现他住在简陋的公寓里，衣着普通，用土制的锅喝粥。当问到他的秘密时，他像所有炼金术前辈一样守口如瓶。他的名气传到了国王查理六世那里，国王派雷克尔兹主教德·克拉穆瓦西去确认尼古拉斯是否真的发现了点金石。但主教的拜访一无所获，他试探这位炼金术士的努力都徒劳无功，只好失望而归。1414年，尼古拉斯的妻子去世，他也没有多活多长时间，第二年便去世了。圣雅克·德·拉·布榭的教士们感激他的慷慨，厚葬了他。

尼古拉斯·弗拉梅尔的富有是毋庸置疑的，法国几个教堂和医院的记录可以证明。他进行炼金同样是肯定的，因为他留下了几部与其相关的作品。那些认识他却不相信点金石存在的人，为他的巨额财富编造了一个圆满的理由。他们说，他一直十分吝啬，还放高利贷，他去西班牙的动机与那些炼金术士们的动机截然不同，事实上，他是去收回那个国家的犹太人欠其巴黎教友的债务，考虑到收债的困难和道路上的凶险，他还收取了百分之百的佣金。当他拥有众多财富时，便可以无所事事，并且向所有放荡的年轻人放高利贷赚取巨额利润，成为法国最大的债主。

在尼古拉斯·弗拉梅尔所有关于炼金术的作品中，有一首叫《哲学概要》的诗，于1735年重印，作为《玫瑰传奇》第三卷的附录。他还撰写了三篇关于自然哲学的论文，以及一篇题为《向往的愿望》的关于炼金术的寓言。他的手稿样本以及亚伯拉罕书中的图画，都可以在萨尔蒙的《哲学家传记》中看到。《世界名人传记》中关于弗拉梅尔的记述认为，他死后的100年里，许多人都相信他还活着，而且会活到600岁。崇拜者经常拜访他在马里韦克斯住过的房子，并进行彻底的搜查，希望可以找到金子。

1816年初，巴黎的一份报告称，一些房客在地下室发现了几个罐子，里面盛满了深色的、沉重的物质。谣言的力量使得尼古拉斯的一位信徒买下了这套房子，为了在墙壁和壁板中寻找隐藏的黄金，他几乎将房子捣毁，但最后一无所获，为了修复房子而负债累累。

当炼金术在欧洲大陆兴起之时，不列颠群岛也开始关注这项技术。自罗杰·培根时代以来，许多虔诚的英国人都沉迷其中。1404年，议会通过一项法案，宣布制造金银的行为属于重罪。当时人们都很震惊，担心炼金术士取得成功后，会提供大量财富给暴君从而奴役国家，使国家毁灭。这个忧虑很快便消失了。1455年，国王亨利六世在议会的建议下，连续四次将专利授予骑士、伦敦公民、化学家、教士、牧师和其他人，寻找点金石和长生不死药。为了国家的利益，国王将这一专利授予牧师的理由是，他们在圣餐时能够转化面包和葡萄酒，因此能够更好地实现金属的转化。当然，他们从未制造出金子，第二年，国王非常怀疑这件事情的可行性，便任命十位学者组成委员会以判断和证明金属转化是否是一件可行之事。委员会似乎没有就这个问题做出任何报告。

后来，一个名叫乔治·里普利炼金术师声称发现了这个秘密，他是约克郡布里德林顿的教士，在意大利的大学学习了20年，深得教皇英诺森八世的喜爱，被委任为教皇的家庭牧师，主持其家中的仪式。

乔治于1477年回到英格兰，效力于国王爱德华四世，并献上其著作《复合炼金术》，即《寻找点金石的12个窍门》。他将这些窍门描述为煅烧、溶解、分离、结合、腐烂、凝固、摄食、升华、发酵、提炼、增殖和喷射，他可能还加上了“烦恼”这一最重要的过程。他非常富有，人们相信他可以用铁炼造出金子。富勒在他的《英国名人传记》中说，一位信誉良好的英国绅士在出国旅行时称，他在马耳他岛看到一个记载，说里普利每年给该岛和罗得岛的骑士们10万英镑的巨款用于同土耳其人作战。他年老后在波士顿附近隐居，并写了25卷有关炼金术的作品，其中最重要的是上文提到的《寻找点金石的12个窍门》。临死之前，他似乎意识到这些研究是白费功夫，并要求所有看到他的任何书的人将它们烧掉，或者不要相信，因为他只是写了自己的观点，而没有证据支持，并且随后的实验证明它们都是虚假和徒劳的。

德国的炼金术

——巴西尔·瓦伦丁、特里尔的伯纳德和特里特米乌斯

15世纪的德国也产生了许多著名的炼金术士，其中主要有巴西尔·瓦伦丁、特里尔的伯纳德和修道院院长特里特米乌斯。

巴西尔·瓦伦丁出生于美因兹，在1414年左右被任命为爱尔福特的圣彼得修道院的院长。众所周知，瓦伦丁一生致力于寻求点金石，曾经写过一些关于金属转化过程的作品，在很多年中都被认为已经丢失，但在他去世后，人们在修道院的一根支柱上的石雕里找到了这些著作，共有21本，在朗格雷《炼金哲学史》的第三卷中有记载。炼金术士们声称，上天自己打算将这些非凡的作品公诸于世，一道闪电奇迹般地劈开了藏着书籍的柱子，而手稿刚被取走，柱子就自动闭合了！

特里尔的伯纳德这位哲学家的生活可以看成是误用天资和毅力的典型。没有什么可以阻挡他对其妄想的追求，多次失望仍不能磨灭他的希望。从14岁到85岁，他一直在实验室与药物和炉子为伍，为了延长生命而消磨自己的时光，为了变得富有而使自己穷困潦倒。

1406年伯纳德出生于特里尔或帕多瓦，有人认为他的父亲是帕多瓦的一名医生，还有人说他父亲是特里尔的马尔歇斯伯爵，是国内最富有的贵族之一。所有的猜测，无论是贵族还是医生，都说明他是一个富有的人，并给儿子留下了一个宏伟的庄园。14岁时，伯纳德开始迷恋炼金术，并阅读了阿拉伯作家用阿拉伯语书写的炼金术著作。

他对自己工作和游历的经历记载十分有趣，我们对其进行一些摘录。他阅读的第一本书是阿拉伯哲学家拉兹的作品，通过阅读这本书，他认为自己发现了将金子增加近100倍的方法，于是带着拉兹的著作在实验室工作了4年。那段时间，伯纳德在实验上至少花费了800克朗，但除了火和烟外，他一无所获。于是，他对拉兹失去了信心，转而阅读格伯的著作。他努力学习了两年，由于年轻、富有且容易上当，城里所有的炼金术士都围着他，友好地帮他花钱。直到花光了2000克朗（这在当时算是一笔巨款）后，他对贾比尔以及他那些贪婪的助手们失去了信心。

在伯纳德周围的伪科学家中，只有一个人像他一样热情、无私，这个人是圣弗朗西斯教堂的一名教士。伯纳德几乎终生与其形影不离，二人成为密友。鲁佩西塞和萨克罗博斯科的一些晦涩的论文落入他们的手中，通过阅读他们认为，精馏后的酒精是上好的溶剂，将有助于金属的转化。他们将酒精提纯了30次，直到容器炸裂。实验三年后，他们在酒精实验上花了300克朗，但发现实验的方向是错误的。伯纳德和其密友接下来尝试了明矾和铜，还是没有发现这个伟大的秘密。后来他们想到所有的排泄物，特别是人类的粪便，会有奇妙的功效，便真的花了两年多的时间用粪便混合水银、盐和熔铅进行实验！

炼金术士们再次聚集到他身边，为他建言献策，他接受了他们的热情，毫不犹豫将财富慷慨地分给他们，于是他们称他是“特里尔的善人”，这常常在有关炼金术的作品中提到。

12年来，他每天都在用新的物质做实验，早晚都向上帝祈祷能够发现金属转化的秘密。这段时间，他失去了教士朋友，特里尔城有一位像他一样热衷实验的官员加入了他。他的这位新朋友认为海洋是黄金之母，而海盐会将铅或铁变成贵金属。伯纳德决心尝试，他将实验室搬到波罗的海海岸，研究海盐一年多，熔化、升华、结晶，有时为了实验甚至不惜喝下试验品。奇怪的是这位热情的人并不沮丧，一次实验的失败只会使他更加急于尝试下一次。

伯纳德已年近50岁，还没见识过这个世界。因此，他决定去德国、意大利、法国和西班牙旅行。无论走到哪里，他都会打听附近是否有炼金术士，也总能找到一些人，遇到贫穷的便接济，遇到富裕的便鼓励。在斯德克斯（Citeaux），他结识了当地一位名叫若弗雷·卢维耶的教士。这位教士认为蛋壳的精华是一种有价值的成分，于是他尝试了各种可能，幸亏有一位律师向他提出建议，才使他没有在这项实验中浪费一两年的时间。这位律师来自佛兰德斯的贝赫姆，他声称那个伟大的秘密隐藏在醋和铜中。伯纳德差点儿被毒死，才认识到这一想法的荒谬性。

伯纳德在法国住了大约五年，有一次偶然听到为国王腓特烈三世做忏悔的神父亨利大主教发现了点金石，于是便前往德国拜访他。像往常一样，他被一群贪婪的追随者围在中间，其中有几个人想要陪他前去，他不忍心拒绝，便与其中五人一同到达维也纳。伯纳德向这位神父发出了礼貌的邀请，盛情款待了他和维也纳所有的炼金术士。亨利大主教坦率地承认，他没有找到点金石，但他会继续寻找，直到找到它或者自己老死。这是一位与伯纳德心心相印的人，他们相互宣誓结成终生的朋友。

晚饭时，人们决定，现场的每一位炼金术士都要贡献一定的金额，以凑足42马克的金币，亨利主教自信地说，五天之内，这些黄金在他的炉子中将增加5倍。伯纳德是在场的人中最富有的，他拿出了10马克金币，占最大的份额，亨利主教拿出了5马克，其他人则各出一两马克，而伯纳德的那些随从们不得不去向伯纳德借钱。这项重大的实验准时开始，他们将金币放入坩埚中，加入定量的盐、铜、浓硝酸、鸡蛋壳、水银、铅和粪便。炼金术士们怀着极大的兴趣观察着这一团珍贵的东西，盼望着它会凝聚成一块纯金。三个星期后他们放弃了实验，借口是坩埚不够坚固，或还需一些必要的成分。不知是否有小偷将手伸入坩埚，但在实验结束时里面只有16马克的金子，而不是最初的42马克。

尽管伯纳德没能在维也纳炼出金子，但却花了不少钱。他失落至极，发誓不再寻找点金石。对于这个明智的决定，他坚持了两个月，但十分痛苦。他像赌徒一样，虽然只剩下一枚硬币，还是无法抵挡诱惑，抱着希望收回以前的损失，直到希望破灭无法生活。他再次重操旧业，决心启程去寻找一位已经发现这个秘密并能够与他热情交流的哲学家。

伯纳德从维也纳旅行到罗马，又从罗马到了马德里。他在直布罗陀乘船，前往墨西拿，从墨西拿到塞浦路斯，从塞浦路斯到希腊，再从希腊到君士坦丁堡，到达埃及、巴勒斯坦和波斯。旅行大约花了他8年的时间。最后他又从波斯回到墨西拿，从那里来到法国。后来，他横穿英国，其间仍在追寻他伟大的妄想，这又花费了4年多的时间。他现在又老又穷，62岁的他被迫出售大部分祖业以供花销。他去波斯花费了13000多克朗，其中一半被彻底融化在他的熔炉里，另一半则浪费在他所到之处遇到的谄媚者身上。

伯纳德回到特里尔后悲伤地发现，他现在即使不算是乞丐，也好不到哪里去。亲戚们把他看成一个疯子，甚至拒绝见他。他不肯低头寻求帮助，并仍然相信，总有一天他将拥有无尽的财富，他决定到罗德岛隐居，同时也可以不让世人看到他的穷困潦倒。在那里，他可以隐姓埋名，过着幸福的生活。但不幸的是，他又遇到了一个和他一样疯狂痴迷炼金术的教士。他们都很穷，买不起合适的材料用来研究炼金术，只能通过探讨炼金术的原理以及阅读相关著作来振奋精神。伯纳德在罗得岛居住一年后，一位与他家有来往的商人提出将8000弗罗林作为他之前地产剩余土地的保证金。有了这笔钱，他便带着年轻人的热情重新开始了他的实验。

在三年的时间里，伯纳德几乎没有走出他的实验室，他吃睡都在那里，连洗手和剃胡须的时间都没有，工作强度很大。令人悲哀的是，如此伟大的毅力浪费在了这些徒然的追求中，如此充沛的精力没有用到值得努力的领域。即使是已经熔掉了最后一枚硬币，没有为自己留下任何退路，他还是满怀希望。他仍然梦想着最终的成功，一位80岁的老人，还在阅读从格伯那个时代到他所处时代的所有有关炼金术的著作，唯恐误解一些过程，现在重新开始还不算太晚。

炼金术士们说，伯纳德最终获得了成功，他在82岁时发现了金属转化的秘密。他们补充说，他享受了3年的富裕生活。没错，他活到如此高龄，并获得了一项有价值的发现——比黄金或宝石更有价值。正如他本人在即将进入生命的第83年个年头时所说，他认识到，哲学最大的秘密就是知足常乐。如果在衰老之前，在变成乞丐和被放逐者之前就能发现这个秘密，他该多么幸福啊。

1490年，伯纳德卒于罗德岛，欧洲所有的炼金术士都为他高唱挽歌，赞美他为“特里尔的善人”。他写过一些著作，其中主要有《化学之本》和《自然之卵》。

特里特米乌斯在炼金术历史中很有名，但以他的所作所为似乎不应该拥有如此崇高的荣誉。特里特米乌斯于1462年出生在特里尔一个名叫特里特海姆的村庄。他的父亲叫约翰·海登博格，是一位葡萄种植者。7岁时，他的父亲去世，便由母亲来照顾他，母亲很快再婚，并没有很好地照料她第一次婚姻所生下的这个孩子。特里特米乌斯到15岁时甚至还不会写字，不仅挨饿，还要遭到继父的虐待，但是对知识的热爱在这个不幸的孩子的心里生根发芽，他在邻居家里学会了读书。继父白天让他在葡萄园工作，晚上的时间则属于他自己。他常常在家里所有人熟睡之后，偷偷地跑到田地里，借着月光，专心致志地学习，就这样学会了拉丁语和希腊语。由于热爱学习，他在家里受到了太多的虐待，于是便决定离开。他索要来生父留给自己的遗产后去了特里尔城，并根据村庄的名字取名为特里特米乌斯。

他在特里尔住了几个月，得到了一些名师的指导，并准备报考大学。20岁时，他想再见母亲一面，便徒步回家。冬日一个阴郁的晚上，当他快到斯班海姆时，天上下起了鹅毛大雪，他无法继续前行，便在附近的修道院里避雪。大雪持续下了好几天，道路无法通行，好客的教士不愿让他离开。他很喜欢这些教士和他们的生活方式，便突然决定留在这里，不再理会外面的世界。教士们都很喜欢他，把他当成兄弟看待。两年后，虽然还很年轻，但教士们一致推选他担任修道院的院长。

修道院年久失修，墙壁毁坏严重，财务也面临着问题，一切都杂乱无章。特里特米乌斯通过良好的管理和规范，改革了每项支出。修道院得到了修缮，财务上也有了盈余，他的付出得到了回报。他不喜欢看到教士们无所事事，不是在祈祷便是下棋放松，因此便安排他们抄写名家的著作。他们十分勤奋，在几年的时间里，原来藏书只有40卷的图书馆现在已拥有几百本有价值的手稿，除了之前一些神父的手稿和现代历史学家和哲学家的著作外，还有许多古典的拉丁语著作。一些教士们厌烦他严格的纪律，联合起来反对他，并推选了一位新院长取代他的位置，于是特里特海姆斯将当了21年的院长职位拱手让人。后来他被任命为维尔茨堡的圣詹姆斯修道院院长，并于1516年在那里去世。

特里特米乌斯在斯班海姆学习时还写了几部有关神秘科学的作品，主要包括一篇有关风水的文章，如在地面上画线条和圆圈进行占卜等，另一篇是关于巫术的，第三篇是关于炼金术的，第四篇讨论了天使对世界的统治，它被翻译成英语，由著名的占星学大师威廉·利里于1647年出版。

相信炼金术的人断言，斯班海姆修道院在他的管理下积累的财富更多的来自点金石，而不是他明智的理财措施。与许多其他学者一样，特里特米乌斯也被指控使用巫术。有一个不可思议的故事声称，在国王马克西米利安的请求下，他将其死去的妻子——勃艮第的玛丽的人形从坟墓中变了出来。他关于隐字术的作品因被当成讲述魔法和邪术的书而被告发到帕拉丁伯爵弗雷德里克二世那里。他亲手从他的图书馆的书架上取下那本书，并将它投入火中。人们认为特里特米乌斯是第一个提到魔鬼和浮士德之间故事的作家，并对其真实性深信不疑。他还讲述了一个名叫胡德金的经常折磨他的怪物。

吉拉·德·拉瓦尔、德·雷斯元帅和雅克·克尔

吉拉·德·拉瓦尔是15世纪炼金术最大的支持者之一，也是雷斯伯爵和法国元帅。他的名字和事迹鲜为人知，但在犯罪和邪恶史上，他可以排在最前面。他的野蛮、可怕超出了任何小说作者的想象，若无法律文件证实这些细节，天真的人们很可能认为这是为了吸引读者编造出来的，而不是史实。

吉拉于1420年出生在布列塔尼的一个贵族家庭。20岁时，他的父亲去世了，年少时他便继承了巨额财富，法国君主可能都羡慕这样一笔遗产。他是蒙

莫朗西、龙斯和克拉翁的近亲，拥有15个领地，年收入约30万里弗。除此之外，他英俊博学，非常勇敢。由于在查理七世战争中的出色表现，他被任命为法国元帅。由于从小生活奢靡，习惯于所有的欲望能不受阻碍地得到实现，最终导致他一次次犯罪，成为人类历史上最臭名昭著的人。

吉拉在尚托塞城堡过着东方君主般奢华的生活，所到之处总会有200人的骑兵队伍守护在左右。他的狩猎场面令人惊叹，马驹和仆人装束华丽；他的城堡对所有人全年开放，不分昼夜。他规定，即使是最贫穷的乞丐也要用美酒来招待。在他宽敞的厨房里，除羊、猪、家禽外，每天都要烤一头牛，这足以养活500人。他在宗教上的投入也很多，在尚托塞的私人教堂是法国最漂亮的，远远超过巴黎圣母院以及亚眠、博韦或鲁昂的大教堂。教堂里挂着金线织成的衣服和色彩艳丽的天鹅绒。所有的吊灯都是纯金制成，并镶嵌着白银。祭坛上的大十字架是银制的，而圣杯和香炉是纯金的。此外，他还有一架优雅的风琴，每当迁居时，便命6个人扛在肩上，从一座城堡运到另一座城堡。他还有一个由25个孩子组成的合唱团，并聘请当时最优秀的乐师指导他们歌唱。他的教堂的主持人被他称为主教，主教下面设有院长、主教、副主教、教士等，每个人的薪水都很高，主教年薪4万克朗，其余的按比例发放。

他还有一个文艺团，包括10名舞女和10名歌手，有莫里斯舞者、变魔术的和各种江湖郎中。剧院的演出装备丝毫不用考虑费用，每晚都有神话剧表演或是莫里斯舞表演，供自己和家眷以及被款待的陌生人观看。

23岁时，他娶了图阿斯家族的女继承人凯瑟琳，并花费10万克朗为她重新装修城堡。婚姻使他更加奢侈，比以前更加疯狂。他从国外请来优秀歌手或舞者来取悦夫人，并且几乎每周都在大院子里为布列塔尼所有骑士和贵族举办马上比武大会。

布列塔尼公爵的宫廷还不及吉拉的一半奢华。众所周知，他挥霍无度，购买任何东西都要支付3倍的价钱。他的城堡到处都是寄生虫和流浪者，吉拉将大把金钱赏赐给他们。

但是，普通的感官刺激终于不能再为他带来快乐。人们发现他食欲不振，也不再关注那些漂亮的舞女，有时阴郁寡言，眼睛里有一种反常的野性，显示出发疯的初期症状。然而，他还是言辞有理，招待远方客人时温文尔雅。博学的牧师与他交谈后都认为，法国很少有像他那样的贵族。但是，可怕的谣言在全国传开，他被指控与谋杀以及更多的残暴行为有关，许多童男童女突然消失，再也没有回来，其中有一两个孩子进入尚托塞城堡后再也没有出来。但没有人敢公开指责吉拉。每当有人在他面前提到失踪的小孩时，他总是很惊讶，并对那些绑架孩子的人表示愤慨。然而世界并没有完全被他欺骗，对年幼的孩子来说，他的名字变得像食人魔一样恐怖，大人教导他们宁愿绕路几英里，也不要经过尚托塞的塔楼。

几年后，吉拉将所有财产挥霍一空，不得不变卖家产。布列塔尼公爵与他签订了一份关于安格朗德领地的条约，但吉拉的继承人恳求查理七世来干预拍卖。查理立即颁布了一道法令，经布列塔尼省议会批准，禁止他变卖父亲的遗产。吉拉别无选择，只能遵守。他只能依靠法国元帅的津贴度日，这不到他花销的1/10。他无法做到缩减生活开支，不得不解雇了他的骑士、牧师、莫里斯舞者、合唱团和寄生虫，仅仅款待那些真正需要的人。尽管财富减少了，他还是决心过上以前那种生活，便开始研究炼金术，想要将铁炼成金子，那样他便仍是布列塔尼贵族中最富有和最伟大的人。

为了实现这一目标，他派人到巴黎、意大利、德国和西班牙，将所有的炼金术士邀请至尚托塞。他派了吉拉·德·西尔和罗歇·德·布里凯威尔这两个无耻的随从去完成这项任务。后者是他最得力的助手，他将丧母的五岁女儿交由他抚养，并允许他在合适时间将她嫁给选中的人或他自己本人。这个人非常热心地加入到主人的新计划中，并向主人介绍了一位名叫普雷拉蒂的帕多瓦炼金术士和一位沉迷于同样追求的普瓦图的医生。德·雷斯元帅为他们建造了一间豪华实验室，三个人开始了对点金石的研究。很快便有一位名为安东尼·帕莱尔莫的冒牌哲学家加入，协助研究了一年多。他们花费昂贵，将元帅的金钱挥霍一空，并每天给他成功的希望。来自欧洲最偏远地区的新志愿者不时到达他的城堡，几个月内，城堡已有20位炼金术士——试图将铜变成金子，却将金子浪费在药水中。

德·雷斯元帅并不是一个有耐心的人。那些炼金术士们对他们舒适的生活非常满意，每天都消极怠工，并想一直这样下去。但德·雷斯突然解雇了他们，除了意大利的普雷拉蒂和普瓦图的医生，他想将他们留下来帮他用更大胆的方法研究点金石。普瓦图人说有一个魔鬼知道所有的秘密，并且他可以将它带到吉拉面前。吉拉表示已经准备好，并答应除灵魂外什么都可以送给魔鬼。在医生的陪同下，他在午夜前往附近森林的一个荒凉之地，医生在他们周围画了一个魔法圈，念了半小时咒语祈祷魔鬼出现，说出炼金术的秘密。吉拉看上去充满了兴趣，一直期待着看到土地开裂，这位人类大敌出现。最后，医生眼神呆滞，头发竖起，像是在和魔鬼对话。但除了同伴外，吉拉什么都没有看到。最后，这位医生昏倒在地。吉拉冷静地看着一切。几分钟后，医生苏醒了，问他是否看到恶魔的样子，吉拉回答什么都没有看到，这时医生告诉他，魔鬼变成野豹的样子向他咆哮，但什么都没有说。元帅没有看到他是因为他在犹豫不决，还没有决定是否完全接受他的要求。德·雷斯承认他确实存在疑虑，并询问怎样才能使魔鬼说出这个秘密。医生回答说，必须有人去西班牙和非洲收集当地独有的草药，如果德·雷斯提供所需资金，他愿意自己去。德·雷斯立即同意，这位医生在第二天便带着所有骗来的金子出发了，元帅从此再也没有见过他。

但是，这位尚托塞的伯爵无法停下来。黄金是享乐的必需之物，他别无他法，只能借助超自然的力量。医生还没有走出60英里，吉拉便决定再次努力使魔鬼说出炼金术的秘密。他带着这个目的独自出去，但所有的祈祷都没有效果。魔鬼十分顽固，一直没有出现。吉拉决心征服他，便去求助那位意大利的炼金术士普雷拉蒂。后者愿意提供帮助，条件是德·雷斯不打扰他的祷告，并提供可能需要的符咒和护身符。他还划破胳膊上划破一根血管，用血签了一份合同，答应为魔鬼做任何事情，并献上小孩子的心、肺、手、眼睛和血液作为祭品。这个已经走火入魔的人毫不犹豫地答应了这一令人厌恶的条件。第二天晚上，普雷拉蒂独自出去了三四个小时后，回到焦急等待的吉拉面前，说他看到魔鬼是一个20岁的英俊青年的样子，还说道，魔鬼希望在今后所有的祷告中被称为巴伦，并向他展示了埋在附近森林中的一棵大橡树下的纯金锭。

如果不违背诺言的话，所有的金锭便会成为德·雷斯的财产。普雷拉蒂还给吉拉看了一盒黑色粉末，这盒粉末会把铁变成金。由于这个过程非常麻烦，他建议他们应该先找到橡树下的金锭，这已经可以满足所有需求了。然而，必须要等到49周后才可以去寻找金锭，否则找到的只能是石板和石头。吉拉非常懊恼和失望，他说自己等不了那么久，如果魔鬼不快点儿的话，便让普雷拉蒂告诉他，德·雷斯不是那么容易嘲弄的，他会拒绝与它沟通。普雷拉蒂最后说服了他。49周之后，他们在午夜带着凿子和铲子来到橡树下面，但除了一堆刻着神秘符号的石板外，他们什么都没有发现。普雷拉蒂这次便生气了，他大声地咒骂魔鬼就是一个骗子！元帅也这么认为，但还是上了狡猾的意大利人的当，同意再做一次实验。

同时，普雷拉蒂承诺他会尽自己全力，第二天晚上会去查清楚为什么魔鬼不守信用。于是他便独自出去，回来时告诉他的赞助人，他看到了巴伦，它非常愤怒，因为他们没有等到正确的时间便去寻找金锭。巴伦也说，如果德·雷斯不去圣地朝圣，为他的罪过赎罪的话，他休想从它那得到任何好处。意大利人无疑猜到了这一点，他是从赞助人不小心说漏的话推测到的，因为德·雷斯坦率地承认，当他厌倦了世界和所有浮华和虚荣时，便想献身于上帝。

通过这种方式，意大利人月复一月地诱惑这位轻信且有负罪感的赞助人，从他那里骗走了大量的财物，只等待有利的时机携脏物逃跑。但是报应即将来临。童男童女继续神秘消失，并且关于尚托塞主人的传言变得如此强烈和明白，以至于教会不得不进行干预。南特的主教对布列塔尼公爵说，如果不对德·雷斯的指控进行调查，那将是一则公开的丑闻。因此，他便在自己的城堡被捕，连同他的同伙普雷拉蒂一同被关进南特的一座监狱里，等待审判。

受命进行审判的法官有南特的大主教、布列塔尼的大法官、法国宗教裁判所的主教以及著名的布列塔尼省议会主席皮埃尔·洛必达。他被指控的罪行包括使用巫术、鸡奸和谋杀。吉拉在审判的第一天傲慢无礼，在审判席上愤怒地指责法官们是买卖圣职和不纯洁的人，并说他宁愿像狗一样不经审判直接被绞死，而不是在这些卑鄙的人面前乞求。但是随着审判的进行，他的自信消失殆尽，根据可靠的证据，他被判定犯有被指控的所有罪行。事实证明，他先刺伤了受害者，再观察他们颤抖的肉体，直至他们的眼睛褪去光泽死去。普雷拉蒂的供词使法官不寒而栗，吉拉在死前也证实了这一点。在他的尚托塞和马什库恩两个城堡周围的村庄中，有将近100个孩子在3年内失踪，其中大部分（如果不是全部的话）都被用来满足这个怪物的兽欲或贪婪。他以为这样便会和魔鬼成为朋友，而点金石的秘密将会是魔鬼的回报。

吉拉和普雷拉蒂都被判处活活烧死。在刑场上，他们装出忏悔的样子。吉拉温柔地拥抱着普雷拉蒂说道："别了，我的朋友弗朗西斯，在这个世界上我们永远不会再见，让我们把希望寄托于上帝，在天堂重逢吧！"考虑到其职位及其与王室的联系，元帅的惩罚减轻了一些，他没有像普雷拉蒂一样被活活烧死，而是先被绞死，然后扔进火中。当他的身体被焚烧得只剩下一半时，交给他的亲戚埋葬。而那位意大利人则被烧成灰烬，飘散在风中。

雅克·克尔与德·雷斯生活在同一个时代，他是查理七世朝廷中的重要人物，对其统治国家发挥了重要的作用。他也是点金石秘密的著名探索者。他以卑微的出身，最后升任国家要职，并通过挪用公款和侵吞手段积累了大量财富。为了掩盖犯罪行为，转移人们对其财富真正来源的注意，他吹嘘已经发现了将劣质金属变成金银的方法。他的父亲是布尔日城的金匠，晚年生活潦倒，甚至无法支付儿子进入公会的费用。1428年，年轻的雅克成为布尔日皇家铸币局的一名工人，由于表现出色，且拥有广博的冶金知识，因而迅速获得提升。他也幸运地结识了美丽的阿盖斯·索雷尔，受到赏识与尊重。雅克现在有三个有利条件——能力、毅力和国王情妇的支持。许多人仅需其中一条便可成功，如果拥有它们全部的雅克还是默默无闻，那倒很奇怪了。尽管很年轻，他还是被任命为铸币局局长，不久便被任命掌管皇家金库。

他拥有广博的金融知识，在管理大量资金时，这成了他的一个优势。他投机买卖生活必需品，买断谷物、蜂蜜、葡萄酒和其他产品，等物资紧缺时再卖出，以赚取高额利润。由于有皇室支持，他毫不犹豫地通过囤积和垄断压迫穷人。疏远的朋友是最大的敌人，所以所有的暴君和欺压者都无法像这位从穷人行列出来的暴发户那样凶残地对待穷人。雅克·库尔对下级的骄纵激起了市民的愤怒，对上级的奴颜婢膝遭到了贵族的蔑视。但雅克不在乎前者，对后者也视而不见。他继续为所欲为，直至成为法国首富，国王很看重他，以至于任何重大决策在没有咨询他的意见之前都不能实施。1446年，他作为大使被派往热那亚，并在第二年拜访了教皇尼古拉斯五世。在两项任务中他表现出色，令国王感到满意，作为奖赏，除去之前那些美差外，他又得到了一个有利可图的差事。

1449年，诺曼底的英国人由于失去了他们的将军贝德福德公爵，便撕毁了与法国国王的停战协议，占领了布列塔尼公爵的一个小镇。战争又重新开始，法国几乎重新收回了整个省份。战争的大部分费用都是由雅克·科尔提供的。罗恩向法国投降，查理带着胜利者的骄傲入驻那个城市，迪努瓦和著名的将军们陪同左右，雅克是其中最耀眼的明星。他的战车和马匹装饰华丽，堪比国王的车马，他的敌人说雅克曾吹嘘是他赶走了英国人，没有他的金子，勇猛的军队将一事无成。

迪努瓦似乎也同意这种观点。他并没有贬低军队的勇气，但承认这位能力出众的金融家所发挥的作用，是他提供军需供给，不断给予军队强大的保护。

恢复和平后，雅克再次致力于商业活动，建造了几艘大木船与热那亚人进行交易。他还在法国各地购买大量地皮，主要有圣·发吉欧男爵、蒙纳顿男爵、沙乐纳男爵、毛波兰奥男爵，米阿尼男爵、圣·格兰特·德·冯克斯和圣奥·德·波思男爵的领地，还有拉·巴利赛伯爵、尚皮涅勒郡、伯蒙伯爵以及拉·格讷村和塔奈侯爵的领地。他还为儿子让·克尔安排了一个不低于布尔日大主教的职位。

人们都说这么多的财富不可能通过合法手段获得，富人将他看成暴发户，穷人认为他是压迫者，都希望给他一点儿教训。雅克对有关自己的传言有些担忧，还有传言说他伪造国王印章在一份重要文件上盖了章，使得货币贬值，从而骗取了大量财富。为平息谣言，他邀请了许多国外的炼金术士，并传播谣言说自己发现了点金石的秘密。

他在自己的故乡建造了一座宏伟的房子，在入口处雕刻着炼金术的标志。过了一段时间，他又在蒙彼利埃建造了另一座相似的房子，并刻上了同样的标志。他还写了一篇关于炼金术的论文，假装自己知晓金属转化的秘密。但是所有掩盖他侵吞公款的尝试都是无效的，雅克·克尔于1452年被捕，因几项指控而遭到审判。有一项指控称雅克参与毒害了他的女保护人阿盖斯·索雷尔。根据指控，他被裁定有罪并被驱逐出境，还需支付40万克朗的巨额罚款。有证据证明他伪造了国王印章，他利用手中布尔日铸币局局长的权利，使得金银币贬值。他毫不犹豫地向土耳其人提供武器和金钱以便他们继续与其周边的基督教国家作战，并大赚一笔。查理七世对他受到的指控深感悲痛，最后仍相信他是无辜的。他利用各种方法，使罚款减少到了雅克·克尔能够支付的金额。在监狱待了一段时间后，他获释出狱，带着一大笔钱离开了法国，据说，其中一部分是查理秘密从他被没收的财产中拿出的。他在塞浦路斯隐居，于1460年去世，是岛上最富有和引人注目的人物。

炼金术作家们都称雅克·科尔是他们的互助会成员，并且认为关于其财富来源的审判记录是虚假的和诽谤性的。皮埃尔·波瑞尔在其著作《粗俗的古董》中认为，雅克是一位诚实的人，他利用点金石将铅和铜炼成了金子。炼金术士们几乎都这样认为，但他们却很难说服雅克同时代的人们。后来的人也不大相信这种说法。

14～15世纪的二流炼金术士

14～15世纪，欧洲的每一个国家都还有很多声称知晓点金石秘密的人，社会普遍承认金属转化，从某种程度上说，每位化学家几乎同时也是炼金术士。德国、荷兰、意大利、西班牙、波兰、法国和英国产生了成千上万的无名炼金术士，他们通过更容易骗到钱的占星术和占卜来支持自己的妄想。

欧洲的君主们也相信人们有能力发现点金石。英国的亨利六世和爱德华四世推崇炼金术；德国皇帝迈克西米兰、鲁道夫和弗雷德里克二世更关注炼金术，领地内的每一位小君主都以他们为榜样。德国的贵族和小君主通常会邀请炼金术士与他们同住，将其囚禁在地牢，直到炼出足够的黄金支付赎金，许多可怜的炼金术士被终身监禁。爱德华二世也将同样的命运施加在雷蒙德·卢利身上，他以炼金为由，将其囚禁在伦敦塔的一套房子里。雷蒙德·卢利识破了这个诡计，他跳进泰晤士河，游到接应他的船上逃走了。

下面是些活跃在这个时代的炼金术方面的主要作家，他们的生活与经历鲜为人知，或者不值得详细记载。英国的约翰·道森活跃在1315年，他写了两篇关于点金石的论文；理查德1330年写了一部题为《炼金术校正》的作品，直至帕拉塞尔苏斯时代也备受推崇；同年，伦巴第的彼得写下了《炼金术全论》，后来卡拉布里亚一位名叫拉克尼的教士出版了它的缩写本。1330年，巴黎最著名的炼金术士奥德玛出版了《巫术习法》一书，在很长时间内，同行们都把此书作为炼金指南。

1357年，圣弗朗西斯修道院的法国教士约翰·德·鲁珀希萨的声望达到了顶峰，他称自己既是预言家也是一位炼金术士。教皇英诺森六世厌恶他的一些预言，因而决定制止他，将他囚禁在梵蒂冈的地牢里。虽然没有确凿的证据，但人们还是认为他最后死在了那里。他的主要作品有《光明三书》《五要素》《炼金术士的天堂》以及他的伟大作品《珠宝制作》。对于另一位炼金术士奥萨雷涅，人们只知道他于尼古拉斯·弗拉梅尔时代之前在巴黎研究过炼金术和占星术，其关于炼金术的作品也于1358年完成。荷兰的艾萨克写道，据说就在这个时候，奥萨雷涅的儿子也开始致力于炼金术。但他们的生活没有什么值得传颂的。布尔海夫十分赞赏他们作品中的许多篇章，帕拉塞尔苏斯也非常钦佩他们，其作品主要有1608年在伯尔尼出版的《珠宝制作三规则》和1600年在米德尔堡印刷的《贱矿炼金术》。他们还写过8部有关这一主题的作品。波兰人考夫斯基约在1488年写了一篇题为《矿物色泽》的炼金术相关论文。在这些作家中，我们不能被遗忘是法国的查理六世，他是那时最易受骗的国王之一。他的宫廷里有炼金术士、巫师、占星家和江湖骗子等各色人物，在对炼金术进行了几次尝试后，他认为自己已经知之甚详，便决定写一篇论文来启发世界。这篇文章名为《法国国王查理六世之作——炼金术宝库》。据说，尼古拉斯·弗拉梅尔在《向往的愿望》中的观点即源于此。朗格雷·杜·弗雷努瓦说它寓意极深，难以理解。

第十四章
16～17世纪对炼金术的进一步痴迷

16～17世纪，成千上万狂热和痴迷的人们继续寻找点金石，但在这一时期发生了一个巨大的变化。那些致力于这项研究的著名人士完全改变了方向，转向收集奇妙的石头和长生不死药，因为这不仅可以将贱金属转化为贵金属，而且还能解决其他科学难题。他们声称通过这种方法，人类将会与造物主有更亲密的交往，疾病和悲伤将从世上消失，并且“数以百万计的在地球上行走但人们却看不可见的精灵”将变得可见，还会成为人类的朋友、同伴和导师。

特别是在17世纪，这些理想化的、不切实际的教条引起了欧洲的注意，并从德国（最先由罗森克鲁茨传播）传到了法国和英国，许多聪明人丧失了合理的判断力，而变成了狂热的真理追求者。帕拉塞尔苏斯、迪和许多其他没有引起关注的人都被这优雅而美丽的新神话所吸引，这一神话为欧洲文学增添了不少色彩。16世纪的大多数炼金术士，虽然不知道作为一个宗派的玫瑰十字会，但在某种程度上，却深受其奇特信条的影响。但在我们更详细地讲述这些不切实际的空想家之前，必须继续讲述我们在前一章中断的炼金术的荒谬历史，追寻炼金术士梦想的变化。我们将看到，随着时光的流逝，人们对炼金术的迷恋只增不减。

奥古莱洛和科尼利厄斯·阿格里帕

约翰·奥雷里奥·奥古莱洛1441年出生在里米尼，是威尼斯和特里维萨的文学教授。他很早便相信炼金术，常常向上帝祈祷能够发现点金石。他身边总是一堆化学工具，并花掉了所有积蓄购买药物和金属。他也是一位诗人，但只是自命不凡而已。他将自己的作品《克莱索比亚》献给教皇利奥十世，希望这种恭维能够得到教皇的奖励，但教皇却是一位优秀的诗歌鉴赏家，对如此平庸的诗很不满意，同时，他也是一位优秀的哲学家，并不赞同奥古莱洛诗中不断灌输的奇怪教条，因此，他对这一礼物十分不满。据说，当奥古莱洛请他给予奖赏时，教皇装出友好和热情的样子，十分庄重地从口袋中掏出一个空钱包交给这位炼金术士，并说道，因为他会炼金，因此能够提供给他的最佳礼物就是装金子的钱袋。这便是这位可怜的炼金术士献上诗歌和炼金术所得到的卑微的奖励。83岁时，他在极度贫穷中去世。

科尼利厄斯·阿格里帕这位炼金术士留下了更加卓越的声誉。人们相信他的传奇。他只需说句话，便可以把铁变成黄金。天上的神灵和地下的恶魔都对他唯命是从。他可以将死人以伟人的形象复活，使他们以“他们的生活习惯”的样子出现在有勇气观看的好奇者面前。

科尼利厄斯·阿格里帕1486年出生在科隆，从小便学习化学和炼金术。通过某种手段，他让同代人认为他拥有不可思议的成就。作为一位炼金术士，到20岁时就已经享有盛誉，巴黎重要的炼金术士们写信到科隆，邀请他去法国定居，利用其经验帮助他们发现点金石。他身上承载了太多的荣誉，受到当时所有学者的高度尊重。梅兰希顿谈起他时总是带着尊重和赞扬，伊拉兹马斯也对他称赞有加，同时代的人都宣称他是文学之光，为炼金术增添了光彩。

一些过度自负的人总喜欢设法证明自己才是真正的伟人。他们在人们面前大肆宣扬自己的成就，不断赞美自己，使得人们都为之喝彩，阿格里帕似乎就是这样的人。他称自己是一位崇高的神学家、优秀的法学家、杰出的医生、伟大的哲学家和成功的炼金术士。人们相信了他的说法，并认为一个如此大言不惭的人，必定有一些长处来证明自己，事实上，他只在自吹自擂。他被任命为国王的秘书，被授予骑士头衔，并担任一个团的荣誉指挥。后来，他成为法国多尔大学的希伯来语和文学教授，但由于与方济会教士们在一些神学问题上起了争执，便不得不离开这个小镇，前往伦敦避难，在那里教授希伯来语，并为人算命。

大约一年后，阿格里帕从伦敦前往帕维亚，讲述赫尔墨斯·特利斯墨吉斯忒斯的作品。如果他没有与教士们争吵，也许会平静体面地生活在那里。正是这些问题，阿格里帕开始不讨人喜欢，因此他很高兴地接受了梅茨地方长官的邀请，成为当地的市政官和辅佐法官。但是喜欢与人争论的性格又使得他树敌无数。那里自以为是的神学人士宣称，圣·安妮有三个丈夫，人们都相信这种说法。阿格里帕毫无必要地与这种意见或偏见发生了争执，从而大大失去了自己的影响力。不久之后发生的另一次辩论更符合他的性格，这使他永远丧失了梅茨人的尊敬。由于袒护一个被指控使用巫术的年轻女孩，他的敌人们断言阿格里帕也是一个巫师，并对他大肆攻击，迫使他离开了这座城市。这件事之后，他成为国王弗朗西斯一世的母亲路易莎·德·萨沃的医生，这位女士喜欢预知未来，并要求她的医生为她占卜。阿格里帕回答他不能鼓励这种无聊的好奇心，结果便失去了她的信任，被立即解雇。如果他因相信占星术毫无价值而如此回答，我们或许会欣赏他的诚实和独立性，但众所周知，他从未停止占卜的习惯。他向波旁统帅预测其事业将取得辉煌成功，我们只能对他因为任性而疏远一位有权势的朋友感到惊奇。

这时，英国的亨利八世和奥地利低地国家总督玛格丽特都邀请阿格里帕到其国家定居。他选择了后者，在玛格丽特的帮助下被任命为国王查理五世的史官。遗憾的是，阿格里帕从来没有足够的耐心担任一个职位，由于不安分和傲慢而冒犯了赞助人。玛格丽特去世后，阿格里帕因使用巫术被囚禁在布鲁塞尔，并于一年后获释。历经沧桑后，他离开了这个国家，1534年，他在极度贫困中去世，享年48岁。

在为奥地利的玛格丽特效力期间，阿格里帕主要居住在卢万，在那里他写下了其名著《人类知识的虚无和虚荣》。为了讨好这位皇家女主人，他还写了一篇题为《女性的优越性》的论文献给她，以感激她的照顾。他在这些省份留下了很高的声誉。据说，他付给贸易商的金子总是看起来耀眼夺目，但在24小时之内总是变成石头。人们认为他是在魔鬼的帮助下制造了大量的这种假黄金。从中可以看出，他只有非常肤浅的炼金术知识，德·雷斯对他的赞颂言过其实了。

耶稣会士德尔里奥在他的《魔法与巫术》中讲述了阿格里帕一段更加奇异的故事。一天，阿格里帕离开卢万的住所打算外出一段时间，便将钥匙交给了妻子，并严肃地说，他不在时，任何人不得入内。奇怪的是，他的妻子并没有窥探丈夫秘密的好奇心，也从未想过要进入房间。哲学家的阁楼住了一位年轻的学生，他很想检查这间书房，并希望能够偷走一些书或工具指导他进行金属转化。这位年轻英俊且口才极好的学生对女主人的魅力大加赞赏，毫不费力地便将钥匙借去，但被告诫不能乱动任何东西。学生保证遵守约定，便进入了阿格里帕的书房。首先引起他注意是摊开在哲学家书桌上的一本厚厚的魔法书。他当即坐下开始阅读。他刚读出第一个字，就好像听到了敲门声。他侧耳倾听，但周围一片寂静。他以为是出现了幻听，便继续读下去，但却听到更响亮的敲门声，他被吓得站了起来。他想说“请进”，但舌头不听使唤，无法发出声音。他盯着房门，门慢慢打开，一个威严的陌生人出现了，他眉头紧锁，严厉地质问为什么要召唤他。“我没有召唤你。”被吓得发抖的学生说。“你召唤了！”陌生人向他迈近了一步，愤怒地说道。“不得轻易召唤恶魔。”学生不知怎样回答，恶魔异常愤怒，一个外行人竟然轻易将他召唤而来，便掐住他的喉咙，扼死了他。几天后阿格里帕回到了家，发现他的房子被恶魔包围。其中一些坐在烟囱顶帽上，向空中踢着腿；其他的在栏杆边缘玩跳背游戏。他的书房里到处都是魔鬼，很难走近办公桌。最后，当他挤开它们来到桌前，发现咒语书被打开了，学生死在了地板上。他立即明白了是怎么回事，并打发走了所有小鬼，并质问恶魔怎么可以如此轻率地杀死这个年轻人。恶魔回答说，这个无礼的年轻人无缘无故地将它召唤出来，只能杀死他泄愤。阿格里帕严厉地谴责了他，命令他立即让尸体重生，并带着学生在市场走一下午。恶魔照办了，学生复活了，挽着那位可怕的凶手的胳膊，在所有人的注视下与他同行。日落时，学生再次倒下，身体冰冷，被人们送到医院。大家都认为他是因为中风发作而死去。他的同伴立即消失了。检查尸体时，医生们在他的脖子上发现了被绞扼的痕迹，并在其他部位发现了恶魔的长爪印记。这些事情连同年轻人的同行者在一片烟火中消失的传说，使人们看到了真相。卢万地方法官对此进行了调查，结果阿格里帕被迫离开该镇。

除了德尔里奥以外，其他作家讲述了关于这位炼金术士的一些故事。那个时期的人们总是愿意相信魔法和巫术的传说，因此，当阿格里帕这位所谓的魔法师吹嘘他创造的奇迹时，人们能够接受他的自吹自擂也就不足为奇了。但这种炫耀十分危险，有时会被判处火刑或绞刑，因此人们认为敢于这样自吹肯定是有真本领的。保罗斯·乔维斯在其作品中曾经说道，魔鬼常常化身成一只大黑狗陪，不离阿格里帕左右。

托马斯·纳什在他的《杰克·威尔顿历险记》一书中说，在萨里勋爵、伊拉斯谟和一些学者的要求下，阿格里帕将许多伟大的炼金术士从坟墓中召唤出来，让塔利为罗西乌斯重新献上其著名的演说。在德国时，他还为萨里勋爵进行了表演，在一个杯子中显现出了美丽的女主人杰拉尔丁逼真的肖像。因心爱的人不在身边，她正在沙发上哭泣。萨里勋爵记下了他看到这个情景的确切时间，后来证实，他的心上人在那段时间的确是在沙发上哭泣。阿格里帕向托马斯·克伦威尔勋爵展现了国王亨利八世与要臣在温莎公园狩猎的情形。为了取悦国王查理五世，他将大卫王和所罗门王从坟墓召唤了出来。

诺德在其《为那些伟大的被误以为魔法师的人而辩》一书中，竭尽全力为阿格里帕洗脱罪名。这些故事在那个时代会遭到反驳，但现在却因其荒谬而无人问津。

帕拉塞尔苏斯

诺德称哲学家帕拉塞尔苏斯为“炼金术士中的巅峰人物和正在升起的太阳”，他于1493年出生在苏黎世附近的艾因西德伦，真名为霍恩海姆。他的父亲是一名医生，希望儿子可以子承父业，但是儿子是一位聪慧的学者，在学术上取得了巨大的进步。一个偶然的机会，他得到了艾萨克·霍兰杜斯的著作，从那时起，他就被点金石深深迷住了，并将所有的心思都放在冶金术上。他前往瑞典，参观那个国家的矿产，勘察地球内部的矿石。他还拜访了西班海姆修道院的特里特米乌斯，听取他对于炼金术的说明。

他继续旅行，穿过普鲁士和奥地利进入土耳其、埃及和鞑靼地方，然后返回君士坦丁堡，并吹嘘自己已经学会了炼金术，得到了长生不死药。后来，他在瑞士的苏黎世成为一名医生，并开始了与炼金术和医学相关的写作，这立即引起了欧洲的注意。这些作品晦涩难懂，但并不影响它们声名远播，越是读不懂，那些召唤恶魔的人、盲从者和点金石寻找者越是对其推崇备至。他作为医生的名声与作为炼金术士的名声同样响亮，因为他通过水银和鸦片治好了一些病人，但这些药物已经被专业医生认为不可使用。

1526年，帕拉塞尔苏斯被任命为巴塞尔大学物理学和自然哲学教授，他的讲座吸引了大量的学生。他谴责之前所有医生的作品，认为其有误导作用，并公开烧毁了在他看来是江湖骗子的盖伦和阿维森纳的作品。在那些疯狂的崇拜者面前，他宣称他的鞋带中蕴含的知识都比江湖郎中的作品多。他口出狂言，世界上所有的大学都充满了无知的骗子，但认为自己是充满智慧的人。“你们都将追随我的新体系，”他愤怒地表示，“阿维森纳、盖伦，拉齐斯、蒙塔尼亚那等都将追随我；巴黎、蒙彼利埃、德国、科隆和维也纳的教授们，莱茵河和多瑙河的人们，海岛上的人们，还有意大利人、达尔马提亚人、雅典人、阿拉伯人、犹太人——你们都将遵循我的教义，因为我是医学至尊！”

但可怜的是，帕拉塞尔苏斯并没有真正得到巴塞尔市民的尊敬。据说，他酗酒成性，常常有人看到他醉倒在街上。这种形象对一个医生来说是毁灭性的，令他名声骤降，尤其在他谎称自己是巫师后，他的坏名声迅速增加。他吹嘘幽灵军团听他的指挥，并将其中一个幽灵封印在他的剑柄中。服侍了他27个月的威特鲁斯说，帕拉塞尔苏斯经常威胁要召唤恶魔向他显示伟大和权威。他使人们相信剑柄中的幽灵保管着长生不死药，借助这些药，他可以让任何人活得像大洪水以前的人一样长久。他还吹嘘有一个对他言听计从的幽灵，叫“阿索斯”，被封印在一颗宝石中，在许多的旧画像中，他都以手持宝石的样子出现，宝石上刻有“阿索斯”的字样。

如果一位清醒的先知在自己的国家都得不到尊敬，那么一位经常醉得不省人事的先知就更不用说了。帕拉塞尔苏斯终于明白，最好的办法就是离开巴塞尔。他最终在斯特拉斯堡安顿下来。造成他搬家的直接原因是：一位市民命在旦夕，镇上所有的医生都没有回天之力。作为最后的救命稻草，帕拉塞尔苏斯被请来了，病人承诺，如果他能救他一命，将给他巨额报酬。帕拉塞尔苏斯给了他两颗小药丸，他服用后身体迅速恢复。当他痊愈时，帕拉塞尔苏斯派人去讨要诊金，但这个病人认为这种迅速生效的药物没什么了不起。尽管那两个小药丸救了他的命，但他完全不明白为什么要为它们付出大把的黄金，因此他拒绝支付高于平时一次出诊的费用。帕拉塞尔苏斯起诉了他，但却输了官司。这一结果令他十分恼火，一怒之下便离开了巴塞尔。

此后，帕拉塞尔苏斯又恢复了流浪生活，在德国和匈牙利旅行，依靠社会各阶层的轻信和迷恋来维持生计。他占卜、算命，帮助那些将钱花费在实验上的人寻找点金石，为牛和猪开方子治病，帮人寻找失窃赃物。他先后在纽伦堡、奥格斯堡、维也纳和明德尔海姆定居，于1541年在萨尔茨堡退休，最后死在那座城市的一家医院里，死时身无分文。

如果说这位神奇的江湖郎中生前的崇拜者数以百计，那么在他死后崇拜者便数以千计。在法国和德国出现了一个所谓的帕拉塞尔苏斯学派，目的是保护创始人对所有科学精心设计的信条永不磨灭，尤其是其炼金术学说。这一学派的主要领导人是博登斯坦和多尔诺斯。他的信条建立在点金石存在这一假设之上，抛开其极度荒谬之处，由于在哲学史上独一无二的地位，他的理论还是值得保留下来的。首先，他认为，冥想神的完美便足以获得所有的智慧和知识。《圣经》是所有治病理论的关键，搜索《启示录》以知晓魔药的意义是必要的。一个彻底遵从上帝旨意，并成功地与上天的智慧产生共鸣的人将拥有点金石——他可以治愈所有疾病，并可以随心所欲地将自己的生命延长几个世纪，亚当和大洪水前的人们便是用同样的方法延长他们的生命。生命是星体的产物——太阳主宰着心脏，月亮主宰着大脑，木星主宰着肝脏，土星主宰着胆汁，水星主宰肺，火星主宰胆，金星主宰腰。在每个人的胃里都有一个恶魔或智慧，这是一种炼金术士的方式，在他的坩埚里，以适当的比例将各种食品混合送入胃这个巨大的实验室里。他对魔法师的头衔感到自豪，并夸口称他会定期与地狱里的盖伦保持通信，并经常召唤阿维森纳，就其提出的与炼金术有关的错误观点进行争论，尤其是关于可饮用的金子和长生不死药方面的错误观点。他认为金子可以治疗心脏的骨骼化，不仅如此，事实上，只要是借助点金石对贱金属进行转化而得到的黄金，并在特定的行星连接形态下应用，就可以治愈所有疾病。仅仅列出他论述这些疯狂幻想（即他所谓的教条）的作品名称就需要好几页纸。

乔治·阿格里科拉和丹尼斯·扎卡伊尔

乔治·阿格里科拉1494年出生于米塞尼亚省，他的真名是鲍尔，意为“农夫”。为了与当时的时尚同步，他将名字译成了拉丁语——阿格里科拉。年少时，他便痴迷炼金术，16岁时，他渴望拥有长生不死药，使自己能活到700岁，并拥有点金石，以便在未来漫长的日子里过上丰富多彩的生活。1531年，他在科隆发表了一篇关于这些主题的小论文，获得了著名的萨克森公爵莫里斯的资助。

阿格里科拉在波希米亚的约阿西姆斯塔尔当了几年医生后，莫里斯将其雇佣为开姆尼茨银矿的主管。他与矿工们相处愉快，并在地球的内部进行各种炼金术实验，获得了广博的金属知识，逐渐摆脱了对点金石的奢求。矿工们也不相信炼金术，他们在各个方面转变了阿格里科拉的思维方式。据他们说，阿格里科拉坚信地球内部居住着善良和邪恶的灵魂，瓦斯爆炸和其他爆炸不过是后者的恶作剧。他在1555年去世，人们都认为他是一个非常聪明能干的人。

16世纪的一位炼金术士丹尼斯·扎卡伊尔曾写过一部值得细读的自传，记录了自己在追求点金石的过程中的愚蠢和痴迷。他于1510年出生在吉耶纳的一个古老家庭，很早便被送到波尔多大学，在导师的指导下学习。不幸的是，他的导师一直在寻找长生不死药，很快便使他的学生也陷入这种疯狂之中。读了这段简介后，我们可以听听丹尼斯·扎克伊尔是怎么说的：

“我接到家里来信，”他说，“寄来了200克朗供我和老师花销，但在年底之前，我们所有的钱都随着炉子中冒出的烟雾一起消失了，同时我的老师由于实验室足以把人烤干的高温引起的发烧而去世，他几乎从来没有离开过实验室，那里面就像威尼斯的兵工厂一样热。他的死令我更加不幸，因为我的父母借机减少了我的津贴，他们给的钱只够食宿之用，这使我无法继续进行炼金术实验”。

“为了解决这个难题，并摆脱父母的管束，我在25岁时回到家乡，将一部分财产抵押了400克朗。这些钱可以进行一次炼金术操作，这是图卢兹的一位意大利人告诉我的，据他说他已经取得了成功。我把这个人留下，以便一起观看实验结果。接下来，我试图通过高温蒸馏提炼金和银，但所有努力都白费了。我从炉子里取出的金子重量比放进去的时候减少了一半，我的400克朗很快就减少到230克朗。我给了意大利人20克朗，让他前往米兰找到在那位秘方的提供者，请他解释一下我们认为晦涩难懂的章节。整个冬天我都待在图卢兹，期盼着他的归来，但如果我坚持等他的话，那么直到今天我可能还停留在那里，因为我再也没有见过他。”

“第二年夏天爆发了一场大瘟疫，迫使我离开了那座城市。然而，我并没有忘记我的工作。我去了卡奥尔，在那里待了6个月，并结识了一位老人。人们都称他为“哲学家”，在乡下，这个称呼意味着这个人的唯一优点便是比邻居少些无知。我向他展示了我收集的炼金术处方，并征询他的意见。他从中挑选了10个或12个处方，说这些比其他的更好一些。瘟疫停止后，我回到了图卢兹，又重新开始做实验以寻找点金石。我努力工作的成果，就是我的400克朗已经减少到了170克朗。”

“为了用更稳妥的方法继续我的工作，我在1537年结识了一位居住在附近的神父。他和我一样对炼金术神魂颠倒，他说他的一个朋友作为随从跟红衣主教达马尼亚克去了罗马，并从那个城市送了一个新的处方给他，用铁和铜炼金百无一失，但必须花200克朗去买。我和神父各支付了一半的钱，并开始合伙做实验。由于实验需要酒精，我便买来一大桶上好的盖莱克酒提取酒精，并精馏了几次。我们取了一些酒精，将白银和黄金按4比1的比例放入其中，然后要煅烧一个月的时间。我们巧妙地将这些混合物放入一种角状容器中，另一种充当蒸馏器，并将整个设备放置进炉子里，以形成一种凝结物。这个实验持续了一年，为了不无所事事，我们还做了许多其他的小实验，这些实验和我们伟大的工作一样使我们获益匪浅。”

“1537年整整一年过去了，实验没有任何变化，事实上，我们也许会等到世界末日，才能看到酒精凝结。不管怎样，我们用它在加热的水银上进行了一些炼金尝试，但一切都是徒劳。我们非常懊恼，尤其是那位神父，他已经向修道院的所有教士夸下海口，只要他们将修道院回廊角落的大泵搬过来，他便可以将其变成金子，但失败没有使我们气馁。我再次将父亲的土地抵押了400克朗，决心全力以赴再次寻找这个伟大的秘密。神父也拿出了400克朗，我带着这800克朗前往巴黎。这座城市炼金术士比世界上任何国家都多。我决定，除非我找到了点金石，或者把钱花光，否则永不离开这座城市。这次旅程令我所有的亲戚朋友极度不满，他们认为我应该成为一名伟大的律师，并希望我在那个行业立足。为了息事宁人，我谎称律师是我的目标。

“经过15天的旅行，我在1539年1月9日到达巴黎，默默无闻地待了一个月。我开始频繁地接触炼金爱好者，拜问卖炉子的商店，很快就结识了100多个有经验的炼金术士，他们每个人都有不同的理论和工作方式，其中一些人喜欢渗碳的方法，另一些人尝试万能溶剂，还有些人吹嘘金刚砂的神奇功效。一些人试图从其他金属中提取水银后固化。为了使每个人都熟悉其他人的做法，我们约定每晚都要见一次面，并汇报进展。见面的地点有时是在其中一人的房间，有时会在另一个人家里的阁楼，不仅工作日要会面，在周末或是教会重大节日也不中断。一个人曾说，'如果我有办法重新开始这个实验，我应该会成功的。''是的，'另一个说，'如果我的坩埚没有破裂，我应该早就成功了。'第三个人叹了口气道：'如果我有一个足够结实的圆形铜器皿，我就能将水银与银化合。'所有人都在为自己的失败寻找借口，但我充耳不闻，我不想把钱给他们任何一个人，因为记得自己已多次被这样的诺言欺骗。"

"最后，一个希腊人出现了。我与他一起花了很长时间研究朱砂做成的钉子，但一无所获。我还结识了一位不久之前抵达巴黎的外国绅士，经常陪他到金店卖金子和银子，他说这是他实验的产物。我跟随他很长一段时间，希望他会说出点金石的秘密。但他一直拒绝，最后在我的恳求下告诉了我，我发现那只是一个巧妙的戏法而已。我写信告知那位留在图卢兹的神父朋友我的所有经历，并对他讲述了那个绅士假装能够将铅转化为黄金的伎俩，神父仍然相信我最终会成功，并建议我在巴黎再待一年，毕竟已经有了一个很好的开端。我继续待了三年，尽管我竭尽全力，实验还是以失败告终。"

"就在我快花光所有钱的时候，我收到了神父的来信，他让我马上启程回到图卢兹与他会合。我回去后发现他收到了纳瓦拉国王（亨利四世的祖父）的来信，这位国王是一位痴狂的炼金术爱好者，对此充满了好奇，他写信给神父说我应该去波城拜访他，如果我愿意说出从外国绅士那里学到的秘密，他会给我三四千克朗。神父听到4000克朗后心里发痒，从早到晚催促我，直到我启程前往波城。我在1542年5月到达波城，根据得到的处方不停地工作并取得了成功。国王非常满意，他给了我期望的奖励，虽然他希望我能留下，但被宫廷官员劝阻，而这些人之前都热切地期待我的到来。他充满感激地将我送走，并说如果他的国家有什么可以送给我——比如没收的财物或类似的东西，他将会很高兴。我想，要想得到这些充公的财物可能需要等待很长时间，而且可能永远也得不到，因此便决定回到神父朋友身边。"

"我了解到在波城和图卢兹之间居住着一位教士，他精通自然哲学的各个领域。在回图卢兹的路上，我拜访了他。他很同情我的处境，温和友好地建议我不要再做类似的实验了，这一切都是虚假的。我应该阅读一些古代哲学家的著作，不仅能发现炼金术究竟是怎么回事，还能学到确切的操作顺序。我非常赞同这个明智的建议，但在采取行动前，我先回到了图卢兹的神父那里，我把800克朗的账目给他过目，那曾经是我们共同的财产，同时还与他分享了我从纳瓦拉国王那里收到的报酬。如果说他对我们第一次分手后我的所作所为有些不满的话，那么当我告诉我我决心放弃寻找点金石后，他就更加失望了。因为他认为我是一位优秀的炼金术士。我们的800克朗只剩下了176克朗。离开神父后，我回到了自己的家并打算留在那里，直到读完所有的古代哲学家的著作再前往巴黎。"

"我在1546年诸圣日之后的第二天抵达巴黎，然后又投入了一年时间学习伟大作家的作品，其中包括特雷维桑的《哲学》、让·德·默恩的《自然对游历炼金术士的启示》和其他几本名著。但是因为没有正确的指导原则，我不知从何入手。"

"最后，我走出书斋，没有去看望我以前的熟人——炼金术士和江湖骗子，而是经常去拜访那些真正的哲学家。但是，他们向我展示了各种各样的操作，令我更加糊涂，完全不知所措。尽管如此，在某种狂热的冲击或灵感的启示下，我开始全心全意地钻研雷蒙德·卢利和阿诺尔德·德·维尔诺的作品。阅读和思考这些作品又花去了我一年的时间，然后我终于确定了我行动的方向。可我仍然不得不继续等待，直到我将继承的财产中的很大一部分做了抵押。等这一切结束时已经到了1549年的大斋节，然后我才开始我的工作。我将一切必需品准备好，然后在复活节的第二天便开始工作。但是，我的朋友们始终反对我。一个人问我，我已经在这些蠢事上浪费了这么多钱，还要做什么。而另一位信誓旦旦地说，如果我买了这么多的木炭，我就坐实人们对我在造假币的怀疑。另一位建议我，既然我已经是一名法律博士，就该去买一个地方法官的职位。我的亲戚们说的话更令我恼怒，他们甚至威胁说，如果我继续执迷不悟，他们会派一队警察到我家，把我的炉子和坩埚全部打碎。我被这些骚扰折磨得要死，但却在我的工作和实验的进展中感到了一些慰藉，我专注于我的实验，而且从来没有间断过。"

"就在此时，巴黎爆发了一场可怕的瘟疫，人们都被隔离在家，而我也终于得到了自己渴望已久的清静。很快我发现了三种颜色相继出现，根据那些哲学家的说法，这是工作即将圆满成功的先兆。我注意到这三种颜色的确是一个接一个出现的，非常明显。于是在第二年，也就是1550年的复活节，我做了一个重大的试验。我放在火上的一个小坩埚里的一些普通水银，在不到一个小时的时间内就转换成纯金。你可以想象我当时有多快乐，但我小心翼翼并未声张。我感谢上帝赐予我的恩惠，并祈祷只有我被允许炼出黄金，因为这助于提高他的荣耀。”

“第二天，我前往图卢兹寻找神父，这是我们约定好的，我们应该彼此交流自己的发现。途中我拜访了那位给我启示的哲人，但令我悲痛的是，他们都已经去世了。在这之后，我并未回家，而是去了另外一个地方，等待一个替我管理地产的亲戚。我命令他卖掉我所有的东西，包括动产和不动产，用来支付我的债务，并把剩余的钱分给我那些可能需要钱的亲戚，以便他们也可以分享降临到我身上的好运。邻里充斥着很多关于我突然退隐的流言蜚语，我熟识的一个最聪明人猜想，由于挥霍无度，我已经破产了，在变卖了所剩无几的财产之后，我可能要去遥远的国家隐隐姓埋名过日子。”

“我的亲戚说他会在办完我交待的事后于7月1日与我会面。我们一起出发，去寻求自由的乐土。我们首先归隐到瑞士洛桑，在那里待了一段时间后，我们决定在德国一些著名的城市安静地生活，度过我们的余生”。

至此，丹尼斯·扎卡伊尔的自传结束了。但是他并没有交代清楚事情的结局，并且也没有澄清他谎称发现点金石的真实动机。他归隐的真正原因或许正如他熟识的那个最聪明的人所说，他实际上已经身无分文，不得不到其他国家去过隐姓埋名的日子。关于他的一生，我们只知道这些，而且他的真实姓名也无人知晓。他写过一本关于炼金术的书，题为《真正的金属自然哲学》。

约翰·迪博士和爱德华·凯利

约翰·迪和爱德华·凯利这两人需要合在一起讲，他们因为同样的追求而长期联系在一起，并在交往中经历了各种变迁。迪是一个出色的男人，如果他没有生活在愚蠢和迷信盛行的年代，那么凭借自己的能力，他会赢得显赫的、持久的声誉。

约翰·迪1527年出生在伦敦，他从小便热爱学习，15岁的时候，父母送他到剑桥学习，他读书如痴如醉，每天花费在书本上时间长达18个小时，剩下的六个小时中，四个小时用于睡觉，两个小时用于吃饭。但如此高强度的学习并没有损害到他的健康，还使他成为当时首屈一指的学者。然而不幸的是，他放弃了数学和真正的哲学，而是沉迷于对神秘科学毫无价值的幻想中。他学习炼金术、占星术和魔法，而遭到剑桥当局的厌恶。为了避免遭受迫害，最后他不得不去了鲁汶大学，因为当时关于他从事巫术的传言让他陷入危险之中。在鲁汶大学，他找到了一些志趣相投的朋友，他们认识科尼利厄斯·阿格里帕，并常常谈论那位炼金术大师不同寻常的行为。在彼此的交往中，他又重拾寻找点金石的信心，并且这一念头很快就占据他所有的注意力。

他并未在欧洲大陆逗留很久，1551年，在他24岁的时候，他重返英国。在朋友约翰·切克爵士的帮助下，他受到了爱德华六世的欢迎，并得到了100克朗的年金（原因不得而知）。接下来的几年，他作为一个占星家，在伦敦为人占卜、算命、推算吉日凶日。但在玛丽女王统治期间，他遇到了麻烦，人们怀疑他传播异端邪说，并指控他试图使用魔法谋害女王。他因后一项指控被审判，被判无罪，却因前一项指控而被关进监狱，只能指望帮纳主教大发慈悲。他差一点儿就被烧死在史密斯菲尔德，但他想尽一切办法说服了那位狂热的宗教信条盲从者，让他相信自己的正统性是不容置疑的，并于1555年重获自由。

伊丽莎白女王继位之后，他的生活又迎来一次转机。在伍德斯托克期间，她的仆人向他咨询玛丽女王去世的时间，而这无疑就是他受到严重指控并接受审判的原因。现在他们更加公开地询问女王的命运，女王自己也派著名的莱斯特伯爵罗伯特·达德利来询问加冕的良辰吉日。他受到王室如此的重用，以至于几年后伊丽莎白女王亲自拜访了他在摩特雷克的住处，参观了他的古玩博物馆，当他生病时，女王还派御医来为他治疗。

他以占星术为生，所以依然继续苦练，但他的心思却在炼金术上。点金石和长生不死药是他日思夜想的东西。他曾深入研究《塔木德经》的秘密，这使他相信自己可以和天使或鬼神对话，并向他们学习所有的宇宙奥秘。在德国旅行期间，他碰到过一些玫瑰十字会的会员，发现自己和这个在当时还没有什么名气的教派持有同样的观点，在他看来，他可以通过点金石来随意召唤神灵。由于沉迷于这一问题，他的思维越发不正常，最终，他说服自己，认为有一个天使出现在他的面前，并向他承诺在他有生之年都做他的朋友和伴侣。

据他所说，1582年11月的一天，当他正在虔诚地祈祷时，他的博物馆朝西的窗口突然发出耀眼的光芒，在光芒中矗立着伟大的天使长乌列。敬畏和惊奇使他说不出话来，但天使却向他仁慈地微笑着，并给了他一块凸面水晶，告诉他无论何时只要他想与另一个天体的生物对话，他只需注视着水晶，他们便会出现，并向他揭示未来所有的秘密，说完之后，天使就消失了。从使用水晶球的经验中，迪发现他必须全部精神都焦躁在水晶球上，否则神灵是不会出现的。他还发现自己无法回忆起与天使的谈话内容。因此，他决定将秘密告诉给另一个人，让他与神灵交谈，而迪就可以坐在房间的另一边将精灵给予的启示记录下来。

当时，他有一个助手叫爱德华·凯利，凯利也对点金石非常痴迷。但他们之间却有一点不同，迪更多的是一个狂热者而不是骗子，而凯利则更多的是一个骗子，而不是一个狂热者。早年凯利曾是公证人，因伪造文书而不幸失去了双耳。这种刑罚对任何人来说都一种侮辱，而对于哲学家来说更是毁灭性的灾难。因此，为了避免自己的智慧受到舆论的影响，凯利戴上了一顶黑色的无沿便帽，帽子紧紧地包住他的头，贴在他的双颊上，不仅掩藏了他身体的缺失，还使他显得庄严、神秘。他的秘密保守得如此严密，甚至是同住了多年的迪也从未发现。凯利的这一行为说明，为了自己的私利，他可以无所不为地进行欺诈，或者为了同样的目的而助长其雇主的妄想。

迪刚刚把告诉他伟大的乌利到访的消息告诉凯利，凯利便表示出强烈的信任，这使得迪非常高兴。他立刻开始研究那块水晶，在1581年12月2日，神灵出现了，并与凯利进行了一次不同寻常的对话，迪将之记录了下来。好奇的读者可以在大英博物馆收藏的由哈利父子搜集的文稿和图书中找到这些胡言乱语。后来的谈话在1659年由麦力克·卡索邦博士以对开卷本的形式出版，题目是《约翰·迪博士和一些神灵谈话的真实再现，如获成功，将会改变世界上绝大多数国家》。

这些神奇的对话很快传遍了全国，甚至传到欧洲大陆。同时，迪宣称自己拥有了长生不死药的秘诀，他说这是在萨默塞特郡的格拉斯顿伯里修道院的废墟中发现的。四面八方的人们聚焦到他在摩特雷克的住处请他算命，而不再去拜访那些不太出名的占星师。他们还渴望看一看一个自称永远都不会死去的人是个什么样子。总之，他的生意兴隆，收益颇丰，但他这了实现炼金术的某种特殊流程在药物和金属上花的钱太多，所以他从未富有过。

就在这时，一个富有的波兰贵族——西拉第兹伯爵艾尔伯特·拉斯基到访英国。据他所说，他此行的目的主要是参观伊丽莎白女王的宫廷，他在遥远的波兰就听到过它的壮丽和豪华。伊丽莎白极其热情地接待了这位谄媚的陌生人，并派她的宠臣莱斯特带他游览了英国的名胜。他游玩了伦敦和威斯敏斯特的所有古玩店，并从那里前往牛津和剑桥与伟大学者们进行了一些谈话。由于没有见到迪博士，他感到十分失望。他告诉莱斯特伯爵，如果早知道迪不在那里，他就不会去牛津了。

伯爵答应他返回伦敦后，将向他引见这位伟大的炼金术士，这个波兰人才感到满意。几天后，当伯爵和拉斯基接待室等待女王陛下接见时，迪博士也以同样的目的来到这里，并被介绍给了波兰人。在一番有趣的对话之后，波兰人又主动请求去迪博士在摩特雷克的住处共进晚餐。迪忧郁地回到家中，因为他发现如果不典当他的镀金碟子，自己就没有足够的钱体面地招待拉斯基伯爵和他的追随者。在这种紧急情况下，他向莱斯特伯爵发去一封信，坦率地说明了他现在的窘境，并请求他向女王陛下陈述此事。伊丽莎白女王立刻派人送给他20英镑作为礼物。

到了约定的日子，拉斯基伯爵带了许多随从如约而至，并坦率热情地赞扬了主人精湛的技艺。迪开始暗自思考如何才能牢牢地抓住这位愿意和他成为朋友的人的兴趣。与凯利长时间的交往使他深受其欺诈人格的影响，他决定要让波兰人为这顿晚餐付出昂贵的代价。数日之前他就发现这位波兰人在自己的国家拥有大量的财产，并拥有巨大的影响力，只是他奢华的秉性使他暂时陷入窘境。他还发现，拉斯基对点金石和生命之水深信不疑。因此他是一个冒险者可以攀附利用的人。凯利也同意这个看法，于是他们两人通力合作，紧紧地缠上这个富有且轻信的年轻人。他们小心翼翼地实施着计划，首先抛出一些关于点金石和生命之水的晦涩的暗示，后来又谈到神灵，通过神灵他们可以翻开“未来之书”的页面，并阅读其中所写的神奇秘密。

拉斯基热切地恳求他们允许他参加一次和乌利及众天使的神秘谈话，但他们太了解人类的天性，知道不能一次满足他的所有要求，因此并未同意他的请求。对于伯爵的恳求，他们只是暗示道，在陌生人面前召唤神灵是不合时宜的，因为这个陌生人或许只是为了满足一种空虚的好奇心。他们只是想这样拖延吊着他的胃口，但如果伯爵真的打了退堂鼓，那他们将会非常后悔。如果想要了解迪和凯利是如何费尽心思抓紧他们的目标的，可以去翻阅卡佐邦博士记录他们第一次与神灵会面的文章即可。

迪在1583年5月25日所写的一篇文章中说：“当神灵出现时，我和凯利坐在一起，谈到了那位高贵的波兰人拉斯基，他的到访使我们备感荣光，以及他和普罗大众的极大相似性。”毫无疑问，他们正在商量如何最大限度地利用这个高贵的波兰人，然后编出精美的故事以激发他的好奇心使之与他们紧紧地绑在一起。迪说：“突然，从祈祷室走出一位神灵，像一个七岁或者九岁的漂亮女孩，她前面的头发卷起到头后，头上戴着美丽的装饰，穿着红绿变化且带有裙裾的丝绸长袍。她到外玩耍，似乎是在书后面进进出出，而且书会自动为她让路。”

每天他们都用类似的故事引诱波兰人，并最终说服他成为其秘密的见证人。他们是否使用任何视觉幻术欺骗他或者是由于他自己强烈的想象力而自欺欺人呢，我们都无从得知。但可以确定的是，伯爵完全沦为了他们手上的工具，并甘愿做任何他们希望他做的事。在与神灵会谈时，凯利与那块奇妙的水晶保持一定的距离，凝视着它，而迪坐在角落记录神灵的预言。通过这种方式，他们告诉波兰人，他会成为点金石的幸运拥有者，他会活好几个世纪，他会被选为波兰国王，多数次击溃撒拉森人使自己享誉全球。但是为了达到目的，拉斯基必须带着他们，还有他们的家眷离开英国，他必须让他们过上豪华的生活，有求必应。拉斯基立马同意了，而后不久之后他们就踏上了前往波兰的路。

他们花了4个多月的时间才到达伯爵在克拉科夫附近的庄园。在此期间，他们过着舒适的生活，挥金如土。在伯爵府安顿好之后，他们就开始了炼铁成金的伟大工程。拉斯基给他们提供了所有必要的材料，还用自己的炼金术知识来帮助他们。但是不知为什么，实验总是功亏一篑，他们不得不以更大的规模重新开始实验。但拉斯基并没有失去信心，他把自己想象成无穷财富的拥有者，不必因为眼前的花费而担心。因此，在这样的状态下他日复一日、月复一月地坚持着，直到最后，他不得不出售一部分已经抵押的房产，来供养迪和凯利贪婪的熔炉，供养他们同样贪婪的妻子和家庭。直到破产迫近眉睫，他才从迷恋的梦幻中醒来。此时他甚至很高兴自己还没有沦为乞丐。因此在恢复理智后，他的第一个念头就是如何打发掉这些奢侈的访客。他不想与他们争吵，只是建议他们可以带着给国王鲁道夫的推荐信前往布拉格。我们的炼金术士也很明白，几近潦倒的拉斯基已经没什么可以利用的价值了。

因此，他们毫不犹豫地接受了伯爵的建议，立即赶往王宫。在抵达布拉格后，他们很快得到了皇帝的召见。他们发现国王相信点金石是存在的，他们洋洋自得地以为给国王的印象不错，但皇帝还是不太相信能力，或许是因为他们显露出的并不高明的狡诈，或者是因为凯利脸上带着的骗子嘴脸。但是，他还是准许他们在布拉格逗留几个月，这使他们以为国王会雇用他们。但是他越看越不喜欢他们。当罗马教皇的使节说他不应该再支持这些异端魔法师时，他便命令他们必须24小时内离开他的领地。他们对此应该感到幸运，因为如果再多待6个小时，使节就会接到将他们永久监禁或执行火刑的命令。

由于不知道该去往哪里落脚，他们决定回到克拉科夫，在那里他们还有一些朋友。但是此时，他们差不多花光了从拉斯基伯爵那里榨取的钱财，因此只好忍饥挨饿。他们想尽一切办法不让别人看出他们已经穷困不堪，他们不敢抱怨，因为真相一旦被外界知晓，将对他们的声誉产生更不利的影响。如果人们一旦知道他们到了连面包都吃不上的境地，那么谁还会相信他们是炼金术士呢？他们还可以通过算命挣一点儿钱，不至于饿死，直到一个足够富有的皇室笨蛋落入他们的圈套，穷困潦倒的境况才算有所改善。

在被引荐给波兰国王斯蒂芬后，他们向国王预言，鲁道夫皇帝不久后会被暗杀，而日耳曼人会在波兰寻找继任者。由于这个预测不够准确，国王不是很满意，于是他们再次使用了水晶，神灵出现了，并告诉他们，德国的新统治者将是波兰的斯蒂芬。斯蒂芬很轻易地就相信了他们，并且曾经看见过凯利与水晶里的阴影进行神秘对话。他也向他们提供了资金以便继续进行炼金术实验。但是他们不断地背弃承诺，一次次向他要钱，他最终开始讨厌他们，甚至差点不体面地遣返他们。就在此时，他们又遇到了另外一个笨蛋，于是他们迫不及待地转换了自己的服务对象，这次被宰者是罗森伯格伯爵，他在波西米亚特来博纳拥有大片庄园。他们很舒服地在这位赞助人宏伟的宫殿里住了将近四年，花钱几乎没有任何限制。

与其说这位伯爵贪婪，不如说他有野心。他拥有巨额财富，关心点金石并不是因为想要获得黄金，而是因为它可以延长自己的生命。两个骗子也投其所好，预言他会被选为波兰国王，并说会活到500岁，当然，条件是他必须给他们提供足够的钱来进行他们的实验。

但是，正当命运朝他们微笑，他们也正在为自己的计谋得逞而陶醉时，报应以他们从来没有想象到的方式降临了。两个同谋者之间产生了嫉妒和不信任，导致了频繁的激烈争吵，迪开始害怕事情败露。大概是从无耻的角度来衡量，凯利认为自己比迪更重要，他对迪总是获得更大的荣誉和更多的报酬感到不满。他经常威胁要离开迪自谋生路。而后者已经沦为其更大胆的同伙的工具，因此对自己被抛弃后的前景忧心忡忡。他如此迷信，以至于他认为凯利的胡言乱语在很大程度上是源于他与天使的交往。他不知道在世界上哪个地方还能找到一位学识如此渊博又如此睿智的人来接替凯利。随着他们每天的争吵越来越频繁，迪给伊丽莎白女王写了一封信，以确保在他回到英国时能够受到盛情接待。他还送给她一块圆形的银块，他谎称这是他从锅上切下来的黄铜炼成的。后来他把锅也送给了女王，以使她相信银块与锅上的洞口完全吻合。虽然他做了最坏的打算，但他最迫切的愿望是能与罗森伯格伯爵留在波希米亚，因为伯爵待他很好，并对他极其信任。凯利并不反对他留下来，但此时他心中又有了一个新计划，正在谋划实现方法。

凯利的妻子其貌不扬且心地险恶，而迪的妻子很漂亮且和蔼可亲，他希望交换妻子而又不引起迪的嫉妒或颠覆他的伦理道德。这是一件不能启齿的丑事，但对于像满肚子邪恶、诡计多端、缺乏正义感的凯利来说，这种糗事简直是小菜一碟。他仔细地研究了迪的性格和弱点，并采取了相应的措施。在下一次他们与神灵对话时，凯利假装对他们的话感到震惊，拒绝告诉迪他们说了什么。在迪的坚持下，他说，从今以后他们的妻子将共有。迪有点儿惊讶，他询问神灵的意思是否意味着他们不能融洽友好相处，凯利极不情愿地再次尝试后，说神灵坚持他的解释。于是，可怜的盲信者迪服从了，但凯利扭捏作态地拖延了一段时间。他宣称这些神灵不是天使，而是魔鬼，并拒绝再次向他们求教。随后，他动身离去，并声称永远也不会再回来。

此时迪忧心忡忡，满怀烦恼，他不知道该选谁来接替凯利继续与神灵对话，最终选择了自己八岁的儿子亚瑟。他庄严地将这一职责授予儿子，并嘱咐他牢记自己的神圣职责。可这个可怜的孩子既没有想象力，也缺乏自信，更没有凯利的狡诈。他按照指示，专心地看着水晶，但什么也没看见，什么也没听见。最后，当他的眼睛发痛时，他说他可以看到一个模糊的影像，除此之外什么也没有。这让迪很绝望。他欺世盗名这么久，已经习惯了这种生活方式。他诅咒那些离间他和凯利的人，而凯利早就预料到迪会如此，于是在迪为他的离去而伤心欲绝之际，他装作出其不意地出现了。当他走近房间时，小亚瑟正在徒劳地努力区分水晶里的东西。迪在他的日记里记录了这一情况，他将凯利的回归称为“不可思议的运气”和“神的安排”。他继续写道，凯利立刻就看到了神灵，而亚瑟却始终看不到。其中一个神灵重复着以前共享妻子的指示。凯利低下头表示服从，而迪也谦卑地接受了“神”意。

这是卑鄙之人堕落的极限了。就这样，他们继续混住了三四个月，然后又发生了新的争执，这次他们真的分手了。

凯利带着从格莱斯顿伯里修道院里找到的长生不死药前往布拉格，完全忘记了他以前曾被驱逐出这个城市。他刚到那时，鲁道夫国王就下令将他抓了起来，并投入监狱。在被监禁了几个月之后，他获得释放，在德国过了5年流浪汉的生活，在这儿算命，在那儿炼金子。由于被指控传播异端邪说，他再次入狱。此时他才决定如果这次能重获自由，他一定回到英国。但他很快发现这根本不可能，他可能会被终身监禁。在1595年2月的一个风雨交加的夜晚，他把床单拧成绳子，然后顺着绳子从位于一座高塔顶端的牢房窗口滑落。因为他太胖，绳子断掉了，他重重在摔在地上，摔断了两根肋骨和两条腿，几天后气绝身亡。

迪却一度财运亨通，他送给伊丽莎白女王的锅起了作用，在凯利离开之后不久，他就获得了回到英国的邀请。他那被长久压抑的自豪感再次膨胀，他以大使的身份带领一队随从向波希米亚进发。我们不清楚他怎么得到的钱财，也许罗森伯格伯爵的馈赠，也许是他行骗得来的。他和家人坐在三辆马车上，而行李放在另外三辆马车上，每辆马车有四匹马牵引，整个车队有24名士兵护卫。这个说法让人怀疑，但这是伊丽莎白女王的特派员在询问他的状况时他自己说的。到达英国后，他觐见了女王，传说女王盛情款待了他，并命令不得打扰他的化学及炼金实验。女王认为，一个自称有能力把贱金属变成黄金的人不可能缺钱，因此除了鼓励和保护之外，她并没有给他更多的钱。

迪没有料到只能靠自己，于是开始认真地寻找点金石。他夜以继日地在熔炉、蒸馏器和坩埚周围工作，差点儿被有害的毒烟毒死。他还向那块神奇的水晶求教，但神灵并未显现。

他试图让一个叫巴塞洛缪的人顶替凯利的位置，但他既无德行，又没有想象力，神灵根本不与他沟通。之后他又找了另一个叫希克曼的炼金术士，但依然没有结果。自从那位伟大的牧师离开之后，水晶石就失去了它的神力。从这个渠道迪无法得到任何有关点金石和长生不死药的信息，而他通过其他方式寻找信息的努力不仅没有成果，而且代价高昂。他很快陷入了巨大的痛苦之中。他给女王写了一封信，祈求得到救济。他声称，在他和拉斯基伯爵离开英国之后，暴徒们指控他是巫师，洗劫了他在摩特雷克的住所，砸坏了他所有的家具，烧毁了他藏有4000本稀有图书的图书馆，捣碎了所有的炼金器具和博物馆的古董。对于这种损害，他申请赔偿。他告诉女王，自己是因为女王的邀请而来英国的，所以她应该支付他的旅行费用。伊丽莎白女王不时接济他一小笔钱，但是迪仍然不停地抱怨，于是女王委派一名官员去调查他的情况。最终他获得了不起眼的任命，成为圣保罗大教堂一名教士，协助主教管理教务。

1595年，他被调任曼彻斯特大学校长，直到大约1603年。由于智力、体力开始衰退，他被迫辞职。他一贫如洗地回到摩特雷克的老家，靠算命为生，经常被迫卖掉或典当一些书籍以换取一餐饱腹。他经常向国王詹姆斯一世自吹，但国王拒绝为他做任何事。可以说国王不信任他，他认为自己能给予一位不屈不挠的老炼金术士唯一的奖励就是允许他乞讨。不会有人怪他对一个如约翰·迪这样的江湖骗子见死不救。他死于1608年，享年81岁，死后被埋葬于摩特雷克。

世界公民——塞顿和森迪沃奇

以“世界公民”的名义写下多部著作的这位炼金术士的真名曾引起许多争议，人们普遍认为他是苏格兰人，名叫塞顿。和那些大肆吹嘘自己会炼金术的人命运相似，他被一位德国君主投进了监狱，要求他炼出大量的黄金作为赎金，最后他在牢中结束了他悲惨的命运。有些人将他和波兰炼金术士迈克尔·森迪沃奇相混淆，此人在17世纪初的欧洲名噪一时。非常了解这些炼金术士的朗格雷·杜·弗雷努瓦倾向于认为这些人与众不同，他从乔治·摩霍夫所著的《朗格雷书信集》和其他一些作家的作品中收集了摘录了一些内容，详细讲述了这位世界公民的经历。

大约在1600年，一位叫雅各布·豪森的荷兰水员在苏格兰海岸遭遇船只失事。此时一个叫亚历山大·塞顿的绅士放下一条小船救了落水的豪森，之后还款待了他好几个星期。豪森发现他沉迷于炼金术，但当时他们之间并没有谈论这个问题。大约过了一年半后，豪森在荷兰接待了塞顿的到访。他努力回报受过的恩惠，他们的友谊如此深厚，以至于塞顿在离开之际，告诉了他关于点金石的秘密，并且当着他的面，这位苏格兰人把大量的低贱金属变成纯金，并把它送给豪森以示对他的敬重。随后，塞顿就离开他的朋友前往德国。

在德莱斯顿他并未隐藏其神奇的力量，据说他在这个城市所有的饱学之士面前表演了炼金术。这件事传到了萨克森公爵的耳朵里后，他下令逮捕这位炼金术士，并将其囚禁在一座高塔上，还命令40名守卫看守以防他逃跑，并且不允许他与任何陌生人会面。公爵面见了塞顿几次，利用花言巧语试图让他说出他的秘密。塞顿却固执地拒不透漏秘密，也不为这个暴君炼金。为此他受尽了各种酷刑，但结果仍然一样，威逼利诱都不能让他说出秘密。几个月中，他轮番受到镇静剂和酷刑的折磨，直到身体完全被摧毁，消瘦到几乎只剩下一副骨架。

此时在德莱斯顿有一位叫迈克尔·森迪沃奇的波兰学者，他已在毫无价值的炼金术上耗费了大量的时间和财产。他有感于塞顿艰难的命运，对他不屈的精神感到钦佩，决定帮他逃脱困境。他向伯爵请求去看望塞顿，终于艰难地获得了许可。他发现他处境极度悲惨，被关押在暗无天日、臭气熏天的监狱纠纷的，吃住与那些极刑犯人无异。塞顿热切地倾听着逃亡计划，并向这位慷慨的波兰人许诺，如果用此方法重获自由，他将使他比东方君主更为富有。

森迪沃奇立即开始实施计划，他出售了他在克拉科夫附近的一些财产，用所获钱财在德莱斯顿潇洒地生活着。他经常用最丰盛的晚宴招待这些狱官，特别是那些负责守卫塞顿牢房的狱官。他终于深得他们的信任，并谎称自己会尽最大努力征服这位炼金术士以获取他的秘密。他可以随时进入监狱，探望他的朋友。在计划日益成熟后，他们确定了大逃亡的日期，森迪沃奇还准备了一辆邮车，以便迅速将他送到波兰。他在送给监狱卫士的酒里撒了一些药，令他们昏昏欲睡，他和塞顿则轻而易举地翻过一面无人看守的墙，成功地逃脱了。塞顿的妻子正坐在车上等他，手里拿着一小包黑色的粉末，这实际上就是点金石，也就是可以将铁和铜变成黄金的东西。最终他们安全到达克拉科夫，但是塞顿的身体却因饱受酷刑、饥饿和精神折磨，不久便于1604年左右死在克拉科夫，并被埋在当地的教堂。这就是以世界公民的名义写下多部著作的这位作者的故事。他的作品可以在《炼金术史》的第三卷中查到。

在塞顿死后，森迪沃奇与他的遗孀结婚了，希望从她那里可以学到炼金术的秘密。那些黑色粉末使他在官场上平步青云，因为据那些炼金术士们说他使用这些黑色粉末可以将大量的水银炼为纯金。据说他还在布拉格鲁道夫二世皇帝的面前成功地进行了这项实验。皇帝为了纪念这件事，在他进行实验的房间的墙壁上镶嵌了一块大理石牌匾。1651年波兰女王的秘书M·戴斯诺伊斯亲眼见过这个牌匾，并常常会吸引好奇之士前往参观。

森迪沃奇的余生由他的管家布罗道夫斯基用拉丁语记在他的回忆录中，并由皮埃尔·保丽尔收录在他的《高卢古运之宝藏》一书中。根据这些权威记载，鲁道夫皇帝对他的成功感到非常高兴，委托他做政府顾问，还邀请他在皇宫中担任职位并居住在宫中。但是森迪沃奇喜欢自由，他拒绝成为朝臣，更喜欢住在自己的家里。据他的管家说，他的点金石是红色的粉末，而不是黑色的，他将之保存在一个小金盒中，只需一粒，就可以做出500达克特金币或1000银币。通常，他是用水银来炼金。在他旅行时，他把这个盒子交给管家保管，用一根金链子系住盒子挂在他的脖子上。但是大部分的粉末都被他藏在马车梯子上一个秘密的地方。他认为无论何时遭到抢劫，他们都不会去搜这种地方。

当他预料到有危险时，会穿上仆人的衣服，坐在马车夫的位置上，而让仆人坐在里面。他之所以采取这些预防措施，是因为人们都知道他拥有点金石，许多无耻之徒都伺机寻找机会进行掠夺。一位德国王子要了一个卑鄙的伎俩，之后使他警惕性的更高。这位王子跪在森迪沃奇的前面，祈求让他亲眼看一看将水银转换成黄金来满足他的好奇心。森迪沃奇对他的胡搅蛮缠感到厌烦，在要求他保证绝不泄密后同意了他的请求。在森迪沃奇离开之后，王子传唤住他府上一个叫墨兰菲尔斯的德国炼金术士，告诉了他所发生的一切。墨兰菲尔斯请求让他带领12名骑兵立即去追赶炼金术士，要么将他的点金石抢回来，要么迫使他说出炼金术的秘密。这正合王子心意，于是墨兰菲尔斯带领了12名全副武装的骑兵迅速去追寻森迪沃奇，终于在路边一个僻静的旅馆里追上了他，当时森迪沃奇正要坐下来吃饭。刚开始，墨兰菲尔斯努力劝他说出秘密，但是发现这并没什么用，他便命令随从们剥去可怜的森迪沃奇的衣服，将他赤裸裸地绑在屋内的柱子上，然后从他那里搜出了那个装有少量炼金粉的金盒子、一本关于点金术的手稿、鲁道夫皇帝送给他的一枚带链的金质奖章和一顶装饰着钻石的帽子，价值10万里克斯元。带着这些战利品，他们扬长而去，而森迪沃奇仍然赤裸着被牢牢地绑在柱子上，他的仆人也遭遇到这种待遇。而当强盗们走远后，旅馆的人就把他们全都释放了。

于是森迪沃奇前往布拉格，向皇帝告状。皇帝立刻派人命令王子将墨兰菲尔斯和他抢到的所有东西都交出来。皇帝的震怒令王子感到害怕，便在院子里竖起三个大绞架。在最高的绞架上，他绞死了墨兰菲尔斯，其两边各绞死了其余两个强盗。这样，他平息了皇帝的怒火，还杀掉了证人。同时，他还送还了从森迪沃奇哪儿抢来的镶有宝石的帽子、奖章和链子，以及关于点金石的手稿。至于炼金粉，他说他并没有看见，毫不知情。

这次危险的经历使森迪沃奇更加谨慎，无论多么受欢迎，他也坚决不在任何陌生人面前表演炼金术了。他还假装自己很穷，有时会连续在床上躺好几个星期，让人们以为他可能患有重病，因此不可能拥有点金石。他偶尔会制造一些假币，然后当金子使用。他宁愿被认为是骗子，也不愿被认为是成功的炼金术士。他的管家还讲了许多有关他的奇闻轶事，但都不值得在这里重复。他活到了80岁高龄，死于1636年，被埋葬在格拉瓦那教堂。他曾经出版过几部有关炼金术的著作。

罗森克鲁兹教派

与森迪沃奇同一时代，罗森克鲁兹教派开始在欧洲引起轰动，虽然时日不久，但其独特的观点给欧洲历史留下了持久的影响。之前，炼金术只是一个被人蔑视的幻想，而罗森克鲁兹教派却将之神化，使其趋于完美。

罗森克鲁兹教派扩大了炼金术的范围，认为拥有点金石，不仅可以拥有财富，还能拥有健康和幸福。点金石是人类召唤神灵为己服务的工具，用意念可以控制风云万物，不受时空阻碍，还能洞悉宇宙间的所有秘密。尽管他们如此虚幻狂妄，但也并非一无是处，毕竟他们清除了欧洲黑暗的迷信和各种宗教思想，而代之以一种温和、优雅、有益的新事物。

据说这个教的名字来源于基督徒罗森克鲁兹，意思是“玫瑰十字”。他是一位德国哲学家，在14世纪前夕曾在圣地游历。后来，他在丹姆卡染上重病，有一些学识渊博的阿拉伯人来访，他们声称在炼金术方面与他是同行，并通过灵感知晓他过往生命的秘密和他的所思所想。他们通过点金石使他恢复了健康，并且把所有的秘密都告诉了他。1401年，罗森克鲁兹回到欧洲，他当时年仅23岁。他选择了一些朋友，将这门新的科学介绍给他们，并要他们宣誓在一个世纪内保守这一秘密。据说之后他又活了83年，于1484年去世。

许多人否认罗森克鲁兹这个人的存在，认为这个教派的起源时间要晚得多。他们说此教派最初是源于帕拉塞尔苏斯的理论和迪博士的梦想。尽管他们无心与此，也并未被认可，但他们才是罗森克鲁兹教派的创始人。现在很难确定，其实根本不能确定到底是迪和帕拉塞尔苏斯从当时晦涩的不知名的罗森克鲁兹教派那里得到了启示，还是罗森克鲁兹在遵循和改进他们的理论。但可以肯定的是，直到1605年罗森克鲁兹教派才在德国引起注意。他们的教义刚一公布，所有的梦想家们、帕拉塞尔苏斯的信徒和炼金术士们都蜂拥而来，并鼓吹罗森克鲁兹才是人类新的再造者。

当时有一个著名的医生叫迈克尔·梅耶，他为了寻找点金石而浪费了无数资财，身体也受到摧残。1615年，他在科隆出版了一份关于这个教友会的教义和规则的报告，声称其创始人的思想超越了自世界创造以来人们所能想象到的一切，甚至神的启示也不例外；他们要在世界末日来临之前使人重生，让世间永久和平，他们最具虔诚和智慧，他们拥有自然万物，并会仁慈地向人类布施，他们不会饥饿口渴，不会生老病死，免受自然界的侵害；仅凭灵感，他们就可一眼识别某人是否值得加入这个圈子；他们有共同的知识，仿佛他们是从世界创始之初就开始生活，并且还继续学习新知识，他们有整卷的书可以读以便了解在末日来临之前已经或将要写在其他书籍中的事情，他们可以招来最强大的神灵和魔鬼来为己服务；他们用歌声可以从深海或地心吸引珍珠和宝石，上帝用厚厚的云覆盖着他们，借此他们可以免受敌人的伤害，他们也因此可以对外隐身。玫瑰十字会的前八个会员有能力治愈所有的疾病，通过教友会，教皇的三重王冠也可以被摧毁为粉末，他们只承认两个圣礼，即他们翻新过的教会仪式，他们只承认第四代君主为他们的首领，罗马帝国的皇帝是所有基督徒的首领，他们的财富怎么用都用不完，他们向君主提供的黄金超过了西班牙国王从东部和西部印第安人的黄金产区榨取的黄金。这就是他们的信条。他们的六条行为准则如下：

第一，在旅行中他们应该免费为人治疗所有疾病。

第二，他们的穿着应该总是与他们居住的国家的时尚保持一致。

第三，他们应该每年在教友会指定的地点聚会一次，如不能参加应以书面形式陈述理由。

第四，每个教友在辞世之前，都应该选择一个称职的人来接替他。

第五，玫瑰十字应该是他们彼此识别的标记。

第六，教友会的秘密应该被保守120年。

他们声称这些教条被记录在罗森克鲁兹墓中的一本金书上，并且从他死亡之日到1604年已经120年了。因此从那时起他们就应该开始宣传他们的教义，为人类造福。

八年来，这些狂热的信徒在德国使许多人皈依了这一教派，但在欧洲其他区域却很少引起关注。最后，他们在巴黎出现，竟然在那些饱学之士、轻信之徒和追求新奇者之间引起了一阵骚动。1623年3月初，巴黎的市民们一早醒来，惊讶地发现他们的墙壁上都贴有如下诡异的宣言：以上帝的名义，我们作为玫瑰十字会主要教团的代表已进入这个城市，以主的荣耀，皈依真正的灵魂，我们不用书和符号来展示和教导，以我们所居住的国家的语言来拯救人类免于错误和死亡。

一时之间，这个奇怪的告示成为街头巷尾的唯一话题。只有少数人感到好奇，大多数人对此嘲笑不已。然而在接下来的几个星期中，两本书的出版引起了公众对这个神秘团体的恐慌，没人知道他们住在哪里，也没人见过他们的成员。第一本书讲述了“魔鬼与自称隐形者达成的可怕协议，以及这些隐形人令人可憎的指示，及其门徒可怕的毁灭以及悲惨的结局”的历史。另一本书名为《关于这个新的不为人知的玫瑰十字教友会神秘教法的考察》，书中讲述了他们最近已经在巴黎城住了下来，讲述了其礼仪的历史和其工作创造的奇迹以及许多其他细节。

这些书卖得很快，每一个人都渴望知道这个可怕而神秘的教友会的事情。整个巴黎陷入恐慌，他们每天都监视着来往的每一个人，似乎魔鬼就是他们其中之一。在这些书中，罗森克鲁兹教会共有36个人，他们背弃了基督教的洗礼和来世说。他们诈言，奇迹不是天使创造的，而是要靠自己的奋斗。魔鬼赋予了他们力量使他们如闪电般从世界的一端穿越到另一端，他们会讲所有语言。无论他们怎么挥霍，他们的钱包总是装满了钱。他们可以隐身，并进入世界最隐秘的角落，无论是否有门栓；他们能回溯过去，预知未来。这36个人分为几组，其中6人前往巴黎，6人到意大利，6人到西班牙，6人到德国，4人到瑞典，2人到瑞士，2人进入弗兰德尔，2人进入洛林，2人进入弗朗什孔泰地区。

人们普遍认为，来到法国的那几个传教士居住在玛莱神庙的某处。巴黎的这块地方很快臭名昭著，人们不敢在此地留宿，以免被玫瑰十字会的6个隐形人附体。很多民众甚至包括一些受过良好教育的人在内，都相信有几个神秘诡异的人进入了巴黎的旅馆和酒店，吃最好的肉，喝最好的酒，然后当店主来算账时他们会突然凭空消失。还有些温柔美丽的少女，独自上床睡觉后，经常在夜里醒来发现床上有个男人在她身边，体型优美赛过阿波罗，但当其被惊醒后又立刻消失不见了。还有传言说，许多人在他们的房子里发现了一大堆不知从何而来的金子。所有的巴黎人都处于警觉中。

男人担心自己的财产，少女担心自己的童贞，妻子担心自己的贞节，而此时罗森克鲁兹还并未出现。在骚动中，又出现了一些布告，说如果有人仅仅出于好奇想见玫瑰十字成员一面，那他将永远不能与他们对话。但如果他真心实意想将自己的名字捐刻在教友会的花名册上，他们可以评判所有人的思想，将使他相信教友会承诺的真实性。因此他们不会向公众公布其居住地，思想和真诚的融合足以使他们相识。

尽管玫瑰十字会这样一个组织是否真的存在仍然存疑，但很显然有人在关注贴出来的布告，这些布告几乎贴满了巴黎的每一面墙。警方试图找出这些人，但却徒劳无功，这增加了市民的困惑。教会很快就接过这一问题，天主教耶稣会的高尔特神父写了一本书，利用鉴于他们对教皇的敌意，证明了他们是路德派来散布其异端邪说的。从他们的名称看可以看出这些人是异教徒，在一个十字架上附着玫瑰正是异教徒首领路德的纹章。一个叫格拉斯的人说他们不过是一帮酿酒的骗子，他们的名字源于十字架形的玫瑰花环，通常挂在德国酒馆的桌子上作为神秘的标志，还从这里演化出一句谚语，即当一个人向另一个人传达一个秘密时，可以说成是“在玫瑰花下”。其他人则将字母F.R.C理解为蒸露会而非玫瑰十字会，为了解释这个称谓，他们声称这些人收集了大量的露水，煮沸它后可以从中提取一种点金石和生命之水中非常有价值的成分。

遭到种种攻击的教友会尽其所能保卫自己。他们否认使用过任何魔法，或者咨询过魔鬼。他们说自己非常快乐，他们已经活了一个多世纪，而且预计还要再活几个世纪，作为对上帝的虔诚和无私奉献的奖励，上帝亲自将所有关于自然的玄妙知识传授给他们。那些称他们的名字取自玫瑰十字架或称他们是酒鬼的人都错了。为了让世人清楚这一点，他们重申他们的名字来自其创始人基督教徒罗森克鲁兹。他们反复说他们不知道口渴的感觉，但拥有比满足口腹之欲更高的快乐。他们并不想搞乱政治和宗教，尽管他们否认教皇的权威，并认为他是一个暴君。他们声称，许多诽谤是胡说八道，他们既没有沉迷于肉欲，也没有在隐形能力的掩护之下潜入美丽少女的卧室。相反，他们加入教友会的第一个誓言就是保持贞洁，任何一个违反的人将立即失去他所享有的所有好处，将和普通人一样遭受饥饿、悲伤、疾病和死亡。

他们非常看重贞洁，他们把亚当的堕落单纯地归因于这种美德的缺失。除了以这种方式洗白自己，他们还进一步阐释了信仰，他们抛弃了古老叙事中的巫术妖术，以及与魔鬼交流。他们说并没有什么梦淫妖之类令人恶心的可怕生物，也没有什么人类长久以来相信的各种各样奇怪的小精灵。人类的身边并没有什么可怕的敌人围绕，而是有许多渴望为人类服务的美丽善良的精灵。空气中充满了气精，水中有水神和仙女，土地中有守护神，火焰上有火怪。所有这些生物都是人的朋友，只要人们净化自己，就能够看到精灵并与之交谈。精灵们拥有强大的力量，不受空间阻碍和物质束缚。但人在一个特殊的方面胜过他们，那就是人类有一个不朽的灵魂，而精灵没有。然而，如果精灵能够激起人类对他们的爱，他们便可以分享人类灵魂的不朽。因此也就有了女精灵为了得到男性的爱慕，以及男精灵、气精、火怪、水神为争取女性爱慕而进行的种种不懈努力。被爱者向爱者传递了一部分天火——灵魂，以回馈他们的爱，自此爱者和被爱者就平等了。他们还说，精灵日夜不停地监视着人类，当靠近危险时，他们通过梦境、预言和显灵的方式发出警告。尽管由于自身原因而倾向于善待人类，但是灵魂的缺乏使他们时不时地热衷于报复。他们会因一些小问题而发怒，他们会为此失去理智，沉迷于口欲、色情及身体感官享受。

在几个月之后，教友会在巴黎的布告引起的兴奋以及神职人员的攻击渐渐平息了。坊间流传的有关他们的故事即使在那个荒谬的年代也显得太过离奇，人们开始再次嘲笑这些隐形人和他们魔幻的教义。而就在此时，加布里埃尔·诺德发表了《法国的罗森克鲁兹教派》一书，他非常成功地揭露了新教派的愚蠢。这本书虽然写得一般，但却很及时，在很大程度上抑制了法国的罗森克鲁兹教派的发展，之后就很少再听到这一教派的消息。但在国内不同地区的骗子，时常会假借这一教派的名义掩饰他们的恶行，这些人被抓住后，会被施以绞刑。但是由于他们有将别人口袋里的珠宝钻石放在自己口袋的天才，或者他们还能用点金石将镀金黄铜炼成纯金块的能力，他们才得以被赦免。

罗森克鲁兹教派的教义不仅仅局限于法国一地，它在德国也享有盛名，并在英国吸引了许多皈依者。英国和德国分别出现了两个伟大的人物——雅各布·博曼和罗伯特·弗拉德。他们都自诩为哲人，很难说哪个更荒谬，哪个更怪诞。似乎这个教派分成了两个流派，一派是玫瑰十字教友会，他们致力于地球上的奇迹，另一派是北极光十字教友会，他们致力于对神学的沉思。弗拉德属于玫瑰十字会，博曼属于北极光十字会。弗拉德可以被称为英国玫瑰十字会的教主，以此可以在愚蠢之庙占据显眼的位置。

弗拉德1574年出生于肯特的米尔盖特，他的父亲托马斯·弗拉德是伊丽莎白女王的战时财政部长。他最初想参军，但太热爱学习，而且喜欢安静，并且想要在学习领域做出成绩。因此他的父亲没有强迫他选择一种不适合他的生活方式，因为他对医学有所钟爱，父亲便鼓励他投入医学研究中去。25岁时他去了欧洲大陆，由于喜欢那些深奥、奇妙、难以理解的事，他成了帕拉塞尔苏斯学派的一个热心的门徒，他认为帕拉塞尔苏斯是人类的再造者，也是医学和哲学领域的先贤。他在意大利、法国和德国逗留了6年，满脑子都是狂热的想法，一直在寻求狂热者团体。1605年他返回英国后，获得了牛津大学医学博士学位，并开始在伦敦做职业医生。

他很快便声名鹊起。他把自己的名字从罗伯特·弗拉德改为拉丁文罗伯特斯·阿·弗拉科特博斯，并开始传播许多奇怪的教义。他宣称相信点金石、生命之水和万能溶剂的存在，并坚持认为万物有两个组成部分，即浓缩的北方美德和稀释的南方美德。他说有许多恶魔在控制着人体，他将它们安置在一个菱形中。每一种疾病都有与之对应的恶魔，只有求助于在菱形中处于其正对面的恶魔才能消除这种疾病。他被认为是催眠术的创始人之一，关于他的医学观念，我们将在本书的其他部分阐述催眠术的分支——动物催眠时进行讲述，这在我们的时代引起了很大的轰动。

似乎是由于上面提到的教义不够狂热，在欧洲引起轰动后，他就加入了罗森克鲁兹教派，并成功地在这一教派中赢得了很高的声望。教友会受到几个德国作家猛烈攻击，其中包括利巴菲乌斯，弗拉德（Fludd）自告奋勇予以反击，他从1616年开始著书立说为罗森克鲁兹哲学辩护，此举立刻使他在欧洲大陆名声大噪，自此被看成是该教派的重要人物之一。

由于他被认为如此重要，于是开普勒伽森狄认为有必要对他进行反驳。后者对他的教义进行了全面的审查。梅森是笛卡尔的朋友，当笛卡尔被指控加入玫瑰十字会时，他曾经为这位哲学家做过辩护，他也开始攻击弗拉科特博斯博士（他喜欢人们这样称呼他），并从总体上展示了玫瑰十字会的种种荒谬之处，特别是弗拉科特博斯博士的荒唐。为此弗拉科特博斯写了一个很长的答复，他称梅林是一个傲慢无知的白痴，并重申炼金术是一门有益的科学，而玫瑰十字会称得上是世界的再造者。这本书最后在法兰克福出版。除此之外，他还写过其他几本有关炼金术的著作，对利巴菲乌斯关于玫瑰十字会的质疑再次进行了回应，还写过多部医学著作。他在1637年逝世于伦敦。

在弗拉德的时代之后，其教派在英国开始衰落，他们偶尔发表一些晦涩且难以理解的作品，以向外界宣示他们的愚蠢没有消失。有一位著名的炼金术士，他隐藏了真实姓名，以尤金尼厄斯·费拉莱特斯的名义在1652年于伦敦翻译出版了《玫瑰十字教友会的名声与忏悔》一书。几年之后，另一个狂热者约翰·海登也发表了两本关于这个主题的作品，一本名为《智者的皇冠或玫瑰十字的光轮》，另外一本是《圣导·玫瑰十字：人文与自然统一的先驱》，不过却并未引起太多关注。而第三本书却获得一些成功，这本书名为《罗森克鲁兹教派医术新法》，署名是约翰·海登，他自称是神的仆人和大自然的秘书。海登是一位律师，在闲暇时，他致力于对炼金术和罗森克鲁兹教派的思考，他用教派的真实历史和信条来启示公众。他说，摩西、伊莱亚斯和以西结都是罗森克鲁兹教派古老的先贤，而在英国和欧洲存在的教会会员都是宇宙之王的耳目，监听着世间万物，他们受天使启发，是无形的灵魂和永恒的天使的圣友的同伴，他们可以像海神普洛特斯一样变换成各种形状，并有创造奇迹的能力。最虔诚和专注的教友都可以消除城市的瘟疫，平息狂风暴雨，抑制汹涌的波涛，行走在天空中，挫败巫术与恶魔，治愈所有疾病，将所有金属变成黄金。他说在他那个时代有两个著名的玫瑰十字教派的教友，分别是瓦尔弗德和威廉姆斯，他亲眼见过他们创造的奇迹，他们还教给他许多利用天文和地震进行预测的方法。他说："我希望他们有人能告诉我，我的脾气秉性是否适合与我的守护神交往，之后当我再见到他时，他说：'你应该向上帝祈祷，因为一个善良圣洁的人除了向上帝奉献自己的灵魂外，不能再给予上帝任何更伟大或更可以被接受的服务了。'守护神是上帝之眼，他们穿行于世界各地，带着爱和怜悯看着世间单纯善良的人们所付出的努力，时刻准备降福和帮助他们。"

海登虔诚地信仰罗森克鲁兹教，以为吃喝对人类来说是毫无必要的。他坚持认为任何人都可能像居住在恒河源头附近的怪人一样生存。一个和他同名的、名叫克里斯托夫·海登的人在他的游记里写到，这些人没有嘴，不能吃饭，但可以靠鼻孔呼吸来生存，在他们长途旅行时，他们会将饮食习惯改为闻花香。他说真正的纯净空气中"有一种上好的异种脂肪"，上面洒满阳光，足以供给人类所需的营养。他并不反对那些胃口巨大的人吃肉，因为他们不得不吃，但是他仍然顽固地坚持没有必要吃肉。将一块煎好的肉放在他们的腹部，就足以满足这些身体强壮、胃口巨大的人的所有需求了！因为他们没有嘴巴，所以他们不会生病，就像坐在水里的人不会口渴一样。据他所说，许多罗森克鲁兹的教友通过这种方式品酒，他们已戒酒多年了。海登说，实际上如果不吃任何肉，我们就可以阻挡所有疾病，我们也可以轻易延长自己的生命，甚至达300年之久。

这位"圣贤哲人"进一步告诉那些困惑者，教会的首领总是佩戴着"R·C"标志去参加聚会。他说这个标志是一个装饰着金玫瑰的乌木十字架，十字架表示耶稣在十字架上为我们的罪行而受苦，而金色的玫瑰是他复活时的荣耀和美丽。这个标志被先后带到麦加、加略山、西奈山、哈兰和其他地方。罗森克鲁兹教友们高兴时便相聚于此并决定他们的所有行动，他们在这里快乐地生活，解决过去、现在、未来的所有问题——这就是伟大的罗森克鲁兹教派。

到17世纪末，罗森克鲁兹教派逐渐变得理性起来，但仍然有一些成员继续自吹自擂。他们认为，只有点金石才能真正使人类感到满足，于是放弃了对纯粹幻觉的疯狂追求。艾迪森在《观察家》[1714年7月30日，星期五，第574卷]中介绍了他与一位罗森克鲁兹教友的对话，从中也许可以推断，这个教派在其行动中变得更聪明了，尽管他们的讲话仍像以前一样愚蠢。他说："我曾与一位罗森克鲁兹教友谈到一个大秘密，他说这个秘密就是在一块绿宝石中住着一个精灵，它可以将它附近的一切变得尽善尽美。它会给太阳增添光辉，给钻石带来光泽，使所有金属熠熠生辉，使铅也具有金子的特性，它将烟雾变为火焰，火焰变成光芒，光芒化为光轮。"当它降临时，只需用一道光便可以驱走人类的痛苦、焦虑和忧郁。总之，它的出现可以将任何地方变为天堂"。

雅各布·博曼和毛摩斯

现在是时候谈谈雅各布·博曼了，他自称在《圣经》中发现了炼金的秘密，并发明了一种混合了炼金术和宗教的奇怪教义，在此之上创建了北极光十字教友会。

博曼1575年出生于上卢萨蒂亚的格里茨，直到30岁，他一直以鞋匠为业。在此期间他默默无闻，但他却有幻想家的潜质，且思维十分活跃。一直到大约1608年左右，罗森克鲁兹教派在德国兴起，他的注意力就完全放在了帕拉塞尔苏斯的作品和罗森克鲁兹教派的幻想中。他彻底丢弃了自己的生意，同时也从免费维持温饱的状态变成了贫穷潦倒。但他并不因肉体上的苦难而失望难过，他的思想专注于另一个领域，从思想上他已经是人类的新布道者了。在苦思冥想四年之后，他在1612年出版了他的第一部作品——《曙光》，其中充斥着许多帕拉塞尔苏斯的荒谬概念，而作者将其写得更加扑朔迷离。他还声称，如果能认真阅读《新约》《旧约》，特别是《启示录》，就可以发现炼金术的所有秘密，从而找到炼金石。他称神的恩典遵循同样的规则和同样的方法，神的意志会留存在自然之中，人们剔除其恶习与腐化就如从金属中去除杂质一样，都要在火中来提炼。

除了地精、气精、水精、火精，他还能召唤各种神魔鬼怪。他自称有隐形的能力，并有绝对的自制力。他还说如果他乐意，他可以好几年不吃肉不喝水，不摄入身体所需的所有必需品。然而我们无须顾及他的蠢话，因为他因写作此书已经受到了格里茨地方官的责难，被勒令不许写作，并重操旧业，这样他的家人就可以免受教区的指控。他对此项建议完全置之不理，并继续研究，日复一日地烧矿炼金、装神弄鬼。后来他又写了其他三本书，依旧同他第一本一样荒谬可笑。其中最为晦涩的一本书名为《金属冶炼》，另一本是《永恒的时间之镜》，最后一本《昭示的神学》则充满了寓言和隐喻。

1624年博曼去世。他拥有大量的仰慕者，其中许多人在17世纪和他们的导师一样以荒谬著称于世，其中值得一提的有吉弗特黑尔、温登哈根、约翰·雅各布·齐默曼和亚伯拉罕·弗兰肯伯格。而罗马教皇对他们的异端邪说非常厌恶，他们中的许多人为了自己的信仰饱受牢狱刑罚之苦。一名叫库尔曼的人因被指控施展巫术而于1684年在莫斯科被活活烧死。多年以后，博曼的著作由一个叫威廉姆·劳的狂热分子翻译成英语并出版。

彼得·摩米乌斯是一个臭名昭著的炼金术士，他与博曼生活在同一时代，1630年，他试图将罗森克鲁兹教派引入荷兰。他向荷兰议会申请授权，使他可以向公众阐述这一教派的宗旨，并透露一个计划，通过点金石以及神灵使荷兰成为世界上最快乐和最富有的国家。议会明智地否决了他的提议。同年，为了羞辱议会，他在莱顿出版了一本书——《大自然隐秘之书》，全书分为三部分：第一部分为“永恒运动”，第二部分是“金属变金”，第三部分是“万能药”。之后他又在1617年于法兰克福出版了一些关于罗森克鲁兹哲学的德文著作。

罗森克鲁兹教派对诗歌和浪漫作品有深刻的影响，英国、法国和德国的文学作品中许多描写爱情的作品的情节都是从他们的白日梦中照搬而来。莎士比亚的“可爱的爱丽儿”就是一个很好的例子。鲍普也是根据他们的白日梦从而在《劫发记》中描绘了伯琳达更衣室里缥缈的房客，拉·莫特·富克则描绘了身材曼妙、变幻无常、优雅可爱的水中仙女安戴娜，从而激起人们的想象和同情。这些都超出了以往的时代。沃尔特·司各特公爵还赋予了白衣女子阿弗内尔许多水中女神的特征。德国浪漫抒情诗歌中则经常提到气精、地精、水神、水怪，法国人也不落后，他们在文学作品中用这些精灵来代替希腊、罗马冗长的神话故事。尤其是所谓的气精受到吟游诗人的喜爱，流传广泛，人们甚至将其与古代仙女故事媲美。总之，罗森克鲁兹教派影响广泛，尽管其教义荒诞不经，但对喜欢诗歌的人来说则是不可或缺的。

伯　利

就在迈克尔·梅尔向世人宣告罗森克鲁兹教派的存在时，意大利诞生了一位注定在将来会在教友会中占据显赫地位的人物——约瑟夫·弗朗西斯·伯利，他堪称炼金术士里最完美、最成功的天才骗子。

据记载，伯利1616年生于米兰，他的父亲伯兰达·伯利在此行医。16岁时，约瑟夫前往罗马的耶稣学院完成学业，在那里他以非凡的记忆力而闻名。他可以轻而易举地学会任何东西。任何鸿篇巨制他都能过目不忘，任何难懂的东西他依然可以掌握，但他的放荡、纵欲和浮躁毁灭了他的天赋。他不断遇到各种麻烦，校领导和罗马警方不断找上他，他的恶名足以载入史册。

最后在朋友的帮助下，他开始在罗马行医，并在教皇家里也获得了一份工作。后来在工作中他开始迷恋炼金术，他把主要精力投入到研究点金石上。他的很多不良嗜好，再加上这一点，最终又使他贫困潦倒。他的研究和享受一样烧钱，二者都伤害了他的身体健康，毁坏了他的名誉。

37岁时，他发现自己不能靠行医来谋生，于是开始寻找其他工作，他在1653年成为米洛哥里侯爵的私人秘书，米洛哥里侯爵是罗马法官，因斯布鲁克大公的代理人。伯利做了两年秘书，又开始放荡不羁的生活，整天与赌徒、浪子、荡妇为伴，甚至参与一些无耻的街头斗殴，这使得那些想要帮助的人离他而去。

出乎人们意料的是，他的行为忽然之间发生了改变。这个自暴自弃的浪子突然换上了一副哲学家的冷静面孔，声称要弃恶从善。对他的朋友来说，这种转变既令人高兴，又出乎意料，而伯利只是含糊不清地说这是神的力量所致。他假装自己曾与善良的神灵交谈过，神灵向他传授了一些神和自然的秘密，并且声称自己拥有了点金石。像他的前辈雅各布·博曼一样，他混淆了宗教问题与哲学术语，并设法宣称自己是另一个新教派的创始者。在罗马，尤其是在教皇的宫殿里，这是一种危险的行为，而伯利也及时地认识到了这一点，他逃出了圣安格洛城堡的牢房，逃往因斯布鲁克，在那里逗留了一年，然后又回到了他的出生地米兰。

从此他伟大的圣名开始在家乡流传，同时他发现很多人愿意把自己与他的命运捆绑在一起。所有想要加入新教会的人都起誓愿为了教友会的利益而放弃个人的财产，甘愿贫穷。伯利告诉他们，他从天使迈克尔那里收到了一把天剑，在剑柄上雕刻着七位神灵的名字。他说："凡是拒绝加入我的羊圈的人都必将被罗马教皇的军队毁灭，而上帝已命我做首领，凡跟从我的将被赐予一切快乐。很快我就可以发现点金石，有了点金石，我们想要多少黄金就会有多少。我坚信这些天使，特别是大天使迈克尔会为我们提供帮助。当我开始以神灵的方式行事时，我的眼前出现了夜的幻觉，有一个天使的声音向我承诺，我将会成为一个先知。我看到一棵作为标志的棕榈树，它的周围闪耀着天堂的光芒。每当我召唤时，天使就会出现，向我揭示宇宙的所有秘密。所有的精灵都忠于我，他们从世界最远处赶来为我效劳。”

通过不断重复类似的故事，伯利很快便发现他的身边聚焦了众多的追随者。由于在本书中他是一个炼金术士，而不是一个宗教宗派主义者，我们没有必要重复他传播的一些教条，这些教条与天主教的教义存在冲突，这使他遭到了教皇的憎恨。他的教条和他的哲学主张一样荒谬至极。随着追随者数量的增加，他似乎开始幻想有朝一日自己会成为新的穆罕默德，并且要在家乡米兰创建一个新的政权和宗教，而他就是国王和先知。他曾在1658年计划逮捕米兰城所有的守门卫士，并正式宣布自己是米兰的君主。正当他以为实施计划的时机来临时，事情却败露了，他的20名追随者被逮捕，而他自己则历经重重困难设法逃到了瑞士。

随后，对其追随者的审判立即开始，他们全部被判处不同刑期的监禁。伯利的审判在其缺席的情况下持续进行了两年多。1661年，他被冠以异教徒和巫师的罪名被判处死刑，并在罗马烧毁了他的模拟像。

与此同时，伯利在瑞士过着平静的生活，密切关注着宗教法庭对他的谩骂和审判过程。后来他去了斯特拉斯堡，打算在那里定居下来。作为一个因宗教观点受到迫害的伟大的炼金术士，他在此受到了极为热情的款待。但他发现那里太小，无法施展其远大抱负时，于同年来到了更富裕的城市阿姆斯特丹。他在那里租了一间豪华的房子，雇用了一批扈从，奢靡程度盖过当地最富有的商人，并开始擅用“阁下”的头衔。至于他从哪里搞到钱过上如此奢靡的生活，我们不得而知，炼金术士们却能以他们的方式很容易地做出解释。明智的人认为这些钱的来源不太光彩，他们回忆说，伯利在米兰的门徒中，有许多富有的人，他们遵守该教派的一条基本规则，把他们所有的财富都交到教派的创立者手中。不管伯利是通过什么方式得到了这些钱，他在荷兰挥金如土，受到人们的敬仰与崇拜。他治好了一些人的病，名望大增，被吹嘘为神人。他继续勤奋地进行炼金实验，日夜都期待能成功地将劣质金属变为黄金。他从未放弃过这个梦想，即使在他潦倒的时候，也依然挥金如土。但他不能依靠从意大利带来的钱挥霍一辈子，尽管点金石能够满足明天所有的愿望，却不能为今天带来任何必需品。

几个月后他不得不削减开支，放弃了豪华房子、镀金马车、珍贵的纯种马、穿特殊制服的家仆以及所有的豪华娱乐。随着这些辉煌的逝去，他的名声也开始衰落。当他步行去行医，而不像当初以“阁下”的名义驾着六匹马的马车光临病人的家里时，他的治疗效果也没有那么神奇了。他从一个奇人变成了一个普通人，他的好朋友也冷眼相待，而他那些谦卑的奉承者也带着香去寻找其他神殿。伯利认为现在是时候换个住处了。带着这个想法，他四处借钱，并成功地从一个叫德·米尔的商人那里借到了20万弗洛林，他说这些钱将用于寻找生命之水。他还得到了6颗带有瑕疵的珍贵钻石，并声称他可以在不损失原有重量的情况下去除这些缺陷。带着这些战利品，他连夜向汉堡进发。

抵达汉堡后，他就去找瑞典前女王，著名的克里斯蒂娜。他向她做了介绍，并请求她对寻找点金石提供资助。她给了他一些鼓励，但伯利担心阿姆斯特丹的商人与汉堡城有联系，如果他滞留于此可能会暴露他的罪行，于是又转移到哥本哈根，寻求丹麦国王弗雷德里克三世的保护。

弗雷德里克是坚定的炼金术信徒，他很快就相信了这个既有口才又有能力的冒险家的计划。他给伯利提供了进行实验的条件，并对其实验的进展非常感兴趣。他每个月都期望能有买下秘鲁的财富，尽管有些失望，他还是耐心地接受了伯利的借口，而伯利在每次失败时总能准备好一些貌似可信的解释。国王变得很信赖他，并保护他不受朝臣的攻击，而朝臣们对于他们的君主轻易落入这个江湖骗子的圈套而深感愤怒。伯利用尽所有办法不负国王的美意。在这一方面，他的医学知识发挥了作用，经常使他免于受辱。就这样，他在弗雷德里克的宫廷里待了6年，1670年国王死后，他自然就失去了保护者。

由于他在哥本哈根树敌过多，且对继任国王并没多大期望，于是又前往其他国家寻求庇护。他先去了萨克森，但并未得到什么支持，反而遇到宗教法庭的责难，只好匆匆离开。他意识到每个承认罗马教皇的国家只会迫害他，不会给他提供庇护，于是决定前往土耳其居住，皈依伊斯兰教。在前往君士坦丁堡的路上，当他刚抵达匈牙利边境时，因涉嫌刚刚发生的一起谋杀案而被逮捕。他报出真实姓名和职业，大声喊冤却依然徒劳。他被投进监狱，一封请示如何处置他的信也呈给了利奥波德皇帝。不幸的是，信被呈给皇帝时，教皇的使节正与皇帝在密室议事。使节一听到约瑟夫·弗朗西斯·伯利的名字，就示意这个人是罗马教廷的罪犯。令下如山倒，伯利被捆得结结实实，由一队士兵押送到罗马的监狱接受审判。他只能算是一个骗子，而不是什么狂热者，如果能够保住性命，他愿意当庭公开放弃他的异端邪说，因此当教廷给出这个提议时，他迫不及待地接受了。

他被判处永久监禁，这一处罚实在是太轻了，但伯利对于能够逃脱刽子手的铡刀感到庆幸，他在1672年10月27日面对众多的罗马人当场认罪。随后，他被转移到圣安杰罗城堡的监狱服刑，直到23年后去世。

据说，伯利在晚年获得了许多特权，可以拥有一个实验室，通过寻找点金石来打发其在牢狱里孤独的时光。克里斯蒂娜女王在罗马居住期间经常来拜访这个老人，与他交谈化学以及罗森克鲁兹教的教义。她甚至得到许可，偶尔可以将伯利带出监狱一两天在她的宫殿小住，并负责将他护送回囚室。她还鼓励他寻找炼金术士们的大秘密，并为此向他提供金钱。我们可以认为，伯利受益于这位熟人颇多，而克里斯蒂娜除了亲身参与这些实验外一无所得。直到她临终前，她还是相信点金石的存在，并愿意帮助任何那些寻找点金石的人，不管他们是狂热的寻找者，还是厚颜无耻的骗子。

在被关押11年之后，伯利发表了《打开骑士约瑟夫·弗朗西斯·伯利密室的钥匙》，书中有很多关于化学和其他学科的奇特信件，还有他的回忆录。这本书包含了对罗森克鲁兹教派哲学的完整阐述，并为德·维拉斯神父有趣的《德·格巴利斯伯爵》提供了材料，这本书在17世纪末轰动一时。

伯利在圣安杰罗监狱一直服刑到80岁，除了受国王弗雷德里克三世启发而最初在1666年完成于哥本哈根的《打开骑士约瑟夫·弗朗西斯·伯利密室的钥匙》一书外，他还出版了一本关于炼金术和神秘科学的著作，书名是《罗穆卢斯对罗马人的使命》。

17世纪的二流炼金术士们

除了前面讲述的点金石妄想者外，这个世纪及前一个世纪还产生了大量作家，他们编写了大量关于炼金术的书籍。事实上，当时大多数饱学之士都对此抱有信心。冯·海尔蒙特、波里契乌斯、基尔钦、布尔哈弗等尽管都没有声称自己是炼金术士，但都喜欢这门学科，并对炼金术士提供支持。

海尔维休斯是当时著名的同名哲学家的祖父，1666年，他声称自己在海牙看到一个陌生人将一块劣质金属炼成黄金。他说，他坐在书房里，一个打扮体面、淳朴温和的北荷兰人来拜访他，自称要来消除他对点金石的怀疑。他问海尔维休斯，如果见到了这种稀有的珍宝宝石能否认出来。海尔维休斯回答说当然不能。这个人立刻从口袋里掏出一个小象牙盒，里面装着三块金属，颜色为硫磺色，且非常重，他承诺用这些东西可以炼出多达20吨的黄金。海尔维休斯告诉我们，他非常细心地检查了这些东西，发现这些金属非常脆弱，他趁机用拇指指甲括下一小块，然后还给了陌生人，并恳求他可以当面展示炼金的过程。陌生人回答说他不能这样做，然后就走了。在他离开后，海尔维特斯买来一个坩埚和一些铅，当铅处于熔融状态时，他把偷来的一小块炼金石扔了进去。但他失望地发现那块炼金石完全蒸发了，而铅依然是铅。

几个星期后，当他几乎忘记了这件事时，那个陌生人又来拜访他。他再次恳求他解释一下铅变金的过程。陌生人最后同意了，并告诉他一小块就足够了，但是在将它放进熔化的金属之前必须将其包在蜡球中，否则其极强的挥发性将使它汽化。他们进行了实验，并且成功了，这让他们非常高兴。海尔维休斯独自重复了实验，并将6盎司的铅转化为纯金。

这件事传遍了海牙，镇上的显贵都蜂拥至海尔维休斯的书房来见证真相。海尔维休斯在奥朗热王子面前进行了实验，之后又做了几次，直到他用完了从陌生人那里得来的粉末。

有必要说明，那个陌生人再也没有来过，他的姓名或身份也无从得知。第二年，海尔维休斯出版了他的书《小金牛》，书中他详细说明了以上情况。

几乎在同一时期，著名的基歇尔神父出版了《地下世界》，他称炼金术士为一群骗子、流氓、乌合之众。他们所称的科学不过是骗局和幻觉而已。他承认自己曾在此领域是一个勤奋的践行者，在经过成熟的考虑和反复无果的实验后才得出这个结论。所有的炼金术士都准备对这个强大的对手予以反驳。一个叫所罗门・德・布罗恩斯坦的人是第一个站出来的反对者，他试图通过最近见证的炼金过程，指控神父故意歪曲事实，他们把基歇尔神父的敌意归因于别人比他更成功而产生的怨恨和嫉妒。

据称古斯塔夫斯・阿道弗斯也将一些水银变成了纯金，博学的波里契乌斯说，他见过用这种金子打造的硬币，朗格雷・杜・弗雷努瓦也证明确有此事。在《蒙科尼斯游记》，这个故事是这样的：在吕贝克有一名商人，只做些小生意，但他却知道如何将铅变成纯金。他献给瑞典国王一块他亲自炼制的黄金，这块黄金至少有100磅重。国王立刻下令将它制成金币。由于他明确知道这些黄金的来历，他在金币的一面刻上了自己的纹章，在另一面刻上了墨丘利和维纳斯神的图案。蒙科尼斯继续写道：“我就有一块这样的金币。另有可靠消息称，吕贝克的那位商人去世后，在他的棺材中至少发现了170万克朗的钱，尽管生前他似乎并不富有。”

这样一些连位高权重的人都坚信不疑的故事令欧洲每个国家的人都对炼金术痴迷不已。单看17世纪发表的关于这个主题的作品数量就足以令人吃惊，更不用说还有大量为这个幻想而献身的聪明人。

路易十三统治时期，圣弗朗西斯修道院的一名修道士加布里埃尔・德・卡斯泰涅备受关注，国王邀请他住在宫廷，并任命他为总施赈吏。他声称自己找到了长生不死药，而国王路易则希望靠这种药可以当100年的国王。一个名叫冯・海尔蒙特的人也宣称将水银炼成了黄金，并因此受到鲁道夫二世的邀请居住在维也纳的皇宫。格劳伯因发明芒硝而被载入史册，他于17世纪中叶在阿姆斯特丹行医，并在此建立了一所公学，研究炼金术，自己亲自授课。在同一时期，斯帕尔的约翰·若阿希姆·贝彻尔也赢得了良好的声誉，他相信通过特殊的方法可以将燧石炼成黄金，但同样要有这种重要的、不可思议的点金石的帮助。他曾向奥地利皇帝利奥波德提议帮助其进行炼金实验，但因成功的希望太过渺茫，而眼下的花费太大，所以没有说服国王，虽然没有出钱，但国王也对他大加赞赏。后来贝彻尔尝试着获得荷兰议会的帮助，但依然没有成功。

这时期流传着许多炼金成功的骗人故事。1722年4月15日，年迈的吉奥弗洛伊在巴黎的皇家科学院会议上宣读了一篇报告。由于这篇报告主要与16～17世纪的炼金术欺骗有关，因此下面的节选出现在历史上的这一时期似乎不合时宜：炼金成功的例子数不胜数，而且似乎经过了验证，因此任何揭露都不如吉奥弗洛伊宣读的文章更能使人们幡然醒悟。

文章指出，炼金术士们通常使用的伎俩是用一个双层坩埚，下面的一层是铁的或铜的，上面的一层是蜡，但被涂成类似金属的样子。在两层之间他们根据需要放入一定量的金粉或银粉。然后，他们将铅、水银或其他物质放入坩锅里，放在火上烧。当然，在实验结束后，他们总能在坩锅底上找到一块金子。还有许多种方法可以产生同样的结果。有人使用一根空心棒，里面装上金粉或银粉，用蜡或黄油把口封上。他们用这个空心棒搅拌坩埚中沸腾的金属，边搅拌边举行一些仪式，以转移公众的注意力，从而达到他们真正的目的。还有人在铅块上钻孔，把熔化的金子倒在里面，并小心翼翼地用铅封住小孔。有时他们把水银涂在一块金子上，通过这种方式，他们就可以毫不费力地让不知情的人以为这是一块贱金属，并能够利用一点硝酸轻而易举地将其再次变成完美的黄金。

还有人使用钉子来行骗，钉子的一半是铁，另一半是金或银。他们谎称蘸一些高纯度的酒精，就能真的将其变成铁钉的一部分变成金子。老吉奥弗洛伊带了几枚这样的钉子给科学院，并向他们展示了这两部分是如何完美地焊接在一起的。金子或银子的这一半被漆上黑色，看起来和铁一样，当钉子浸入硝酸后，被涂上的颜色立即就消失了。托斯卡尼大公多年来一直收藏着这样一枚钉子。吉奥弗洛伊还说，一位修士向英国女王伊丽莎白赠送的刀就是这样的，刀刃的一半是黄金的，一半是钢的。那时很常见的半金半银的硬币就是炼金术士们为了同样的目的做出来的。老吉奥弗洛伊在结束他的长篇报告时说，我们有充分的理由相信，那些流传至今的炼金故事都是建立在以上列举的骗术之上。这些所谓的炼金术士总是在做完一两次实验或者他们的炼金药粉没有产生效果后就消失了，这或者是因为人们的注意力被唤醒，以至于无法在不让人查觉的情况下施展其伎俩，或者是他们没有更多的金粉进行更多的实验。

乍一看，这些所谓的炼金术士的公正无私令人心生景仰。这样的实例并不罕见，他们慷慨地放弃了炼金得来的所有好处，甚至是发现炼金术的荣誉！但这种表面上的无私正是其骗术最高明的部分。这有助于保持人们的期望，显示出了找到点金石的可能性，并提供了在未来获得利益的途径，而对于这些途径，他们从来都不会放过，如进入王室、挥霍公款，还有那些因他们可能炼出黄金而变得贪心不足的君主送上的礼物。

我们查阅18世纪到今天的历史，再看看人们的这些妄想，从中可以发现，直到最近，人类才有了一些回归理性的迹象。

让·得利斯勒

1705年，一位叫得利斯勒的法国铁匠引起人们广泛议论，他声称自己发现了点金石，要走遍全国将铅炼为黄金。他是普罗旺斯人，他的名声很快就从那里传到了首都。他的早年生活无从得知，但朗格雷·杜·弗雷努瓦收集了他职业生涯的一些细节，其中有些非常有趣。得利斯勒没有受过任何教育，早年曾是一位炼金术士的仆人，从那里他学到了这一行业的许多骗术。我们不知道他的主人是谁，但据说他的主人不知因为什么事情得罪了路易十四的政府，被迫逃往瑞士避难。得利斯勒则跟随他到了萨瓦，据说得利斯勒将其带到一条偏僻的山路上将其杀害并抢走了他的财物。然后，他伪装成一名朝圣者回到法国。在路边一个偏僻的旅馆里过夜时，他结识了一个名叫阿路易丝的女人，他们一见钟情，阿路易丝愿意放弃所有随他而去，无论他去哪里，她都愿与他共患难。他们在普罗旺斯共同生活了五六年，没有引起任何关注，日子过得也还不错。1706年，有消息说他拥有点金石，于是四面八方的人们聚集到他的住处，希望能够亲眼看到他用泵和火铲炼出黄金。

普罗旺斯的里耶兹教区的修道院副院长德·塞里西在1706年11月18日写给巴黎圣雅克教堂牧师的一封信中描述了其实验的一些情况：

“亲爱的表弟，我要告诉你一件事，你和你的朋友都会很感兴趣。许多人认为是痴人说梦的点金石终于被找到了。这个人叫得利斯勒，他住在悉拉尼兹教区，与我的一个同事住在同一个小区，是他发现了这个伟大的秘密。他把铅变成金，把铁变成银，只需将这些金属烧红，在上面撒上一油和药粉就行了。如果一个人拥有足够多的这种神奇的混合物，那么他每天赚上百万的钱都是可能的。他将用这种方法制作的一些纯金送到里昂的珠宝商那里进行质量鉴定。他还将20磅黄金卖给了一个名叫塔克西斯的商人。所有的珠宝商都说他们从未见过这么纯正的黄金，他还制作了一些一部分是金、一部分是铁、一部分是银的钉子。有一天我奉塞内斯主教之命令和他长谈，他答应给我一枚这样的钉子。主教目睹了实验的全过程，并将详细情况告诉了我。

“雷因瓦尔德伯爵及夫人曾给我展示过一块金锭，这是由得利斯勒在他们眼前用锡炼成的。我的姐夫索弗尔在此项研究上浪费了50年生命，有一天给我带来了一枚由得利斯勒炼成的黄金钉子，这使我完全相信，他以前的所有实验都建立在错误的原则之上。前不久，这位杰出的工匠接到一封来自王室主管的邀请信，这封信我读过。王室官员说要给得利斯勒提供特殊的保护，他的确曾两次遭到政府官员的责难。据说他炼金所用的油是一种金或银分解后的状态，他经常将其长时间放在阳光下。他告诉我说通常需要6个月的时间做准备。我告诉他，很明显，国王想召见他。他说并非在每一个地方都能演示他的技艺，因为特定的气候和温度对实验的成功是至关重要的。事实上这个人似乎没有什么野心，他只有两匹马和两个男仆。

“此外，他喜欢自由，不拘礼节，法语说得很糟糕，但他的判断力似乎很可靠。他以前只不过是一个铁匠，尽管没人教过他，但他却在这个行业中表现优秀。四面八方的庄园主都跑来拜访他，对他的崇拜无以复加。如果他能将自己发现的秘密献给国王，整个法兰西都会欢欣鼓舞，而王室主管其实已经向国王呈交了一些金锭！但这种幸福感太过强烈，恐怕难以企及，因为我担心这个工匠将和他的秘密一起离开人世。毫无疑问，这个发现将在整个国家引起巨大的轰动，只有我刚刚向你介绍的这个人能阻止它。无论如何，后世将会知道他。”

在1707年1月27日，在写给同一个人的另一封信中，德·塞里西说：“亲爱的表弟，我在上一封信中向你讲的普罗旺斯那位著名的炼金术士得利斯勒的事情，绝大部分都是传闻，但现在我可以讲述我的亲身经历了。我有一枚钉子，一半是铁，一半是银，这是我自己炼成的。这位伟大且值得尊敬的工匠赐予我一个更大的特权，他允许我用他那些神奇的油和药粉将我自己随身带来的铅块变成纯金。全国的人都将注意力放在这位先生身上，有人坚决否认，有人将信将疑，但是亲眼看到的人都会承认真相。我看过宫廷送给他的通行证，国王命令他在早春时到达巴黎。他告诉我说他愿意前往，而早春的时间也是他自己定的。因为他想收集他所需要的材料，以便能在见到国王时立刻为他展示实验，他将为国王把大量的铅炼成最纯正的黄金。我真诚地希望他不要让他的秘密和他一起消失，而是告诉国王。在上周四，也就是本月20日，我有幸能坐在他身边与他一起共进晚餐，我悄悄告诉他，如果他愿意，他可以横扫所有法国的敌人。他没有否认，笑了笑。事实上这人真是一个奇才。有时他将油和药粉混合，有时只用药粉，使用量都很小，而用药粉摩擦我自己制作的金属块却根本不能成功。”

无疑，这个毫无头脑的牧师绝不是唯一一个因希望这个骗子能提供无穷财富而丧失理智的人。一个名叫德·利翁的牧师在1707年1月30日写道：“蒙蒂尔的副牧师迈斯纳德写信对我说，有一个名叫得利斯勒的大约35岁的男人能把铅和铁变成金和银，他的炼金术非常真实可信，金匠确认他的金和银是他们所见过的最纯净的。五年以来，此人一直被视为疯子或骗子，但现在大家都非常尊敬他。他现在和德·拉·帕卢住在一起，帕卢并不富裕，还要为他的女儿准备一份嫁妆，他的女儿一直到中年还未结婚，而没有男人愿意娶一个没有嫁妆的女人。得利斯勒答应在其去面见国王之前会将他的女儿们变成城里最有钱的女孩儿。

“临行之前，他要求花些时间以收集足够多的药粉，从而可以在国王陛下面前炼出几百公斤的黄金，并将其献给国王。他的神奇药粉的主要成分是药草，主要是大缎花和小缎花。他在拉·帕卢的花园里种植了很多大缎花，而小缎花则是在距离蒙蒂尔6英里的山上采集的。我现在告诉你的不是为了消遣而杜撰出来的故事，迈斯纳德先生可以带来许多人作证，其中有塞内斯主教，他亲自见证过这个神奇的过程，还有你熟悉的德·塞里西。得利斯勒在众人面前炼金，他用他的药粉摩擦铅块和铁块，然后将它们放在木炭上烧，很快它们的颜色就发生了改变，铅变为黄色，已经被炼成纯金，而铁变为白色，被炼成了纯银。得利斯勒是一个文盲。德·圣奥本试图教他读书写字，但他没学会多少东西。得利斯勒桀骜不驯，疯狂激进，是一个梦想家，并且常常意气用事。”

得利斯勒似乎害怕去巴黎冒险。他知道自己的伎俩在王室会受到仔细观察。他用各种各样的借口推迟了两年多。路易十四的财政部长德斯马雷特认为这位炼金术士害怕遭遇不测，便两次给他送去加盖国王徽章的通行证，但得利斯勒依然拒绝前往。因此，德斯马雷特给塞内斯主教写了一封信，询问他对炼金术的真实看法。以下就是主教的回信：

“先生，12个月或更早以前，我曾向您晋升部长表示祝贺，现在我很荣幸地向您报告我对得利斯勒先生的一些看法，他一直在我的教区从事炼金术。在过去两年里，他曾多次向庞恰特雷恩伯爵提起他，因为他曾询问过我，不过我并没有给您或查米拉写过信，因为你们并未问过我对此事的看法。不过现在，既然您想知道我对这件事情的看法，为了国王的利益和财政部的荣誉，我将真诚地坦言相告。

“在我看来，关于得利斯勒先生，有两件事情应该公允地看待：一是他的炼金术秘密；二是他的为人。也就是说，他的炼金术是否真实，以及他的品行是否端正。关于点金石的秘密，长期以来我认为这是不可能的。在三年多的时间里，我对得利斯勒的怀疑甚于其他人。在此期间我并未给予他任何支持，我甚至还帮助一个人（这个人是由本教区的一个有影响力的家族极力推荐给我的）以莫须有的罪名起诉得利斯勒。但是这个人却告诉我，由于他对得利斯勒感到恼火，曾经好几次将得利斯勒用铅和铁炼成的金和银带到尼斯、艾克斯、阿维尼翁的金匠那里卖了，因此我在对得利斯勒的看法上有所动摇。后来在我的一个朋友家里我见到了得利斯勒。为了使我高兴，朋友家人便请得利斯勒在我面前进行演示，他立即就同意了。我给了他一些铁钉，在六七个可信的见证者面前，他将铁钉放进壁炉里，就把它们变成了白银。我派我的施赈吏将这些变成白银的钉子送到艾克斯的珠宝商伊拉伯特那里，他们仔细检查后归还给我，并说这些银子非常纯正，但我依然不是很满意。

两年前，德·庞恰特雷恩向我暗示，我应该为国王陛下仔细调查一下得利斯勒的炼金术，我现在决定立刻着手去做。于是我请这位炼金术士来卡斯特拉纳见我。他来了，我让8名或10名护卫保护他，并让这些护卫认真观察他双手的动作。就在我们眼前，他将两块铅变成了金和银，我将这些金银都送到了德·庞恰特雷恩那里，后来他给我回了一封信，告诉我说他将这些金银拿给巴黎最有经验的金匠看过了，他们一致认为这是最纯正的金银，没有任何杂质。

“我对得利斯勒的看法彻底动摇了。特别是他当着我的面在塞内斯又实验了五六之后，而且在没有他帮助的情况下，我亲自试验成功了，这完全改变了我得看法。先生，您已经看过我侄子佩雷·贝拉尔的信，他在卡斯特拉纳做过一次实验，我保证实验的真实性。我的另一个侄子布尔热三周以前曾在我面前进行了同样的实验，他将在返回巴黎后亲自向您详细说明所有情况。我的教区里有100多人亲眼见证了这些事。先生，我要向您承认，在众多目击者和金匠证明，以及我亲眼看到多次成功的实验后，我的所有偏见都消失了。我的理性被我的眼睛征服了，我认为不可能的事情也被我亲手做的实验证实了。

“现在我要向您汇报的是他个人的行为和品格。关于他有三项质疑：一是他涉嫌参与了在锡斯特兰的伪造硬币的犯罪行为；二是国王两次给他通行证都请不动他；三是他依旧迟迟不动向王宫为国王演示实验的过程。先生，您可以看出，我没有隐藏或回避任何问题。关于锡斯特兰的事情，得利斯勒一再向我保证，他没有做任何违反法律的事情，也从未做任何有损国王威严的事情。没错，六七年前，他曾到锡斯特兰采集实验所需的草药，借宿在当地一个名叫皮劳斯的人家里，他觉得此人诚实可靠。但是，皮劳斯因切下金路易的边缘而受到指控，得利斯勒因住在他的家里而被怀疑是他的同伙。就因为这个没有任何证据的怀疑，他被指控为藐视法庭，这对法官来说是再普通不过的案子，他们对那些不出庭的人判罚会更重一些。众所周知，我在艾克斯逗留期间，有一个名叫安德烈·阿鲁伊斯的人四处散布谣言诋毁得利斯勒的声誉，因为他希望能赖掉欠得利斯勒的40金路易。先生，尽管我们有充分的理由怀疑得利斯勒，但是请允许我进一步补充说明，我们应该对这个犯了一些小错误但掌握着对国家十分有利的秘密的人宽容一些。

至于国王两次给他颁发通行证，我可以肯定地说他没有马上动身并不是他的错。严格来讲，他的一年只有夏季的4个才适合工作，如果因任何原因他不能恰当地利用这几个月的时间，那么这一年就被浪费了。第一张通行证的失效是由于1707年萨伏伊公爵的侵入，第二张通行证是在1708年6月底才艰难拿到，而得利勒斯当时被一群假冒格里尼昂伯爵名义的武装人员袭击了，为此他写了好几封信给格里尼昂伯爵，但是没有任何答复，或者称不能保证他的安全。先生，我现在告诉你的事情也就驳斥了第三条罪名，这就是为什么他目前不能去巴黎面见国王以履行他在两年前做出的承诺。由于不断受到困扰，他已经浪费了两三个夏天。因此，他没有采集到足够的油和药粉，没有做到他认为应达到的完美程度。出于这一原因，他也就无法履行对布尔热先生的承诺。如果某一天他用极少的炼金粉颗粒将铅变成了黄金，那他肯定就已经完全用光了所有的药粉，在我侄子来之前他就已经都告诉我了。即使他用这么少量的炼金粉也可以在国王面前进行操作，但我相信他是不会用这么少的东西去冒险的。因为金属中一点小小的瑕疵都会使人认为他是骗子，如果第一次他的药粉没有奏效，而他却没有更多的药粉来重复实验，则后面出现的问题就可想而知了。

“最后，先生，请允许我重复一遍，我们不能把这样一位大师逼入绝境，也不能将其逼迫到他自己也不愿意去的其他国家寻求避难，当我向他提出这个建议时，他表示不屑。给他一些时间，你不会有任何风险，而如果催促他，你就可能会失去很多。在来自艾克斯、里昂、巴黎的众多珠宝商的证词对他有利，因此他炼出的黄金的真实性不容怀疑。由于此前发给他的通行证没有发挥作用并不是他的过错，因此有必要再送他一张，我保证这次一定奏效。如果您信任我及信任我对陛下的衷心，我请求您将这封信转给陛下，如果他不了解我告诉您的这些事实，说不定有一天他会责备我。请向国王保证，如果给我发一个这样的通行证，我将责成得利斯勒先生与我一起践行他的宝贵承诺，也使我尽到对国王的责任。这些都是我的想法，我将它们提交给您，以求明鉴。”

显然，从这封信的内容可以看出，得利斯勒绝不是一个普通的骗子，而是一个极端狡猾、老练的人。主教已完全被他的手法所迷惑，当他最初的怀疑被消除后，就开始迫不及待地欺骗自己，这正是得利斯勒所希望的。他对得利斯勒极其信任，充当他的保护人，不许任何人怀疑得利斯勒。路易十四和他的大臣似乎也被他激起的幻想所迷惑，并立刻派人将第三张通行证送到了这个炼金术士的手中，国王命令他立刻前往凡尔赛宫，在公众面前实验他的油和药粉。但这并不符合得利斯勒的计划。在当地他是一个举足轻重的人物，无论他去哪里都能享受奉承谄媚和特殊待遇，他也非常享受这种优待，因而不愿意去王宫遭人监视。他再次用各种借口搪塞以推迟行程，全然不顾他的主教朋友的恳求。主教已经以自己的人格向那位大臣担保会劝说得利斯勒去王宫，当他发现无法说服这个固执的人时，他开始警觉起来。两年多以来他不断劝说，但总是被得利斯勒以各种借口来搪塞，或者是没有足够的药粉，或者是药粉没有吸收足够的阳光。最后他失去了耐心，担心再耽搁下去会受到王室的猜忌，于是给国王写了一封密信，这个炼金术士于1711年6月在帕卢城堡被捕，随后被投进巴士底狱。

宪兵们知道他们的囚犯是点金石的幸运拥有者，于是一路上都在密谋抢劫并谋杀他。其中一个宪兵假装对这个炼金术士的不幸遭遇深表同情，并向他提供一个逃跑的机会，前提是他能转移同伴的注意力。得利斯勒不停地道谢，完全没意识到这是为他设的圈套。他奸诈的朋友知道自己计谋成功了，于是他和他的同伙决定让德利斯勒搏斗一番，趁其他人在远处的时候打倒一个人，然后，其他人在后面追赶，并开枪打穿他的心脏，并从他的身上搜出点金石后，再乘马车将他的尸体运回巴黎，告诉德斯马雷特犯人当时试图逃跑，如果不是他们开枪，恐怕犯人已经逃跑了。在一个方便的地方，他们实施了这个计谋。“友好的”宪兵发出信号后，德利斯勒撒腿就跑，这时，另外一个宪兵一枪打在他的大腿上。就在这时，来了一些农民，他们不让宪兵们杀死他。他还是被送到巴黎，大腿上血流不止。他被扔进了巴士底狱，并且固执地把医生绑在其伤口上的绷带扯掉。此后，他再也能站起来。

塞内斯主教去狱中探访了他几次，并承诺如果他能在国王面前将一定数量的铅变成金子，就给他自由。这个不幸的人此刻已没办法行骗了，他没有金子，就算有金子，他也没有双底坩埚或空心棒把它们隐藏起来。但是，他不会承认自己是个骗子，只能说他不知道如何制作炼金粉，他说他从一个意大利炼金术士那里弄到了一些，但在普罗旺斯做的各种实验中已经将它们用完了。他在巴士底狱苟延残喘了七八个月，41岁那年因伤口恶化而死。

得利斯勒刚开始炼金生涯时在路边的一家小餐馆里认识了一个名叫阿鲁伊斯的女人，后来同她结婚，而阿尔伯特·阿鲁伊斯就是这个女人和她的前夫生的。得利斯勒对儿子只尽了部分的父亲责任，得利斯勒认为他对儿子的爱莫过于给儿子一些行骗的指导，因为正是行骗给得利斯勒带来巨大的成功。年轻的阿鲁伊斯悟性很高，很快就掌握了所有炼金术士的行话。他能够旁征博引，给人们讲述关于嬗变、粘合、万灵药、长生不死药、万能溶剂的故事。

得利斯勒死后，人们纷纷传言他把炼金术的秘密传给了儿子，而且只传给了他儿子一人。他的母亲帮助他一起欺诈，希望这样能缠住那群有钱的傻瓜们，这群人在炼金过程中表现出了极大的热情。在法国，得利斯勒的厄运并没有让人们停下来。普罗旺斯人一如既往地对他的技艺赞赏有加，并且愿意相信得利斯勒的这个年轻继承人的传奇故事。但巴士底狱正张开大口等待着猎物的到来，而阿鲁伊斯和他的母亲带上所有的细软潜逃了。他们在欧洲大陆游历的几年间，常常在双底坩埚等工具的帮助下成功地表演变金术，就这样靠欺骗那些容易上当的富人过活。

1726年，阿鲁伊斯一人（他的母亲在中途去世了）来到了维也纳，他毛遂自荐到了法国宫廷大使德·利施里奥公爵那儿。他将这个贵族骗得团团转，显然，他已经数次成功地把铅变成黄金，甚至让大使亲自把铁钉变成了银钉。此后，公爵便给朗格雷·杜·弗雷努瓦吹嘘这个炼金术士的本领，并对他没能发现炼金用的珍贵药粉的秘密表示遗憾。

阿鲁伊斯很快发现，虽然他骗得了德·利施里奥公爵，但却不可能从公爵那里得到任何钱。相反，公爵希望他把所有的拨火棍和火铲都变成银的，把所有的铜器都变成金的。他认为，对阿鲁伊斯这样一个平民来说，能认识这样一位公爵就是对他最好的奖励了，而且对于一位拥有如此宝贵的秘密的人来说根本不需要钱。阿鲁伊斯看到公爵对他的期望值过高，就辞别了公爵大人，和一个学生一起去了波希米亚，还有一个爱上他的维也纳女孩。波希米亚的一些贵族热情地接待了他，在家里盛情款待他们，这一待就是好几个月。按照惯常的做法，他谎称自己只有一点儿药粉，他决定在谁家里度过夏季，就在那个人的家里表演，并声称他会给主人一块变来的金子作为礼物，如果在此期间，主人能给他提供在山上采集大缎花和小缎花，并为他和他的妻子以及学生提供食宿及零花钱的话，他承诺会给房东变出百万黄金。

他以这种方式耗尽了几十个人的耐心，当时他认为，与脾气不好的老王相比，法国在年轻的路易十五国王的统治下对他来说更安全，于是便回到了普罗旺斯。一到艾克斯，他就拜访了省长拉·布雷先生，这位省长是一位绅士，对炼金术十分痴迷，满心希望自己能够找到点金石。出乎阿鲁伊斯的预料，可能是因为他在国外的一些谣言传到了省长的耳中，拉·布雷先生对他非常冷淡，并告诉他明天再来。阿鲁伊斯不喜欢这位博学的省长说话的语气以及他那不屑一顾的官员态度。他怀疑有什么不对劲，于是连夜离开艾克斯，前往马赛。但当时警察已经盯上了他，还不到24小时，他便以伪造货币罪被捕入狱。

由于证据确凿，没有任何无罪释放的可能，他便计划越狱。碰巧，他发现监狱长有一个漂亮的女儿，阿鲁伊斯很快就发现她心地十分善良，于是就开始努力讨好这位少女，并如愿以偿。这位少女不知道他已经结婚，深深地爱上了他，并慷慨地为他提供逃生的手段。在被监禁一年后，他终于重获自由，留下可怜的女孩独自伤心，叹息自己爱上了一个有妇之夫和一个忘恩负义的流氓。

他离开马赛时，脚上没有鞋子穿，身上没有一件体面的衣服，但住在临镇的妻子给他了一些钱和衣服。接着，他们设法去了布鲁塞尔，由于过于厚颜无耻，又引起了人们的注意。他找了所房子住下，建立了一间豪华的实验室，并扬言自己知道炼金的秘密。住在布鲁塞尔的波塞尔先生（弗雷努瓦的姐夫）揭穿了他的谎言，并当众侮辱他是一个无知的骗子，但是众人不相信波塞尔先生的话，却相信这个炼金术士的话。这些人堵在阿鲁伊斯家门口，想看看他如何将铁钉变成金钉、银钉。一位富有的公证员向他付了一大笔钱，希望得到他的指导，而阿鲁伊斯只是给他讲了一些最常见的化学原理。公证员苦苦学习了一年，结果发现他的老师是一个江湖骗子。他要求把他的钱退回，但阿鲁伊斯不答应，结果这件事情闹到当地的民事法庭。然而，公证员却在这时突然死亡，据传言说是借钱的人想赖账而将他毒死了。这件事在当地闹得沸沸扬扬，也许阿鲁伊斯是无辜的，不过还是害怕留下来要面对此事，于是在夜里悄悄溜走，去巴黎隐居了。从那时起，人们就再也没有听到过有关阿鲁伊斯的消息，但是朗格雷·杜·弗雷努瓦猜想他可能因为伪造货币罪或其他不当行为被关在一间晦暗的地牢里，并死在了那里。

德·圣热尔曼伯爵和卡格里奥斯特罗

德·圣热尔曼在路易十五的宫廷里扮演着重要角色。他自称发现了长生不死药，吃了它可以活几个世纪，他还让人们相信利用此方法他已经活了2000多年。他接受了玫瑰十字会的许多观点，吹嘘他能与精灵和火蜥蜴进行交流，凭借咒语的力量，他能从地下唤出钻石，从海上唤出珍珠。他并没有声称自己已经发现了点金石，但却把大部分时间用于炼金术的操作上，人们普遍认为，如果像点金石这样的东西的确存在，或者能够被创造出来的话，那么圣热尔曼伯爵便是发现者。

人们一直都不知道他的真实姓名是什么，或他的出生地是哪里。从他那英俊的面容和犹太人的特征判断，有人认为他是个“流浪的犹太人”，其他人则断言他是阿拉伯公主的后代，而他的父亲是火蜥蜴，另一些更理性的人则断定他的父亲是一位定居在布尔多的葡萄牙裔犹太人。

起初，圣热尔曼伯爵在德国行骗，靠卖长生不死药赚了一大笔钱。德·贝乐·艾尔元帅购买了一剂长生不死药，并且被这个江湖骗子的才智、学识以及良好的举止给迷住了，因此对他荒谬至极的欺诈深信不疑，他竟然劝说这个江湖骗子在巴黎定居。在元帅的赞助下，他首次出现在首都巴黎的同性恋圈。每个人都很高兴认识这位神秘的陌生人，当时圣热尔曼已经70岁了，但是看起来还不超过45岁。他的从容不迫给许多人留下了深刻的印象。他博览群书，记忆力超群，即便是细微之处也能过目不忘。他自称已经活了好几个世纪，人们自然会让人们产生一些令人困惑的问题，比如他的外表、生活以及与昔日伟人的谈话等，他每次都能应答自如。他的镇定沉着、应对自如以及对历史的准确记忆，使得许多抱着讥讽心态而向他提问的人都惊诧不已。

为了增加自身的神秘感，圣热尔曼不允许任何人知道他的生活方式。他的衣着极其华丽，帽子上、手指上和鞋扣上都点缀着昂贵的钻石，有时还送一些贵重礼物给宫廷的女士们。许多人怀疑他是一个被英国政府买通的间谍，但没有丝毫证据能证明这种猜测。国王十分宠爱他，经常与他密谈好几个小时，并且不允许任何人讲侮辱他的言辞。伏尔泰常常嘲笑他，并在他写给普鲁士国王的一封信中提到，他是一个罕见的孔德门徒，并指出他曾吹嘘自己与圣父在天特会议（Council of Trent）中一起就餐。

在《都·霍塞夫人回忆录》（霍塞夫人是蓬巴杜夫人的密友）一书中记载着这个人的奇闻轶事。在圣热尔曼抵达巴黎后不久，他便可以进出蓬巴杜夫人的更衣室，这可是蓬巴杜夫人给宫廷情人中最有能力的勋爵的奖赏。蓬巴杜夫人喜欢和他交谈，在她面前，他感觉少一些做作是恰当的，但至少要让她相信他已经活了两三百年。霍塞夫人说：“有一天，蓬巴杜夫人当着我的面问他：‘弗朗西斯一世长什么样子？他应该是我喜欢的国王。’‘他确实非常有魅力，’圣热尔曼回答道，他继续描述他的外貌和性格，就好像他仔细观察过这个人一样，‘可惜他容易激动，我本可以给他一些好的建议，这样他还有可能免遭那些不幸，但他根本就不采纳我的建议，他就像一位厄运缠身的王子，根本听不进去最明智的忠告。’‘他的宫殿华丽吗？’蓬巴杜夫人问道。‘相当辉煌，’圣热尔曼伯爵回答道，‘但他的子孙们更胜他一筹，在玛丽·斯图尔特和玛格丽特王后的时代，那是一个令人着迷的地方——一个专供各种娱乐的圣地。’夫人笑着说：‘你好像都见过似的。’‘我记忆力超群，’他说，‘并仔细研读过法国的历史，有时是为了自娱自乐，不是假想，而是让我相信自己确实活在古时。’”

有一次，蓬巴杜夫人说：“可是你不告诉我们你的年龄，你还假装自己已经很老了。我想德·格吉伯爵夫人50年前曾任驻维也纳大使，她说她在那里见到你时，就和你现在的样子一样。”

“夫人，这是真的，”圣热尔曼回答道，“很多年前我就认识了德·格吉伯爵夫人。”“但是，根据她的说法，你肯定都100多岁了。”“这不是不可能，”他笑着说，“但更有可能的是这位夫人已经老糊涂了。”

“你给她了一剂长生不死药，吃了之后效果真是令人惊讶。因为她说，在很长一段时间里，她看上去像84岁，那正是她服药的年龄。你当时为什么不给国王吃呢？”“哦，我的夫人！”

他叹了口气说道：“御医们会将我五马分尸的，我怎敢给陛下用药呢？”

当众人开始相信一个人的传奇时，那么就很难说对他的吹嘘会发展到何种程度。一旦开始，人们就会比着看谁相信得更多。这一时期，巴黎各地都流传着热尔曼伯爵的神奇经历，一群淘气的年轻人甚至为其可信度做了如下实验：一位聪明的喜剧演员由于提供各种娱乐而跻身上流社会，他被打扮成圣热尔曼伯爵的样子，由他们带领着进入马雷街的几户人家。此人模仿伯爵的样子惟妙惟肖，令人钦佩，他发现，尽管他的观众对他讲的各种荒谬言论目瞪口呆，但仍然深信不疑。对这些相信一切的人来说，没有什么事情是荒诞怪异的。谈到救世主，他滔滔不绝，还说在卡纳·卡利（Canaan of Galilee）的婚礼上曾与其共进晚餐，还把那里的水奇迹般地变成了美酒。他说，事实上，他和基督耶稣知交，耶稣经常警告他不要太放荡鲁莽，否则他会悲惨地结束自己的职业生涯。说来奇怪，这种亵渎神灵的话竟然还有人相信，还不到三天的时间，人们就相信圣热尔曼伯爵是大洪水之后不久出生的，而且永远不会死！

圣热尔曼本人是世界上最有资格澄清这些荒谬言论的人，但他并没有特意去反驳这些故事。在跟各个阶层和不同教育背景的人谈话中，他总是谦虚地、好似不经意地提出自己的看法。他很少说出自己已经活了300多岁，除非他发现对方对所有的事都深信不疑。他经常提到亨利八世，好像他俩的关系很密切，他还常常谈论查理五世，似乎国王很乐意与他结交。他会生动形象地描述两人之间的对话，对他的衣着和外貌甚至是当时的天气状况和房间内的家具摆设都能说得头头是道，每四个人中就会有三个人相信他的话。常常有一些老富婆来向他祈求长生不死药，以使她们的花容再现。他用这种方式似乎赚了一大笔钱。对于那些他乐意称为朋友的人，他会告诉他们，生活方式和节食计划胜过任何长生不死药，只要饮食规律、就餐时不饮酒，其他时间可以少量喝点儿，便可以活到很大的年纪。

格莱钦男爵遵循他的说法，并吃了大量的番泻叶，期望能活200岁，但在73岁时就死了。舒瓦瑟尔公爵夫人也想按这一套方法生活，但被她的丈夫愤怒地制止了，他不允许她按照一个像圣热尔曼这样名声可疑的人提出的方式生活。

都·霍塞夫人说她见过圣热尔曼伯爵，并与他交谈了几次。在她看来，他大约50岁，中等身材，五官端正，面部表情丰富，他衣着简单却很有品位。他通常戴着昂贵的钻戒，他的手表和鼻烟盒上装饰着珍贵的宝石。有一天，宫廷要臣们聚集在蓬巴杜夫人的公寓里，圣热尔曼来了，他膝盖上和鞋扣上的钻石闪闪发光。夫人赞叹钻石的质地上乘，就连国王也没有这么好的。在众人的劝说下，他进了接待室，取下宝石，拿给夫人仔细察看。当时在场的德·顾坦说这些宝石的价值绝不少于20万里弗，或8000英镑。

格莱钦男爵在其《回忆录》中写道，有一天，圣热尔曼伯爵给他看了很多钻石，他以为自己看到了阿拉丁神灯里的所有宝藏。他补充说，自己在宝石方面有丰富的经验，并相信圣热尔曼伯爵拥有的宝石都是真的。还有一次，圣热尔曼伯爵向蓬巴杜夫人展示了一个小盒子，里面装着黄玉、祖母绿和钻石，价值50万里弗。他假装看不起这些财富，并使众人相信他能像玫瑰十字会成员一样念动咒语将宝石从地下召唤出来。他还把大量的珠宝送给宫廷里的女士们，蓬巴杜夫人对他的慷慨充满喜悦，赠给他一个装饰华丽的搪瓷鼻烟盒，以表示对他的尊重。鼻烟盒盖子上刻着苏格拉底或希腊某位哲人的精美肖像，她将他比做那位哲人。圣热尔曼伯爵不仅对女主人很大方，对仆人们也十分慷慨。都·霍塞夫人说："圣热尔曼伯爵来看望生病的蓬巴杜夫人，她当时躺在沙发上。他给夫人看了足以装饰国王金库的钻石。夫人让我来看一看那些美丽的东西。我万分惊讶地看着它们，并示意夫人这些钻石都是假的。伯爵从口袋里掏出一个比眼镜盒大两倍的东西，接着掏出两三个小纸包，并将其打开，里面是一颗上等的红宝石。他随手将一个嵌着绿色和白色宝石的小十字架扔在桌子上。我看了一眼，说不应该小看这个东西，然后就带在身上，心里十分喜欢。伯爵恳请我收下它，我拒绝了，最后，他还是极其热情地敦促我收下，夫人看到这个东西可能价值不超过1000里弗，就示意我收下。我便收下十字架，对伯爵的礼貌行为很是感激。”

这个冒险家是如何获得这么多财富仍是一个谜。这么多财富不可能全靠他在德国卖长生不死药得来的，尽管其中一部分财富的确来源于此。伏尔泰肯定地说，他被外国政府买通了，在1758年4月5日写给普鲁士国王的信中，伏尔泰说，圣热尔曼把所有的秘密都告诉了舒瓦瑟尔、考尼茨和皮特。至于他对那些大臣中的任何一位（特别是对舒瓦瑟尔）有什么用，则是谜中之谜。

毫无疑问，他拥有消除钻石瑕疵的秘诀，并且他极其可能以较低的价格购买了大量存在瑕疵的宝石，去除瑕疵后把价格提高一倍卖出，从而赚取了大量财富。对于这件事，都·霍塞夫人讲述了一则有趣的轶事："国王命令把一块中等大小、带有瑕疵的钻石拿来，称重后，国王对他说：'这颗有缺陷的钻石价值6000里弗，如果没有缺陷，它至少价值1万里弗。你愿意让我得到这4000里弗吗？'圣热尔曼仔细检查了一遍说：'可以做到，我一个月之内给你带来。'在指定的时间，伯爵真的把钻石带了回来交给国王，上面没有任何瑕疵。钻石用石麻布包着，他打开石麻布，国王立即称了称钻石的重量，发现几乎没有减轻。然后，国王把它交给珠宝商德·顾坦，但没有告诉他所发生的一切。珠宝商给了国王9600里弗，但国王又把钻石要回去了，说是要把它当成古玩保存。国王抑制不住自己的惊喜，说热尔曼本人价值数百万，特别是如果他拥有把小钻石变大钻石的秘诀。圣热尔曼伯爵没说能也没有说不能，但肯定地说，他知道如何使珍珠变大，而且色泽光鲜。国王给予他了极大的关注，蓬巴杜夫人也是如此。

都·坤斯诺先生曾经说过，圣蓬巴杜是一个江湖骗子，但国王训斥了他。看来国王对他过于着迷，有时说起他来好像他是什么杰出人物。

圣热尔曼有一个滑稽的流浪汉仆人，他俩常常一唱一和，尤其是讲几个世纪以前的事情时。这位仆人并不是无能之辈，他俩常常合作得天衣无缝。有一次，他的主人在晚餐时与一群女士们和先生们交谈，说起在巴勒斯坦与英国国王理查德一世的谈话，他称理查德一世是他的一位特别的朋友，人们脸上露出惊讶和怀疑的表情，圣热尔曼伯爵见状，非常冷静地转向站在他椅后的仆人，问他自己说的是不是真话。"我真的很难回答，"仆人不动声色地说道，"先生，您忘记了吗，我才服侍了您500年！""啊！是的，"他的主人说，"我想起来了，这是你服侍我之前发生的事情啊！"偶尔，当碰上一些不那么容易欺骗的人时，他会说一些藐视的言辞，表示他根本不在乎这些人的怀疑。"这帮愚蠢的巴黎人，"他对格莱钦男爵说，"相信我已经活了500多年，既然他们信了，我就证实一下他们的想法。不过我的实际年龄的确比我看起来大很多。"

关于这个奇特的骗子还有许多其他的故事，但引用的这些足以证明他的性格和谎言了。他似乎想找到点金石，不过从来没有吹嘘自己拥有过点金石。几年前他就在德国认识的赫塞·卡塞尔的王子给他写了一封紧急信件，恳请圣热尔曼离开巴黎去他那里住，圣热尔曼最后同意了。此后，人们就没有再听到关于他炼金的消息。赫塞·卡塞尔的宫廷里没有八卦传记作家记录他的言行。1784年，他在斯拉斯威格他的王子朋友的家里去世。

著名骗子卡格里奥斯特罗是圣热尔曼的朋友和继任者，他的事业更加不凡。他是那个年代最主要的骗子，是当时最后一个声称拥有点金石和生命之水的人，在他短暂的辉煌中，他成为欧洲屈指可数的显赫人物之一。

他的真名叫约瑟夫·巴尔萨莫，1743年生于巴勒莫。他出身卑微，幼年不幸丧父，他的教育由他母亲的亲戚们负责，因为太穷，亲戚供不起他念书，只能简单地指导他阅读和写作。15岁那年人，他被送到一座修道院，在那里学习化学和医学基本知识，但他脾气暴躁，极其懒惰，恶习根深蒂固，因而在那里一无所获。几年后，他变成一个没有教养、闲游浪荡的年轻人，虽然天资聪颖，但秉性恶劣。成年后，他自甘堕落，沉溺于花天酒地的生活，事实上，他还加入了在法国和意大利都很有名的兄弟会——“工业骑士”，在英国，这一帮会被称为“衣着时髦的扒手”。在团伙中，他并不是一个没有价值、无所事事的成员。他第一次出名是因为伪造剧院的入场券。后来，他又觊觎自己叔叔的财产，伪造了一份遗嘱。由于这些行为，他成为巴勒莫监狱的常客。不知何故，他又成了一名巫师，即没能发现炼金术的奥秘，并把自己的灵魂卖给魔鬼以换回不能通过炼金术得到的金子。

巴尔萨莫毫不费力地就消除了人们对这件事的看法，他鼓励人们相信他而不是怀疑他。最后，巴尔萨莫利用这种方法欺骗了一位名叫马拉诺的银匠，骗了此人60盎司黄金，因此不得不离开了巴勒莫。卡格里奥斯特罗使这个银匠相信他可以找到一个山洞里的藏宝之地，但他将收取60盎司的黄金作为报酬，而银匠所要做的是将所有的宝藏挖出来。午夜时分，他们一起来到了巴勒莫附近的一个山洞开始挖掘，巴尔萨莫在那里画了一个魔法圈，并唤来魔鬼指示其宝藏的位置。突然，巴尔萨莫的五六个同伙出现了，他们都打扮成魔鬼的样子，头顶长角，手爪锋利，口吐红、蓝火焰。他们手持铁叉，将可怜的马拉诺打了个半死，抢走了他身上的60盎司黄金和所有贵重物品，然后与巴尔萨莫一起离开，不再管银匠的死活。但大自然选择了让他活着，天亮不久后，马拉诺恢复了知觉，精神上遭受到欺骗，又惨遭毒打，他身心俱痛。他的第一个念头是到镇上的治安法官那里告发巴尔萨莫，但细想之后，他又害怕事情暴露后人们会嘲笑他，他受不了这种结果。因此，他决定采取真正的意大利方式报复巴尔萨莫，一有机会就立即杀掉巴尔萨莫。巴尔萨莫从一个朋友那里了解到马拉诺的威胁，他立即收拾好行李，离开了欧洲。

他选择了阿拉伯半岛的麦地纳作为居住地，并结识了一位名叫奥托塔斯的希腊人，此人精通东方各国语言，酷爱炼金术。他收藏了许多颇有价值的阿拉伯人手稿，全都与他最喜欢的学科有关，他不知疲倦地研究手稿内容，却发现没有足够的时间把书中的内容付诸实践。正当他四处寻找助手时，巴尔萨莫出现了，他给奥托塔斯留下了很好的印象，因此马上就雇用了。但他们的主仆关系并没有维持多久，巴尔萨莫野心勃勃、聪明过人，不愿屈居人下，在他们相识15天后，他们之间的主仆关系就变成了朋友与合作伙伴关系。

在漫长的炼金术研究过程中，奥托塔斯竟偶然做出了一些宝贵的化学发现，其中一项就是能够改善亚麻加工的成分，这种改进使用亚麻材料制作的东西如丝绸般光泽柔软。巴尔萨莫建议他先不要急于找点金石，应该先从亚麻改进材料那里赚取财富。奥托塔斯听从了巴尔萨莫的建议，他们带了一批亚麻去亚历山大做生意。

他们在亚历山大待了40天，真的赚了一大笔钱。后来他们去了埃及的几个城市，也同样大获成功。他们还去了土耳其，在那里他们出售药物和护身符。在返回欧洲的途中，由于恶劣天气，他们被迫去了马耳他，在那里受到了骑士团团长品托的盛情款待。品托是当时一位颇有名气的炼金术士。他们在他的实验室工作了几个月，并试图把一个锡盘变成一个银盘。与他的同伴相比，巴尔萨莫不大相信此类话，而且很快就厌倦了这样的工作，他从主人那里拿到了许多罗马和那不勒斯的推荐信，然后离开了奥托塔斯和品托，让他们自己去找点金石，把锡盘变成银盘。

由于巴尔萨莫这个名字更容易给人带来种种不好的联想，因此他早就不用这个名字了。游历期间，他至少换了十个名字，还给自己加了一些头衔。有时，他自称是德·菲希奥骑士、德·谟利萨侯爵、德·贝蒙特男爵、德·派里格里尼男爵、达纳男爵、德·菲尼克斯男爵、德·哈雷特男爵等等，但用得最多的是德·卡格里奥斯特罗伯爵。他顶着最后一个头衔来到了罗马，此后再没有改过名字。在这个城市，他称自己是玫瑰十字会哲学的复兴者，扬言自己能把所有的金属变成金子，还会隐身术，能治愈所有疾病，还有一种防止变老、衰退的长生不死药。炼金大师品托的推荐信使他住上了最好的房子，他靠卖长生不死药迅速赚了一大笔钱。和其他江湖郎中一样，通过鼓励病人彻底相信他并依赖于他的能力，他也成功地治好了不少人的病，在这一方面，最无耻的骗子常常能够胜过普通的医生。

通过这种看似正当的赚钱方式，他结识了年轻漂亮、出身高贵的女士洛伦莎·菲利西亚娜，只不过她没有多少钱。卡格里奥斯特罗很快发现她拥有不可估量的造诣，除了美貌出众、才思敏捷、举止迷人、想象力丰富外，她没有一点儿罗马少女的道德准则。她正是卡格里奥斯特罗要找的妻子，卡格里奥斯特罗向她求婚，洛伦莎同意了。结婚后，他将自己那个行业里所有的秘密都传授给了漂亮的洛伦莎——教她如何用漂亮的嘴唇召唤天使、鬼怪、精灵、火蜥蜴和水中女神，并在需要时，还能召唤魔鬼和邪灵。洛伦莎接受能力很快，没过多久就学会了炼金术士们的所有行话，以及巫师们的所有咒语。于是，这对夫妇信心满满地踏上了旅程，去从那些迷信者和轻信者身上骗取钱财。

他们先去了斯拉斯威格，拜访了圣热尔曼伯爵，这位伟大的行骗前辈以最奢侈的方式接待了他们。毫无疑问，经过这位德高望重的先生的谆谆教导后，他们更加坚定了对所选事业的决心，离开伯爵后，他们便行动起来。他们在俄罗斯、波兰和德国游历了三四年，所到之处炼金、算命、卖长生不死药，但是关于他们从何处开始没有具体详细的记录。直到1776年他们在英国出现，德·卡格里奥斯特罗伯爵及夫人才开始在欧洲享有盛誉。他们于1776年7月抵达伦敦，那时他们拥有金银餐具、珠宝和大约3000镑的硬币。他们在惠特科姆大街租了间公寓，安静地住了几个月。

和他们住在一起的还有一位名叫布拉维瑞的葡萄牙妇女，因为手头拮据便为伯爵当翻译。她经常进出卡格里奥斯特罗伯爵的实验室，他花费大量的时间在那里寻找点金石。为了回报伯爵的慷慨解囊，她在外面竭力传播他的好名声，并努力给每个人留下深刻的印象，让人们相信伯爵拥有非凡的能力。但由于布拉维瑞只是一个翻译且身为妇道，她未能准确地按照伯爵的意图表达他的尊贵和体面，于是，伯爵聘请了一个名叫维特里尼的语言教师来担当此任。维特里尼是一个狂热的赌徒，他曾经用尽各种办法试图赢回自己输掉的钱，其中包括寻找点金石。维特里尼看到伯爵的操作后，立刻认为这个伟大的秘密应该属于他。财富宫殿的金色大门正敞开着让他进来。与布拉维瑞相比，维特里尼以极大的热情在各种公共场合向他的熟人说伯爵是一个奇人，是一个真正的高手，他财源滚滚，只要他愿意，便可以把铅、铁、铜变成纯正的黄金。结果，卡格里奥斯特罗的房子被一群游手好闲、轻信且贪婪的人包围着，他们渴望能够看一眼这位“炼金术士”，或者更确切地说是为了分享他变来的无穷财富。

不幸的是，卡格里奥斯特罗已落入魔掌，他非但没有像他想要的那样欺骗英国人民，反而成为骗子团伙的受害者，这帮人完全依赖他的神秘力量，而且的只是想从他身上赚些钱。维特里尼向他引荐了一个名叫司哥特的人，此人和他一样是破产的赌徒。司哥特伪装成一名苏格兰贵族，声称自己来到伦敦只有一个愿望，就是目睹这位名满天下的奇人，并与之面对面交谈。卡格里奥斯特罗极其友好、诚挚地接待了司哥特，同时，司哥特"勋爵"介绍了一位名叫弗莱的女士，称其为"司哥特夫人"，是专门来陪伴德·卡格里奥斯特罗伯爵夫人的，弗莱带她结识了许多英国贵族家庭。一切似乎进展得很顺利。"勋爵阁下"的财物还没有从苏格兰运过来，在伦敦银行还没有户头，于是从卡格里奥斯特罗伯爵那借了200英镑，他们丝毫没有顾虑就借出去了，对于他们对自己的殷勤、尊敬以及崇拜，并听众他说的每一句话，卡格里奥斯特罗感到十分满意。

像所有疯狂的赌徒一样，司哥特十分迷信，他尝试了各种有魔力的神秘数字，希望能够发现彩票或轮盘赌桌的幸运号码。他有一本神秘的手稿，里面记录了各种算术组合。他把书拿给卡格里奥斯特罗，迫切要求他选择一个数字。卡格里奥斯特罗拿起手稿，研究了一番，但是，正如他自己告诉我们的那样，他不相信这是真的，但还是预言数字20是下个11月6日的幸运数字。司哥特从他借来的200英镑中拿出了一小笔钱押这个数字，结果真的赢了。受到这次成功的激励，卡格里奥斯特罗预测25是下一个幸运数字。司哥特再次尝试，赚了100个基尼，当月的18日的数字55和57也同样成功。卡格利奥斯特罗本人也同样十分吃惊，他很是高兴，于是决定亲自试一把，司哥特及其夫人恳求卡格里奥斯特罗为他们预测更多的幸运数字，但他置之不理，即使他仍然认为他是有身份的勋爵。但是，当他发现司哥特只不过是一个骗子，而斯科特夫人则是镇上一个狡猾的女人冒充的时，他便把这帮人赶走了。

由于完全信任格里奥斯特罗拥有的神通，对于失去他的支持，他们感到十分痛苦。他们想尽各种办法希望卡格里奥斯特罗息怒，又是恳求，又是威胁，并试图贿赂他，但一切都是白费力气。卡格里奥斯特罗既不见他们，也不回信。由于对未来充满希望，他们仍然过着奢侈的生活，很快就花光了现有的金钱。正当他们走投无路的时候，弗莱小姐获准见到了伯爵夫人，在叙述了自己快要饿死的情况后，她得到了一个基尼。弗莱小姐不满足于此，她恳求伯爵夫人向她丈夫说情，最后再为他们指点一下彩票的幸运数字。伯爵夫人答应会尽力而为，在夫人的请求下，卡格里奥斯特罗选了数字8，同时重申他决心不再与他们有任何瓜葛。简直是运气非凡，8号竟中了头等奖，这让卡格里奥斯特罗又惊又喜。弗莱小姐和她的同伙们靠这次冒险赚得了1500个基尼，她们对卡格利奥斯特罗的神力更加深信不疑，并下定决心：不赚到大钱决不离开他。

弗莱小姐在当铺买了一条精致的项链，花了90个基尼。然后，她又在一个珠宝商那定做了一个雕刻精美的金盒子，盒子内分为两个部分，她把项链放在其中一格里，另一格装着精细的芳香鼻烟。然后，她又找到机会拜访了德·卡格里奥斯特罗伯爵夫人，并恳请伯爵夫人收下盒子以表示她的尊敬和感激，但她没有提里面装着贵重的项链。德·卡格里奥斯特罗伯爵夫人收了礼物，从她收下礼物的那一刻起，他们就要开始面临这帮人无休止的骚扰了。他们洋洋自得地说，他们已经在这所房子重新站稳了脚跟，并且每天都到这里来，想要知道彩票的幸运数字，有时还不顾仆人的阻拦强行走到楼上，进入伯爵的实验室。卡格里奥斯特罗被他们的死缠烂打搞得怒火中烧，威胁说要叫治安法官来处置，有一天，伯爵抓着弗莱小姐的肩膀，把她推到了大街上。

从那个时候开始，卡格里奥斯特罗便开始倒霉。弗莱小姐在她情夫的教唆下，决定复仇。她的第一步是指控卡格里奥斯特罗欠了她200英镑，这使他被关进了监狱。在卡格里奥斯特罗被拘押期间，司哥特在一名小律师的陪同下，闯入了伯爵的实验室，并带走了一个小盒子，他们认为这个盒子里装着炼金药粉，还拿走了一些神秘的书稿和有关炼金术的著作。他们还因发现项链又对他提出指控，弗莱小姐指控他们夫妇俩使用巫术和妖术，在魔鬼的帮助下预言彩票的幸运数字。

法官米勒先生听取了后面这一指控，民事法庭的首席大法官审判了项链非法侵占一案，他建议当事人双方提交仲裁。在此期间，卡格里奥斯特罗在监狱里待了几个星期，直到交了保释金后才被释放。不久，他便被一个名叫雷诺兹的律师盯上了，这个律师也参与了此阴谋，提出如果卡格里奥斯特罗答应几个条件，他们就可以和解。同来的司哥特躲在门后，这时突然冲出来用一支手枪抵住卡格里奥斯特罗的心脏，声称如果他不说出如何预测彩票的幸运数字以及炼金术的秘密，就马上击毙他。雷诺兹假装非常生气，缴了同伙的枪，并恳请伯爵以正当的方式透露他的秘密来满足他们，还承诺如果他这样做，他们将会撤回所有的控告，决不再骚扰他。卡格里奥斯特罗回答说，威胁和恳求都是无用的，因为他不知道这些秘密。他们偷走的炼金药粉只对他自己有用，对其他人毫无价值。他提出，如果他们能撤回所有指控，并退还炼金药粉和手稿，他就不会追究他们从他那里骗走的所有钱财。但是这些条件被拒绝了，司哥特和雷诺兹离开时，发誓要报复他。

卡格里奥斯特罗似乎对英格兰的法律形式一无所知，也没有一个朋友告诉他该怎么办。正当他跟夫人诉说困难时，他的一个保释人来了，邀请他乘马车去一个可以为他伸张正义的人家里。卡格里奥斯特罗同意了，结果被带到了王座法庭的监狱，在那里他的朋友离他而去。几个小时之后，他才发现自己被保释人送回了监狱，又成了一个囚犯。

几个星期后他又恢复了自由，仲裁员对他和弗莱小姐的事情做出了裁决，但结果对他不利。法庭判他要还清弗莱小姐指控他欠下的200英镑，并归还弗莱小姐赠送给伯爵夫人的项链和金盒。卡格里奥斯特罗恼羞成怒，决定离开英格兰。此外，他的那些行骗记录被《欧洲先驱》的主编，一位名叫莫兰德的法国人无情地揭露出来。更为不幸的是，他在威斯敏斯特教堂被认出是约瑟夫·巴尔萨莫——巴勒莫的那个大骗子。这些丢脸的事情集中在一起使他无法承受，他和夫人收拾行囊，带着不到50磅离开了英格兰，要知道他们来时还带了3000英镑。

他们的第一站是布鲁塞尔，在那里，他们的运气好了很多。他们卖了大量的长生不死药，治好了许多人，赚了不少钱。接着，他们又经过德国来到俄罗斯，同样也是大获成功。黄金以他们意想不到的速度流入他们的口袋，此时他们已经完全忘记了在英国遭受的所有不幸，并且在人际交往方面更加谨慎。

1780年，他们出现在斯特拉斯堡。他们的名声早已在这座城市传开了。他们住进了一家豪华酒店，并邀请当地各界名流前来聚会。他们的财富似乎是无穷无尽的，他们的热情好客与财富相匹配。伯爵和伯爵夫人都扮演起医生的角色，给镇上的穷人和病人送去钱财、忠告和药品。他们的许多治疗方法令镇上那些循规蹈矩的医师大吃一惊，因为他们做梦也想不到可以用那些方法去治病。

当时，年仅25岁的伯爵夫人容光焕发、举止优雅、美丽善良，公开声称他的长子今年28岁，长得一表人才、英俊潇洒，已经在荷兰当了几年的船长。这个把戏成功地招来人们羡慕的眼光，斯特拉斯堡方圆数十里的丑陋的老女人们成群地聚集到伯爵夫人家的大厅里，纷纷购买能让自己变得年轻的药水，年轻的女性也蜂拥而至以求永葆青春，当她们比尼农·德兰克罗斯的年纪大两倍时能比她更有魅力。而对此不大感兴趣的男人们，则愚蠢地想象光靠几滴同样神奇的长生不老药就能阻止岁月的痕迹。说实话，伯爵夫人看起来像一个不朽的精灵化身，一位青春美丽的女神。而且，那些有空儿就到这个女巫香气怡人的房间里来的男女老少们，可能大多是被她惹人爱怜的明亮双眸以及谆谆教导所吸引，而不是因为她的神秘力量。尽管被神殿前供奉的香火围绕着，德·卡格里奥斯特罗夫人永远忠实于她的丈夫。的确，她经常点燃希望，但她从来没有实现过，她激发了那些人的羡慕，但都与他们保持一定的距离，并使男人成为她的奴隶，却没给过他们一点点恩惠。

在这座城市，他们结识了许多知名人士，其中包括红衣主教德·罗翰王子，此人注定会对他们的命运带来麻烦。红衣主教似乎相信他是一位炼金术士，说服他和自己一起访问巴黎，他答应了，但只在巴黎待了13天，他更喜欢斯特拉斯堡，回来后便打算要住得离首都远一些。但是，他很快就发现，人们对他的到来已经没有第一次那么兴奋了。人们开始理智地思考问题，以羡慕他们为耻。曾经接受过他的慷慨施舍的人们如今指责他是基督的敌人，一个流浪的犹太人，一个活了1400年的怪物，一个人形恶魔，一个被专门派来引诱无知者走向毁灭的人，而那些更加富裕的、受过良好教育的人则称他是外国政府的间谍、警察的代理人、骗子甚至是一个邪恶的人。最终，指责声日益高涨，卡格里奥斯特罗认为最好还是去别的地方碰碰运气。

首先，他去了那不勒斯，但那个城市离巴勒莫太近，他害怕过去的一些朋友认出他，在此短暂停留后又返回法国。最后，他选择了去波尔多定居，但引来了不小的轰动，正如他当年在斯特拉斯堡的情况一样。他声称自己是一个新的医学和哲学学派的创始人，吹嘘自己能治百病，并邀请穷人和病人来拜访他，他会消除穷人的贫困，治好病人的病痛。他下塌的豪华酒店外面的街上从早到晚都挤满了人，残疾人和盲人、怀里抱着病孩的妇女、身患各种病症的人成群结队地来到这里，请这位了不起的医生治疗。与其说是他的秘方发挥了作用，不如说他提供的物质帮助产生了更大的效果，由于周边国家的人越来越多，市政官员只好给他安排了一名警卫，在他的门前日夜守卫，以维持秩序。

奥斯特罗的预期愿望得以实现，富人们对他的博爱和仁慈感到钦佩，并对他的神奇力量坚信不疑。长生不死药销量极佳。他家的大厅里挤满了有钱的傻瓜，都是来购买长生不死药的。能够持续几个世纪的美貌对女性来说是一种诱惑，而对男人们来说，在几百年中保持健康和力量同样也是无法抗拒的。在此期间，迷人的伯爵夫人通过给别人算命、预测或给愿意花高价的女士配备精灵也大发横财。为了赶上他丈夫的声望，她在波尔多举办了极其奢华的宴会。

但是，正如在斯特拉斯堡一样，人们的错觉只持续了几个月就开始消失。卡格里奥斯特罗被胜利冲昏了头脑，忘记了行骗超过一定限度是很危险的，会招致人们的不信任。当他假装从坟墓里呼唤出灵魂时，人们开始对他产生怀疑。他被指控为宗教的敌人——否认基督，一个流浪的犹太人。刚开始这些流言仅在少数人之间传播，他没太在意。但后来，这些流言传遍了整个城市，他再也赚不到钱了，他的聚会没有人参加，他的熟人在街上见到他便转身离开，这个时候他才意识到该转移阵地了。

这次卡格里奥斯特罗厌倦了省市地区，将目标转向了首都。一到那里，他就声称自己是埃及共济会的复兴者，是一个新哲学学派的创始人。借助他的朋友红衣主教德·罗翰，他很快进入了上流社会。他成了一个出色的魔法师，当时最重要的人物都来拜访他。他吹嘘自己能够像玫瑰十字会成员一样与土、风、水、火四大精灵交谈，能把死者从坟墓中召唤出来，能变出黄金，能借助神灵的庇护发现神秘的东西，还能像迪博士一样，召唤天使揭示未来的秘密，天使们会出现在水晶球里或玻璃钟下，并与他交谈。《当代传记》中记载："在卡格里奥斯特罗的公寓里，巴黎所有的淑女都与卢克莱修的影子共进过晚餐，所有的军官都与恺撒、汉尼拔或亚历山大讨论过战争的艺术，所有的律师都与西塞罗的鬼魂讨论过法律问题。"与逝者谈话的价格非常昂贵，因为卡格里奥斯特罗说，死人不会无缘无故地出现。伯爵夫人像往常一样，用她的聪明才智来维持丈夫的声望。她颇受女士们的喜爱，她会给许多好奇又兴奋的听众详细讲述丈夫的神奇力量，说他会隐身术，能以闪电般的速度遨游世界，并能同时出现在好几个地方。

卡格里奥斯特罗到巴黎没多久，就卷进了名噪一时的王后项链事件中。他的朋友红衣主教德·罗翰一直迷恋玛丽·安托瓦内特的魅力，但她对罗翰十分冷淡，这令他悲痛不已。当时有一位名叫拉·莫特的女士为王后服务，红衣主教十分愚蠢地把她当成了知己。拉·莫特夫人反过来把红衣主教当成了工具，她是成功了，但有点儿过了。她在给王后做侍女时，一次王后和一位富有的巴黎珠宝商波莫尔会面，当时她也在场，波莫尔要出售给王后一串价值160万法郎（约合64000英镑）的项链，王后十分喜欢那条项链，但又很遗憾地表示自己买不起，便将珠宝商打发走了。拉·莫特夫人计划要将这件昂贵的首饰据为己有，于是决定利用红衣主教来实现这个目的。她找了个机会见到红衣主教，假装十分同情王后对他的冷淡以及他的痛苦，然后告诉他有一个方法能让他受宠。于是她提到了项链，以及王后买不起项链的惋惜之情。这个富有的红衣主教立马就愚蠢地提出要购买项链，作为礼物送给王后。拉·莫特夫人告诉他千万别这样做，因为这样他会冒犯王后陛下。她的计划是劝说珠宝商给王后陛下赊账，并接受她的期票，在商定日期支付标明的金额。红衣主教欣然接受了这个建议，并吩咐珠宝商拟定一份协议，他会让女王签字。红衣主教把这份协议交给了拉·莫特夫人，她很快就交回了有女王签字的协议。同时，拉·莫特夫人告诉红衣主教，女王对他所做的一切感到非常高兴，并准备在凡尔赛花园与他见面，到时她会送他一朵花以示答谢。

红衣主教把这份伪造的文件交给珠宝商，得到了项链，并将项链交给拉·莫特夫人。到目前为止，一切都很顺利。她的下一个目标就是满足红衣主教，他正急切地等待着与他的王室情妇见面。当时在巴黎有一个名叫德·奥利弗的年轻女子，因长相酷似女王而闻名，拉·莫特夫人以丰厚的报酬毫不费力地说服她伪装成玛丽·安托瓦内特，在黄昏时分与红衣主教德·罗翰在凡尔赛花园会面。会面如期进行。红衣主教被昏暗的灯光、极其相似的假王后和自己的希望所欺骗，并且接受了德·奥利弗小姐赠送的鲜花，带着轻松愉快的心情回到家里，多日来的郁闷一扫而空。

过了一段时间，伪造王后签名败露了，珠宝商波莫尔立即说出了和他谈判的红衣主教罗翰和拉·莫特夫人的名字，于是俩人都被关进了巴士底狱。拉·莫特夫人受到严刑拷问，她的揭发词牵扯到卡格里奥斯特罗。于是卡格里奥斯特罗和他的妻子同时被捕，也被关进巴士底狱。一个涉及这么多丑闻的故事必然会激发人们的好奇心，这件事在巴黎闹得沸沸扬扬，关于王后的项链，人们都在猜测这几个人谁是无辜的，谁是有罪的。拉·莫特夫人的丈夫逃到了英国，许多人猜测他把项链一起带走了，并且在那里把项链分成几部分，分别卖给了不同的珠宝商。但是王后的侍女坚持说她把项链交给了卡格里奥斯特罗，卡格里奥斯特罗把项链把它拆散，“成为其巨额财富库中的一部分”。

拉·莫特夫人在提到卡格里奥斯特罗时，称他是一个江湖医生，一个平庸的炼金术士，一个寻找点金石的梦想家，一个伪先知，一个真正崇拜的亵渎者，甚至伯爵的称谓也是自封的。她进一步指出，卡格里奥斯特罗最初的计划毁灭红衣主教，并通过在她的头脑中施加某种魔法，说服她来协助实施这个计划。总而言之，奥斯特罗就是一个强盗、骗子和巫师！

所有被告在巴士底狱中关了6个多月后，审判开始了。听完证人的证词后，卡格里奥斯特罗作为主犯，被第一个叫上来辩护。人们屏息凝神听他陈述，他以一种夸张的态度开始了辩护：“我是被人迫害的！我遭到了暗算，被人诬陷，难道我命该如此吗？我在内心深处找到了人们无法给予我的平静！我游历过世界很多地方——整个欧洲、亚洲和非洲的人都知道我，所到之处，我都与他们交朋友。我的学识、我的时间和我的财富都用于减轻人们的痛苦！我学习了医药学并开始行医，但我从来没有把这一最高尚的、使人们所到慰藉的事业当成牟取暴利的手段。我总在付出，从不索取，我保持了自己的独立性。我甚至拒绝国王给予的恩惠。我慷慨地把治疗方法和建议给富人，穷人们则不仅得到了治疗方法，还得到了钱。我从没欠过任何人的钱，我是清白无辜的。”

经过一番类似的自我赞扬之后，他继续抱怨与他那无辜可爱的妻子分离的数月中，他内心所经受的巨大煎熬，他后来才知道他的妻子也被拘押在巴士底狱，也许被锁在一间肮脏的地牢里。他明确否认自己拿了项链，也没见过什么项链，为了平息这些谣言及指控，他说为了满足公众的好奇心，他准备详细讲讲自己的生平背景。于是，他编了一个浪漫的、令人难以置信的故事。他说他既不知道自己的出生地，也不知道父母的名字，但记得他是在阿拉伯半岛的麦地那度过了少年时代。当地人都叫他阿查拉特，他住在麦加的一所大宫殿里，除了他的老师奥托塔斯以外，还有三个仆人服侍他。奥托塔斯非常喜欢他，并告诉他，他的父母都是基督徒且出身高贵，在他3个月大的时候他父母就去世了，并把他留在宫里托人照顾。他说自己从来也没弄清父母的名字，因为每当他问奥托塔斯这个问题时，奥托塔斯都会说他知道了是很危险的。从老师一些不经意的表述中他能推断出他的父母来自马耳他。12岁那年，他开始旅行，并学习东方各国语言。

他在麦加待了三年，那里的地方长官非常善良，总是温柔亲切地同他说话，他有时会错认为这个人就是他的父亲。他含泪告别了这位善良的人，此后再没有见过他，但是他知道，他应该感谢这个人给予他的关爱。每到一座城市，不论在欧洲还是亚洲，他都会在当地的大银行家或商人那里找到为他开立的账户。他可以任意支取款项，除了问他的名字外，其他什么都不问。他只需说出阿查拉特这个名字，他所有的要求都可以得到满足。他始终坚信麦加的首领大人是他应该感激的朋友。以上就是有关他财富的秘密，他根本不需要靠行骗来维持生计。他有足够的钱去买比法国王后戴的那串更昂贵的项链，想买多少就买多少，他根本不必去偷一条钻石项链。

对于拉·莫特夫人对他提出的其他指控，他只做了简短的答复。关于拉·莫特夫人称他是“江湖医生”这件事，他说自己对这个词再熟悉不过了。如果这个词是指一个不是医生但又懂些医术，不论给穷人还是富人看病都不收取费用的人，那么，他承认自己就是这样一个“江湖郎中”。拉·莫特夫人还说他是一个平庸的炼金术士。无论他是不是一个炼金术士，“平庸”这个词只适用于那些卑躬屈膝、畏畏缩缩的人，而他——卡格里奥斯特罗从没有这么做过。至于说他是一个追寻点金石的梦想家，无论他对点金石的看法是什么，他始终保持沉默，从未向他人吐露过他的梦想以困扰公众。接着，至于说他是一个“伪先知”，他自认为并不总是如此，因为他曾向红衣主教罗翰先生预言拉·莫特夫人是一个危险的女人，结果证实了这一预测。他否认自己是真神崇拜的亵渎者，相反，他尊重每个人的宗教信仰，从不干涉。他还否认自己是玫瑰十字会会员，或者他曾假装自己已活了300多年，还有一个服侍了他150年的仆人。总而言之，他说拉·莫特夫人对他的所有陈述都是假的，她是一个“满嘴谎言的、无耻的”女人，他让她的律师把这两个词翻译给她听，因为用法语这样说她有些不礼貌。

这就是卡格里奥斯特罗对所有指控的非凡回应，这一回应使人们相信他不是有史以来最无耻的骗子。随后是红衣主教和拉·莫特夫人的律师辩护。证据表明，红衣主教本身是这桩卑鄙阴谋的牺牲品。因为没有发现任何不利于卡格里奥斯特罗的证据，最终他和妻子都被无罪释放。拉·莫特夫人被判有罪，并公开实施鞭刑，而且在她的背部被打上了烙印。

卡格里奥斯特罗和他的妻子被释放后。在从巴士底狱官员那里拿回了被扣押的书籍和财产时，他发现少了不少东西。他随即指控这些人做了手脚，还偷走了他的炼金药粉。这些事情还没解决前，他就接到命令，要求他24小时内离开巴黎。由于担心再次被关进巴士底狱不见天日的地牢，他们立刻出发前往英国。一到伦敦，他就认识了臭名昭著的乔治·戈登勋爵，勋爵热情地支持他的事业，并在官方文件内塞了一封信，谴责法兰西王后在项链事件中的行为，声称王后才是有罪的一方。因为这封信，英国政府在法国大使的请求下对乔治·戈登勋爵提起诉讼——他被判有罪，被判处罚款和长期监禁。

卡格里奥斯特罗和夫人后来旅居意大利，1789年被教皇政府逮捕，判了死刑。对他的指控是：他是共济会会员，是一个异教徒、一个巫师。后来，这一不合理的刑罚被改为终身监禁于圣·安格鲁城堡。他的妻子被允许去修道院闭门思过，以逃过更严厉的惩罚。卡格里奥斯特罗没活多久，失去自由使他的精神备受折磨，接踵而至的不幸损害了他的健康和精神状态，他死于1790年初。他的命运可能比他应得的好不了多少，但是，人们认为政府对其罪行的处罚方式有损于政府的形象。

炼金术的现状

我们已经讲完了炼金术这一愚蠢的、毫无价值的职业中最著名的人物。他们来自各个阶层，背景、性格迥异。有追求真理但误入歧途的哲学家，有野心勃勃的王子和落魄的贵族，这些人都相信炼金术。还有很多诡计多端的江湖骗子，他们不相信炼金术，却以此行骗为生。

在前面几章，从他们的生活记录中可以看出，那些令人类智慧蒙羞的妄想也并非毫无价值。在努力获得更多的过程中，人类也并非总是不自量力：如果他们不能到达难以攀登的山顶，他们可能只会走到半路，途中捡一些智慧和知识的碎片。化学这一有用的学科应该感激炼金术这种伪科学。在探索一些不可能实现的事情时，人们获得了很多有价值的发现，如果没有那些探索，这些发现可以要再等几百年。罗杰·培根在寻找点金石的过程中发现了火药[①]，这是一种十分奇特的物质；范·赫尔蒙特也是在此过程中发现了气体的性质；格伯在化学方面也做出了同等重要的发现；还有帕拉塞尔苏斯，在对炼金术的永久幻想中，发现水银可以治疗最令人痛苦的疾病之一。

如今在欧洲，我们已经很少听到为炼金术而献身的消息了。尽管对巫术的信奉十分荒谬，但这种想法仍停留在人们的大脑中。目前，已很少有人轻信吃长生不死药能让人活几个世纪，或能把铁和锡都变成黄金。在欧洲，可以说炼金术已经彻底销声匿迹了，但在东方仍然十分活跃，名声不减。最近去东方的旅行者不断提到此事，尤其是在中国、印度、波斯、鞑靼、埃及和阿拉伯等地。

① 在作者写作本书的年代，西方人依然普通认为英国科学家培根发现了黑火药。这一谬误现已被澄清。——译者注。

第十五章

人类愚妄的状况

根据本卷引言中提出的计划，我们继续对以下这种行为进行思考，即人们在对洞察未来秘密的极度渴望的引领下所做出的愚蠢行为。上帝出于其明智的目的，已经不止一次拉开了隐藏那些可怕秘密的帷幕。同样出于明智的目的，他已经判定，除非在某些特殊的情况下，无知将是人类永恒的命运。对于人类来讲，无法预知明天会发生什么是幸运的。但是，人类并没有意识到这是神的恩典，从古至今，他们都自以为是地试图推断未来几个世纪将要发生的事件，预测时间前进的步伐。人类已经将这种臆想转化成一种研究。他们将其分为无数种科学和体系，同时穷其一生来追求这项徒劳无功的事业。任何一门学科都不如这门学科那样能够轻易地欺骗世人。每个人都或多或少地对这一学科心存好奇，而只有长期的自省和坚定的信念才能克服这种好奇心，并坚信如果洞悉未来是正确的，那么未来就不会隐藏在我们的视线之外。

我们对于人类自身在宇宙中的重要性的不恰当的认识是导致我们在这一方面持有错误见解的根源。当一个人认为在太空轨道上运行的星星正注视着他，并且通过其运动和星相变化来预示其未来的喜悦和悲痛，这是多大的荣幸啊！对于整个宇宙来说，一个人比夏日树叶上那些肉眼难以辨别的无数小昆虫都要渺小，竟也痴心妄想这个永恒的世界是为了预测他的命运而创造的。如果我们知道那些在我们脚边爬行的妄自尊大的虫子也在渴望预知未来的奥秘，想象着一颗流星的坠落是在警告它有一只麻雀正在附近盘旋，对它虎视眈眈，或者认为风暴、地震、国家革命或是王朝倾覆等只是在预示它们的诞生、成长和衰老，我们应该多么可怜它们啊，人类在炫耀自己时的狂妄绝不亚于此。那些所谓的占星术、占卜、巫术、风水、手相以及各种各样的预测术的妄自尊大也绝不亚于此。

我们暂且抛开古代异教徒的预言和宗教预言，只考虑现代社会中那些将自己置于预知未来的显赫地位的人，我们可以发现，16世纪和17世纪是这些骗子们的黄金时代。在论述著名炼金术士时，我们已经谈到过其中很多人。这两种自命不凡的不谋而合并不让人惊奇。人们有理由期待，那些有能力让人类的寿命延长几个世纪的人同时也应该能够预言那些能够证明超自然瞬间存在的事件。尽管人们只发现了一个秘密，但他们总是愿意相信自己已经参透了所有的奥秘。在3个世纪之前，欧洲所有著名的占星师都曾是炼金术士。阿格里帕、帕拉塞尔苏斯、迪博士、罗森克鲁兹教派以及其他炼金术士都曾经非常重视对未来的预测，就像他们假装已经得到了点金石和长生不死药一样。在他们的那个时代，怪诞、奇幻、超自然的思想比之前的任何时代都要盛行。人们普遍认为，魔鬼和星宿会不断干涉人间的事情，因此需要一些适当的仪式来与其进行沟通协商。

那些性情忧郁的人都投身于巫术的研究，而那些开朗乐观的人便专心研究占星术。后者在当时被统治者和政府所青睐，并得到鼓励。在英格兰，从伊丽莎白时期到威廉和玛丽时代，占星术在法庭审判过程中都享有极高的声誉。迪、兰姆、福尔曼、利里、布克尔、盖德布利、埃文斯等博士以及一些分布在乡村的不计其数的无名骗子，都以算命作为自己的事业，在当时盛极一时。他们帮助人们预测命运走向、找寻失窃的财物、预言婚姻的美满与否、推算是否适宜出行，以及为公司企业选择良辰吉日来举办开业典礼等。从修鞋铺的开业到军队的出征，都要占卜。用巴特勒的话来讲，人可谓是：

遵从命运之神所授之意，
出卖月亮之神箴言隽语，
引得世间之人争相聚集，
围坐占卜之师身旁圣地，
找寻自家之屋所丢铜锅，
以及归路途中遗落的布匹。

在利里的《自传》中，记叙了大量二流的江湖骗子。他对他们嗤之以鼻，并不是因为他们是占星术师，而是因为他们以找回被窃财产为借口来牟取暴利这种做法有损这门高尚技术的声誉。从巴特勒的讽刺诗和其详细的注解中我们可以看出，在那个魔法妖术肆虐的时代，有那么多人都以欺骗为生。甚至在今天，历书作者弗朗西斯·摩尔还是享有极高的盛誉！但是在查理一世和英联邦时期，最博学、最高贵乃至最显赫的人都会毫不犹豫地以开放的态度去向炼金术士咨询。

占　星　术

利里是巴特勒笔下以德赛罗菲尔的名字流传于世的人物。他曾计划写一本名为《占星术导论》的书，在书中他将向整个王国来证明这一技术的真实性。他说，许多士兵都对此表示支持，大部分的独立党派和议院中许多德高望重的老人，以及许多忠实的朋友都十分支持他来对抗那些压制他们进行预言的长老会教友。接着，他便将自己的计划付诸实践，当他的书籍出版时，他和另外一个叫布克尔的占星术师一起来到温莎议会部队总部，在那里，他们受到了热烈欢迎和盛情款待。随后，他们又被引荐给了将军本人。将军非常友好地接见了他们，并且聊到了他们的一些预言。他希望他们的占星术合法且符合圣经的教义，但他自己对此并不十分了解。他毫不怀疑这两位占星师对上帝的敬畏之心，因此，他对两人评价颇高。利里向将军保证占星术和圣经是高度一致的，并自信地预言，根据他掌握的星宿知识，此次出征，议会部队一定会所向披靡，大获全胜。这个骗子告诉我们，在奥利弗摄政期间，他可以完全自由地创作。他变身独立派，所有的士兵都是他的朋友。当他去苏格兰时，看到一个士兵站在队伍前方，手中拿着一本预言书，朝着从自己面前经过的士兵队伍喊道："来呀！快来听听利里是怎么说的，这个月对于你们来说注定是胜利之月！加油吧！勇敢的孩子们！大获全胜后再来看看这个月的预言！"

在利里自称预言到了伦敦的那场大火之后，下议院委员会派他去调查引起这场灾难的原因。在其1651年出版的《君主制还是非君主制》一书中有一幅难以理解的插图，画的一边是身披裹尸布的人们正在挖掘坟墓，另一边画着一座城市正在被熊熊燃烧的大火吞噬。大火过后，一些自作聪明的立法委员想起了利里的书，并在议院中提到这幅插图，大家一致认为应该把这位占星师召来。当罗伯特·布鲁克爵士告知利里被召见的原因是要他讲出自己知道的一切时，利里欣然前往。这对于爱慕虚荣的利里来讲是一个难得的机会，可以借此炫耀自己。他发表了一通长篇演讲来赞颂自己及其伪科学。他说，在查理一世被处决后，他迫切地想知道国会和整个国家的命运是什么。因此，他向星宿询问，并得到了满意的答案。他用一些符号和有寓意的文字记录下来，但没有给出任何说明，因此芸芸众生根本不明白其中真正的含义，只有智者才能参透其中的奥秘。这种做法是从众多明智的哲学家那里模仿而来的。

“那你预见到失火的年份了吗？”一位议员问。“没有，”利里回答道，“而且我也并不想知道，所以也就没有进行详细的占卜。”在进一步交谈后，议会众人觉得无法理解这位占星师所说的一切，只好毕恭毕敬地将他送回。

利里曾经对他的一个预言进行了解释，其中充满了洋洋自得，这足以证明他强加给百万民众的是怎样的一堆无稽之谈。1588年一篇希腊文预言详细解释了英格兰从1641年到1660年之间发生的一系列灾难。预言的结尾说，在他之后将会出现一位可怕的傀儡，和他一同来的还有殿下G，他是世界上血统最高贵的人，他理应获得皇冠，并将英国带到辉煌的道路上，铲除一切异教。

在法国和德国，占星师们所得到的支持比在英格兰更多。在很早以前，查理曼和他的继承者们就像对巫师一样用激烈的言辞抨击过占星师。路易十一是位极端迷信的君主，他在宫廷里蓄养了大量的占星师。凯瑟琳·德·梅蒂奇是这个世界上最迷信的女人，她在做任何重要的事情之前总是要询问这些占星师。她特别信任自己的同乡，在她统治法国期间，法国到处都是来自意大利的魔法师、巫师和算命师。但毫无疑问，当时最重要的占星师是著名的诺斯特拉德马斯，他是国王亨利二世的御医。

诺斯特拉德马斯1503年出生于普罗旺斯的一个小城圣雷米，父亲是当地的公证人。50岁之前他一直默默无闻，直到他的著名诗集《世纪预言》问世，他才开始进入大众的视野，为人们所熟知。该书语言晦涩难懂，1566年，这本诗集成为人们谈论的热点。为此，亨利二世决定派一个技艺高超的仆人为他服务，并封他为御医。

从1668年在阿姆斯特丹出版的《真正的世纪》中我们了解到，他常与君王探讨未来的奥秘。他得到了许多除医护佣金之外的其他珍贵礼物。亨利国王去世后，他就告老还乡了。1564年国王查理九世前去拜访他，了解到诺斯特拉德马斯不仅能够预知法国的未来，而且还能预知整个世界千百年后的走向，查理国王被深深折服，并对他敬爱有加。接着，查理国王就聘请他为国事顾问和御医，在其他方面也十分慷慨大方。“总之”，他在自传中继续写到，“如果要讲完他所得到的一切荣耀未免有些啰唆，简而言之，全世界的达官贵人和文人墨客都到他家拜访，仿佛他是一位圣人一般，许多外国人也来到法国向他求教。”

诺斯特拉德马斯的预言诗共有1000节，每节4行，通篇都是晦涩难懂的表达，就像古时候的神谕，让人难以参透。这些预言在时间和空间上都留有很大的发挥余地，几乎可以适用于几个世纪以内的任何地方。像利里书中描述的那位修道的将军和傀儡的解释等，这些巧妙的表述会很容易地找到与之相契合的事件。

让我们来试一下，在他书中关于第二世纪的部分，预言66是这样讲的：

“犯人于危难之中潜逃，命运于瞬息之间改变。宫廷之人被逮捕，城市沦陷乃是必然。”

“这是什么呢，”一个信徒可能会说，“这不是拿破仑逃离厄尔巴岛吗，他的命运改变了，然后整个巴黎都被盟军占领的那段历史？”

让我们再试一次，在他书中关于第三世纪的部分，预言98是这样写的：

“皇室兄弟互相残杀，冲突升级各不退让。均守堡垒针锋相对，戎马干戈胜者称王。”

一些利里的追随者在理解这一预言的时候没有任何困难。这句话的意思太明显了。如果在写这一节诗的时候这位占星术师指的不是唐·米盖尔和诏·皮德罗两人，那么为什么比其他章节少了很多暧昧和模棱两可的说辞呢？

时至今日，他在法国和比利时的瓦龙乡下人当中仍然深受欢迎。那里的农妇们总是满怀希望，虔诚地向他请教。

凯瑟琳·蒂·梅蒂奇并不是其家族中唯一蓄养占星师的成员，在15世纪初，一个名叫巴兹尔的男人定居于弗罗伦萨，他以能够预测未来的奥秘而闻名于意大利。据说，他曾经向一个名叫柯斯默·蒂·梅蒂奇的平民预言过他会获得荣华富贵，因为他出生时的运星与奥古斯都·恺撒和国王查理五世的运星相同，这是吉兆。另一位占星师准确地预言了亚历山大·蒂·梅蒂奇王子的死亡。他在任何时候都是一个十分周密、顾全大局的人，因此没有人怀疑他在为了让预言应验而做了一些手脚。这便是他们这类人为了维护自己的信誉而常常使用的伎俩。他曾经断定，这位王子会死于他一个非常亲密的朋友手中，这个人身材苗条、面庞娇小、脸色黝黑，而且沉默寡言。而事情的走向就真如他预言的那样，亚历山大被他的一位堂兄洛伦佐杀害了，凶手的所有特征都与之前的描述相吻合。《赫米普斯的复活》一书的作者在讲述这个故事的时候，他是倾向于相信这位占星师与这起罪行毫无瓜葛，但受亚历山大王子某位朋友之托来对他面临的危险提出警告。

另一个更精彩的故事发生在15世纪，一个叫安提奥克斯·蒂伯特斯的占星师居住在罗马涅。在当时的意大利，几乎所有的小统治者们都会蓄养一批占星师为其服务。蒂伯特斯曾经在巴黎研究过数学并取得了很大的成就，而且还提出了很多预言，其中一些预言不乏精明之处。因此，他被请进了里米尼的统治者潘多尔弗·迪·马拉德斯塔的家中，并成了他的谋士。他的声望如此之高，以至于他的书房也变得门庭若市，其中既有身份高贵的访客，也有求他指点迷津的人。就这样，在短短的时间内，他就聚敛了一大笔可观的财富。尽管拥有那么多的优势，但最后他还是以悲剧收场，死在了断头台上。下面要说的故事后来广为流传，并以无可反驳的证据屡次被后世的占星师们成功引用，来证明他们支持的这一学科的真实性。

据说，他很早就提出了三个著名的预言，一个是关于他自己的，一个和他的朋友有关，还有一个和其保护人马拉德斯塔有关。第一个预言是关于他的朋友圭多·波格尼的，他是当时最出色的船长之一。圭多非常渴望知道自己的命运，于是请求蒂伯特斯通过观察形星宿、手相来为自己预测。蒂伯特斯通过观察预测，悲伤地告诉圭多，他将无端地遭到亲密好友的猜疑而丢掉性命。之后圭多又问占星师是否能够预测他本人的命运。蒂伯特斯再次观察星相，发现自己会死在断头台上。

在听到这些在目前看来不大可能实现的预言后，为了证明其真伪，马拉德斯塔要求占星师预测他的命运，并要求无论自己如何命途多舛，都务必以实相告。蒂伯特斯听从了他的话，告诉他的保护人，这位意大利当时最受宠、最有权力的王子之一，之后会生活贫困潦倒，最终像乞丐一样死在博洛尼亚的一家普通医院里。这三则预言最后全都应验。圭多·迪·波格尼被其岳父迪·本蒂沃格里奥伯爵指控，说他曾密谋过一次叛国计划，要把里米尼城交给教皇的部队管理。随后，他被邀请参加晚宴，坐在餐桌前就餐的时候，被惨遭杀害，这是根据暴君马拉德斯塔的命令执行的。与此同时，占星师也受到其朋友叛国罪的牵连而被关进监狱。他尝试过越狱，并成功地从地牢的窗户里面爬出来，躲进护城河，但后来被狱卒发现，并报告给马拉德斯塔，随后马拉德斯塔下令于次日清晨将占星师处死。

马拉德斯塔此时此刻早已将对自己的预言抛到脑后，而且他的命运也从未给他带来任何不安。然而事件却按照其既定的轨迹向前发展着。一个反叛组织建立了，尽管圭多·迪·波格尼是清白的，但这个把里米尼城献给教皇的秘密组织就此建立。虽然采取了一切必要的措施，但是城市还是落入了瓦伦提诺伯爵之手。在一片混乱中，马拉德斯塔几乎来不及伪装便逃出了宫廷，他被敌人追击，遭到朋友背弃，最后甚至他自己的子女也不认他。最终他在博洛尼亚染上了一种恶疾，没人愿意伸出援助之手来收留他，他被送去了医院，并在那里结束了自己的一生。唯一使这个故事的趣味性减少的一点是，那些预言其实都是事情发生之后才被编造出来的。

在路易十四出生之前的几周，以巴萨姆皮尔元帅为首的朝廷贵族们请来了一位德国占星师，他们让他住在宫中，随时候命，以便及时描绘出法国未来君主的命运之图。王后分娩时，他被送到隔壁的房间，方便他在婴儿降生的那一刻就得到消息。他的观察结果是这位刚出生的小王子将会健康长寿，长期在位，且会兢兢业业，功绩辉煌。为此，这位占星师在宫里吃喝不愁，又十分得宠，那他能够说出这样的预言实在是在人们的意料之中。之后，国王又特意铸造了一枚纪念章留念，纪念章的一面是新出生的小王子骑着阿波罗的战车，并刻着意为“高卢的太阳冉冉升起”的字样。

人们为占星术找到的最好借口是由伟大的天文学家开普勒提出的。他本人并不是甘心情愿地成为一个占星师的。他的许多朋友都曾拜托他帮忙占卜，但都遭到了拒绝，他并不怕自己的直率会激怒他人。有时他会主动去迎合这种占卜术的盛况，他在送给格拉赫教授的《星历表》中写道，那只不过是一堆毫无价值的猜测，但他自己却不得不投入其中，不然的话他会被饿死。他在《第三者的介入》中感叹道：“你们这些聪明过头的哲学家们！你们实在太过责难天文学家的女儿了，你们不知道她必须要以自己的魅力来养活母亲。如果人们不沉迷于向上天来预算自己的命运的话，一个天文学家微薄的收入将无法养家糊口。”

巫术概述

巫术是继占星术之后的另外一门伪科学，被人们用来探寻未来。最早的记载是安得尔女巫和塞缪尔的灵魂。

古代几乎所有的民族都深信，将已逝的灵魂召回，向人们揭示上帝给鬼魂们展现的可怕秘密，这一切都是可能的。许多关于巫术的文章中都暗指人们会立刻与那卷古典读本联系起来，但是任何国家都没有公开推广过这种骗术。所有的政府都将其视为一种彻头彻尾的犯罪。尽管占星术受到鼓励，其中的佼佼者也得到了赞许和嘉奖，但巫师则通常会被处以火刑或者绞刑。罗杰·培根、阿尔伯特·麦格努斯、威伦那夫的阿诺德以及其他许多人，在过去的几个世纪中都受到公众的谴责，指控他们曾参加过亵渎神灵的活动。面对这样的责难，这类骗术常显得根深蒂固，以至于人们克服了从未有过的艰辛和困难才证明了其虚伪性。

泥土占卜是通过在地上画出各种线条和圆圈以及其他数字对未来进行预测。这种方法在亚洲国家被广泛使用，但在欧洲却鲜为人知。

飞鸟占卜是根据鸟类的飞翔方向或者鸟类的内脏来进行占卜，罗马人特别喜欢这种方法，后来这种方法迅速传遍欧洲。当今大多数擅长这种占卜术的人是令人厌恶的印度宗教暗杀团成员。

占卜从有历史记载开始便统治着人类的思想，并且极有可能会随着时间的流逝而绵延不绝。它在犹太人、埃及人、古巴比伦人、波斯人、希腊人以及罗马人中被广泛应用。甚至在当代社会，世界各地的人们也都非常了解它。即使是生活在非洲和美洲原野上的未开化的部落对占卜也并不陌生。当今文明的欧洲所使用的占卜方法，主要源于纸牌、茶杯和掌纹。

吉普赛人将占卜发展成了一种职业，数以千万的善男信女们用他们茶杯底上的沉淀物去预测来年的收成，或者他们的猪是否会多下几个猪崽。同样，家庭中的少女们也通过这样的方法来预知自己何时结婚，选中的郎君皮肤是黑是白，贫穷还是富有，温柔还是暴躁。纸牌占卜在现代社会十分受欢迎，当然这也算是一种现代科学，因为纸牌从诞生至今也只有400多年。看手相这一占卜方法的历史更悠久，在欧洲，近一半的乡村少女都沉迷其中，埃及人从原始社会开始就知道这种方法。茶杯占卜也是一样，正如我们在《创世纪》中读到的，曾被圣约瑟所应用。树枝占卜的方法也曾被埃及人使用过。在近代，有人称用这种方法可以找到隐藏的宝藏。现在看来，这种骗术在欧洲已经被彻底拆穿了。姓名占卜，即通过一个人的名字中的字母以及这些字母的各种组合来预测他未来的命运，以及另外还有它的各种变体，这是一种比较现代的占卜方法，但很少有人相信。

下面所列举的就是历史上曾经使用过的占卜方法，这些都是高乐在其著作《占卜神物》中列出的，并被霍恩在其《年鉴》中的第1517页引用。

实体占卜通过世界上存在的元素进行占卜。天气占卜根据空气进行占卜。火卜通过火来占卜。水卜通过水来占卜。土卜通过泥土来占卜。神卜谎称通过接受圣经和神灵的启示、上帝的旨意进行占卜。鬼卜借助恶魔和恶灵进行占卜。幻卜通过偶像人物进行占卜。心卜通过人的灵魂情感和性格进行占卜。人卜用人的内脏进行占卜。禽卜通过禽类进行占卜。鱼卜通过鱼类进行占卜。植卜通过草本植物进行占卜。石卜通过岩石进行占卜。木卜通过木棒占卜。梦卜通过梦境进行占卜。名卜通过姓名字母占卜。数卜通过数字占卜。对数占卜通过对数运算进行占卜。胸骨占卜通过躯干上胸部到腹部的标记进行占卜。胃卜通过腹部发出的声音或上面的标记进行占卜。脐卜根据肚脐占卜。手相术通过手相占卜。脚相术通过脚相占卜。驴头卜通过驴子的头进行占卜。灰卜通过灰烬进行占卜。烟卜通过烟雾进行占卜。香卜通过焚香占卜。蜡卜通过熔蜡占卜。盆卜通过水盆占卜。镜卜通过镜子占卜。情卜利用在纸上书写或者情人卡进行占卜。刀卜通过刀剑占卜。水晶卜通过水晶石占卜。指卜通过戒指占卜。筛卜通过筛子占卜。锯卜通过锯来占卜。铜卜通过铜管或其他金属来占卜。肤骨卜通过皮肤和骨骼进行占卜。星卜通过星宿占卜。影卜通过阴影占卜。骰卜通过骰子进行占卜。酒卜通过葡萄酒的残渣进行占卜。果卜利用无花果进行占卜。酪卜通过干酪进行占卜。粉卜通过粗粉、面粉或者糠进行占卜。谷卜通过玉米或者谷物进行占卜。鸡卜通过公鸡进行占卜。环卜通过画圆圈来进行占卜。灯卜通过烛火和灯火进行占卜。

解梦术和征兆信仰

解梦术是一种解析梦境的技艺，是一份来自远古时代的宝贵遗产，它历经人类精神和身体的巨大变化而被保存下来。五千年的记录足以证明这样一种广泛传播的信念：技艺高超的人可以从人们的梦中预测未来。解梦术的规则即使古代曾经存在过，现在也已经失传了，但在我们这个时代，一种简单的规则揭示了全部秘密。基督教世界所有自以为是的人认为，梦可以用相反的事实来解释。因此，如果你梦到了肮脏的东西，那么你就会得到一些珍贵的东西；如果你梦到了死亡，那就意味着新生；如果你梦到了金银财富，那么你可能面临失去财富的危险；如果你梦到你拥有很多朋友，那么你就会拥有很多敌人。然而这一法则并不适用于所有的情况。你梦到小猪会很幸运，但是你如果梦到大公牛就很不幸了；如果你梦到掉了一颗牙，那你肯定要失去一位朋友；如果你梦见你家的房子着火了，那么你会收到远方的音讯；如果你梦到了害虫，那就是你的家庭中就要有人生病了；如果你梦到了蛇，有一天你会发现你的一些朋友会是你最险恶的敌人。所有的梦中最幸运的是你梦见自己在深及脖子的泥藻中挣扎下沉。梦见清澈的水意味着悲伤。如果你梦到自己在众目睽睽之下赤身裸体地站着，找不到衣服蔽体，这预示着巨大的灾难、痛苦和困惑即将来临。

在英国的很多地区和欧洲、美洲大陆上，都可以在村子里或乡下找到一些专门从事解梦行当的老妇人，人们对她们的解梦充满敬畏，就仿佛她们是传神谕者一样。在一些远离城市的偏远地区常常出现这样的情景：一家人每天早上坐在餐桌旁，讲述自己的梦境，对梦境的解释会影响他们当天的心情。对于这些人来说，梦境中出现的花儿开放或果实成熟都预示着祸福。田野上或是森林中的每一棵树木，如果被人梦到了，都会被赋予相似的、能够左右人们命运的非凡能力。梦见灰烬预示着长途旅行。如果梦见一棵栎树，则预示着健康长寿和兴旺发达。对于一位少女来讲，当她梦见自己扒去了一棵树的皮，这预示着她的名誉将会受损，而这对于一位已婚妇女来讲，则象征着她的一位亲人即将离世，对于一个男人来说，这预示着他即将继承一大笔财产。梦到一棵光秃秃没有叶子的树，则预示着巨大的伤痛。而梦见一棵没有枝杈的树则预示着绝望和自杀。接骨木出现在梦中会吉祥一些。要是梦见一棵杉树就更好了，预示着安逸和财富。菩提树是出海远洋的征兆。紫杉和赤杨则是两个不祥之物，对于年轻人来说预示着疾病，而对老年人来说预示着死亡。

令人吃惊的是，在英格兰和法国，人们对于解梦书籍和其他同类无聊作品的需求量是如此之大。有两本书在英格兰特别受欢迎，几年前，只在伦敦一个地方就印刷了50次，并且还在曼彻斯特、爱丁堡、格拉斯哥和都柏林等地也多次重印。一本书叫《布里吉特嬷嬷的解梦全书和命运的神谕》，另一本叫《诺伍德吉普赛人》。据一位对此类学科很感兴趣的权威人士讲，这种类型的书是有需求的，其价格大概从1便士到6便士不等，主要读者是一些女佣和未受过良好教育的人，全国每年可售出11000本。在过去的30年间，每年售出的书都不少于这个数字。这个时期售出的总数达到了33万册。

有一些花儿和水果可以预测未来，下面我们按字母顺序列出一些最重要的，全部引用自可靠的来源：

芦笋，捆扎成束，这是眼泪的象征，如果你看到了这种植物在你的梦中生长，那是好运的标志。

芦荟，无花，预示着长命百岁；有花，则是遗产的象征。

朝鲜蓟，这种蔬菜预示着不久后你就会得到贵人相助。

龙芽草，这种草药预示着你的家人将要生病。

银莲花，代表爱情。

报春花，生于花坛中，代表幸运；生于盆中，代表婚姻；若被采摘，代表孀居。

覆盆子，预示着即将会有一次愉快的远足。

金雀花，代表家庭中即将添加一位新成员。

花椰菜，预示着你所有的朋友都将蔑视你，或者你即将陷入贫困境地而无人同情。

酸叶，代表你即将收到来自乡下的礼物。

水仙花，任何一位少女只要梦到了水仙花，就表示善良的天使在警告她，告诫她不要和自己的情人走进树林中，或任何黑暗的地方，因为在那个地方别人可能听不到她的呼救。哎，如果她对这个警告置之不理的话，那就太可惜了！它将被夺去宝贵的贞洁，再也没有资格戴上代表纯洁的花环。

无花果，如果梦到的是绿色的，预示着困境和尴尬。如果是风干的，那么穷人会变得有钱，富人会得到欢乐。

三色堇，预示着心痛。

百合花，预示着欢乐。睡莲，预示着有来自海上的危险。

柠檬，预示着分离。

石榴，对单身的人而言，预示着幸福美满的婚姻；对于已婚之人，预示着不和的关系将会和解。

汶珀树，预示着愉快的交往。

玫瑰，预示着幸福甜蜜的爱情，并且远离各种悲伤。

酸浆草，梦见这种药草则标志着你很快就会有机会用你的深谋远虑去克服大的灾难。

向日葵，表示你的骄傲将会被狠狠地伤害。

紫罗兰，对单身者预示着不幸；对已婚者预示着欢乐。

任何种类的黄色花都带代表嫉妒。

紫杉果，无论对男对女都预示着失去人格。

应该注意的是，这些解梦的规则并不具有普遍性。当一位英格兰的农家女梦到了一束玫瑰的时候，清晨起来她会十分喜悦欢欣，但在诺曼底的农家女孩会因为梦到同样的东西而感到震惊失望。一个梦见橡树的瑞士人绝不会分享英格兰人的那份喜悦，因为他会认为这种梦对于他来讲是一种警示，会由于一些微妙的原因而导致巨大灾难的降临。因此，无知和轻信的人们会给他们自身带来强烈的痛苦和烦恼。这样的话，他们便撒下了一张大网来捕捉自己的不幸，在毫无价值的希望和不幸的恐惧中度过一生。

在人们偶然发现的自寻烦恼的方法中，在毫无希望的揭示未来秘密的过程中，预示和征兆占据了显著的位置。自然界中在特定时间发生的事件，几乎没有不被预言家们看成是或吉相或凶兆的。当然大多数是凶兆。与发现生活中的愉悦感和幸福感相比，人类更加擅长自我折磨。我们偏离自己前进的道路只是为了让我们自己感到不舒服。生活这杯酒对人类的味觉来说还不够苦，我们自己又提炼了毒药放进去。当然如果我们不去提炼，它们也不会存在。爱迪逊说过："我们在一些偶然的小事中遭到的苦难和在真实世界中的不幸是一样的。一颗流星在深夜坠落，热恋中的男人刚一有结婚的念头就食欲不振。午夜猫头鹰的叫声比一个强盗更能给家庭造成恐慌。甚至是蟋蟀在午夜的叫声也比狮子的吼声更令人惊悚。再没有比面对充满想象的预言和征兆而表现出的镇定自若更不值一提的事情了。一个生锈的铁钉和弯曲的大头针突然变成了神奇的东西。”

在爱迪逊写完这些文字后的125年后，许多奇怪的言论随着时光的流逝都不攻自破，但是预言、征兆仍然存在，仍然让那些意志薄弱的人生活在惊恐中。对于征兆的信仰不仅仅局限于没受过教育的无名之辈中。曾有一位声名远播的统领大将军，也深信烛火中出现裹尸布的幻影是不祥的兆头，应该引起警觉。尽管有些有学问的人在获得了文学方面的最高荣誉后，仍然会紧紧地抱着那些微不足道的名誉不放手。因为“当深夜悄悄来临时，人们都进入了梦乡，一条狗在大街上朝着月亮咆哮。有些人承认预兆对于人类没有任何意义，但同时也承认，不管出于何种理由，当听到墙上一种被称为‘报死窃蠹’的无害昆虫的叫声时，或者是看到一块中空的碳蹦出火炉，他们还是难以克服对死亡的恐惧”。

除了刚才提到的那些征兆，还有许多不好的预兆，它们对百姓和弱者发出警告。如果他们突然发抖，他们也会认为此时敌人正在践踏将来可能成为他们墓地的地方。如果在清晨走出家门遇到了一头母猪，那么这一天就会霉运连连。如果遇到了一个驴子，则预示着不幸。如果在梯子下面走那也是不幸的象征，在圣米迦勒节如果忘记吃鹅，或者踩到甲虫，又或者吃下了一对孪生坚果，也是厄运的预兆。如果谁不小心把盐撒了，这同样是悲痛的象征，每一粒盐都代表着悲伤的一天。如果13个人围坐在桌子旁吃饭，那么这一年一定会有一个人去世，而其他的12个人也会跟着倒霉，在所有不幸的预兆中，这个是最糟糕的了。

基奇纳博士说到，在一种情况下，13个人坐在一起进餐确实会带来不幸，那就是当桌上的饭只够12个人吃的时候。不幸的是，大多数人的思维并不会这样风趣、明智。几乎在每个欧洲国家，这种迷信都在传播着，有人把13这个数字看成是一切厄运的代表。如果他们发现自己的口袋里有13枚硬币，他们就像丢垃圾一样丢掉一枚。贤明的贝朗热在其动听的歌曲“13人共进晚餐”中，给这种令人羞愧的迷信赋予了一种诗意的美，并按照他往常的习惯在歌曲中融入了一些智慧理念。在用餐时，他弄撒了盐，才发现自己是第13位客人。正当他哀叹自己的不幸，脑海中浮现疾病和苦难、坟墓的景象时，他突然间被死神的出现惊呆了。死神并不是以穷凶极恶的仇家面孔出现的，也不是以耸人听闻的骷髅形象出现的，而是以光明天使的身份出现的。她提醒我们因害怕她的降临而感到恐惧是非常愚蠢的。这时的她是人类的朋友，而不是敌人，她把我们从躯体的禁锢中解脱出来。

如果人们能够这样看待死亡，以健康、智慧的生活方式度过每一天，直到死神不可避免地降临那一天，该免遭多少悲伤和苦痛的折磨啊！

传说在好的预兆中，最吉利的就是遇到一匹花斑马。如果遇到两匹这样的马就更幸运了。如果这个时候你吐三口唾沫，并且许下任何合理的愿望，那么你的愿望就会在三天之内实现。你若不小心把长袜穿反了，那么这也是一个吉兆。如果你是故意这样穿，那就没什么好处了。连着打两个喷嚏也是非常幸运的，如果你再接着打了第三个，那么这种吉兆就会失灵，化为幻影。如果有一只陌生的狗跟着你，并且向你摇尾巴，还一直在你身上撒娇表示亲昵，那么这就是幸运的象征。如果一只陌生的雄性野猫来到你家，并且向你的家人示好，那这也是非常幸运的征兆。如果是只母猫，那情况就不同了，将会是极大的不幸。如果一群蜜蜂飞到你家的花园，这表明极高的荣誉和伟大的功绩正在等着你。

除了刚才提到的预测未来的方法，你也可以通过认真感知自己身体上的瘙痒来了解自己未来的命运。比如，如果眼睛或者鼻子痒，这就是你将会有短暂烦恼的预兆。如果脚痒，你就会去往陌生的领域。如果胳膊肘痒，说明你将更换床伴。右手痒说明要发财，左手痒则是破财的征兆。

这些不过是现代欧洲人们所信奉一部分征兆。如果要把所有的都列举出来，那将会十分冗长无趣。详细地解说东方国家中信奉的各种骗术是没有多大意义的。每一位读者应该都记得《项狄传》中那句永恒的咒语——如果你在头脑中诅咒谁，那么不论以怎样的方式，你都能找到他。东方对预兆的信念并不比西方差。身体的每一次运动，情绪的每一次变化，在特定时间内都可能是一定的征兆。在自然界中存在的每一种形态，或是每一个物体，甚至是云朵形状的变化或是气候的变化，每种颜色，每个声音，不管是人的还是动物的，鸟儿的还是昆虫的，又或者是无生命的东西，都是一种征兆。相对于珍惜一种令人陷入困境的恐惧来说，一切都显得那么微不足道。

在很早之前，对于征兆的信仰形成了迷信。在那时，不过是将相对而言的特定日子作为预测未来的工具。下面的内容摘自女修道院院长布里吉特非常受欢迎的作品《梦与征兆读本》，这本书展示了当时英格兰人的信仰。关于这些宗教的历史，在《每日读本》中可以得到答案。

“在大年初一，如果一个年轻的少女在睡觉之前喝了1品脱凉水，水里面加了小母鸡生的蛋和蜘蛛腿、鳗鱼粉末，然后再用护身符搅拌一下，那么她这一年的命运都会在她的梦境中呈现出来。这种魔力在一年中的这一天有效，其他的日子都会失灵。

“在情人节这天，让一个单身女人早早出门，如果她出门遇到的第一个人是女人，那么她在这一年就不会结婚，如果她遇到的是异性，三个月内肯定会结婚。

“在报喜节这天，在一根细线上绑31个坚果，再和混有蓝丝的红线绑在一起，在睡觉之前系在脖子上，并且不断重复一句话：“啊！我希望，我多么希望看到我的真爱！”午夜一过，你就会在梦中见到你的爱人，同时也会预知在你未来的生命中可能发生的一些重要事件。

“在圣·斯维森节前夜，选出三件你最想知道的事，用一支新钢笔蘸上红墨水写在一张精致的纸上。这张纸必须裁掉四个角，并把它们烧掉。写好了之后把纸折成情人结，然后在外面绑上自己的三根头发。把折纸连续3天放在自己的枕头下，那么你预知未来的好奇心就会得以满足。

“在圣·马克节前夜，当钟声响起，12点整，去最近的教堂南边拔下墓地中的草，越茂盛越好。然后在睡前放到枕头下面，并且虔诚地重复下面的话至少三遍：

圣马克节佑吾预言，
愿吾心于希望与恐惧中皆泰然：
让吾知吾命，莫管祸福旦夕，
笑看地位高低，
管他孑然一身或婚姻甜蜜，
吾之星宿按其轨道前进。

如果当天晚上你没有做梦，你就会一生孤独终老。如果你在梦中梦到了电闪雷鸣，那么你的一生将会充满苦难与悲痛。

在圣烛节前夜，让3个、5个、7个或者9个少女聚在一间方形的屋子里。房间的每个角落都挂上一束混合着芸香和迷迭香的香草。然后把一块由面粉、橄榄油和白糖制成的蛋糕分给每一位少女，每人都要承担自己那块的费用。最后，这块蛋糕要被切成大小相同的小块，每块蛋糕在切的时候都标注上每位少女名字的大写字母，然后把这些蛋糕放在火上烘烤一个小时。整个过程中大家一句话都不能说，并且需要紧抱双臂，双腿交叉。每块烤好的蛋糕都要用纸包起来，少女们在纸上写好所罗门圣歌的爱情部分。如果她们将其放到枕头下面，就会梦想成真。她也将看到自己未来的丈夫和孩子们，除此之外，还会知道她的家庭将会贫困还是富裕，生活会舒适还是艰难。

在仲夏节，拿三朵玫瑰用硫磺熏烤，下午3点整在紫杉树下烧掉其中的一朵，将第二朵埋在一个新的坟墓里，第三朵放在枕头下面，三个晚上后，用炭火把它烧掉。在这段时期，你的梦将会显现出你未来的命运，更神奇的是，将与你结婚的人会焦躁不安，直到他来找你。除此之外，你将会永远在他的梦中出现。

在圣·约翰节前夜，用最好的黑色天鹅绒（劣质天鹅绒达不到目的）做一个崭新的插针的垫子，在其中一面用能买到的最小的针（其他针没有用）以最大的字体刺上你的名字。另一面，用一些大针刺上一个十字，然后在周围刺上一个圆圈。把它放在你当晚脱下的袜子里，然后把袜子挂在床脚处。你未来的一幕幕都会在你的梦中显现。

在一年中的第一轮新月出现这天，打来一品脱清澈的泉水，加上白母鸡下的鸡蛋的蛋清、一杯白葡萄酒、三枚剥了皮的杏仁和一勺白玫瑰水。晚上睡觉之前喝下，不能多也不能少，只能喝三口，并且重复下面的诗句，要发音清晰，声音不能太大，以免被别人听到：

如果在黎明前，
我梦到清澈的泉水，
这预示着我将忍受贫寒，
生来便与财富无缘。
如果我梦到自己正在品尝啤酒，
哪怕是劣质品我也会非常愉快。
好运与霉运交替出现，
悲伤和快乐不断演变，
一旦我梦到自己畅饮葡萄酒，
荣华富贵将会与我一生相伴。
酒越浓，情正酣，
预示我命运的梦境啊，
赶快出现，赶快出现！

2月29日这一天每隔四年才出现一次，这个日子对于那些渴望预测未来的人十分难能可贵，特别是那些热切渴望知道自己如意郎君的长相和肤色的妙龄少女们。要用到的符咒如下：27枚小号的别针，3个一组，插到一块硬蜡烛上。将底部那端点着，并且把它放在从处女之墓取出的泥土做成的烛台上面。

把烛台放在壁炉的左边，当钟声敲响12下的时候，立刻上床睡觉。当蜡烛燃尽，把别针取下来放到你左脚的鞋中。九个晚上后，你的命运就会在你的梦中显现。

我们快速回顾了各种各样预测未来的方法，特别是现代社会中被人们普遍使用的方法。这些荒唐愚蠢的事情在每一个国家都十分相似。民族的性格特点导致了一些解读方面的不同。山区的居民会将自然现象作为未来即将发生的事情的征兆。平原的居民也会以相似的方式，探寻自己身边的事物所呈现出的征兆，同时他们的迷信带有一些特殊的特点。相同的精神使所有人都渴望知道上帝对他们隐瞒的是什么。人类在这方面的好奇心是永远不可能根除的。死亡和疾病的命运会让那些意志薄弱的人、无宗教信仰的人和愚昧无知的人感到厌恶和恐惧。只要这种思想存在于世界上，神学家们就会鼓吹其不恭不敬，哲学家们就会论述其荒谬可笑，尽管这一切都徒劳无功。那些算命的和预言家们也便失去了他们之前的光环和声望，不得不隐居起来，不再向世人显示自己的神通广大。由此可见，目前，这种情况已经得到了显著的改善。

催眠术师

有人认为他们是非凡的智者，有人认为他们只是疯子。

——贝蒂吟游诗

人们都知道想象力在治疗疾病方面神奇的效果。手上的一个动作或眼神的一瞥都能使一个虚弱轻信的病人恢复健康。一颗由面包制成的药丸，如果充满信心地吃下去，也将比药典中所有药物具有更好的治疗效果。1625年，被围困于布雷达的奥兰治王子，在所有其他手段都失效的情况下，通过一个善意的谎言配合其医疗知识治愈了所有患有坏血病的士兵。据说，在驻军受到坏血病的侵扰后，奥兰治王子送给医生们两三瓶装有甘菊、蒿木和樟脑混合熬制的药，并告诉他们这药物非常罕见，是经历无数危险和困难从东方得来的，具有很高的价值，并且药效极其强烈，一加仑水中只需滴入两三滴即可。士兵们非常信任这位指挥官。他们欣喜地服下了药，并很快康复。后来，三五十名士兵簇拥到王子身边，称赞他的医术高明，并深表感激。这样的例子还有很多，特别是在从巫术的历史角度来看。那些装模作样的仪式、奇怪的姿势和粗鄙的术语，经常会吓坏轻信紧张的妇女，导致她们产生一些歇斯底里的症状和其他类似疾病。我们现在非常容易理解疾病的成因，但在当时却被认为是魔鬼作祟，不仅受害者和普通公众这么想，甚至连巫师本人也深以为然。

在炼金术逐渐式微却竭力挽回颓势的时代，一种新的建立在想象基础上的邪说突然兴起，在众多炼金术士中也不乏追随者。他们中有许多人放弃了原来的追求，转而成为催眠术师。这种邪说最初是矿物催眠术，后来变为动物催眠术，现有的名称来源于后者，在这一系列的演化过程中，数千万人遭到蒙骗。

最早引起人们关注的是矿物催眠术师，他们称得上是当代江湖医生的始祖。目前，人们对帕拉塞尔苏斯是否为玫瑰红十字会第一代宗师颇有争议，但他作为第一代催眠术师的地位却毋庸置疑。我们已在本书中有关于炼金术的章节提到过他，和所有的炼金术士一样，他也是一名医生，并且假装自己不仅可以炼金，求取长生不死之术，还会治愈各种疾病。从医生的观点看，他是第一位将隐藏的神奇力量归于磁铁的人。

显然，他被一种真诚的信念所驱动，认为磁铁就是点金石，即使它不能转化金属，但也可以治愈人世间所有的病痛，抑制病情恶化。为此他多年行走于波斯和阿拉伯，寻找东方传说中的硬石山。在巴塞尔当医生时，他将自己的一副秘方药起名为灵丹，这是一种石头或水晶。他声称该药具有磁性，可以治愈癫痫、癔病、痉挛和哮喘。很快就有了效仿者，他因此远近闻名，也埋下了谬误的种子，并逐渐生根发芽，日渐枝繁叶茂。尽管现代很多同行拒绝承认，但这可被认为是催眠术的起源，因为我们发现，帕拉塞尔苏斯之后开始不断出现矿物催眠术师，直至梅斯梅尔的出现，才为这种骗术增添了一些新的特质。

帕拉塞尔苏斯吹嘘说，他能用磁铁将疾病从人体转移到土壤之中。他认为有六种方式可以实现这一点。我们以其中一种作为例子便足以说明问题："如果一个人患上了疾病，无论是局部性的还是全身性的疾病，都可以尝试以下的治疗措施：取一块磁铁，放入木乃伊体内并与肥沃的土壤混合，在这些土壤中种一些与疾病同质的种子，再将这些筛选过的土壤与木乃伊混合于陶罐中，此后，每天儿童清洗患病之处的水浇灌种子。这样便可将疾病从人体转移到土壤中的种子上。将种子从陶罐中移植到土壤中之后，它们便开始发芽生长，随着它们不断长大，病痛将慢慢减轻。而当植物完全成熟时，病痛也将完全消失。

耶稣会的基歇尔（他与炼金术士们的争吵揭露出了他们的许多欺骗行为）对磁铁的功效深信不疑。在一位疝气患者请基歇尔为他治病，基歇尔让他服下用一小块磁铁块磨成的细粉，同时在病人身体的肿胀部位贴上铁粉制成的膏药。通过这种方式，他希望磁铁到达身体内部相应位置后会与外部肿胀部位的铁粉产生吸引力，从而迅速消除肿胀，减少病痛。

随着这种全新的磁性学说不断传播，人们发现，任何由金属物质所造成的创伤都可以由磁铁进行治疗。此种妄想不断加剧，人们认为剑被磁化以后可以治愈其造成的任何伤害！这便是著名的“武器药膏”的由来，曾在17世纪中叶备受关注。下面的药方由帕拉塞尔苏斯开出，用于治疗利器所造成的除穿透心脏、大脑或动脉外的任何伤口。“取下被绞死后抛尸于光天化日之下的小偷尸体头上的苔藓、真正的木乃伊和人体温热的血液各一盎司，人的油脂两盎司，亚麻籽油和亚美尼亚红玄武土各1/4盎司。把它们在研钵中充分混合，然后将药膏置于长方形的、细长的容器中。”将武器蘸上伤口的血，仔细地涂上一层药膏，并放置在阴凉的地方。与此同时，用完全清洁的水仔细冲洗伤口，使用干净柔软的亚麻布进行包扎，每天清理化脓部位或进行其他清洁处理。一篇发表在《外国季度评论》上的文章的作者称，这种治疗方法取得的成功令人怀疑，因为“当时的外科医生采用的就是这种治疗方法，只不过没有在武器上涂药膏”。

在欧洲大陆，人们仍然在广泛地谈论“武器药膏”，许多人热切地希望给予其发明者应得的荣誉。弗拉德大夫，也就是我们在本卷的前面提过的那位炼金术士弗拉科特博斯，热切希望能将这种发明引入英国。他成功地治好了几个病人，其实这并不奇怪，因为他通过吹嘘药剂的巨大疗效极大地提升了病人的信心，但同时他也从来没有忽略那些常规的但更为重要的治疗措施，如清洗、包扎伤口等，而自古至今的经验已经证明这些方法足以治好创伤。弗拉德医生进一步宣称，如果运用得当，磁性对所有疾病都有治疗效果，但是人体就像地球一样，也是有南北极的，磁性只有在人的身体处于北方位置时候才有效！

就在他的名声如日中天之际，他最钟情的治疗措施——药膏也受到了攻击，但这并没有削弱他对其功效的信念。有位“福斯特牧师”写了一本名为《虚伪的海绵》的小册子，作者在书中公开宣称，推荐或给别人涂这种药膏与巫术一样恶劣。这种药膏是由魔鬼发明的，他会在末日审判中抓住每一个曾经给予这种药膏丝毫支持的人。福斯特牧师说道：“事实上，魔鬼亲手把药膏交给了帕拉塞尔苏斯，帕拉塞尔苏斯又把它给了皇帝，皇帝又赐予朝臣，又从宫廷中传到了巴普蒂斯塔·波尔塔手中，波尔塔又传给了弗拉德医生，他依然在他所生活的城市伦敦行医，他也仍然竭尽所能地支持这种药膏。”受到攻击后，弗拉德医生依然提笔反击。

在这场争端爆发后不久，又出现了一位更加有名的武器药膏的信仰者——卡奈姆·迪格比爵士，因参与火药阴谋而被处决的埃弗拉德·迪格比爵士之子。迪格比是一个成功的学者，精明能干，炼金术士的信条给他留下了深刻的印象。他对点金石深信不疑，并希望说服笛卡尔将毕生精力用于寻求长生不死的灵丹妙药，或者寻求其他一些能够使人类永生的方法。据说，他让他美丽的妻子维尼夏·阿纳斯塔西娅·斯坦利吃用毒蛇喂养的阉公鸡，希望她可以保持美丽容颜达一个世纪。如果像迪格比爵士这样的人一旦接受了武器药膏的想法，那么我们有理由相信他会最大限度地利用它。然而，到他的手中，这种药膏变成了一种药粉，被称为“同感粉”。他谎称自己从一个加尔默罗修会的一个修士那里学到了这种知识，而这位修士又是从亚美尼亚的一位著名的东方哲学家那里学到的。詹姆斯国王、威尔士王子、白金汉公爵和许多其他贵族人物都相信其功效。

下面这个值得注意的例子是卡奈姆爵士在蒙彼利埃读给一群博学之士听的。詹姆斯·豪威尔先生是著名的《树木志》的作者，写过很多文章。有一次他偶然碰见他的两个好朋友正在决斗，他飞速冲到他们中间，试图努力分开他们。他一只手抓住其中一个人的剑柄，另一只手抓住了另一把剑的剑刃。在盛怒之下，他们剧烈地反抗想要摆脱豪威尔造成的障碍，就在这时，被豪威尔先生握住剑刃的那个人粗暴地将剑撤回，这几乎快切断了豪威尔先生的手，严重破坏了神经和肌肉，并穿透了骨头。而与此同时，另一个人几乎在同一时刻将剑挣脱出来，瞄准对手的头部准备给予一击，豪威尔先生看到后，以迅雷不及掩耳之势抬起他受伤的手挡住了这一击。剑砍在他已经受伤的手背上，伤得十分严重。卡奈姆·迪格比爵士说：“看起来，好像当时正有一颗灾星主宰着他们，如果他们的情绪正常，他们就不会刺伤最亲爱的朋友，而是会为了最亲爱的朋友献出自己的生命。看到豪威尔手上的血溅到了脸上，他们都扔掉了自己的剑过来抱着他，用袜带把他的手包扎住，包住静脉，以阻止鲜血继续外流。然后他们把他送回家，并请来了外科医生。

詹姆斯国王很喜欢豪威尔，后来派自己的外科医生来照料他。我们必须借卡奈姆·迪格比爵士之口继续讲述这个故事：“我住的地方离他家很近，这是我的机会，过了四五天后，他来到了我的住处，请求我看看他的伤口。他说：‘我明白，对于这种情况你有特殊的治疗办法，而我的外科医生担心它可能长出坏疽，所以必须把我的手切掉。’实际上，他的表情说明他极度痛苦，他说，因为严重的炎症，疼痛简直令他无法忍受。我告诉他我愿意为他治疗，但是，如果他知道我既不接触他也不观察他就为他治疗，那么他可能就不会接受我的治疗方法，因为他会认为这是冒险的、无效的或者是迷信的。他回答说：‘人们曾经对我说过很多关于您的治疗方法的神奇之处，我毫不怀疑它的功效。我所想要跟您说的所有话用一句西班牙谚语说就是：让奇迹发生吧，虽然由穆罕默德带来’。”

"我向他要一件沾有他血迹的东西，他立刻派人去取他受伤时包扎用的袜带。我请人打来一盆水，装出要洗手的样子，向里面加了少量硫酸盐，不一会儿它就溶解在水里。袜带拿来后，我把它放在了盆里，并不时地观察豪威尔先生在做什么。此时，他正站在我房间的一个角落里和一个绅士说话，全然没有注意我在做什么。他好像突然发现在自己身上出现了一些奇怪的变化，我问他是什么感觉。'我不知道怎么了，但是现在我不再感到疼了。我觉得有一种清新的感觉在我的手上蔓延，好像是一块湿润的餐巾那样，它把之前令我痛苦不堪的炎症都带走了。'我回答说：'既然你觉得我的药剂已经这么好了，我建议你丢弃所有的膏药，只保持伤口清洁，不要过冷过热。'这件事情立刻有人报告给了白金汉公爵，稍后又禀报给了国王，他们都非常好奇，想要了解事情的情况。在晚餐之后，我把袜带从水中取出来，并在烧得正旺火旁烤干了。就在快烤干的时候，豪威尔先生的仆人跑来了，说他的主人感觉自己仿佛在燃烧，似乎他的手被放在了烤红的煤炭中间。我回答说，虽然他暂时会觉得很痛苦，但是稍微过一会他就会觉得舒服多了。因为我知道出现这种情况的原因，因而会相应地做好准备。可能在他回去之前，他主人炎症就应该消退了。但是如果他感觉到症状没有丝毫减轻，我希望他立刻过来见我，否则就不用来了。于是，在仆人走了之后，我把袜带再次放到水里，回去后他发现他的主人已经没有任何痛苦了。简单来说，后来他再没有痛苦的感觉，并在五六天内，伤口开始结疤，并完全愈合。"

这就是卡奈姆·迪格比爵士的不可思议的故事。那个时代类似治疗法的其他从业者之荒谬绝不在他之下。当时人们也并不总是需要使用同感粉或武器药膏来治病。用手磁化剑就足以减轻同一武器造成的任何疼痛。他们故弄玄虚地说，如果他们用手指向上抚摸剑，受伤的人会立即感到宽慰，但是如果他们向下抚摸它，伤者就会感到难以忍受的痛苦。

同时，还有一种关于磁性功效的愚蠢观点也很可笑。这个观点认为，可以在身体中形成一种能产生共鸣的字母表，通过这种方式，人们就可以相互沟通，尽管相隔千里，仍然能够以意志传播的速度来交流所有的想法。从两个人的手臂上各割下一块肉，在其仍然温暖并有血渗出来的时候，相互移植到对方身体上。被切下的肉虽然生长在另一个人的手臂上，但它仍然保持与原来的肢体的交感力，因而对它的伤害总是会牵动原主人敏感的神经。在被移植的肉上上刺上字母表，于是当他们需要交流时，尽管身处大西洋两岸，只需用磁针刺一下他的胳膊，他的朋友就可以直接接收到他要交流的信息。无论他们哪一个刺了什么字母，另一个人同样字母的位置就会感到疼痛。

与迪格比爵士同时代还有一个名叫瓦伦丁·格里特莱克斯的名人，他没有涉及磁性说，也没有声称自己发明了什么理论，而是和他人一起实施了一种骗术，与当时人们热衷的矿物磁性研究相比，这种骗术与今天的动物磁性说更加相似。

格里特莱克斯是一个爱尔兰科克郡绅士的儿子，家境优越，受过良好的教育。他在年轻时患过忧郁性精神错乱。过了一段时间，无论他在睡觉还是醒来，他心里总有一种冲动或奇怪的信念，不断地提醒自己，上帝给了他治愈瘰疬的力量。他向妻子提到自己的这种信念，妻子坦率地说他这是在犯傻！他不太确定这一点，尽管这一信念来自上帝，但他还是决定对自身的这种力量进行试验。几天后，他到利斯莫尔老区的萨尔特斯布里奇，去见一个名叫威廉·马赫的病人，他们的眼睛、脸颊和喉咙都患上了瘰疬。病人们对他抱有极大的信任，他伸出手，抚摸、祷告，在几天的治疗过程中，他满意地看到病人逐渐好转。最终被完全治愈。

这次成功使格里特莱克斯坚信自己有一个神圣的使命。日复一日，他不断得到上帝的指示，要求他还要治疗疟疾。随着时间的推移，他能治疗的疾病越来越多，可以治愈癫痫、溃疡、疼痛和瘸腿。整个科克郡都开始议论这个非凡的医生，他治疗癔症、抑郁症的方法确实很高明。根据他自己的说法，许多人从四面八方赶来求助，他没有时间做自己的事情，也无法享受亲朋好友的陪伴。他不得每周留出3天时间，每天从早上6点到晚上6点对所有来访的病人进行诊治。而在这段时间里来访人群依然如此之多，以至于邻近的城镇都无法容纳这么多人的到来。

于是，格里特莱克斯去了约尔。从爱尔兰和英格兰前来求医的病人如此之多，使得约尔的治安法官开始担心他们把自己的病传染给当地人。有几个病人刚一看到他就立刻昏厥在地，他便用手抚摸他们的脸，并为他们祈祷，以帮助他们恢复理智。不但如此，他还宣称轻轻碰下他的手套，病痛也会随之消失。有一次，他用手套把几个魔鬼或邪恶的精灵从一个女人身上赶了出来，这些东西日夜折磨着她。格里特莱克斯说：“这些魔鬼在进入她的喉咙时，就想让她窒息而死。”由此可以看出，这个女人得的只不过是癔症罢了。

利斯莫尔教区的神职人员似乎比教区居民对格里特莱克斯的故弄玄虚有更清楚的认识，他们竭力反对这位先知和奇迹的创造者。他被传唤到法庭，并被禁止再预测未来。但他对教会不以为然。他声称自己的力量直接来自天堂，因而继续像往常一样让病人昏厥过去，并使他们恢复理智，就像现代催眠师所做的一样。他的名声开始如雷贯耳，康威勋爵派人请他去伦敦，并乞求他能立即赶来，期待他可以治愈折磨了他夫人数年之久的严重头痛，而英格兰最好的医生都对此束手无策。

格里特莱克斯欣然接受了邀请，并开始尝试对康威夫人进行治疗，并为她祈祷。但是，他并没有丝毫减轻病人的痛苦。这个可怜的女人的头痛病过于严重，他的治疗毫无效果，甚至坚定的信念和丰富的想象力也无能为力。格里特莱克斯在康威勋爵的家里住了数月，采用的疗法与他在爱尔兰所做的基本相同。

后来他又搬去了伦敦，并住在林肯法学会附近的一所房子里，这里很快就成了伦敦那些神经质的、容易上当的女人们的聚集之地。在《圣埃夫里蒙德杂文集》第二卷的“爱尔兰先知”标题下记载了当时（1665年）有关格里特莱克斯的一桩趣闻。这是对这位早期的催眠术师最生动的描述。很难说他是否比一些后来者更加装模作样，这些人现在已充斥在我们周围。

圣埃夫里蒙德说：“当考明吉斯担任法国驻英国大使时，有一位爱尔兰先知来到伦敦，他假装自己是一个伟大奇迹的创造者。有很多上流社会的权贵请求考明吉斯邀请这位先知去他家，以便能够一睹那些奇迹。为了朋友的面子，也为了满足自己的好奇心，大使答应满足他们，并告诉格里特莱克斯很愿意见到他。

“先知要来的消息不胫而走，整个城市都开始沸腾，病人们迅速向考明吉斯下榻的酒店聚集而来，他们都对自己能够被迅速治愈满怀信心。爱尔兰人让他们等待了相当长的时间，但是终于在他们不耐烦的时候出现了，表情严肃而质朴，看起来丝毫不像个骗子。考明吉斯先生打算细细和他交谈，同他讨论在冯·海尔蒙特和博迪纳斯记载的那些事情。但令他遗憾的是，他无法这样做，因为人群变得越来越拥挤，跛子和一些其他病人都迫不及待想第一个被治疗，仆人们只能吓唬他们甚至动用武力以维持秩序。

“先知断言，所有的疾病都是由魔鬼引起的。所有的病症都是因为魔鬼侵入了人体造成的。第一个被带到他面前的病人是一个患有痛风和风湿病的男人，他的病情十分严重，以前的医生们都束手无策。这位奇迹创造者说道：‘啊，我曾经在爱尔兰看过了很多这样的精灵，他们是水精，会令我们的身体发抖，使水状液从我们可怜的身体中溢出。邪恶的精灵啊，你离开你水中栖身之处，跑来折磨这个可怜的人，我命令你离开你的新居，回到你的老窝中去吧！’说完让这个病人先退到一旁，然后另一个病人被带过来了。这位新来的病人说他被抑郁症所折磨，事实上，他看起来像一个臆想症患者，这种人想象自己患有某种疾病，而且经常会真的得上这种病。爱尔兰人说：‘空中的精灵啊，我命令你回到空中！在狂风暴雨中展示自己的神力，而不要再在这个不幸的人身上兴风作浪了！’这个男人立刻被拉到一边为第三个病人腾出空间。在爱尔兰人看来，第三个病人只是受到一个小精灵的折磨，只要他一声令下，这个小精灵就会立刻逃走。他假装通过一些人们看不到的痕迹中认出这个小精灵，然后转身微笑着说：‘这种精灵通常不会造成很大的伤害，甚至只是让大家觉得很有趣。’听到他这样说，人们会认为他知道所有关于精灵的事——他们的姓名、等级、数量、职业，还有他们命运的归宿。他说道，相比人情世故，他对魔鬼的伎俩更为熟悉。你几乎不能想象他是在短暂的时间内获得了多么大的美誉。各地的天主教徒和新教徒都蜂拥而至，都相信上帝赐予的力量掌握在他手中。”

在讲述了一个相当可疑的故事，即一对夫妇希望格里特莱克斯把潜伏在他们中间的“争吵鬼”赶走的故事后，圣埃夫里蒙德总结了他在大众心中所产生的影响：“人们对他的信任非常之深，失明者幻想他们看到了光明，聋子想象他们听到了声音，跛子幻想自己可以直立行走，瘫患者以为他们四肢痊愈了。对于健康的追求使病人暂时忘记了自己身上的疾病，而想象力在那些由好奇心驱动的人和病人身上起到了同样的效用。前者出于希望看到一种虚假的疗法可以在后者身上起作用的欲望，而后者则是迫切希望自己的疾病能够痊愈的欲望，它们共同形成了虚幻的假象。这就是这位爱尔兰人在人们的头脑中所产生的效力，这就是人的思想对人的身体所产生的影响。在伦敦，人们都在谈论他创造的奇迹，这些奇迹得到了众多权威的支持，使得糊涂的人们几乎不假思索地相信它们，而很多明智的人也不敢以自己的知识进行驳斥。胆小怯懦的公众舆论开始吹捧这种看似不可一世但又有权威背书的谬论。那些识破真相的人也只是保留了自己的看法，因为他们明白对于已经被偏见和崇拜迷惑的众人，无论他如何表达自己的怀疑都是无用的。”

几乎在格里特莱克斯在伦敦施展其催眠术的同时，一位名叫弗朗西斯科·巴格诺在意大利施展着几乎相同的骗术，同样取得了很大的成功。他甚至只需用手触摸那些虚弱的女人，或者有时只需要一件纪念品，就能使他们发生昏迷并表现出所有被催眠的特征。

除此之外，在欧洲的不同地方，还有几个学识渊博的人也开始将注意力放在对磁性的研究上，相信它可能会成为治愈许多疾病的灵丹妙药。值得一提的是，范·海尔蒙特发表了一篇关于磁性对人体影响的著作；西班牙的巴尔塞泽·格雷西安也因在这一领域提出了一些大胆的观点而闻名。格雷西安说：“磁铁会吸引铁，而铁随处可见，因此，世间万物都处于磁性的影响下。这只是对一般原则的修正，它会在人类之间建立和谐或者产生分歧。它也是引起同情、反感和情感的因素。”

在福斯特牧师抨击弗拉科特博斯时提出的武器药膏的发展史中，巴普蒂斯塔·波尔塔被认为是其创始人之一，对于磁性的效用，他同样深信不疑，他在病人身上利用想象进行了一些不可思议的催眠术，也因此被指控为魔法师，被罗马法庭禁止行医。在这些以对催眠术坚信不疑而出名的人中，塞巴斯蒂安·沃迪格和威廉·马克斯韦尔值得格外注意。沃迪格是罗斯托克大学的医学教授，著有《新型精灵药物》一书，并将此书献给伦敦皇家学会，这本书的一个版本印刷于1673年。作者认为，认为磁性不仅存在于天国和人的身体之间，也存在于所有的生物体之间。整个世界都处于磁性的影响之下，生命因为磁性而存在，死亡也是磁性的结果。

另一个武器药膏的狂热分子马克斯韦尔是帕拉塞尔苏斯的得意门生，他吹嘘自己已经发现了这位伟大的炼金术士创造如此多奇迹的秘密。他的作品1679年发表于法兰克福。从下面的段落中可以看出，他意识到了想象的巨大影响力，以及它在产生疾病和治疗疾病方面的功效。他说："如果你想创造奇迹，就要把生命中的物质性抽离出来，增加身体中的精神性，唤醒沉睡的精灵。除非你做到了其中的一两项，也就是说除非你能坚定信念，否则你永远也创造不出奇迹。"事实上，这就是磁性学说以及所有类似妄想的所有秘密——唤醒沉睡的精灵，或者换句话说，就是唤醒想象力——诱发信仰和盲目的自信，你就可以做任何事情。杜波泰在其最近的著作中引用这段话时大加赞赏，被认为是证明了动物磁性学说的正确性，但事实却与之相反。如果他们相信可以不借助与马克斯韦尔的理论就能创造出所有奇迹，那么遍布宇宙万物的宇宙流体，以及他们假装从指尖注入虚弱的、生病的身体中的流体又变成了什么呢?

18世纪早期，欧洲的注意力被一种狂热所吸引，动物磁性学家称它可以证明其学说的科学性。一群被称为"圣梅达尔的痉挛者"聚集在他们最敬仰的詹森教派神父帕里斯的墓前，相互传授如何发生惊厥。他们深信帕里斯神父会治愈所有的疾病。远近各地的患有癔症的妇女和患各种疾病的弱智者开始蜂拥而来，每天都有大量的人堵塞通往墓地的大路。他们慢慢地使自己兴奋，然后又一个接一个的痉挛，他们当中有人明显心智健全，却也甘受这样的折磨，而这种折磨在一般情况下是足以毁灭一个人的。这种情形对于宗教或者文明来说都是一种丑闻，是一种包含了猥亵、荒谬和迷信的混合体。

一些人在帕里斯的灵前双膝跪地，进行祈祷，另一些人不断尖叫，发出可怕的声音。女人们尤其卖力，在教堂的一边有好多女人在集体痉挛，另一边似乎更多，她们异常激动，陷入一种狂乱的状态，做出各种狂乱丑恶的动作。有些人从被殴打和蹂躏中得到了一种病态的快乐。

根据蒙泰格雷的论述，有一位特别的女士非常享受这种折磨，只有最狂暴的殴打才能使她得到满足。有一个像大力神海格力斯一样的人，使劲全身力量用一根重铁棒击打她，她仍不断地乞求他再打一次。他打得越重，她越喜欢，不断地叫喊着："干得漂亮，兄弟，干得好啊，哦，太爽了！你对我真好啊，勇敢些，我的兄弟，再加油！"另一个狂热者也是一名挨打的爱好者。卡雷·蒙蒂杰龙记录下了这件事，她被用一个大锤砸了她60下，仍然不满足。他做了个实验，使用同样的武器和同样的力量，只砸了25下，就在石墙上砸出了一个洞。另一个名叫索内特的女人，毫不畏惧地躺到一个炽热的火盆上，从而赢得了"火蜥蜴"的绰号。而另外一些人希望有一个更加炫目的殉道方式，他们试图把自己钉到十字架上。德勒兹在其批判性的动物磁性历史中，试图证明这种狂热由于被催眠而产生的，而这些狂热分子甚至没有意识到他们之前就已经被互相催眠了。同样，他也坚持认为，印度教的盲信者将他们的手臂伸直处于水平状态直到肌肉萎缩，甚或有人蜷缩手指，直到指甲穿透手掌，这些都是因为他们被催眠了。

在长达六七十年的时间里，催眠术几乎仅局限于德国。一些博学之士开始将注意力转向磁石性质的研究上。耶稣会的黑尔神父是维也纳大学的天文学教授，他以磁性治疗而闻名。大约在1771年，他发明了一种特殊的钢板，将其应用于赤裸身体的人身上，可以治疗好几种疾病。在1774年，他将自己的这套方法告诉了安东尼·梅斯梅尔。后者改进了黑尔神父的一些观点，构建了自己的新理论，并成为动物磁性说的创始人。

这一新学说的反对者们开始大肆攻击梅斯梅尔，认为他是一个无耻的投机者。而他的门徒却将他吹捧上了天，认为他是人类的再造者。玫瑰十字会员们也以差不多同样的言词来吹捧他这一教派的创立者，他们认为梅斯梅尔发现了人类和上帝之间联系的秘密，使得灵魂可以脱离肉体的束缚而自由存在，能使我们不受时间的羁绊，并克服空间的阻隔。我们仔细地筛选一下他的自吹自擂——对支持它们的证据进行检验，马上就可以看出哪种观点更正确。从人的角度看，记录这些事的人认为，梅斯梅尔将欺骗自己作为欺骗别人的手段，而这一点可以从他在本书中拥有一席之地并且跻身于弗拉梅尔推断出来，而凭借这一点就能够明白他为什么能够在本书中有一定的地位，以及为什么他能够和弗拉尔、阿格里帕、博里斯、博曼、卡格里奥斯特罗斯这些人齐名。

梅斯梅尔1734年5月出生于斯瓦比亚的梅斯堡，后来在维也纳大学学习医学，1766年以论文《行星对人体的影响》获得学位。他以古老的占星术医生的风格对这一问题进行了探讨，也因此在当时和后来处于一种尴尬的地位。就在这一较早的时期，有关其伟大理论的一些模糊的观点就开始出现在他的脑海中。他在论文中提出，“太阳、月亮和恒星在它们的轨道上相互影响，不仅引起了海水的涨潮和落潮，还会对大气造成影响，并以类似的方式通过一种难以捉摸的、可流动的液体对所有有机物产生影响，这种液体充满宇宙，并将世间万物连成一个相互作用的、和谐相处的共同体”。他说，这种影响会对神经系统产生特殊的作用，并产生了紧张和平静两种状态。在他看来，这可以解释为什么有几种疾病会表现出不同的周期性。后来当他遇到黑尔神父时，黑尔的观察结果使他更加坚信自己的观点。他请求黑尔神父为他做一些磁性板，并决心亲自用它们做些试验，以得到更满意的结果。

试验结果让梅斯梅尔感到惊讶。使用金属板的人，因为对它的盲信，而产生了奇迹。梅斯梅尔按照约定将自己的实验成果向黑尔神父做了汇报，而神父却把这些实验成果作为自己的发明公开发表，并声称梅斯梅尔是他雇用来并在他的领导下工作的医生。梅斯梅尔认为这是对他人格的冒犯，他认为自己远比黑尔神父更伟大。他声称这个发明是他自己的，指责黑尔神父背弃了诺言，并谴责他是一个卑鄙小人，急于把他人的发现归为己有。黑尔给予了反击，结果自然是两人发生严重的争执。黑尔神父最终获得了胜利，而梅斯梅尔并没有气馁，继续发表他的观点，直到他最后找到了动物磁性理论。

梅斯梅尔有一个名叫奥斯特琳的年轻女病人，患有惊厥症。她的症状是周期性的，先是大量的血涌向头部，随后出现晕厥和神志昏迷的症状。根据他的那套行星影响理论，他预见了疾病恶化和缓解的时间，并成功地减少了这些症状。因此，他对自己找到了疾病的起源感到满意，然后脑中闪现出一个奇妙的治病方法，如果他能够坚信自己的观点，即在组成地球的有机体之间存在。他很快便证实了这种现象的确是存在的。当试用黑尔神父的金属板时，他认为金属板的存在正是产生功效的原因，但后来他发现，他也可以根本不使用金属板而产生相同的效果，即使在相当远的距离，也只需将他的手沿着患者的身体向脚部移动即可。

这就使梅斯梅尔的理论趋于完备。他把自己的发现向欧洲所有的学术团体公开，希望他们能进行调查研究。而回复他的只有柏林科学院，他们的回复也不过是对他的理论表示赞赏，或者是对他本人恭维一番。然而他并没有气馁，他仍坚持向所有听他讲课的人说，磁性物质或流体渗透了整个宇宙，我们每个人体内都有这种物质，并且我们可以用意志的力量通过过剩的液体与他人交流。他在给维也纳的一位朋友的信中说：“我观察到磁性几乎是与电流一样的东西，并且它可以通过中间媒介以相同的方式传播。钢不是适合传播磁性的唯一物质。我已经使得纸、面包、羊毛、丝绸、石头、皮革、玻璃、木材、人类和狗，总之包括我能接触到的一切，磁性无处不在，这些物质对病人产生的效果与天然磁石完全一样。我已经用与充电相同的方式给一些罐子充满了磁性物质。”

梅斯梅尔不久就发现维也纳并不像他希望的那样令人愉快。他的自负遭到了人们的蔑视和冷漠，奥斯特琳小姐的病例并未让他声名鹊起，反而让他声名狼藉。他决定换个舞台，于是前往斯瓦比亚和瑞士。

在瑞士他遇到了著名的加斯纳神父。像瓦伦丁・格里特莱克斯一样，神父也驱除魔鬼，还可以仅仅将手放在病人身上就能为他们治疗疾病。在他的治疗下，虚弱的女孩会产生痉挛，癔症患者幻想自己已经痊愈。他的房子每天都被跛子、盲人和歇斯底里的人团团围住。梅斯梅尔立刻承认了他的治疗方法的功效，并宣称这是他最新发现的磁力的明显结果。神父的几个患者立刻相信了梅斯梅尔的理论，并在经过治疗后症状大为减轻。然后，他又尝试为伯尔尼和瑞士的医院里的一些穷人治疗，据他自己说（别人没有说过），他成功地治好了一个人的眼炎和黑蒙病。带着这些成就，他回到维也纳，希望能够让他的敌人闭嘴，或至少能让他们尊重他新获得的荣誉，并更加仔细地检验他的理论体系。

他在维也纳的第二次露面却并不比第一次更体面。他承担了治疗帕拉迪斯小姐的任务，这位小姐几乎失明，并且时常痉挛。对她进行了几次磁化治疗之后，他宣布她的病已经痊愈了，如果她没有痊愈，那就是她的问题，而不能归咎于他。当时有一位杰出的眼科医生名叫伯斯，他去拜访了这位小姐，然后说她的眼睛和以前一样，而她的家人也说她抽搐发作的次数一样多。不过梅斯梅尔却坚称她已经痊愈。正如那位法国练金术士一样，他不容许事实干扰他的理论，他声称这是一个故意陷害他的阴谋，在她家人的唆使下，帕里迪斯小姐假装失明以中伤他的名誉。

这次弄虚作假的治疗使梅斯梅尔明白了维也纳不再是他的地盘。于是1778年他前往巴黎，游手好闲、堕落放纵、寻欢作乐、喜欢新奇正是像他这样的哲学家们喜欢的场景。他开始谦逊地向一些名医介绍自己的思想，起初他发现人们很少支持他，更多的是嘲笑而不是保护他。但梅斯梅尔对自己抱有极大的信心，并有决心克服任何困难。他租了一间豪华的公寓，并向所有愿意试验大自然新力量的人开放。一位负有盛名的医生蒙・德斯隆成了他的信奉者。也正是从这时起，动物磁性说，或称催眠术，成了巴黎的时尚。女人们对此非常狂热，她们口口相传，将他的名声传遍社会每一个角落。

梅斯梅尔风靡一时，他做出了各种美好的承诺，无论地位高低、贫穷富有，也不论是否相信他的学说，所有人都急急忙忙地起来见证这个伟大的魔法师的力量。梅斯梅尔和其他人一样都清楚想象力的巨大影响，主张应该将催眠术的魔力发挥到极致。在整个巴黎，没有一所房子的装饰如梅斯梅尔的公寓一样富丽堂皇。透过重彩玻璃的昏暗的灯光使他宽敞的大厅里弥漫着一些宗教的色彩，整个屋子几乎全被镜子覆盖。走廊里弥漫着橙花的味道，壁炉上的古董花瓶中燃烧着名贵熏香，竖琴的清脆乐声从遥远的阁楼传来，而有时一个甜美的女声从或高或低处飘来，打破了房间中刻意保持的那份神秘的寂静，围绕在所有来客身边。“还有什么更令人愉快的事吗？”所有聚到他房子寻求愉快兴奋的巴黎人都在感叹。“多么精彩啊！”伪哲学家们感叹道，这群人相信一切时尚的东西。“多么有趣啊！”筋疲力尽的浪荡子们惊叹道，他们已将杯中的酒一饮而尽，他们渴望看到可爱的女人抽搐，希望从这些情境中得到更大的快感。

梅斯梅尔催眠的操作如下：在客厅的中心放置一个椭圆形容器，直径大约4英尺，深度1英尺。在容器中放置很多酒瓶，瓶中装满了磁化水，用瓶塞盖紧，瓶底向下放置，瓶颈向外。然后向容器中倒入水，刚好没过瓶子，并且不时投掷铁屑以提高磁性。然后用一个穿有很多小孔的铁盖封闭容器，这种器皿被称为催眠器皿。在每个孔中都放入一根可以自由移动的铁棒，患者患病的部位将利用它们来治疗。患者们手拉手紧紧地围坐在催眠器皿周围，并尽可能地将他们的膝盖挤在一起，以促进磁性流体从彼此身上通过。

这时走进来几位助理催眠师，通常是几个强壮英俊的小伙子，奇妙的流体通过他们的指尖注入病人的体内。他们用双膝夹住患者，轻轻地按摩病人脊柱和神经通路，在按摩女士胸部时则更为轻柔，并且一直注视着她们，直到她们不再感到难堪，这便是用眼睛进行催眠！这时候大家都会保持沉默，除了偶尔传来口琴或钢琴的几个悦耳的音符，或长久宁静后一位藏于暗处的歌剧演员的动人乐音。渐渐地，女士们的脸颊开始放出光彩，她们的想象力被激发起来。她们一个接一个地站起来，都处于痉挛状态。有些人哭泣地撕扯着自己的头发，有些人大笑不止直到流出眼泪，而其他人尖声喊叫直到完全不省人事。

这就是癫狂状态最紧要的时刻。在人们的狂乱中，主角登场了，他像普洛斯彼罗那样挥舞着魔杖，开始创造新的奇迹。他穿着淡紫色的丝绸长袍，上面绣满了金花，手里拿着一根白色的磁棒，表情严肃，俨然一副东方哈里发的神态，迈着庄严的步伐步入房间。他平静、洞察一切的目光令人敬畏。那些人的症状消失了。他用手轻抚着这些昏迷不醒的人的眉毛直到脊柱，用他长长的白色魔杖在那些人的胸部和腹部上画着数字，很快他们便恢复了意识。他们平静下来之后开始承认他的力量无穷，并表示在他挥舞着魔杖或他的手指在他们身上抚摸之时，他们感觉到或冷或热的气体穿过了他们的身体内。

杜波泰说："简直无法描述梅斯梅尔的实验在巴黎所创造的轰动效应。在天主教会的早期时代，没有什么神学争议如此激烈、尖锐。"他的反对者们否认这一发现，一些人称他为江湖医生，另一些人称他为傻瓜，还有一些像弗亚德神父的人说他是一个将自己出卖给魔鬼的人！而他的朋友对他的赞美是如此慷慨，一点不输于他的仇敌对他的谴责。关于这一主题的书充斥着整个巴黎，这一学说的捍卫者和攻击者一样多。攻击谩骂，褒扬夸奖互不相让。在宫廷中，女王表达对它的支持，自此社会上便不再有反对的声音了。

梅斯梅尔接受了德斯隆的建议，挑战性地接受了医学院对他的学说进行检验。他建议选择24名患者，其中12名由他进行催眠治疗，另外12名由医学院使用传统的被认可的方法进行治疗。他还提议，为了避免争端，政府应举荐一些不是医生的人观摩实验，检验的目的应该是这些方法是否真的对治疗疾病有效果，而不是这些效果是怎么产生的。医学院反对用这种方式限制调查，所以这个建议也就不了了之了。

后来梅斯梅尔给玛丽·安托瓦尼特写了一封信，以确保她的影响力能为他提供政府的保护。他希望能够赐给他一座城堡和一些土地，每年有一笔丰厚的收入，这样他就有充足的时间专心进行实验，而免受他的反对者的迫害。他暗示政府有责任支持科学家，并表示如果他没有得到更多的支持，恐怕他将不得不带着他的伟大发现去更欣赏他的地方。他说："在陛下看来，四五十万法郎用于一个公益事业算不了什么，您的人民的幸福安康是至为重要的。贤明的君主应该接受并奖励我的发现，而我也将誓死效忠君主"。政府最后答应，如果他在医学上有任何发明并及时告知国王提名的医生，将每年给予他2万法郎的资金，以及圣迈克尔十字勋章。梅斯梅尔并不同意这种赏赐的附加条件。他害怕国王的医生提交不利于他的报告，所以不再进行谈判，声称自己并不在乎钱，只希望政府能够立即认可他的成果。后来，带着极大的愤怒和厌恶，他到了盛产矿泉的斯帕，借口是为了自己的健康需要饮用那里的水。

在他离开巴黎后，医学院第三次也是最后一次要求德斯隆声明放弃动物磁性学说，否则他将被驱逐出医学院。德斯隆非但没有这样做，反而宣布发现了该学说的新秘密，并请求进一步进行实验加以验证。因此在科学院的一个调查委员会的协调下，1784年3月12日，医学院皇家委员会受命全权调查并向其报告。医学院皇家委员会由巴黎的著名的医生组成，而科学院里有许多知名人物，有本杰明·富兰克林、拉瓦锡和天文历史学家贝利。他们正式邀请梅斯梅尔加入这个机构，但是他总是以各种理由借故缺席。相比之下，德斯隆则更加诚实，因为他对实验现象坚信不疑。他定期参加会议，在被提问到梅斯梅尔的实验是否曾出现这些问题时，他不断用实验进行验证。

贝利对他在调查过程中作为证人所看到的场景做了如下描述："大量的病人排成几排围坐在催眠器皿周围，并通过以下的方式被催眠：通过铁棒从器皿中直接传导，通过绕在身体上的绳子传导，通过拇指的接触从他们的邻座进行传导，通过悦耳的钢琴声使磁性弥漫在空气中。催眠者也可以轻轻挥动手指或手杖为患者催眠，有时催眠者还在患者的脑袋上面或后面、在患病部位缓慢移动手杖，同时观察洞的方向。在整个过程中，催眠者一直注视着他们。最重要的是，催眠者会用手指抚摸患者的腹部，通常这种按摩会持续很长时间，有时长达好几个小时，这也是他们受到催眠的原因。

"与此同时，不同疾病的患者也表现出不同的状态。有些平静安详，似乎没有受到任何影响；有些人会咳嗽、吐痰，感到轻微的疼痛，局部或全身发热、冒汗；还有一些人激动焦躁，开始痉挛。这种惊厥在人数、持续时间和持续的强度方面都是惊人的。一个人刚开始抽搐，其他几个人就会受到影响。委员会的成员们还观察到其中一些人抽搐时间超过3个小时，其中还伴随着呕吐浑浊的粘性痰液，有时甚至还带有些许血丝。有些人急剧且不由自主地四肢抽搐，喉结收缩，疑病症患者乱蹦乱跳，有些人目光迟钝、迷离，有些人尖声惨叫、流泪、抽泣或大笑。痉挛过后，他们会衰弱无力或产生幻觉，或陷于忧郁，或昏昏欲睡。突然而至的微小噪音有时也会令他们发抖，在空气中弥漫的钢琴声节奏的变化也会对患者有很大影响。轻快的、活泼的旋律会令他们更加焦躁，从而再次发生痉挛。

"没有什么比看到这些惊厥的景象更令人惊讶的了，没有见过的人根本无法想象。更令人惊讶的是，一部分病人极度平静，这与另外一些病人的躁动不安形成了鲜明的对比。除此之外，很多现象重复出现，比如患者彼此之间表现得十分亲密，这些都令观察者惊讶不已。有些患者只关注另一个人，他们张开双臂，冲向彼此，微笑着互相安抚，表现出种种依恋和爱慕的神情。所有这一切受控于催眠者的力量。不管他们多么昏昏欲睡，催眠者的一句话，或者一个眼神、一人手势都能唤醒他们。在抽搐的患者中，女性占大多数，男性很少。"

这些实验持续了大约5个月的时间。在实验还开始之前，梅尔梅斯就因担心自己颜面扫地、到手的钱财也会保不住而决心返回巴黎。一些有财有势的患者是他的狂热信徒，他们也随他去了斯帕。其中有一位叫贝尔加斯的患者建议为他进行一次募捐，份额为100份，每份100路易，条件是他必须向捐赠者透露其学说的秘密，而且允许大家随意利用这些秘密。梅斯梅尔欣然接受了这个建议，结果数天之内不仅募捐到了预定的金额，而且还超出了14万法郎。

他带着这笔财富返回巴黎，并重新开始实验，而此时皇家委员会也正在继续他们的实验。他那些可敬的学生为得到他的指点付出了一笔可观的费用，然后他的声名也开始传播到乡村之中。他们在法国各主要城镇建立了“协和会”进行实验，以及用催眠术治疗所有疾病。由于一些道德败坏分子的加入，一些组织开始变得声名狼藉、道德败坏，他们以欣喜惊厥中的年轻女孩为乐。很多弄虚作假的催眠师利用这个机会去满足他们自己的欲望。随着这种协会在斯特拉斯堡、南特、布尔多、里昂和其他城市的建立，产生的罕见后果就是这些城市的法国公民大量增加。

最后，委员会公布了他们的报告，这份报告由不幸的贝利起草。报告逻辑清晰，推理严明，不偏不倚。在详细描述了所做的各种实验及其结果之后，他们得出的结论是：支持动物磁性说的唯一证据是它对人体产生的效果，这些效果可以不通过此类方法或其他催眠法产生，而如果没有对患者的了解，所有这些方法和仪式根本不会产生任何效果。因此，是想象力而不是动物磁性制造了这种现象。

这份报告摧毁了梅斯梅尔在法国的声誉。不久之后他便离开巴黎，带着他的崇拜者认捐的34万法郎回到了家乡，一直活到81岁高龄才于1815去世。但是，他播下的种子却自然生长，开花结果，并因公众的轻信而得到滋养成熟。随后在法国、德国和英国出现了众多的效仿者，他们比这位创造者更加荒诞，他们宣称这一新学科所拥有的力连它的创始人做梦都想象不到。其中，卡缪斯特罗特别善于利用这种思想为自己造势，被认为是这种神秘科学的一代宗师。但与普伊塞格侯爵和巴尔巴林骑士的发现相比，他的发现根本不值一提，前两位都是诚实的人，他们在欺骗别人之前，已经欺骗了自己。

普伊塞格侯爵拥有数量可观的地产，是梅斯梅尔曾经的捐助者之一。在梅斯梅尔离开法国之后，他和哥哥一起前往布桑斯，在他的雇农身上施展催眠术，并为乡下人治疗各种疾病。他质朴、仁慈，不仅为周围的病人实施催眠治疗，而且还向他们提供食物。在方圆20英里内，邻居们都知道他是拥有神圣力量的人。正如他所说，他的伟大发现是偶然获得的。有一天，他在催眠了他的园丁之后，园丁陷入了沉睡之中。他忽然想起要问他一个问题，正如他对一个梦游者做的那样。他这样做了，而这个园丁回答得既清楚又精确。他惊喜若狂，继续进行他的实验并发现，在这种催眠梦游状态下，睡眠者的灵魂会放大，并被带入与自然界特别是与他本人，普伊塞格侯爵，更亲密的交流之中。他发现，更进一步的催眠毫无必要，他可以不必说话或者发出任何信号就能够向病人传达他的意愿。事实上，他不需要任何身体上的指示就可以与对方进行精神的交流。

在有了这一惊人的发现之后，他又发现了另一个同样可以支持其理论的现象。像瓦伦丁·格里斯特莱斯一样，他发现自己很难为所有前来求医的人进行催眠治疗，因为使他边休息和放松的时间都没有了，而这对于他的健康是必要的。这时他忽然想到了一个聪明的权宜之计，他听梅斯梅尔说过可以磁化一些木头，那为什么他不能磁化一整棵树呢？他便立刻着手干起来了。在布桑斯的村庄广场上有一棵大榆树，节日里女孩们喜欢在那里跳舞，老人们喜欢在夏日的夜晚坐在那里喝葡萄酒。普伊塞格侯爵走近这棵树，开始对它施展催眠术。他先用手去触摸它，然后又后退几步，与此同时，他始终在引导磁性流体从树枝流向树干，一直到树根。做完这些之后，他在树周围放了好几圈座位，在上方纵横交错地拉上许多根绳子。当患者就座后，他们用绳子缠住身体病患的部位，并且通过拇指与其他人相接触，这样便形成了流体流动的直接通道。

普伊塞格侯爵现在对两样东西饶有兴趣：灵魂放大的人和被磁化的大榆树。他和他病人对此的迷恋最好用他自己的话来表述。他在1784年5月17日写给弟弟的信中说："如果你还不来看我的话，亲爱的朋友，你就不会再看到这个离奇的人了，他几乎已经完全恢复了健康。我一直在利用梅斯梅尔那里获得的神秘力量。我每天都念叨着他的名字为他祈祷，因为我可以发挥自己的长处，为左邻右舍的穷苦病人进行治疗。他们都聚集在我的树周围，今天上午就有130多个。这棵树可能是最好的催眠工具，它的每一片叶子都能传递健康！所有人都或多或少地体验到了疗效。你将会很高兴看到这样一幅动人的人道主义场景。我只有一个遗憾，那就是我不能亲手触摸所有来到这里的人。但是接受过我催眠的一个人——我的仆人——让我感到轻松了一些。他教我应该怎么做。按他所说，我没有必要触摸每一个人，一个眼神、一个手势甚至一个祝愿都足够了。这是一个乡下无知的农民教给我的！当他被催眠时，我知道没有人会比他更有远见、更明智、更清醒。"

在另一封信中，他描述自己利用磁性树做的第一次实验："昨晚我把我的第一个病人带到那里，我刚把绳子缠到他身上时，他就注视着树木，用一种我难以描述的神情大叫：'我在那里看到了什么？'然后他的脑袋便低垂下去，完全进入了梦游状态。1小时后，我把他带回他的家，并让他恢复的神志。几个人跑来告诉他刚才他的所作所为。他坚持认为这不是真的，因为他非常虚弱，几乎不能行走，更不可能走下楼梯，一直走到树边。今天我又对他做了一次实验，结果同样很成功。我承认，一想到我所做的好事，我就兴奋地要发狂。普伊塞格夫人、她的朋友，还有我的仆人，事实上，我身边所有的人，都感到十分惊讶，同时还有一些钦佩，简直无法用语言描述。但是他们还是无法体验到我一半的兴奋。这棵树使我有了休息时间，并且还会给我更多。如果没有我的树，我会非常焦虑、颠三倒四，我的身体也会吃不消。如果可以这么说的话，我自身的存在已经得以延伸了。”

在另一封信中，他用更富诗意的方式来评论那个灵魂被放大的园丁。他说：“这个纯朴的、高大勇敢的23岁乡下人，被疾病或更准确地说是悲伤折磨得虚弱无力，因而更容易受到大自然力量的影响，正是从这个人身上，我重申一遍，我得到了教诲和知识。当处于催眠状态时，他不再是一个说不出一句完整话的农夫，他是一个真正的人，我找到一个词语来称呼他。我不需要说话，我只要在他面前思考，他就能立刻理解并且回答我。如果有人走入房间，如果我想让他看见那个人，他就能看见，并同他讲话，并且说一些我想要他说的话。他并非复述我告诉他的话，而是根据实际情况的要求去说。当他想说一些我认为一个陌生人不应该听到的话时，我就会打断他的思路，中断他们的交谈，转到其他话题！”

因受到这些令人惊奇的事件的报告吸引而来到布桑斯的人中有一位金融财产管理员，名叫克洛凯。他对普伊塞格这位奇人充满了好奇，完全相信普伊塞格对他说的任何话。他还记录下所看到的东西，以及所相信的东西，这些记录使得催眠的过程更加清晰。他说，他看到处于催眠状态的病人进入了深度睡眠，在这一过程中，他所有的身体机能停止了，都听命于他的智力器官。患者双眼紧闭，听觉消失，他只有在听到催眠者的声音时才会醒来。克洛凯说：“如果有人在催眠期间触碰病人，甚至只是摸一下他坐的椅子，也会给他带来很多痛苦，并使他发生惊厥。在催眠期间，他们拥有神奇的超自然力量，利用这种力量，他们在触摸站在他面临的病人时，可以感觉对方身体的哪个部位有病，甚至只需把手放在病人衣服上即可。”另一个奇异之处在于，这些能够发现疾病的被催眠者可以透视其他人的腹部，并提出治疗措施，但催眠者把他们唤醒后，他们却什么也记不起来。从他们进入被催眠状态到被唤醒之间的这段时间似乎被抹掉了。催眠师们不仅有能力让被催眠者听到自己的声音，还可以在远处用手指指着他们，让他们跟着他走，但在整个期间他们的眼睛一直是紧闭着的。

这就是普伊塞格侯爵主持的催眠试验。当他在榆树旁边施展催眠术时，以巴尔巴林骑士为代表的另一派催眠师出现在里昂。巴尔巴林骑士认为只需通过意念的力量，而无须借助其他任何工具，就足以使患者进入催眠状态。他进行实验并取得了成功。他坐在病人的床边，祈祷他们进入催眠状态，然后病人们便进入了一种被催眠的状态，这种状态与被普伊塞格侯爵催眠后病人的状态非常相似。一时之间，大量的催眠师都把巴尔巴林当成他们的偶像，并用他的名字命名了他们的派别——巴尔巴林派，他们出现在不同的地区，并治好了一些严重的疾病。在瑞典和德国，这个流派迅速膨胀，被称为“唯灵派”，以区别于普伊赛斯侯爵的追随者，他们被称为“唯经验主义派”。他们坚信，梅斯梅尔所认为的那种可以通过弥漫在自然界中的磁性流体所产生的动物催眠术的种种效果都可以由一个人类灵魂作用于另一个人的灵魂而产生。一旦催眠者和病人之间建立了连接后，前者就可以通过意念从任何距离甚至数百英里外向后者施加影响。有一位催眠者描述了一个病人被催眠后的状态：“这个人的动物本能达到了人类所能容忍的最高限度。他的目光就像动物一样敏锐。他的洞察力只有神灵才能有。他和上帝一样，可以看透自然界所有的秘密。如果他将注意力集中于这个世界的任何一个物体上——他的疾病，他的生死，他心爱的人，他的朋友、亲戚、敌人——在精神上他能感觉到他们的一举一动，他能看透他们行为的原因和后果，他成了一名医生、一位先知和圣灵！”

现在我们来看看这些神秘玄术在英国的发展。麦诺德克医生最初是梅斯梅尔的学生，后来又成为德斯隆的学生，他于1788年抵达布里斯托尔，并就催眠术发表了公开演说。他取得了异乎寻常的成功。很多权贵都纷纷从伦敦赶往布里斯托尔接受他的催眠治疗，或者拜他为师。乔治·温特医生在他的《催眠术历史》一书中给出了下面的清单：“这些大人物有127人之多，其中有一位公爵、一位公爵夫人、一位侯爵人、两位伯爵夫人、一位子爵、一位男爵、三位男爵夫人、一位主教、五位令人尊敬的绅士和女士、两位准男爵、七位议会议员、一位牧师、两位内科医生、七位外科医生，以及92位体面的先生和女士。”他后来在伦敦定居，在那里他同样获得了成功。

他首先发表了一份建议书，向女士们建议组建“健康协会”。在这篇文章中，他对动物催眠术的治疗效果大加吹捧，同时以自己是第一个将这种方法引入英国的人而洋洋自得。他总结道：“这种治疗方法不受性别和教育程度的限制，一般来讲，女性最富有同情心，也最关心健康问题和后代的抚养问题。我应该感激你们，女士们，感激你们在科学方面表现出的公平态度，我将尽我所能为你们做一些贡献，使你们能够实现你们的能力和价值。出于这种考虑，我建议成立“健康协会”，与巴黎的“健康协会”合并。如果有超过20位女士报名参加，我们将择期在寒舍举行第一次会议，届时请大家缴纳15几尼的会费。”

1788年9月，汉娜·莫尔在一封写给霍勒斯·沃波尔的信中说，麦诺德克医生这一“恶魔的哑剧”，与当年梅斯梅尔在巴黎所做的表演一样，很可能赚了一笔高达10万英镑之多的巨款。

这一话题引起了公众强烈的好奇心，几乎在同时，一个名叫霍洛韦的人在伦敦开展了一系列关于动物催眠术的讲座，每个学生收费5几尼，同样也大赚了一笔。画家卢泰尔堡和他的妻子也加入到这项赚钱的活动中。有时候，希望观看他们进行催眠的人多达3000人，他们聚焦在卢泰尔堡位于哈默史密斯的房子周围，却得不到入场券。入场券的售价从1几尼到3几尼不等。卢泰尔堡模仿瓦伦丁·格里特莱克斯的方式表演了他的触摸治疗法，并在最后自称是上帝的使者。一份关于他创造的奇迹的报告发表于1789年，名为《哈默史密斯的卢泰尔堡夫妇无须药物的新疗法一览。一个热爱基督的人著，献给仁慈的坎特伯雷大主教》。

这位“热爱基督的人”是一个半疯的老太太，名叫玛丽·普莱特。她对卢泰尔堡夫妇的信任近乎崇拜。她选取了《新约全书》中《使徒行传》第十三章中的一首诗作为其小册子的题词：“主说，你们这轻慢的人要观看，要惊奇，要灭亡。因为在你们的时候，我行一件事，虽有人告诉你们，你们总是不信。”为了试图给予画家的治疗赋予一种宗教特征，她想到女人是使这种疗法闻名于世的合适人选，因为使徒宣称男人无法消除人们对这种疗法的怀疑。她宣称，从1788年的圣诞节到1789年7月，卢泰尔堡夫妇已经治愈了2000人。“他们已经成为接受上帝神圣旨意的最佳人选，上帝仁慈地授予他们治疗方案以使所有人痊愈，无论那人是聋子、哑巴、瞎子、跛子还是瘸子。”

在给坎特伯雷大主教的献辞中，她恳求他为所有教堂写一种新的祷告词，以使这种天赐的礼物能够获得应有的尊荣。她甚至还进一步恳请所有地方官和权贵都去拜访卢泰尔堡夫妇，与他们磋商立即建立一所大型医院的事，并且医院应附带一个礼拜堂。所有的催眠师都对这个疯言疯语的老太婆感到反感。而卢泰尔堡表面上似乎为了躲避她而离开了伦敦，但仍然和妻子一起继续施展这种异想天开的骗术。这些骗术不仅使这个可怜的老太婆头脑发狂，而且还欺骗了许多假装比她更理智的人。

从这一时期一直到1798年，催眠术几乎很少在英国引起注意。在那一年，有人试图重振催眠学说，但它是以矿物催眠而不是动物催眠的形式。有一位名叫本杰明·道格拉斯·帕金斯的美国人在雷塞斯特广场行医。他发明了著名的“金属牵引器”，并获得专利。这种牵引器由两块具有强磁性的小金属片组成，有点儿像黑尔神父率先公之于众的那两块钢板。他声称如果将其应用于人体患病的部位，并轻轻移动，只需通过触及表面，便能够治疗痛风、风湿、中风以及其他人类可能感染的疾病。这个奇妙的故事很快就在公众中间广泛传播，新闻界也印发了大量的小册子，大力吹嘘着这种每副售价5几尼的金属牵引器的疗效。帕金斯迅速地大捞了一把。在这种新的治疗手段下，痛风病人不再感到痛苦，风湿病患的症状也迅速消退，牙医都难治愈的牙痛在帕金斯和他的神奇钢板面前也消失了。帕金斯加入了贵格会，而善良的贵格会也热情地对他的发明给予资助。为了能让掏不出5几尼给帕金斯，甚至连5先令也拿不出来的穷人们也能享受这个伟大发现的好处，，他们捐了一大笔钱修建了一所医院，命名为“帕金斯学院”。在这里，所有的人都能接受免费的催眠。在接下来的几个月，金属牵引器得到了非常广泛的使用，而这位幸运的发明家也赚了5000英镑。

海加斯医生是巴斯的一位著名医生，他在回忆想象力对于疾病治疗的影响时，突然想到一个办法来试验金属牵引器的真正价值。帕金斯的疗法流传很广，难以提出质疑，于是海加斯大夫并没有直接质疑这种方法，而是在众目睽睽之下悄悄地揭开了人们深信不疑的治疗效果的虚伪面纱。他向法尔科纳医生建议，他们可以制造一个木制牵引器，然后刷上油漆，让它看起来和金属牵引器一模一样，看其是否会产生相同的效果。他们从巴斯的医院中挑选了5名病人进行催眠，其中有4个人患有严重的慢性风湿病，病患部位分别在踝、膝、手腕和髋关节处，第5个人被痛风折磨了好几个月。在约定进行实验的这一天，海加斯大夫和他的朋友们都来到医院，郑重其事地拿出了他们的假牵引器。5个当中有4个人表示疼痛瞬间有所缓解，有3个人说他们不仅病情有所好转，而且受益良多。有一位感觉他的膝盖变得暖和起来，说他可以在房间来回走动了。他尝试了一下，真的成功了，而在前一天他还是寸步难行呢。痛风的人也感觉他的痛苦迅速消失，在9个小时里他都感觉轻松自如，而直到他再次躺到床上，疼痛才再度袭来。而当第二天对这些患者使用真正的牵引器时，他们几乎还是用同样的话来描述他们的症状。

为了使实验结果更加可信，几个星期后他们又在布里斯托尔医院进行了实验。接受实验的病人肩膀上患有严重的风湿病，甚至无法把他的手从膝盖上提起来。他们将假牵引器放置在患病的部位，为了让人们感到更加正规，其中一位医生从口袋里掏出一个秒表来计算时间，而另一个医生坐着用笔记录病人每一分钟的症状变化。在不到4分钟的时间里，这个病人就感到疼痛大为减轻，他把手抬高了几英寸，肩膀也没有感到丝毫疼痛！

海加斯大夫在一本名为《想象力是疾病的起因和良药，仿造的牵引器是最好的例子》的小册子中记录了这些事件。这种曝光是对帕金斯理论体系的致命一击。不过他的朋友和赞助者仍然不愿意承认他们被欺骗了，他们在羊、牛和马身上进行实验，声称动物都是从金属牵引器上受益匪浅，而木质牵引器并没有用处。但是他们发现已经没有人相信他们了，帕金斯学院也人们抛弃了。帕金斯大夫带着大约1万英镑离开了英国，在宾夕法尼亚州一座宜人的城市里度过了余生。

就这样，催眠术在人们的嘲笑声中暂时退出了英国。在法国，大革命让人们无暇谈论这些幼稚的事情。斯特拉斯堡和其他大城市的“协和会”苟延残喘了一段时间后，也被一个接一个地被学生和教授们抛在脑后，因为有更重要的事情吸引了他们的注意力。这种方法被逐出了英国和法国，而只在德国那些不现实的哲学家那里寻找栖身之地。在那里，催眠创造的奇迹日益神奇，病人们得到了神赐的预言能力——他们的视野延伸到整个地球的表面，他们可以通过手指、脚趾听到声音、看到景象，他们可以读懂完全不认识的语言，而只需把书本放在肚皮上。最无知的笨蛋，一旦被伟大的催眠液体所浸润，就能够滔滔不绝地大讲哲学预言，比柏拉图的著作更加精彩，能够详细地谈论人类大脑的秘密，其雄辩的口才超过了世界上所有的最深奥莫测的玄学家，可以轻而易举地解答错综复杂的神学问题，就像人们解开鞋带一样轻松。

在19世纪的头12年里，在欧洲的任何国家都很少再听到动物催眠说了。即使是德国人也丢掉了他们虚无的幻想，在拿破仑的大炮声中和帝国的兴亡中回到了这个平凡的世界。在此期间，一片阴霾笼罩在催眠术的上空，一直到德勒兹于1813年出版了他的《动物磁性说史评》才逐渐消散。这部著作为这种几乎被人们忘却的幻想增添了新的动力。人们在报纸、小册子和专著中再一次就其真伪展开论战，很有医学界的知名人士也重新开始研究，以求早日找到真相。

德勒兹著名论文的结论可归纳如下：“从人体中不断地逸出一种流体”，并“在我们周围形成了一种气”，它“没有确定的流向”，因为对周围的人不会产生任何可感知的影响。然而，它“却能够被意念所引导”，当它被引导时，它“会以气流的形式发出”，其力量与我们拥有的能量一致。它的流动“与燃烧的物体发出的光线相类似”，“它在不同人的身上展现出不同的特性”。它能够高度集中，“并且也可以存在于树木中”。催眠者的意念“可以通过手向同一方向挥动几次来引导，使这种流体充满树木。当这种流体从催眠者的身体通过意念注入人体之后，大多数人在催眠者的手凭空在他们面前掠过时，他们便有“冷或热的感觉”。有些人的身体在充满这种流体之后，会进入一种梦游的状态。而在这种状态下，“他们看到这种流体环绕在催眠者周围形成光晕，他的嘴和鼻孔里以及头和手上不断放射出这种发光的流体，并散发出非常好闻的味道。使食物和水更加美味。”

有人认为，任何希望被认为还算理智的医生，都会对这些荒谬的言行不屑一顾，但这些只是德勒兹先生所提及的神奇事件的一小部分。他继续说道：“当催眠术产生了梦游状态后，这个人所有的能力就都得到了极大的扩展。他的一些外部器官，特别是和视觉器官和及听觉器官会变得迟钝，但依赖这些器官的感觉转移到了身体内部。视觉和听觉功能都由磁性流体承担，不需要任何神经和器官的介入，感觉会立即直接传递给大脑。因此，尽管梦游者的眼睛和耳朵不再发挥作用，但是他不仅可以看到、听到，而且比清醒的时候还要清晰。他能够感知到催眠者的意念，尽管这种意念并没有表达出来。他能看到自己的身体内部，以及那些和他有着催眠联系的人的身体内部的组织。最常见的情况是他只能看到那些病患的部位，并依靠直觉开出处方。他有先知般的见解和感觉，而且通常都是对的，但有时也会出错。他善于表达自己，表现出惊人的口才，虽然有时不免虚荣。在催眠者的理智引导下，他会在一段时间内变得更加完美，但如果引导错误，他也会出现偏差。”

根据德勒兹的观点，如果能够遵守以下条件，任何人都可以成为催眠师，并产生上面那些效果：

暂时忘记你所有的物理知识和玄学知识。

从头脑中去除所有可能的异议。

想象你的神力足以将疾病握在手中，并把它扔在一边。

在开始研究后的六周内，不要进行论证。

有做好事的积极欲望，对催眠术坚信不疑，对使用它充满信心。总之，排除所有的疑惑，渴望成功，专注过程。

也就是说，“要笃信一切，坚忍不拔，拒绝所有的经验，不听理性的声音。”做到这些，你就可以成为德勒兹心目中完美的催眠师了。

让自己进入这种疯狂的状态后，“赶走病人身旁所有可能给你带来麻烦的人，如果需要的话，只留下一个必要的见证者，希望他们不要以任何方式参与你的催眠过程，不要影响任何可能达到的效果，让他们与你一起渴望为患者带来益处。尽量使自己感觉舒适，不要太热也别太冷，避免任何事情阻碍你行动的自由，并采取预防措施以防止在你静坐时有人突然闯入。让你的病人尽可能坐得舒服些，你面对着他坐在一个稍高的座位上，将病人的双膝夹在你的双膝之间，你的双脚在他的双脚旁边。

首先要求病人完全放松下来，什么都不要思考，不要去想催眠可能产生什么影响。丢掉所有的恐惧，满怀信心。如果催眠使他暂时感到痛苦，不要受到干扰或丧失信心。在你集中精力后，将他的拇指放在你的手指之间，让你的指腹与他的指腹接触，然后注视着他！这种状态必须保持2～5分钟，或者直到你感觉到你的拇指和他的拇指一样热。做完之后，撤回你的双手，移到左右两边。同时缓慢地翻转双手，直到手心向外，然后将双手抬到头部高度。现在可以将双手放在双肩上，并停留约一分钟，然后缓慢地将双手轻轻地沿着手臂撤回到手指的末端，并保持尽可能轻微的触摸。重复这个动作5～6次，不断翻转双手，然后在抬高之前使他们稍微离开身体。然后，你把它们放在头上，保持一段时间后开始放下双手，并在距离面颊1～2英寸的位置缓慢放下，直到肚脐。然后停留两分钟后，将你的拇指放在肚脐上，其余四指放于肋骨下，然后沿着身体缓慢下降到膝盖，在不被拉伤的情况下，如果你能做到，可以滑到脚的末端。接着在静坐的时候，多重复几次这样的过程。你要不时地接近病人，将你的双手放在他的双肩后，然后沿着脊柱缓慢下降，直到膝盖或脚处。第一次过后，你可以不用把手再放到头上，而是可以从肩部开始，只放到胳膊上，从腹部开始，再放至全身。

以上是德勒兹推荐的催眠过程。即使是动物磁性学说最坚定的对手也会相信，那些脆弱、易幻想、紧张的女人们在这样的催眠下，很容易陷入痉挛状态。以这样一个不舒服的姿势坐着——一个家伙盯着她的脸，膝盖被他的膝盖紧紧夹住，同时他的手在她的身体上摸来摸去，这确实足以使任何脆弱的女人陷入惊厥，特别是那些本来就患有歇斯底里症并且相信其疗效的女人。显然，那些思想更坚定、身体更健康的人也会在这样的过程中被催眠。有成千上万的例子可以说明通过这样的方法能够产生影响，但是它们都是支持催眠术的证据吗？它们证明了磁性流体的存在吗？相信每个不带偏见的人都会做出否定的回答。寂静、单调和长久保持一个姿势会使人打瞌睡，而兴奋、模仿和强烈的想象作用于一个虚弱的人身上会导致抽搐，这些都不用催眠师或坟墓里的魔鬼来告诉我们。以后我们会看到，催眠只对这两类人有效，而先知的礼物——不可思议的口才、感觉的转移、能够透过不透明的物体看到东西，纯粹是捏造的，根本经不起检验。

德勒兹的书在法国引起了很大的轰动，人们也加倍努力地对它进行研究。

第二年出现了一本专门致力于催眠术的杂志，名为《催眠术年鉴》。不久后又出现了《催眠术大全》和许多其他杂志。几乎同时，“创造奇迹的人”法里亚神父开始施行催眠，人们相信他身体周围有更多的磁性流体，他的意志比大多数人更为强大，他的治疗也非常成功。他的实验提供了一个令人信服的证据，想象力而不是想象中的流体才是这种新科学产生效果的真正原因。他让病人坐在扶手椅上，告诉他们闭上眼睛，然后大声说出一个简单的指令——睡觉。他没有催眠器皿，也没有流体的传导，但他却成功地使数百名患者入睡。他吹嘘说，在那段时间，通过这种方法，他曾使5000名患者进入梦游状态。命令通常需要重复三四次，如果病人仍然保持清醒，神父就会将病人从椅子上解开，并宣布他不适合被催眠，以逃避这个难题。尤其需要注意的是，催眠者并不承认他们的流体具有万能的功效，强壮健康的人不能被催眠，心存怀疑的人不能被催眠，对催眠持理性态度的人不能被催眠。只有那些坚信它的人、身体有病或心智不健全的人可以被催眠，但由于种种原因，这些人中也会有一些抗拒催眠的力量，催眠术的信奉者便会宣称有时即使是他们也不能被催眠。如果有一个不相信或者蔑视这种学说的人在场也会削弱流体的效力并破坏其功效。德勒兹对指导一个催眠者时明确地说：“永远不要去催眠那些爱好提问的人！”但是，这种妄想的追随者却将它归入科学之列！

1813～1825年间的许多作品描述了催眠术在法国引起的强烈反响。每年会有一些新发现，最终，催眠师们似乎对催眠程度的六个独立、明确的阶段达成了普遍共识。这六个阶段归类如下：

第一阶段：患者的皮肤变得微红，身体有微热、舒适和轻盈的感觉，但感官没有明显变化。

第二阶段：眼睛逐渐不受意志支配（换句话说，就是患者昏昏欲睡）。眼睑下垂无法抬起，听觉、嗅觉、感觉以及味觉异常兴奋。此外，他还会感到神经紧张，例如肌肉痉挛和皮肤刺痛，以及身体各部位无意识的抽搐。

第三阶段：磁睡眠阶段，这时所有的感觉对外部影响非常敏感，有时会出现晕厥，并可能发生全身僵硬或中风。

第四阶段：在所有人看来，患者进入了睡眠状态，但自己体内却是苏醒的，并重新拥有意识。在这种状态下，所有感觉都转移到皮肤上，正处于病情急转或磁性梦游状态。一个拥有灵魂和心灵的人，不用眼睛就可以看见、不用耳朵就可以听见，身体麻木，没有任何感觉。

第五阶段，透视阶段，患者可以看到自己的内部组织，或看到与其进行磁沟通的其他人的内部组织。同时，他也拥有了治病的本能。在这个阶段，磁性流体通过强大的吸引力将他与其他人联合起来，在他们之间建立起一个思想和感觉的通道，这种联系非常紧密，就仿佛是将他们的不同特质融为一体。

第六阶段：这是六个阶段中最罕见和最完美的。透视能力不会受到不透明物质或时间、空间造成的阻隔的影响。自然界中普遍存在的磁流体将个体与自然万物结合起来，并且通过其万能的洞察力使患者认知未来。

1820～1825年间，人们对催眠术的议论以及信奉者如此之多，以至于有人开始对其进行新的调查。

富瓦萨克先生是一位年轻的医生，他写信给皇家医学院呼吁展开调查，在信中，他抱怨巴伊先生和富兰克林先生在1784年的报告有失公平，并说从那时起，磁性梦游的重要发现完全改变了这门科学。他告诉皇家医学院，自己在照料一位年轻的女士，这位女士的预测能力在处于梦游状态时最为强大。富瓦萨克邀请该机构的成员进入任何一家医院，任意选择患者，不管他患有急性病还是慢性病，也不管是简单的疾病还是或复杂的疾病，然后让她与其进行磁性连接，她便能准确无误地说出患者所患疾病和诊治方法。富瓦萨克说，她和其他梦游者只需将手连续放在陌生人的头部、胸部和腹部，便能立即发现其所患疾病以及造成的痛苦和变化。此外，他们还能指出这些病是否可以治愈、治愈的难易程度以及所耗的时间，应采用哪种最可靠的方式达到治疗效果。在这次实验中，他们没有偏离医学的合理原则。富瓦萨克补充道："事实上，我认为他们的灵感与希波克拉底的天赋融为了一体！"

与此同时，巴黎各个医院都在进行着同样的实验。在埃斯基罗尔先生的许可下，萨尔裴德谢的癫痫患者被催眠，在比塞特也得到了相同的结果。富瓦萨克忙着治疗慈善医院的病人，杜波泰先生在瓦尔德格雷斯成功实施了催眠。许多下议院成员改变了想法，查德先生、格斯塔伯爵、拉西塞等人将沙龙对那些迫切希望了解动物催眠的人开放。其他医生与富瓦萨克联合呼吁开展调查，最终皇家医学院任命阿德隆、柏丁、马克、派瑞塞特和胡森五名成员成立初步委员会对受到指控的事实进行调查，并在不损害皇家医学院尊严的情况下，向其报告是否可以任命一个新的委员会。

在这个委员会面前，富瓦萨克先生展示其著名的梦游实验，但她没有成功展现医生信誓旦旦地预言的任何一种现象。长时间的习惯和催眠以及催眠术师的操纵使她很容易地进入了睡眠状态，但却无法说出与她进行磁性沟通的人的疾病。五名委员会委员被当成了失败的借口，富瓦萨克声称，由于他们"没有经验、不信任，或者是缺乏耐心"，致使磁性液体受到了阻碍。有了这些借口，人们对于这样一个委员会的判断或公正性还能说些什么呢？最终，他们发表了自己的意见，最好任命一个新的委员会。1825年12月13日，他们向皇家医学院提交了报告。随后进行了为期三天的辩论，所有最杰出的成员都参加了这场辩论。最后，他们中的大多数人认为应该成立一个新的委员会，并指定了11名医生作为这一委员会的成员。

这些委员们首先向所有的催眠师发出请求，邀请他们前来展示动物磁性的奇迹。杜波泰先生说几乎没人理会这个善意的邀请，因为他们害怕在报告公布时受到嘲笑。最后，还是有4位催眠术师很爽快地接受了邀请，并且在5年的时间里一直忙于向委员会提供这项新科学的证据。11位委员被4位催眠术师带着兜圈，做些无意义的努力。这些委员也真够愚蠢，被“精神对物质的影响”这一形而上学的问题搞得晕头转向。经过长时间的辛苦调查，医生们一无所获，但还是写了一份冗长的报告来应付差事。

这份冗长的报告被分为30个不同的部分，其基本倾向是支持磁性学说。报告人明确表示他们相信磁性流体的存在，并以下列四个论断总结了他们的调查结果：

1.磁性对健康者或某些患病者没有影响。

2.磁性对另一些人的影响较为轻微。

3.这些效果有时因疲劳、烦躁、无聊或想象而产生。

4.我们已经证明这些效果可以由上面最后一条原因单独产生，但大部分可能是仅由磁性造成的。

可以看出，以上第一条和第二条假设假设磁性力量是存在的，而这种磁性力量正是调查所要揭示的。报告人一开始就说磁性存在，在详细列举了他们的证据后，他们的结论肯定是证实它的存在。为了清晰起见，他们用了自己最喜欢的表达方式，在不改变其原意的条件下，我们把命题用新的形式和语言进行表述。

1.抽搐、梦游等效果，可以通过他人的意志、患者自己的意志或两者的结合产生，还可以通过一些未知手段产生，或许是磁性，这是我们要揭示的。

2.这些效果不会在所有人身上产生。在健康者和某些病人身上不会产生此类效果，而在另一些人身上，其效果也非常轻微。

3.这些效果在许多情况下产生并引起了我们的注意，由于疲劳、烦躁、无聊、想象而处于虚弱状态的人会产生这种效果。

4.在其他许多情况下也会产生这些效果，而且显然不是疲劳、烦躁、无聊或想象力所致。因此，它们是通过磁性产生的：因此，动物磁性是存在的。

如果报告人声称的效果由疲劳、无聊和想象力之外的力量所致，那么每一个相信或是不信磁性说的人都必然会意识到论证的主要问题将不复存在。

以下是支持磁性液体存在的一些证据："富瓦萨克先生在布尔杜瓦家对一个28个月大的孩子进行催眠，孩子及其父亲都患有癫痫。孩子坐在一个沙发上，富瓦萨克刚开始催眠，孩子便揉搓眼睛，将头侧向一边，被沙发坐垫挡住。它在沙发上打着呵欠并移动身体，抓住头部和耳朵，似乎是在努力不使自己入睡，接着便开始咿咿呀呀地抱怨起来。被带去小便后，他被再次放在沙发上，并被催眠了一段时间。但因其没有出现明显想要睡觉的症状，我们便终止了试验。"

这就是他们郑重其事地声称的所谓磁性流体存在的证据！这或许可以证明这些效果不是由想象力产生的，但是否是由疲劳和烦躁产生的仍然不清楚。一个孩子坐在沙发上，几个严肃的绅士在他面前做出各种滑稽动作，他们神秘地移动双手，指向孩子的头，并且始终保持最令人恼怒的沉默。孩子是什么反应呢？他揉搓双眼、显得不安、打哈欠、抓头、嘴里嘟囔着并找借口逃走。磁性学说？真有意思！它显然让人厌恶！

下面这个所谓的证据尽管索然无味，但同样令委员们感到疑惑。一个18岁患有癫痫的聋哑人被富瓦萨克催眠了15次。在治疗期间，他表现出眼睑沉重、浑身麻木、嗜睡，有时会眩晕。他的癫痫被暂时治好了，直至8个月之后才再次发作。

根据这些事例，委员会推断："我们应该肯定这些实验的结果，两个主要实验对象不知道别人对他们做了什么。其中一个根本没有认知能力，另一个对催眠术一无所知。不管怎样，他们都不知道催眠的影响，因此在两个事例中都绝不可能将这种感觉归因于想象力。"第一个案例已经有了定论，而对第二个案例，很可能有人会把所有结果都归因于病人的想象力。但是不可否认的是，那位少年是聋哑人，他无法理解催眠者奇怪的动作，也不知道这次针对他的实验是为了治好他的病。他没有想象力只是因为他是哑巴吗？也许是为了在富瓦萨克用手指指着他，被迫坐两三个小时时感到眼睑沉重、麻木和困倦？至于他健康状况的改善，没有任何证据证明他对治疗缺乏信心，而且如果有信心，他应该和成千上万完全通过想象而被治愈其他人一样感觉不到它的益处。

第三个案例显示出了更大的权威性。在如此成功地对那个小孩子和聋哑少年进行催眠后，富瓦萨克将下一位催眠对象定为一位委员会成员。伊塔尔接受了一次催眠，结果是这位委员的口水长流，口中有一种金属的味道，并且头疼欲裂。报告人称，这些症状不能以想象力来解释。应该注意的是，伊塔尔是一位体弱多病之人，并且在调查开始之前相信磁性学说。因此，这个人的证词不能被采信。他和其他委员可能多次说过，上述结果不是由想象力产生的。珀金斯、瓦伦丁·格里科莱克斯、凯内尔姆·迪格比爵士以及加斯纳神父的病人们都持肯定态度，但支持其观点的证据是什么？经验很快表明，没有比想象力更能创造出奇迹的力量。伊塔尔的案例毫无特别之处，唯一的奇迹就是他一直在坚持。

正如委员们所认为的那样，他们不容置疑地确定了磁性流体的存在（而这些就是他们所有的证据），接下来他们调查这门科学中更令人不可思议的现象，如感觉的转移、透视自己或他人身体和开出药方的能力。以下这几个例子便足以说明问题。

杜伯特催眠了珀蒂，他断言梦游者在眼睛闭着时能够从12枚硬币中选出那枚被施以催眠术的硬币，实验结果却是梦游者选择了错误的硬币。

巴普蒂斯特也被杜伯特催眠，并且在8分钟后进入梦游状态。由于他似乎正在遭受巨大的痛苦，杜伯特便问什么让他苦恼，他指向自己胸部，说那里很疼。当被问到那是身体的哪一部分时，他说是肝脏。

杜伯特催眠了马蒂诺小姐，期望在其案例中不仅能够证明感觉转移，还能证明占卜治疗的力量。马蒂诺的眼睛缠着绷带，杜伯特问她是否看不到在场的所有人，她说是的，但可以听到他们说话。当时并没有人在说话。她说自己将会在睡眠5分钟或10分钟后醒来，但时间过去了16分钟或17分钟，她还未苏醒。她声称在某一天将能准确说出自己疾病的性质，并开出治疗药方。到了那一天，当人们提出这些问题时，她去无言以对。

热斯兰的病人库蒂里耶进入了梦游状态，热斯兰医生说她会执行他头脑中的命令。一名委员在纸上写了一句话："去坐在钢琴前的凳子上。"他将纸交给热斯兰，医生记住了这句话并转向病人，告诉她按照他的要求去做。她起身向钟表走去，说现在是9点20分。她又被试验了9次，犯了许多错误。

皮埃尔·卡佐特是一位癫痫病患者，据说拥有预知能力。4月22日被催眠后，他说自己在9星期内会大发脾气，再过3个星期会失去理智，会虐待他的妻子，还会杀人，最后在8月彻底康复，在那以后永远不会再发作。发布预言两天后，他被马车轧死了。人们在对其进行尸检时发现，毫无疑问，即使没有遇到这个事故，他也永远不可能恢复健康。

对引起这些后果和其他众多事实的调查已经持续了5年以上，催眠术师们迫切地希望将报告提交给皇家医学委员会。最终，宣读报告的日期被定在1831年6月20日。巴黎所有的医生都挤在大厅的周围以便知道结果，大楼前的街道上挤满了医学院的学生，通路也被哲学家们堵得水泄不通。"这件事轰动一时"杜波泰说，"就好像国家的命运取决于其结果似的。"报告人胡森出现在审判席上，并宣读了报告，其主要内容就是我们在前面摘录的内容。开始的时候，人们都集中精力听他宣读报告，但人们渐渐失去了耐心，抗议之声此起彼伏。委员们不合理的推论、错误的结论、过于固执的断言不断受到指责。一些学者从座位上站起来，谴责委员们偏袒或顽固。委员们进行答辩。最后，吵闹太过激烈，只好休会。次日宣读了报告的结论，随即发生了激烈的讨论，人们明显表现出对动物磁性的反对和不信任。讨论中，双方都失去理智。反催眠术的人宣称催眠是彻头彻尾的欺骗和妄想；支持催眠术的人则提醒皇家医学院，真理遭遇被暂时蔑视的命运是很常见的，但最终会获得胜利。有人喊道："我们不在乎你们的怀疑，在这个大厅里，你的前辈还否认血液的流通呢！"另一个人喊道："是的，他们还否认陨石会落到地球上！"第三个人则呼喊："真理至上！"最后，秩序在一定程度上得以恢复，但是否应该接受和公布这份报告，答案是否定的。后来人们商议决定，印刷有限数量的副本，以供那些希望进行进一步调查的委员私人使用。

正如人们预期的那样，催眠没有遭到反对者无节制的议论。催眠术的追随者一如既往地吹嘘它的疗效，以及它对医学科学甚至一般哲学的价值。他们通过多次强烈抗议皇家医学院的决定，并声称每天都会有新发现，6年后，其支持者终于说服这个有影响力的学术团体进行另一次调查。就这样，在两次庄严宣布动物磁性是一种欺诈或妄想之后，皇家医学院再次宣布同意进一步展开调查，这是其公正性和真诚希望发现真相的最显著的证据。

皇家医学院再次成立了新的委员会，由鲁院长、布亚尔、克洛凯、埃莫里、佩尔蒂埃、卡文顿、乌代、克尔纳克以及杜波伊斯等人组成。伯纳是当时主要的催眠术师，他在1837年2月12日写信给皇家医学院，请求出示这一新"科学"最具说服力的证据。委员们于2月27日开展了首次会议，并递交了杜波伊斯于8月22日起草的报告。在对所有证据进行了仔细的检查后，像贝利和富兰克林在1784年所做的那样，他们认为，触摸、想象和模仿的力量足以解释所有现象，并假定磁性流体不存在，催眠术师伯纳因妄想而苦恼，并且他们关注的那些事实根本就不是支持动物磁性的决定性因素，而且可能和生理学或治疗学也没有关系。

下面的报告摘要将说明委员们在没有充分理由的情况下不会做出决定。3月3日，委员们聚焦在院长鲁先生的家里，伯纳介绍了他的病人，这是一位17岁的女孩儿，看起来紧张而又身体虚弱，但外表冷静而自负。伯纳根据她的病情提供了动物磁性说的八项证据，归类如下：

1.他将使她进入梦游状态。

2.他将使她对身体的疼痛十分敏感。

3.他将仅通过自己的意志而不使用任何可以看见或听见的动作使她恢复意识。

4.他头脑中的指令将使她丧失活动能力。

5.他将通过头脑中的指令，使她在谈话中停止回答，并通过第二个指令使她重新作答。

6.他将在隔壁的房间重复同样的实验。

7.他将唤醒她。

8.他将再次使她进入梦游状态，并通过他的意志让她失去所有感知，然后再恢复。

在伯纳做催眠试验之前，委员们决定要检查她在正常状态下对刺痛有多强烈的感觉。他们将中等大小的针刺入她的手和颈部约半厘米的深度，鲁先生和卡文顿询问她能否感到疼痛。她回答说她什么也没有感觉到，她的表情也没有表现出任何痛苦。委员们对此有些惊讶，又重复了他们的问题，并询问她是否完全无感觉。逼问之下，她承认自己有一点疼痛感。

准备工作完成后，伯纳让她坐在自己身旁。他紧紧盯着她，但没有做出任何动作，也没有说话。大约两分钟后，她再次睡着，伯纳告诉委员们，她现在处于梦游状态。然后，他站起身来，再次从不远处紧紧盯着她，一分钟后宣布，她已处于全身麻木状态。

为了确定这一点，在把女孩儿的眼睛用绷带蒙上后，布亚尔、埃莫里和杜波伊斯依次用针刺她。她没有喊疼，显得十分平静且无动于衷。但当杜波伊斯将针头刺向她下巴更深处时，她立刻做了一个吞咽动作。

实验失败后，伯纳便尝试了另一个实验，并说自己仅通过意志的隐性干预，麻痹委员们指定的女孩身体的任何部位。为了避免串通的可能，杜波伊斯提出了以下条件："伯纳应完全保持沉默，并从委员手中接收写有应使哪个部位丧失行动能力和感知能力的字条，而伯纳也应通过闭上一只眼睛告诉他们已经完成，以便进行验证。需要失去感知能力的部位是下巴、右手拇指、左三角肌区域以及右膝。伯纳不接受这些条件，因为委员们指出的部位太过局限，除此之外，所有这一切都不在他的计划之内，他不明白为什么要对他采取这种预防措施。

伯纳在实验计划中写道，他将使她的全身失去知觉，接着是一部分失去知常见。之后他使她的双臂失去运动能力，接着是双腿，随后是一条腿和一只手臂，接着是颈部，最后是舌头。他希望委员们得到的所有证据都差强人意。他告诉梦游者抬起她的胳膊，如果她没抬起，他就说她的胳膊被麻痹了。此外，委员们还要赶紧对他们的观察结果进行讨论。如果第一次试验失败，则他们就要重复观察这些试验，直到麻痹产生。委员们公正地指出："这些条件不是科学家能够完全遵守的，他们需要对其使用做出说明。"在就此事进行了友好的讨论后，伯纳说自己不能再在会议上进行任何实验，然后站到女孩对面，喊了两声"醒过来"，她便醒了，会议就此结束。

在第二次会议上，伯纳被要求通过意志的隐性干预麻痹女孩的右臂，因为他曾自信地向委员们保证自己可以办到。当布瓦尔继续验证这一事实时，过了一会儿，伯纳用眼睛发出信号表示他已经完成，布亚尔就开始进行验证。女孩被要求移动左臂，她照做了。被要求移动右腿时，她说自己的右侧身体全部麻痹，她的手臂和腿都无法动弹。关于这次实验，委员说："伯纳的实验计划说他有麻痹单肢或双肢的能力，我们选择了单肢，但结果与他的意图不同，双肢都被麻痹了。"利用这个女孩做的其他实验同样令人不满意。伯纳很快便认为女孩没有很好地学习她那部分理论，或者不够聪明，不能体现对科学的尊重，于是便打发她回家。取而代之的是一位约30岁的女人，同样是体弱多病，下面这些具有决定性的实验就要在她身上进行：

病人进入了梦游状态，她的眼睛被绷带蒙住。在催眠术师的邀请下，杜波伊斯在一张卡片上写了几个字，梦游者可以透过绷带或利用枕骨进行阅读。杜波伊斯用完全不同的罗马字母写下了"庞大固埃"一词，然后站到梦游者后面，将卡片靠近她的枕骨。催眠术师坐在女人和杜波伊斯前面，看不到卡片上的文字。催眠术师询问女人她的头后面是什么，犹豫之后她回答说自己看到一些白色的东西，像是一张卡片，或者一张名片。别忘了，伯纳曾大声请求杜波伊斯取一张卡片并在上面写字，病人肯定已经听到了，因为说这话的时候她也在场。接着她被问及是否能够辩论出卡片上有什么。她回答说："是的，上面有文字。""文字是大是小？"催眠术师问道。她回答道："很大。""写的是什么？"催眠术师继续问道。"稍等一下，我看不清楚。啊！第一个字母是M，是的，这是一个以M开头的词。"（这个女人认为那是一张名片，并推测它肯定会以先生或女士开头，这两个单词在法语中第一个字母都是"M"）。提出这个问题的是克尔纳，他并不认识催眠术师。他递给杜波伊斯一张完全空白的卡片，而杜波伊斯悄悄地将其替换成他写上"庞大固埃"这几个字的卡片。这位梦游者仍然坚持自己看到了一个以M开头的词。最后，经过一些努力，她用怀疑的口气补充说，她认为自己看到了两行文字。她还认为那是一张名片，一行写着名字，另一行写着地址。

其他许多有着相似结果的同类型实验，都是利用空白卡片进行的。随后，人们决定用纸牌试试她的能力。伯纳在桌子上放了一盒纸牌，并且大声要求杜波伊斯拿出一张，将其放在被催眠者的枕骨后面。杜波伊斯大声询问他是否应该拿出一张人头牌，“请随意。”催眠术师回答。杜波伊斯走向桌子时灵机一动，他没有拿人头牌，也没有拿普通牌，而是取了一张相同大小的空白卡片。伯纳和被催眠者都不知道他换了牌。接着，杜波伊斯像之前一样站在这个女人身后，将卡片放在其枕骨后面，使得伯纳也无法看到卡片。伯纳接着便开始使出全力对她进行催眠，以便使她达到极度清醒阶段，并将视觉力量全部转移到其枕骨。在被询问可以看到什么时，她犹豫了，似乎在与自己做思想斗争，最终说她看到一张卡。“那么你在卡片上看到了什么？”犹豫一会后，她说自己看到了黑色和红色（她以为是人头牌）。

委员们允许伯纳以自己的方式继续实验。由于无法从被催眠者身上得到更令人满意的答案，伯纳请求杜波伊斯将卡片移到女人的面前，贴近蒙住眼睛的绷带。完成这些后，被催眠者说她可以看得更清楚了。接着，伯纳开始提出一些具有诱导性的问题，她回答说自己可以看到一个数字。于是，伯纳又提出了一些新的要求。这位被催眠者似乎正在竭尽全力从催眠术师那搜集一些信息，最后称自己可以分辨出纸牌中的J。但事情还没完，她还需要说出是四张J中的哪一张。她回答说一面是黑色的。在没有遭到反驳的情况下，她认为自己的思路是正确的，在多次催促下，她最后猜测是梅花J。

伯纳认为实验已经结束，便从杜波伊斯手中接过卡片，当着所有委员的面观看，却发现是一张完全空白的卡片。他的心里也是一片空白。

作为最后一次实验，人们将用银质奖章对她进行测试。这是非常困难的，因为从她那可以得到任何答案。克尔纳克将手中紧握奖章贴近蒙住她眼睛的绷带。她先说自己看到了一个圆形物，接着说它是肉色的，又说是黄色的，然后又说是金色的。它和洋葱的厚度一样，在回答接连不断的问题时，她说这个物体的一面是黄色，另一边是白色，上面有黑颜色。这位被催眠者显然是在想一块有着白色表盘和黑色数字的金表。她最后一次被要求解释清楚一些，至少说出这个物体的用途和名称。她似乎是在焦急地集中所有精力，接着只说出“小时”一词。最后仿佛突然灵光一现，她喊道：“它是用来指示时间的。”

实验就此结束。后来，委员们和伯纳先生之间产生了一些争执，伯纳希望得到一份官方的详细记录。委员们不同意，这次轮到伯纳先生拒绝进行任何新的实验。任何调查都不可能比这次进行的更令人满意。委员们的报告相当具有决定性，从那天起，动物磁性说在法国名气大减。

坚持不懈、天资聪慧的杜伯泰为伯纳的失败找到了一个令人满意的借口。为了避免在作品中透露细节，他只是用三行文字将伯纳试图在皇家医学院委员会面前进行一些较高级的催眠实验时失败的事情一带而过。这位杰出的催眠术师说："各种偶然的情况数不胜数。过度焦虑或任何偶然的建议都有可能扰乱催眠术师的注意力，这往往足以造成实验的失败。"这是可悲的转变，失误使其支持者减少了！

虽然杜伯泰就这样轻描淡写地记述了1837年委员会的不利决定，但他对前一个委员会在1835年提交的有利报告的记述却是不厌其详，而且还大肆赞扬委员会成员的判断力和公正性。杜伯特说道："皇家医学院提出了支持动物磁性说的明确、可靠的证据，委员们根据情形详细地说明了目睹的事实以及为防范可能的欺骗而采用的检测方法。许多委员在刚开始进行调查时，不仅不支持催眠，而且还明确反对，因此他们在任何法院提供的证据都可以被认为是最无可指摘的。。他们没有对任何推测性的或超自然的理论进行调查，因为这样做有可能使他们被诡辩的陈述带入歧途，而是只对存在的事实进行了调查——可清晰认证的事实，这些事实从本质上说对每一位观察者都是可感知的。杜伯泰可能不会被不合常理地问及是否同样的论点不应适用于由杜波伊斯和他的助手们在上一次调查中起草的不利报告。如果提出这个问题，我们很可能得到这样的答复："是的，他们可能，但是你必须考虑数不胜数的各种偶然状况！伯纳先生可能过度焦虑，事实上，实验一定是被一个偶然的暗示破坏了！"

像杜伯泰先生一样有着如此坚定信心的人正是承担使英国人信奉催眠术这一艰巨使命的不二人选。因此我们发现，皇家医学院做出最终决定后不久，杜伯泰背井离乡，带着他的磁性流体到达了英国，准备将那些伟大前辈——梅斯梅尔和普伊塞格做过的蠢事重新再做一遍。自珀金斯氏疗法和金属牵引器盛行时期至1833年，催眠术没有任何进展，在英国也没有得到关注。苏格兰一位名叫考尔克洪的律师在那一年出版了当时未曾发表过的法国1831年委员会的报告，还有催眠的历史，书名为《伊西斯的揭发者，或称动物磁性说起源、进展和现状的研究报告》。考尔克洪先生是一位虔诚的信徒，他的工作充满了激情。他的作品成功唤醒对一个古怪主题的兴趣，但并没有多少人相信它。同一年的《外国季度评论》上出现了一篇揭露这一妄想的有趣文章，后来有一两部医学作品注意到了这个主题，并进行了调查，使之成为笑柄。1837年，杜伯泰的到来完成了一场革命，将动物磁性说提升到了与其法国一样的高度。

他首先发放邀请函邀请主要哲学家、科学家、医生、报纸编辑及其他人来见证实验，实验最初在他位于卡文迪什广场威格莫尔街的住所进行。许多人接受了邀请，尽管不相信，但他们还是对于他对患者的想象力所施加的影响感到惊奇和困惑。但是，刚开始，他的成功并没有引来多少恭维。在献给斯坦霍普伯爵的作品中，他说："他花了几个月的时间试图吸引这个国家的聪明人来研究催眠现象，但没有成功。他要求对这些新奇事实进行验证的请求也没有得到答复，而且媒体也开始反对他。"他只好放弃自己制定的在英国传播催眠术的计划，转而把重要的教条传播给一些更容易轻信的人，并自称为使徒。然而，斯坦霍普伯爵鼓励他留下来，告诉他要等待公众舆论向好的方向变化，而他捍卫的真理最终会取得胜利。杜伯泰留了下来，他不想无情地拒绝英国人看到他的奇迹。虽然他们可能忘恩负义，但他的善良和耐心将永存。随着时间的流逝，他的坚持得到了回报。那些寻找心理安慰的女士们——歇斯底里的、无所事事的、哭哭啼啼的、多愁善感的——都挤进了他的沙龙，就像60年女人们挤进梅斯梅尔家里一样。很多同行、下议院成员、哲学家、作家和医生纷纷到来，有人相信，有人怀疑，也有人嘲笑。杜伯特继续他的实验，最后，他使几个重要的人物相信了他的学说。

伊利奥特森博士是杜伯泰的皈依者中最耀眼的一位，与德斯隆一样，他也是一位经验丰富的医生——十分诚实，但有点儿过于狂热。他们在各个方面都很相像，就德斯隆以前一样，伊利奥特森博士的名气很快便盖过自己的老师，吸引了公众的注意。当时他是伦敦大学的医学原理和实践教授，也是其医院里的一名医生。伊利奥特森博士与杜伯泰一起，开始对该医院中的一些患者进行一系列实验。他们不断发表报告，分享一些让人不可思议的事例，并且得到了那些学识水平、判断能力和忠诚度都不容置疑的人的证实，这使得公众舆论出现了动摇。人们羞于相信，但又不也质疑，最终，这个问题最终变得如此吸引人，一些最杰出的医学专家组成了一个委员会来调查这些现象，并就此进行报告。

同时，伊利奥特森博士与杜伯泰继续在医院举办公开展示，那些信服者被这些奇迹惊得目瞪口呆，但也有少数胆大包天的人暗示这些都是医生和病人们共同设下的骗局。这次实验对象是一对名叫伊丽莎白和简·奥克的年轻姐妹。她们十分特殊，成为了在伦敦有关催眠术的主要的甚至是唯一的证人。我们无法找到不信之人关于这些实验的任何报告，因此只能依靠催眠师自己发表在《柳叶刀》和其他医学期刊上的报告。

17岁的伊丽莎白·奥克是一个聪明的女孩，因患癫痫被送入大学的学院。

1837年秋，杜伯泰反复对她进行催眠，医院的伊利奥特森博士随后于1838年春、夏期间对其进行了催眠。通过常规催眠，她很容易就进入了深度无意识睡眠状态，从而引起了梦游和精神错乱。处于清醒状态时，她很温和，表现良好并说话很少。而在梦游状态下，她变成为另一个人，表现出了强大的模仿力量。她会唱一些可笑的歌曲，服从催眠术师的每一个要求，并被认为能够预知她的康复治疗手段，甚至能够预知病房中其他病人的死亡或康复。

梅斯梅尔常常声称自己可以将磁性力量传递给金属或木头、丝线或绳子等。读者肯定记得他做过的那些著名实验，以及普伊塞格的那棵同样著名的树。在对奥克的实验中，人们很快就发现，如果她触摸到任何之前被催眠术师用意志或触摸所催眠的物体，所有现象都可以在她身上产生。在1838年7月5日的一次会议上，有人提出，前段时间奥克在被催眠后曾预言，如果她的手中放着被催眠的茶，世间将没有任何力量能够唤醒她，直到15分钟之后她自然醒来。随后便进行了实验。催眠师将触摸过的茶放在奥克的两只手里，她立即进入睡眠状态。10分钟后，人们试图使用常规的方法将其唤醒，但没有作用。她对外部影响毫无感觉。15分钟内，他们将能量加倍以试图唤醒她，但仍然徒劳无功。6分钟后，奥克仍处于睡眠状态，他们发现唤醒她是不可能的。最后，在场的一个人说，或许只有将茶杯从她的手中拿走才能将她从美梦中唤醒。他们听取了这个建议，将茶杯从她手中拿走，几秒钟内她便苏醒了。

仅仅一个星期后，7月12日，他们对奥克进行了许多次关于不同物质影响磁性传递能力的实验。将一张弄皱的纸握在手中进行催眠，没有产生效果。一把小刀能够立刻将她催眠，而一件油布雨衣对她没有任何影响。将手表放在奥克手中，如果金属部分先接触她，便能使其立即进入睡眠，而玻璃对她的影响较慢。当她离开房间时，一位旁观者意外催眠了棕色亚麻质地的袖口，令她在中途停了下来，并快速入眠。实验还发现，将奥克的手指放在被催眠的一英镑硬币上，她会立刻变得精神恍惚。一堆硬币则使其进入睡眠。但如果硬币码放得使她可以触摸到各个硬币的表面，那么她睡得就会更熟、更持久。

这位病人还有许多的特殊情况。在其进入催眠状态后，她说有一个高大的黑人前来陪伴自己，并把人们提出的各种复杂问题的答案告诉了她。还有人说，她的手背可以看到东西。据说第一次出现这种非同寻常的现象是在7月5日之前不久。7月5日那天，当她进入所谓的冗长的催眠梦游状态后，伊利奥特森博士的助手问她的手上是否有一只眼睛。她回答说："那是一束光，不是眼睛。""你身体的其他部位还有光吗？""不，没有了。""你用手心看和用手背看一样清楚吗？""是的，但很少用手心看。"

7月9日，奥克在吃了黄油面包的同时喝了一些被催眠的水，进入昏睡状态后，食物从手中滑落，她皱起眉头表示不满。她的双眼半闭着，带着难以理解的目光。她右手张开，手掌向上，左手手背向上，呈放松和弯曲状态。面包掉落，她左手抽搐着移动到面包的上方，看清楚后，她的手突然迫不及待地抓起面包。后来，她的手被裹上了手帕，便无法再看见，她只好绝望地将手放在腿上。

这些只是伊丽莎白·奥克众多神奇技能中的一小部分。简没有她那么聪明，但仍像她姐姐一样成功迷惑了一些学者。一枚被催眠的一英镑金币被放在地板上，处于精神错乱状态的简被要求弯下腰将其捡起来。她弯下腰，将其拿起3英寸高时，就以那种不舒服的姿势睡着了。伊利奥特森博士将手指指向她，把更多的磁性流体注入其体内，她抓着硬币的手立即松开，又恢复到精神错乱的状态，大声说："上帝保佑我的灵魂！"

现在该说说著名的金链实验了，实验对象是伊丽莎白·奥克，地点在医院，弗拉奥伯爵、拉德纳博士、牛津大学阿拉伯语教授纳奇布尔先生和许多其他绅士都见证了这次试验。实验目的是证明当奥克手持金链一端，伊利奥特森博士或其他催眠术师手持另一端，磁性流体将通过链条，并在1分钟后使病人陷入昏迷。伊丽莎白的脖子上缠了两圈金链，伊利奥特森博士立刻使她进入了昏迷状态。实验发现，如果金链中间缠绕一块木材或一卷纸，磁流体的通路就会被阻塞，奥克便不会如此迅速地陷入昏迷。如果取走金链，她可能很容易进入精神错乱状态。她会应催眠师的要求唱歌。如果解下金链，她的声音将变得平和缓慢，首先是声音越来越小，然后曲调变得混乱，最终消失。伊丽莎白的才智活动可以被中止，但声音器官将仍然继续发挥作用。例如她的思想被拜伦的歌曲《雅典的少女》的诗意和曲调占据时，金链被打开，当她唱到"我的生活，我爱你！"这一句时，昏迷加剧。雕像般冷漠的神情出现在她的脸上，她的声调降低，四肢僵硬，记忆消失，预知能力丧失，但有一种能力仍然存在，那就是不停地重复最后一句歌词，也许会重复20次，直到催眠师进一步解开金链并使她进入更尝试的睡眠中，她的声音才会停下来。在另一个实验中，在唱滑稽歌曲《青蛙先生去求爱》的过程中，当唱到"不管妈妈是否放它去"这一句时，她伸出握着金链的左手，上下移动，右脚在地板上打着节拍，将这些话和动作重复了50次。直到缠绕的链条重新释放了她的能力，她才把歌唱完。

我们摘录上述文字的那份报告进一步告诉公众和医学专家，并希望他们相信，不管她在从事何种活动，只要进入这种昏迷状态，她就会一直重复这一动作，直到磁性流体的影响消失。例如，据说她曾被剥夺了身体各个部位的行动能力，除了右手食指，她可以用它搓揉她的下巴。当进入恍惚状态时，她会继续搓揉下巴几分钟，直到催眠结束才会停止。当她梳理自己的头发时，也出现了类似的结果。另一次，在她模仿一位旁观者的笑声时，聪明的模仿使她失去控制。还有一次，她在说“你”这个词的时候突然陷入精神错乱的昏迷状态，致使这个声音一直持续了好几分钟，伴随着一种振动的噪音，直到她被唤醒。另外有一次，当人们把一枚用纸包着的被催眠的硬币交给她时，她用手接过，并在手指间平着转来转去，同时说它被包得“很整齐”。在说这句话的时候她受到了催眠术的影响，因此一直重复这句话，同时不停地转动那枚硬币，直到那枚硬币上的影响力消失。

我们还听到了一个关于催眠术的非常值得关注的案例。一天，当伊丽莎白·奥克在写作时，一枚被注入磁性液体的硬币被放到了她的靴子上。半分钟后，她的腿被麻痹固定在地板上，关节一点儿也动不了，并且疼得不住地抽动身体。那份报告称：“这条腿的肌肉十分僵硬，就像木头雕刻的一样，当硬币被取走后，过了15秒她就不疼了。第二天，她的左手中被放上一块经过催眠的硬币，她的手臂垂在身旁，手掌略微向外翻转。伊丽莎白·奥克的手和手臂立刻就被麻痹了，硬得就像大理石。”她没有昏迷，人们要她移动手臂，但她一点儿都动不了。另有一次，当伊丽莎白·奥克处于精神错乱并持续了3个小时后，她被要求描述当她触摸任何被催眠物体并陷入昏迷时的感觉。尽管被询问了几次，但她从来没有给出任何关于这个问题的信息，这种情况在以前没有出现过。伊丽莎白·奥克现在回答说，在失去知觉的那一刻，她体验到一种头顶开裂的感觉，她不知道什么时候才能再次闭合，但自己的眼似乎变得很大，是以前的3倍。从这个状态恢复后，她记不起这一期间发生过什么，不管这个期间是几个小时还是几天。无论间隔几个小时还是几天，她唯一的感觉是苏醒的感觉，以及有什么东西被从她的眼睛上拿走的感觉。

论述这些神奇实验的书刊不断出版，并且有很多名人为其作证，自然会极度吸引公众的注意力。动物磁性说成为各界人士讨论的话题，政治和文学一时之间黯然失色，这些事实太奇怪了，或者说这些骗术太高明了。公共期刊满足于在许多情况仅就结果发表评论，而不对其原因给出任何意见。其中一家期刊就这个问题进行跟踪报道，对这个女孩进行了描述，并表示愿意相信与她有关的一切。“她坐着时，脸色苍白，像尸体一样一动不动，古怪又可怕。她吹口哨要求伊利奥特森博士让一位持怀疑态度的旁观者用手指压住她的嘴唇，她没有意识到这个干扰的性质，但当被要求继续时，她一脸稚气惊讶地说道：‘不可以。’我们不知道这种半催眠状态将持续多久。伊丽莎白·奥克的这种状态一直持续了12天，当被唤醒时她已经忘记了在催眠时发生的一切，这会是骗局吗？我们与这个可怜的孩子谈论了她正常的状态，那时她坐在病房的壁炉旁，头痛几乎不断地折磨着她，只有在被催眠后才会有所舒缓。我们承认，我们从来不会证明任何不像骗子的人是一个骗子。我们曾经见识过法拉第教授发挥其睿智和洞察力工作了一个小时，试图发现她身体上的一些差异，或者通过他的幼稚和惊人的话引起一些心理混乱。但什么也没有发现，教授坦率地承认，这件事超出了他的哲学所能解释的范围。”

尽管支持她的证据真实、完整且无懈可击，尽管她似乎没有动机进行这种奇特、持久的欺骗，这个女孩的确是一个骗子，她欺骗了所有聪明、博学和喜欢思考的人。然而，这一事实被明确证实、这一骗局被真理之光驱散确实花费了一些时间。与此同时，英国各地也都在进行各种催眠功效的实验，但该国没有第二个像伊丽莎白·奥克这样聪明并患有癫痫的女孩。一项类似实验是在圣马田教区的济贫院里进行的，对象是一个叫萨拉·奥弗顿的女孩儿，此次的催眠师是教区医生班布里奇先生。他公开声称自己以最公平的方式进行了实验，没有像其他催眠师一样谎称产生了任何奇妙和令人难以置信的现象。这位年约20岁的女孩长期遭受癫痫折磨，她的举止显得很单纯，外表端庄。她被带到房间并坐在椅子上。现场大约有20位绅士。班布里奇先生站在女孩身后，用手指指着她的头，而他的助手则在她面前，使磁性流体在她眼前流过并注入她的身体。很难说她的想象力没有起作用，因为女孩在之前曾被催眠，而且她被带进房间里眼睛是可以看到东西的，并能够控制自己所有的器官。实验期间没有采取措施防止干扰，新的访客不断到来，开门和关门的噪声迫使班布里奇先生一再请求所有人保持安静。

女孩儿不断抬头去看来人是谁，这与杜伯泰先生的实验完全相反，实际上是与所有催眠师的实验相反，这些催眠师曾经反复强调，干扰会破坏催眠的力量，她在大约在12分钟后进入深度睡眠。在这种所谓的“催眠昏迷”状态下，她毫无知觉。虽然有人使劲拉扯她的头发并用针刺她的手臂，但女孩儿没有任何感觉。此后不久，她便进入梦游或精神错乱的状态，她开始与周围的人尤其是她的催眠师自由地交谈。如果有人要求，她还会唱歌，甚至服从指令跳舞，虽然眼睛被手帕紧紧蒙住，但她还是声称能够看到催眠师。

女孩儿似乎不断有一种不变的倾向，就是回到昏迷状态，每两三分钟她就会被粗暴地唤醒，以防止回到昏迷状态。在她面前打手势就足以使她在唱歌的时候进入昏迷状态，但据仔细观察，无论是否将磁性流体流入她的身体，她都会以固定的时间间隔进入这种状态。一位在场观众被大声暗示：只需在女孩儿面前弯下身体，她便会变得麻木并摔倒在地。这样做后，她随即倒落在一位医生的怀中，这位医生早已做好装备接住她。女孩再次陷入精神错乱状态后，另一个人也被要求做同样的事情。他没有照做，但女孩却像以前一样跌倒。这次实验足以说服发起者，一个人无疑会对另一个人产生非常奇特的影响，但只有想象力，而不是磁性流体，才能使意志坚强但身体虚弱的人产生这些现象。

一些在场的绅士想要尝试是否可以产生更高层次的催眠状态，如获得更高的洞察力和更强大的透视能力。班布里奇先生愿意进行实验，但却表示对这个问题持怀疑态度。他们把一块手表放到女孩怀里，将表盘的玻璃贴在她的皮肤上以确定其是否能够在没有视觉器官的介入下看到东西，并向她许诺，如果能够通过怀里的手表说出时间，便给她1先令。女孩儿伸手要钱，人们把钱给她，她很高兴地收下。然后，人们问她是否能看到手表。她说："不，不是一块手表，我可以看到一件非常漂亮的东西。"加油，萨莉，"班布里奇先生说，"你没有那么笨，醒来吧，孩子，告诉我们时间，我会再给你1先令！"这时女孩似乎正进入深度睡眠状态，人们摇晃着她想让她醒过来，却使她开始抽搐。在回答进一步的问题时，她说她"可以看到一个时钟，非常漂亮的时钟"。人们又继续追问具体的时间，她最后回答说"差10分钟两点"。人们将手表从女孩怀里取出，时间是两点整。包括催眠术师在场的每一个人都认为她的猜测没有什么奇特之处。在被带进病房前，她完全清楚当时是什么时间，因为在济贫院里有一个大钟，在晚饭时间会响起钟声。她在心里计算经过的时间间隔，并据此进行猜测。后来，人们将同一块手表调快了四五个小时，默不作声地放进她的怀里，并承诺如果她能说出钟表上显示的时间，便再给她1先令，她仍然回答说近两点——准确的时间。因此，正如班布里奇先生所预料的，实验没有成功。这个女孩儿的案例显示出了想象力的巨大力量，却没有证明所谓的磁性流体的存在。

大学学院医院的医学委员会在很早就对奥克及其催眠术师的实验可能对该机构所造成的损害感到担忧。1838年6月，委员会举行了一次会议，伊利奥特森博士没有出席这次会议。这次会议讨论了在医学杂志上发表的实验报告会议通过的决议大致如下：要求伊利奥特森博士停止进一步的公共催眠试验，同时表达了委员会的意愿，即如果他认为催眠作为一种治疗手段对医院中的病人有效，那么委员会不会干涉其私人工作。伊利奥特森博士回应说，任何理由都不能阻止他对动物磁性进行研究，但他也不想进行公开展示。只有在很多学者在场的时候，他才会举办讲座并进行示范。他仍然不断收到从多学者和知名人士的信件，请求成为这一现象的见证者。但如果委员态度坚决，那么没有他们的许可，他就不会邀请任何人。伊利奥特森博士在不久后提交了一份急于见证实验的人员名单。委员会并没有看这份名单，而是直接退还给他，并回应称，他们不会批准任何与医院的宗旨完全不相干的展示。在回信中，伊利奥特森博士反复强调他对动物磁性理论的坚定信念，并且坚信自己的实验将最终揭示大自然的运行规律，其重要性至少与有史以来最伟大的发现不相上下，甚至有可能超过它这将等同于历史重大发现引起的影响。通信就此终止，实验照常进行。

然而，这一事件很快就收场了。8月25日，《柳叶刀》发表了一个通告，大意是：在韦克利先生的家里对女孩伊丽莎白和简·奥克进行一些实验，但实验报告被拦截下来，原因是当时在现场对催眠现象进行调查的医学院委员会成员希望发表他们自己的报告，并说明他们的所见所闻。通告进一步指出，无论委员会是否发表其报告，在韦克利先生家所做实验的结果都会在下一期杂志中公布。于是，9月1日出现了一份声明，以最彻底的方式颠覆了催眠这一骗局。没有什么比这些实验受到了更好的操纵，也没有什么比这个事实更加明确，即所有的现象都是女孩儿的想象力受到激发而产生的结果，再加上他们有意的欺骗。

第一次实验在8月16日进行，在场者有韦克利先生、杜伯泰先生、伊利奥特森博士、理查德森博士、赫林先生、克拉克先生和大学学院医院实验报告的作者米尔斯先生。伊利奥特森博士说，镍能够在很大程度上保持和传输磁性流体，但是铅没有这样的优点。他自信地说道，镍的效果会相当惊人，但是铅的表现可能总是中规中矩。博士分别拿出一块大约3/4盎司重的镍和一块体积稍大但形状相同且光滑的铅。伊丽莎白·奥克被要求坐在椅子上，经过几次催眠传递和操纵，进入“入迷的错乱”状态。人们将一块厚纸板放在她的脸前，并由两名观众扶住，使她无法看见下方或前方经过的东西。韦克利先生接过镍和铅，坐在女孩儿的对面，并将铅块交替握在双手中，这样做是为了使她相信这两种金属都在被使用。没有产生任何效果。停了一会儿之后，伊利奥特森博士将磁化的镍块以相同的方式交替握在两只手中。同样也没有效果。又停了一会儿之后，伊利奥特森又用铅块试了几次，然后用镍块试了几次。在最后一次使用镍块之后，病人的面颊变得非常红，双眼因抽搐而眯成一条缝，她靠到椅背上，呼吸急促，四肢僵硬，背部弯了成一张弓的样子，并保持这个状态15分钟。

人们认为这个实验并不是镍具有催眠磁力的有力证据，伊利奥特森博士建议，在第二个实验中，应单独使用这种金属。韦克利先生仍是操作者，但在开始之前，他私下向克拉克先生表示，他将根本不使用镍。克拉克先生趁着所有人都没有注意到，将那块镍拿走并放进自己的背心口袋里，然后走到窗边，实验期间他一直站在那里。韦克利先生再次坐下，将手指握起来，任何人都看不出他拿着什么东西。过了一会儿，在使用左手时，女孩的视线仍然被厚纸板遮挡，站在韦克利附近的赫林先生对他耳语道："小心，不要让镍的力量太强"。女孩的脸立刻变成红色，双眼也眯成一条缝，靠在椅子上抽搐起来，所有的症状比之前更加强烈。伊利奥特森博士观察到，这次的效果最为显著，除镍之外的金属都无法产生这种效果。这次发作持续了半小时。韦克利先生和伊利奥特森博士以及其他绅士们退到隔壁房间，让他们相信他使用的不是镍，而是一块铅和一枚硬币。

实验重复两次，都得到了相同的结果。用镍进行第三次试验时没有产生任何效果。

第二天，他们主要利用被催眠的水和一英镑的金币对两个姐妹重复进行了实验。实验花费了约五个小时，其结果如下：

1.将六只装满未被催眠的水的酒杯放在一张桌子上，简·奥克被叫进来，根据要求连续喝光每只水杯的水。她照做后没有产生任何效果。

2.将同样的六只酒杯放在桌子上，第四只里面的水长时间受到所谓催眠磁力的影响。她被要求以同样的方式喝光这些水。虽然根据催眠术师的理论，在喝第四杯水时她应立即变得僵硬，但她照做后还是没有产生任何效果。

3.在此次实验中，将酒杯位置调换，没有效果。

4.重复上述内容。没有效果。

5.所有杯子的水都受到伊利奥特森博士的手指的催眠磁力影响，直到他认为它们被强烈磁化。仍然没有效果。

6.杯中盛满未被催眠磁化的淡水。没有效果。

7.每只杯子中的水都被强烈磁化，女孩将其喝光，没有效果。

在此没有必要将所有的实验一一列举，其结果可以简要归纳如下：未被磁化的金币使女孩陷入抽搐或僵硬状态。被磁化的金币有时会产生这些症状，有时则不会。伊丽莎白·奥克在饮用未被磁化的水时反复陷入僵硬状态，而那些已经受到所谓磁力影响的水却没有产生任何效果。一共进行了29种实验，除了伊利奥特森博士外，在场的所有人都认为动物磁性说是一种妄想，被实验的女孩拥有很容易被激发的想象力，是彻头彻尾的骗子。

人们经常问起她们参与这种离奇骗局的动机是什么。这个问题很容易回答。这些可怜的女孩儿不知名也不被注意，即使得到注意可能也是被轻视，她们发现由于自身疾病的显著症状会在突然之间成为所有观察者的观察对象，而这些症状根本不需要借助催眠就可以产生。医生和学者们的重复实验和不断关注使她们受宠若惊，她们开始欺骗自己，想象自己是非常重要的人，并被医生的妄想所鼓励。持续的练习最终使她们完美演绎了自己所扮演的角色，但她们最后失败了，不是因为缺乏聪明才智，也不是因为缺乏对自己头脑的控制从而控制自己的身体，而是通过厚纸板看东西或是透过韦克利先生手看到他握着的东西在物理上是不可能的。这次曝光十分彻底，具有决定性。从那天起，催眠术在英国就销声匿迹了，并且不再公开挑战那个时代的常识。人们再也没有听说过杜伯泰这个人，两个女孩儿不再通过她们聪明的表演创造奇迹或供人们消遣，而理性也使她们在公众心中恢复了本来面目。

还有几个情况需要说明。伊丽莎白·奥克离开了医院，但几个星期后因一种新的疾病——闭尿症而重新入院，这与她以前的疾病无关。由于在私下里仍然对伊丽莎白·奥克进行催眠实验，加之最近的曝光和公众的普遍嘲笑，医院的内务委员会在12月初召开会议，考虑要将女孩儿赶出医院。当时，伊利奥特森博士表达了自己的意见：由于她的病情严重，有必要将她留在医院。然后，从接受委员会审查的护士那里得知，当奥克处于“催眠精神错乱”状态时，会习惯性地预测病房内病人的死亡或恢复，经伊利奥特森博士同意，她在夜幕下被带到男士病房，并以类似的方式发布预言。她的预测被写下了来，密封后交给了药剂师，在一定时间后再打开，便可以看出它们是否会得到证实。伊利奥特森博士没有否认这一事实。护士也更具体地说明了预言产生的方式。她说，在接近某个病人的病床时，奥克便开始抽搐发抖，声称“大杰克坐在褥子上！”在被要求做出解释时，她说大杰克是死亡天使。在另一个病人的床边，她微微颤抖，说“小杰克在那里！”伊利奥特森博士并没有完全否定预言，而是想象它们可能最终由病人的死亡或恢复得到验证。病人的精神已经被疾病和痛苦折磨得十分脆弱，由此便产生了最坏的影响。预言造成的沮丧会加速一个人的死亡，其他人的恢复也会受到严重阻碍。

了解到这些事实后，学院委员会要求医学委员会送走奥克，并防止在病房中进行任何动物磁性展示。这一要求的后半部分刚传达给伊利奥特森博士，他便立即提出辞职。他的继任者是柯普兰博士。在他的就职演讲中，学院的学生表现出憎恶的态度，多次要求换回原来的老师，并拒绝让就职演讲继续下去。但是，这种骚乱似乎来自他们对伊利奥特森博士本人的尊重和喜爱，而不是因为他们赞成其催眠的理念。

尽管英国催眠学者的异常行为已经让人觉得有些荒诞，但与德国人的离经叛道相比根本算不了什么。德国人已经恢复了玫瑰十字会所有被戳穿的信条，在一个被称为开明的时代，他们从古代的垃圾中以及前人最疯狂的迷信中进行挖掘，建立的理论比人类之前尝试或目睹的任何理论都更加异想天开，更加令人目瞪口呆。帕拉塞尔苏斯和博曼、伯利和迈耶将炼金术和宗教信仰混杂在一起，为外来的、更加怪诞的催眠术和宗教的混合体铺平了道路。催眠术被认为是所有知识的钥匙，它打开了通往那些禁区的门，在那里，人们能够理解上帝创造的所有奇迹。被催眠的病人拥有所有的天赋，可以与各种各样的神灵甚至是上帝本身进行交谈，能够以比闪电还快的速度被运送到月亮或其他星星上，看到这些星球上的居民，并与他们谈论各自星球上的奇迹和美景，以及创造这些奇迹和美景的上帝力量和美德。时间和空间对他们来说似乎已不复存在，他们能够洞察万物，包括过去的、现在的或未来的。他们悟出了维护宇宙的法则，并从黑暗中获得了造物主的秘密，而其他所有人对这些秘密都一无所知。在过去20年或30年中，这些狂妄亵渎神灵的观念大行其道。那些拥有社会地位、博学多才且对日常生活中的事件具有良好判断力的人纷纷表示支持这种观点，并通过他们的说教而传到国外。上面对其教条的摘录不应被认为是对他们所研究的具体问题的夸大，并怀疑当代人类的愚蠢不可能达到那样的程度，从而需要对每一种主张引经据典。

在里希特1817年于德国出版的题为《对动物磁性的思考》一书中，作者指出，催眠术试图解答人类存在这一谜题，特别是基督教之谜，照亮其最神秘、黑暗之处，使人们能够清楚地看到其中奥秘。沃尔法特的《动物磁性史》中有许多相似的段落，而克鲁格的著名作品也是以同样的精神写成的。克鲁格说："这是催眠术师和梦游者之间的完美的感应，他知道，当催眠术师服下药物时，梦游者将会呕吐并得到净化。他把胡椒放在舌头上，或喝葡萄酒时，病人便可以明显感到这些东西的味道。"但在克纳记载的豪费夫人的案例将提供比在其众多著作中随机选择的案例更完整和可悲的证据，来证明这些德国"科学家"的胡言乱语。这部作品分为两卷出版，其细节的真实性得到了戈尔斯、埃申迈尔和其他德国知名人士的支持，据说销量很好。豪费夫人是一个著名的被催眠的女人，被称为"先知"或"普瑞沃斯特的女先知"，她住在克纳位于魏恩斯伯格的房子里，由于体弱多病，很容易进入梦游状态。克纳说："她属于灵魂的世界，她自己有一半就是灵魂，她达到了超越生死的境界，在那个境界中她有一半是存在的……她的身体就像一层薄纱一样包裹着她的灵魂……她身材娇小，长着一张东方人的脸，那双先知的眼睛炯炯有神，黑色的眉毛和长长的睫毛增加了她的力量和美丽。她是一朵生活在阳光下的太阳花……她的灵魂似乎经常与身体分离。人类一般感觉不到的所有东西的灵魂，特别是金属、草药、男人和动物的灵魂，都被她所感知和操控。所有无法衡量的东西，甚至光线，在她被催眠时都会对她产生影响。”她非常喜欢火石的气味。将盐放在她的手中会使她流出口水，被她吞到胃中的水晶会使她的整个身体陷入僵硬状态。将红葡萄放在她的手中也会产生一定的影响，而白葡萄则会产生其他影响。麋鹿的骨头会使她进入癫痫状态；猛犸象的牙齿会使她产生迟钝的感觉；蜘蛛网卷成球会在手中产生刺痛的感觉，并使她坐立不安。萤火虫使她进入睡眠状态。音乐使其梦游。当她想要高兴一些时，便会要求克纳通过吹奏单簧口琴来磁化她喝的水。她曾经在睡梦中说：“吹奏七次口琴对水进行磁化。”如果她喝了以这种方式被磁化的水，便会不由自主地在歌曲中倾诉她的情感。许多人的眼睛都会使她进入梦游状态。她说，在那些眼睛里有一种心灵的火花，那是灵魂的镜子。如果将一个被催眠磁化的枝条放在她的右眼上，她注视的每个对象便会被放大。

正是通过这种方式，她能够看到月亮上的居民。她说，在月球左边的居民是伟大的建设者，比右边的人更快乐。她对自己的催眠术师说：“我常常看到许多我无法触及的灵魂，其他人来找我，我便与他们交谈，他们会经常陪伴我好几个月。我同时还能够听到和看到其他东西，但是眼睛却无法从那些灵魂身上移开，他们与我有着‘催眠连接’。虽然起初他们似乎看起来像云，很薄但不透明，但我从未见过他们投下阴影。他们与活着时的样子相似，但没有颜色或是灰色的。他们穿着似乎是由云彩制成的衣服，也是无色和灰蒙蒙的。更聪明、更高级的灵魂穿着长长的衣服，装饰着优雅的褶皱，腰上缠着腰带，面容悲伤阴郁，眼睛像火焰一样明亮，但头上都没有头发。当他们想要引起那些看不见他们的人的注意时，便会发出声音。这些声音包括空气中的声音，有时是急促尖锐，令人震惊，有时又哀伤悦耳，在其他时候又像是丝绸的沙沙声，或者像沙子落下或圆球滚动的声音。更高级的灵魂比低级的更聪明，声音也没有那么强烈。许多灵魂，尤其是忧郁、悲伤的灵魂，当我虔诚地为他们祈祷时，便会看见他们变得更明亮、更愉快，但我却变得更虚弱。大多数来到我身边的灵魂都来自灵魂世界的最底层，仅位于我们的大气层之上。他们在活着的时候便卑躬屈膝，或者不信仰耶稣，或者在死去之时坚持尘世上的某种思想或情感，使得他们无法升上天堂。我曾经问过一个灵魂，孩子在死后是否还能长大？‘是的，’那个灵魂说，‘灵魂会逐渐长大，直到它变得和在地球上时一般大。我无法拯救这些灵魂，我只是他们的中介人。我与他们一起祈祷，带领他们逐渐接近伟大的救世主。让这样一个灵魂重新信仰上帝需要花费无数精力。’”

再继续以更大的篇幅讲述这个疯女人的胡言乱语或一一记录那些鼓励其妄

想的催眠师的名字没有任何意义，因为他们自己也是受骗者。读完这些德国神秘主义著作是一项痛苦且令人恶心的任务，幸运的是我们没有必要这样做。上面的内容已足以表明他们的迷信有多么严重，甚至一些博学者也沉陷其中。这些谬误就像彗星一样，陷入了永恒的循环中，从一个时代的巅峰没落到下一个时代的低谷，但在未来某个时期又会再次回归。

目前在英国，人们可能以为催眠术已经被彻底抛弃了。自催眠术产生之日起直到今天，尽管它只是一种妄想，但我们很难说它没有一点用处。引用1784年贝利的一句话："对于谴责它的哲学来说，催眠术也并非完全无用，它是记录人类思想错误的一种行为，也是对人类想象力的力量进行的一次伟大实验。"通过对于精神对物质的影响进行的大量研究——人类智慧永远都不可能被彻底了解——它至少已经为其投下了一束微弱的光。它将提供另一个证据来证明不可战胜的意志的力量，以及与其相比物质的弱点。它也是《诗篇》中"因我受造奇妙可畏"这句话的另一个证明，即使它的作用仅限于此，那么它的历史也将被证明是有用的。到目前为止，真理都是由谬误引出的，与其他谬误一样，动物磁性也可能在人类进步和教育中贡献其相应的力量。

图书延展阅读

期权实战
从入门到精通
一年百倍的财务自由之路
企业管理出版社
我当交易员的日子
My Days As A Trader
期权波动率交易
核心策略与技巧
企业管理出版社
150万到1亿
操盘手日记第1季
企业管理出版社
150万到1亿
操盘手日记第2季
(开启股威宇宙新时代)
企业管理出版社
乌合之众
大众心理研究
THE CROWD
A STUDY OF THE POPULAR MIND
企业管理出版社